2017 年全国高校出版社主题出版项目

A New

Era of Thought: the Fintech Evolution in China

中國互联网金融发展新思维

苏宁金融研究院 / 著

互联网的创新浪潮正以前所未有之势渗透金融行业
互联网金融作为一种新兴势力蓬勃生长,巨头夺食时代来临……

东北财经大学出版社
Dongbei University of Finance & Economics Press

大连

图书在版编目（CIP）数据

中国互联网金融发展新思维 / 苏宁金融研究院著 . —大连 ： 东北财经大学出版社，
2017.11

ISBN 978-7-5654-2970-5

Ⅰ．中… Ⅱ．苏… Ⅲ．互联网络-应用-金融-发展-研究-中国 Ⅳ．F832.29

中国版本图书馆CIP数据核字（2017）第263601号

东北财经大学出版社出版发行

　　大连市黑石礁尖山街217号　邮政编码　116025

　　网　　　址：http：∥www．dufep．cn

　　读者信箱：dufep@dufe．edu．cn

大连图腾彩色印刷有限公司印刷

幅面尺寸：170mm×240mm　字数：400千字　印张：29.25
2017年11月第1版　　　　　　2017年11月第1次印刷
责任编辑：李　季　郭海雷　责任校对：贺　欣
　　　　　李　栋　高　铭
封面设计：冀贵收　　　　　版式设计：钟福建
定价：59.00元

教学支持　售后服务　联系电话：（0411）84710309
版权所有　侵权必究　举报电话：（0411）84710523
如有印装质量问题，请联系营销部：（0411）84710711

前　言

2016—2017·互联网金融这两年

这本书，准确地讲是一本文集，集合了苏宁金融研究院对2016—2017年互联网金融领域所有热点问题的剖析。读完此书，您将对这两年互联网金融的发展脉络有一个更加清晰的认识。

历史学家黄仁宇写《万历十五年》，仅仅通过对一年事情的记录，就细致而全面地揭示了大明王朝兴衰的内因。原因无他——皆因抓住了历史转折的关键时间节点。对中国互联网金融行业而言，2016—2017年发生了太多事，也许就是行业的转折点，对这两年的热点事件集中剖析，使得这本书具有了某种超出书籍本身的意义。

2015年12月以来，泛亚、E租宝、大大集团、当天财富、中晋资产等所谓的互联网理财平台相继因非法集资、兑付困难而轰然倒塌，引起舆论轩然大波，也加速了中国互联网金融行业集中治理期的到来。2016年1月21日，北京市发布《进一步做好防范和处置非法集资工作的管理办法》，对于包括互联网金融在内的各类投融资主体，明确了严格市场主体准入、加强行业自律管理、建立举报奖励机制、强化广告管理、加强大数据监测预警等一系列治理手段，成为后续各地出台相关政策的标配。同年4月，国务院组织中国人民银行等14部委召开电视会议，专题部署互联网金融整治事宜；7月，网联平台整体方案框架稿获得监管部门内部通过，第三方支付银行直连模式迎来重大变局；8月，《网络借贷信息中介机构业务活动管理暂行办法》正式出台，十三条红线大大压缩了网贷平台的业务范围，银行存管的规定则提高了网贷平台的进入门槛；10月，国务院发布《互联网金融风险专项整治工作实施方案》，互联网金融专项治理"基本法"正式公开。

2016年被称为"互联网金融监管元年"，进入2017年，互联网金融监管又进一步加强。随着一系列监管政策的落地，行业逐步从粗放式野蛮增长走向集约型合规发展。正是在这两年，我们看到：市场上的网贷平台掀起了转型潮，流量向大平台集中，市场加速分化。2017年前十个月，平台数量累计减少了441家；受监管机构暂停牌照发放和加大检查处罚力度等因素影响，第三方支付行业掀起了并购潮，众多中小型持牌机构纷纷"卖身"大企业集团寻求可持续发展空间。互联网金融行业加速转型、净化，野蛮生长以及由此带来的行业阵痛期正逐渐远去，互联网金融迎来了更加明确的未来。在此背景下，金融科技因其更侧重底层技术而受到众多企业的青睐，与之相应，智能投顾、人脸识别甚至区块链也逐步从技术走入产品层面，给客户带来全新的体验，也预示着互联网金融行业出现了新的演进方向。

2016—2017年是互联网金融行业的转折年，这种特殊性也赋予了本书某种特殊性。在这里，您可以看到这两年互联网金融领域几乎所有热点问题的剖析：从网贷平台跑路到校园贷乱象、从第三方支付续牌到网联平台建立、从一站式理财平台到行业去理财端浪潮、从行业集中整治到平台转型发展、从区块链到智能投顾……读完此书，您也许可以更深刻地体悟到行业拐点是如何来临的，行业的未来又将会去往何方。蕴藏于其中的这种启示性，也许就是本书最大的价值和意义所在。

苏宁金融研究院

2017年10月

目　录

互联网金融行业大势

互联网金融的使命是什么?

《中共中央关于全面深化改革若干重大问题的决定》明确提出"发展普惠金融",《中共中央关于制定国民经济和社会发展第十三个五年规划的建议》也强调"发展普惠金融,着力加强对中小微企业、农村特别是贫困地区金融服务"。2015年12月31日,国务院印发《推进普惠金融发展规划(2016—2020年)》,更是首次将普惠金融服务列为国家级实施战略。

普惠金融是指为有金融服务需求的社会各阶层和群体提供适当、有效的金融服务,其内涵在于廉价金融,即适当的融资利率、较低的服务收费、简便的操作,通俗来讲,就是"为老百姓提供用得起的金融服务"。互联网金融节约网点、机具、人工、风控等一系列成本,且具有广覆盖的优势,使廉价金融与普惠金融的融合成为可能。

普惠金融成效显著

从全球范围来看,中国是开展普惠金融比较好的国家之一,主要体现在以下三个方面:

一是中国金融服务的开户门槛非常低,无客户服务歧视,服务的客户多、渠道广、可得性强。在我国开立银行账户(存折、借记卡、信用卡)、股票账户等金融账户十分简便。居民凭身份证、存入1元钱即可开立个人存款账户、结算账户;凭身份证即可免费办理股票账户,且支持一人多户。目前,我国银行业金融机构发行的借记卡数量已超过48.03亿张。信用卡账户也是比较容易开立的，目前我国信用卡总数已超过4.49亿张，大中型银行信用卡的平均发卡量达到数以千万张计。反观印度，12亿人中将近一半没有银行账户。因此，经济学家出身的印度总理纳伦德拉·莫迪在2014年8月28日启动了一项让国有银行为穷人开办账户的浩大工程，希望到2018年印度能为1.5亿人开办账户。莫迪认为，"如果想摆脱贫穷，就需要结束金融服务遥不可及的现状……新账户开办了，（持有者）就朝着加入主流经济迈进一步。"但是，由于印度缺乏向这么多人提供服务的发达的银行网络，使得印度为穷人开办账户的计划推进得并不顺利。

二是中国的银行业机构依据行政区划设置，分布广泛，服务覆盖的区域广。在成熟经济体中，银行通常按照经济区划设置机构，先有经济需求，然后再设置机构。而我国是按照行政区划设置银行机构，银行业具有分支机构分布广泛、服务覆盖区域广阔的特点。目前，我国拥有4 000余家银行业金融机构，设立的银行分支机构至少有20.9万家以上，密度极高。在我国，每一个县一级的行政单位至少有5家银行，这在其他国家是很罕见的。

三是中国融资服务以外的金融服务价格低廉。我国多数银行提供的便民服务都不收取费用，如手机转账汇款、电子对账服务费、应收账款管理、ATM跨行/异地取现、账户查询、便民缴费、账务变动短信提醒等均实行免费。华夏银行甚至借记卡跨境取现每日首笔都免收手续费。这些对于国外银行业而言，实在难以想象。近年来，互联网金融在中国快速发展，为用户和小微企业提供了突破时空界限的便捷服务，市场规模不断扩大，已成为推动普惠金融发展的重要力量。其具体表现在：一是提高了开户的便利性，用户只需在线上提交个人基础信息即可注册电子账户，轻松享受集支付、理财、贷款、便民缴费等于一体的全方位金融服务；二是降低了投资理财的门槛，如苏宁零钱宝，起投金额由5万元降到1元，使普通老百姓也能参与理财投资，实现财富保值增值；三是真正实现了"两A"（Anytime、Anywhere）、深化了"两A"（Anyone、Anything），实现了任何时间、任何地点都可以为消费者提供金融服务，适应了时下居民生活方式的变化；四是促进了共享金融的发展，实现了金融平民化，特别是在众筹这一领域，股权众筹让小额投资人也能介入股权投资，分享企业成长的收益；五是扩大了债务和股权融资；六是降低了非融资金融服务成本，特别是支付成本。因此，《推进普惠金融发展规划（2016—2020年）》称我国基础金融服务水平已达到国际中上游水平。

廉价金融明显滞后

在廉价金融领域，我国互联网金融做得还远远不够，仍需不断努力，最突出的表现就是融资成本未见明显降低。无论是网络贷款还是众筹融资，其成本都不低于传统金融的融资成本。

长期以来，我国中小微企业饱受"融资难、融资贵"问题困扰，政府也出台了诸多政策力促问题的解决。互联网金融作为一种新型金融业务模式，在降低中小企业融资成本方面被寄予厚望。李克强总理在考察微众银行时说："你们要在互联网金融领域闯出一条路子……要降低成本让小微客户切实受益。"2015年的《政府工作报告》明确要求"促进互联网金融健康发展"。因此，国家出台了一系列政策扶持和促进互联网金融的发展。但从近几年的实践来看，网络借贷利率居高不下，甚至远高于传统金融机构贷款利率，互联网金融并未有效降低我国中小微企业融资成本，违背行业发展的初衷。2015年10月，政府强调"互联网金融依托实体经济规范有序发展"，这是对全体互联网金融从业者的一个警示。套用时下一个热门词汇，我们全体互联网金融同仁也要"不忘初心，方得始终"！

互联网融资成本未见明显降低，主要在于近年来我国互联网金融在发展模式和业务拓展上存在较大偏差：一是风险控制和管理体系不健全，风险识别和差异化定价能力差，无法有效区分高风险客户与中低风险客户，最终只能把中低风险客户按照高风险客户来进行贷款利率定价；二是热衷宣传，投入大量资金进行广告轰炸，市场推广成本居高不下；三是片面追求用户规模、亏损竞争，企图博得市值短期大幅提升，违背金融业持续经营至上的千年规则；四是低门槛带来羊群效应，不合格从业者纷纷涌入。

因此，要实现廉价金融，降低互联网融资成本最为迫切。《推进普惠金融发展规划（2016—2020年）》明确指出，"在有效防范风险基础上，鼓励金融机构推进金融产品和服务方式创新，适度降低服务成本……积极引导各类普惠金融服务主体，借助互联网等现代信息技术手段，降低金融交易成本，延伸服务半径，拓展普惠金融服务的广度和深度"。在我看来，一要提高风险控制水平，实现差异化定价，降低信贷成本；二要打造一支精英专才队伍，构建扎实的金融IT系统，强化数据采集、整理、分析和应用能力；三要着力开拓低成本资金来源，推动传统金融与互联网金融的互利合作，促进双方融合发展；四要降低运营成本，特别是客户获取成本。

苏宁金融的创新实践

作为互联网金融领域的领军者，苏宁金融在普惠金融和廉价金融领域已取得诸多成绩。苏宁云商是中国互联网零售企业O2O的领先者，是线上线下融合发展的典范，而苏宁金融则致力于成为中国金融O2O的领先者，打造金融O2O的典范。一直以来，苏宁金融秉承极致体验服务理念，积极布局支付账户、投资理财、消费贷款、企业贷款、商业保理、保险、众筹、储值卡等全产品线，创新O2O融合发展模式，为客户提供随时、随地、多层次、一体化的普惠金融服务，易付宝钱包、定期理财、影视众筹、任性付、阳光包等产品脱颖而出，促成苏宁金融跻身中国一流的互联网金融企业行列。

凭借强大的渠道基础、优质的客户资源、扎实的金融IT基础、稳固的风险管控机制、卓越的品牌价值、精英专才队伍，苏宁金融的获客成本、渠道成本和风险成本大大低于行业平均水平，有条件持续为消费者和小微企业提供普惠金融和廉价金融服务。苏宁"任性付"（个人消费贷款）年化利率仅5.98%，远低于市场平均费率。其力推的"零首付、零利率、零手续费"的"三零分期"个人贷款产品，近乎为消费者提供无息贷款。苏宁小贷公司企业贷款平均利率比同业小贷公司低20%，有效缓解了小微企业融资贵的问题。苏宁易付宝汇款转账免费，且能实现余额理财，是真正的"会增值的智慧钱包"。

　　展望未来，苏宁金融将坚定地走金融O2O之路，坚守金融业诚信、审慎、稳健、盈利的经营本质，持续为客户提供全渠道、更安心、低利率、高收益的金融服务，为中国普惠金融和廉价金融的实现贡献力量。

互联网金融是解决金融摩擦的有效途径

近期，欧洲市场银行股的大跌加剧了投资者对金融市场乃至实体经济的担忧。作为金融市场中最主要的中介机构，银行在经济运行中发挥了怎样的作用？下面从资金配置的角度，追溯一下银行的产生原因，以及银行追求利益最大化所带来的金融摩擦。

为解决借贷双方信息不对称，银行业兴起

金融市场的本质在于有效地引导资金，让最有生产力的生产者获得资金，从而实现资源的有效配置。当借贷双方存在严重的信息不对称时，资金很难达到有效配置，换句话说，资金的流动受到了阻碍，此时的金融摩擦表现得较为严重。

早期的金融中介（如银行）的产生，为的就是以中介的身份解决因借贷双方的信息不对称而带来的金融摩擦，并通过资产转换的形式，转化贷款人的风险。例如，借款人无须直接和贷款人交易，只需通过存款的方式完成交易的前半部分，而后半部分则由银行来实现。

虽说银行和借款人之间也会存在信息不对称问题，但银行获得信息的能力远超过个人，且银行可以通过规模经济降低获得信息的单位成本。对于贷款人而言，他的资产也从原先的应收账款转变为存款，风险也随之降低。至于转嫁到银行身上的风险，银行可以依赖庞大的资产规模，通过投资多样化的方式来化解。

此外，当市场上存在多个借款人和贷款人时，银行的存在也可以极大地降低交易的次数，从而提高市场配置资金的效率（如图1所示）。这么一个多方共赢的局面，使得银行这一金融中介迅速发展起来。

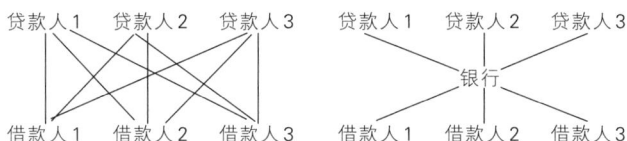

图1　市场上存在多个借款人和贷款人时的情况

银行追求利润最大化，反而加剧了金融摩擦

金融危机发生之前，大家普遍认为银行只是一个匹配借贷双方的桥梁，它的存在可以让贷方的资金以最低的成本到达借方手中，其本身不会让经济产生波动。因此，2008年之前，在主流研究经济波动的宏观经济模型中，一般包含家庭、生产商、政府以及央行这几块，银行并没有被单独拿出来研究。

然而，这种建模方式忽略了银行的一个很重要的性质，即银行并不是从资源最优配置的角度来匹配借贷双方，而是从自身利润最大化的角度来实现资金的匹配。

而高风险往往和高收益联系在一起，所以银行倾向于选择一些高风险的投资，尤其当银行认定"出事后政府会兜底"后，这种倾向就更强了。

一旦经济发展出现问题，银行为了保住自有资本，往往会大幅消减贷款，哪怕这些贷款并没有出现问题。此时，对银行而言，活下来最重要。贷款人也会因为担心银行倒闭而取回存款，因为对他们来说，保住资金是首要任务。

如此一来，资金流通出现了阻碍，金融摩擦由此而生；反过来，资金无法有效配置将进一步恶化经济现状。正如前美联储主席、经济学家伯南克所言，"金融市场对金融危机起到了推波助澜的作用"。

综合而言，现有理论认为金融机构会通过以下三个渠道影响宏观经济：

一是银行资产负债表渠道。经济的负面冲击造成呆坏账比例上升，银行自有资本下降，从而导致银行降低信贷供给。这种金融摩擦使得运营状况良好的企业因为银行降低信贷供给而失去资金来源。

二是借款人资产负债表渠道。市场的投资水平依赖于企业的资产负债表状况。当企业资产负债表状况良好，拥有较高的现金流量和资产净值时，它可以提供更多的抵押品而减少外部融资（贷款）成本；当企业遭受经济的负向冲击时，其净值随之降低，外部融资成本也随之上升。

三是流动性渠道。高杠杆比率和银行资产负债表中，资产和负债的错配使得市场流动性易在危机中发生枯竭。当流动性蒸发的时候，一个微不足道的冲击很容易被放大成一个影响全面的危机。

无论哪个渠道发挥作用，市场的最终表现都是金融摩擦导致资金因失去流动性而无法得到有效配置，经济发展也因此受到负面影响。

通过上文分析，我们发现：常规借贷下的信息不对称增加了交易双方的交易成本，从而产生了金融摩擦，而银行等金融机构就是为了解决该问题而产生的。然而，作为一个追求利润最大化的中介，银行的行为在危机中反而加大了金融摩擦。

互联网金融为解决金融摩擦提供了方向

有什么办法可以解决金融摩擦的问题呢？在笔者看来，互联网金融为解决该问题提供了一个可行的方向。

首先，互联网金融正着力解决资金供需双方的信息不对称问题，而非制造出新的不对称。

传统银行凭借其自身资源，有能力解决其与借款人之间的信息不对称问题。银行可以将借款人所面临的多选题（是选择1号贷款人，还是2号贷款人，或是3号贷款人？），变成一个单选题（要不要将钱存入银行？）（如图2所示）。不过，银行与贷款人（储户）之间也存在着信息不对称的问题，即贷款人也不知道银行究竟将钱投向何处。这种信息的不对称，会在危机发生时导致银行挤兑现象。

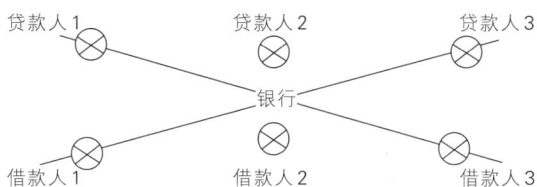

图 2　银行作为中介解决资金供求双方信息不对称问题

　　而互联网金融在发展过程中并不是简单地取代银行，成为客户的一个新的选项，它是利用自己的优势，真正从提供有效信息的角度出发，在解决资金供需双方的信息不对称问题的同时，实现自身规模的迅猛发展。举例来说，苏宁金融旗下的众筹平台，就是因为实现了供需双方信息的有效传递而深受客户欢迎，进而在不到1年的时间内迅速成为全国三大众筹平台之一。

　　其次，互联网金融正朝着去中介化的目标发展。

　　身为金融中介的银行，对利润的追求导致它不能实现资金的有效配置。"嫌贫爱富"一直以来都是传统金融机构的特征，有学者把这种特点界定为"金融排斥"，即部分群体在金融体系中缺少分享金融服务资源的一种状态。

　　去中介化的发展有利于打破这一排斥现象，消除金融不平等现象，让普惠金融真正落实到实处，降低市场的金融摩擦。而在当前，以苏宁金融为代表的一批互联网金融公司的出现，已经逐渐打破银行等金融中介机构的垄断格局，为普通消费者提供了全渠道、更安心、低利率、高收益的金融服务。

　　最后，值得一提的是，银行对利润的追求，会在危机中加剧金融摩擦，从而加剧经济的波动。而去中介化的发展，可以避免冲击通过金融市场传递到实体经济上。

互联网金融企业须过四道生死关

　　近年来，互联网金融成为创业者的乐园以及非金融企业介入金融业务的入口，几年时间内国内相继诞生了 4 000 余家 P2P 平台、近 300 家第三方支付企业、300 余家众筹平台……然而，表面的热闹和繁荣，难掩深层次的问题，这些企业中的绝大多数都倒在了成长的路上，真正能够发展壮大的少之又少。在笔者看来，互联网金融企业要发展壮大，至少要过四道关口。

第 1 关：客户基础——获客量不足，竞争力无从谈起

　　做大用户规模是企业迈向成功的第一步，也是很多创业型企业发展壮大的主要屏障。

　　2010 年小米公司成立时，新浪微博上线不足一年，微信还没出世，互联网社交的风口刚刚形成，用户主动宣传推广的热情高涨，小米依赖网络论坛、微博进行口碑营销大获成功，MIUI 系统激活用户数从 100 人到 1 个亿，用了不足 5 年时间。

　　然而，正如凯文·凯利在《新经济 新规则》一书中提到的"在富足的世界里，唯一稀有的资源是人类的注意力"，随着大多数的传统企业和几乎所有互联网企业都建立了官方微信公众号和官方微博，用户被淹没在信息的海洋中，获客成本直线提升。

　　数据显示，当前 P2P 平台的平均获客成本高达 500 元，电商、游戏、

O2O生活服务等领域的获客成本也有几十元到上百元不等。

高额的获客成本基本阻断了没有客户基础的创业企业做大的可能性。我们看到，O2O领域的创业者纷纷投入巨头的怀抱，被称为"血海"的智能手机行业更是如此，除了小米真正从零做起外，幸存的玩家要么是传统手机制造商，要么是其他领域的巨头携雄厚的客户基础跨界而来。

对创业型互联网金融企业而言，获客成本高企以及由此导致的客户规模不足，将成为企业发展壮大的最大瓶颈，没有足够的客户，没有大数据积累，竞争力无从谈起。

第2关：消费场景——有客户没消费场景，照样难做

与创业型企业不同，巨头公司具备资金、客户和流量优势，跨界发展互联网金融业务，潜在客户不是问题，关键是如何将非金融客户转化为金融客户。

从行业发展历程看，没有场景，就难以实现金融客户的转换。消费场景涉及资金支付，并可延伸出消费贷款、沉淀资金理财等需求，是与金融业务结合的上佳场景。

电商无疑是最佳的消费场景，阿里、苏宁的互联网金融业务风生水起，原因就在于此。房产中介链家地产推出基于购房场景的短期借款产品——链家还贷易和抵房贷，也在生态圈内受到追捧。

比较来看，社交场景的金融属性要弱于消费场景，通过与过节发红包场景结合，微信在支付转账和理财业务上取得了突破。搜索场景的金融属性更弱一些，百度主要借助糯米的本地生活消费场景拓展支付业务。

此外，支付宝、微信支付、易付宝等第三方支付在APP中加入便民缴费、信用卡还款、火车票、本地生活等功能，通过这些丰富的支付场景增强了客户黏性。

不过，对于那些不差钱、不差客户的企业而言，如果缺乏与具有金融属性的场景融合，开展互联网金融业务依然困难重重。

第3关：走出去——生态圈有天花板，走出去越早越好

有了客户和场景，互联网金融业务活下来没有问题，要发展壮大，还要能走出生态圈。

基于与场景的紧密结合，生态圈内获客成本低，风控成本也低，互联网金融业务从0到1，很容易又好又快地做起来。然而，获客成本的大幅提升是一方面，难的是拓展外部金融场景，真正的挑战来自生态圈外。

在实体企业踊跃参与"金融+"的背景下，强金融属性场景是稀缺资源，大的场景方倾向于自己做金融，或仅向股东方有限开放。这就出现了一种看似矛盾的现象：拓展体系外场景的前提是将其纳入体系内，近些年BAT大举入股或收购电商、团购、外卖、出行类企业，走的就是这个路子。

靠入股来拓场景，是非常昂贵的选择。因为很多场景类企业走的是亏钱拓市场的路子，若股东方不能持续提供资金支持，被入股的场景企业会很快在竞争中落败，变得一文不值。比如，团购市场的"百团大战"，很多团购企业都至少进行了A轮融资，最后活下来的也就三五家；出行领域的"滴滴快的"大战以双方合并告一段落，很多小玩家退出市场。

大的场景靠入股，小的场景则需要补贴。近年来支付宝、微信、易付宝拓展线下支付场景，开展随机立减活动；任性付等消费金融产品则加大对家装、校园市场的拓展，都属于互联网金融拓展小场景的成功尝试。

第4关：风控——风控不过关，规模越大问题越大

对于一般的行业来讲，做大规模基本也就成功了，金融企业却不然，风控才是最后的考验。

各行各业都有风险，大家为何对金融风险谈虎色变呢？举个简单的例

子，2014年工、农、中、建四大银行通过支付系统或代理行结算的支付额约1 184万亿元，而四大行净资产总额不超过5万亿元，若不严控支付过程中的操作风险、欺诈风险等，极小比例的风险发生，相对机构净资产而言都是极严重的损失。

了解世界金融史的人都知道，在金融业中，因为一个交易员的失误而导致百年老店倒闭的事件时有发生。历数美国几轮金融危机，金融机构的倒闭潮都是"标配"。

对金融企业而言，风控不过关，"其兴也勃焉，其亡也忽焉"，规模越大，问题越大。对互联网金融企业尤其是过了前三关的企业而言，要树立全面风险管理意识，在信用风险、操作风险、欺诈风险以及合规风险管理上均不可有短板。对风险怀有敬畏之心，战战兢兢、如履薄冰，这是互联网金融企业应有的态度。

互联网金融烧钱拓市场的路子走不通

随着互联网和大数据等IT技术的深入发展，互联网金融企业崛起对传统金融业的多个领域形成冲击，并向金融业的核心领域拓展。业界对互联网金融的发展模式有两种看法：一种观点认为要坚守金融机构审慎、盈利的行业本质；另一种观点认为互联网金融企业中短期内不应该追求盈利，规模至上。鉴于亏钱拓市场在互联网领域曾大获成功，很多人自然而然地认为互联网金融也应该走补贴扩规模的路子，到底是不是这样的呢？

补贴扩规模，互联网企业的制胜法宝

互联网企业普遍存在着增长甚至生存焦虑，快速做大规模几乎是唯一确保自己生存权的手段。

在移动互联网时代，信息的高效传播和模仿的低成本，使得任何蓝海都是短暂的。由于竞争者众多，互联网行业稳定的行业格局普遍是前三名垄断市场，企业若在业务初期犹豫不决、不敢投入，错过最佳的窗口期，很快就会被前三名远远地甩在身后，突围乏力。举例来讲，几乎所有的O2O企业，都把补贴当成最重要的推广手段、把市场占有率作为短期唯一目标，原因无非是O2O行业几乎没有进入壁垒，规模是唯一的竞争壁垒。

互联网是人群生意，产品即品牌，做大规模、做好产品是根本。质优价廉就是消费者眼中的好产品、好服务，通过补贴或降价的方式给消费者让利成为互联网企业"打造好产品、做大规模"的主要手段，不惜以亏损来拓展规模就源于此。

不仅互联网企业如此，有志于互联网转型的传统企业也在朝着这个方向大步前进。对于传统企业的互联网化，周鸿祎曾给出"商业模式互联网化、产品体验互联网化、市场推广互联网化和产品销售互联网化"的"四化"药方，其中，"商业模式互联网化"的重要一点就是硬件零利润、软件增值收益的免费模式。

可能大家要问：不追求盈利，企业的价值何在？其实，并非不追求盈利，而是先有规模，再要盈利，有了规模，就不愁盈利。互联网是流量变现的生意，规模做大后，整个价值链上的议价能力会大大提升，并可由此衍生出各种新的盈利模式，如靠配件挣钱、靠售后服务挣钱、靠软件赚钱，甚至进军其他行业靠生态赚钱等，本质上都属于规模做大后的流量变现。

金融行业特性否定了贴钱拓市场的可行性

互联网金融涵盖P2P、互联网理财、第三方支付、消费金融、供应链金融、众筹、互联网保险、互联网证券等众多业态，发展阶段和拓展模式各不相同。

具体来看，P2P已进入行业整合期，互联网理财成为互联网金融业务标配，众筹领域内苏宁众筹、淘宝众筹、京东众筹三强鼎立格局初现，第三方支付拓展线下场景仍需大量投入，消费金融和供应链金融处于快速上升期，互联网保险、互联网证券仍在起步阶段。整体而言，互联网金融行业仍处于高速发展的风口期。

按照常理来说，行业风口期正是快速拓展市场的黄金期，然而，金融行业的特殊性从根本上否定了贴钱拓市场的可行性。

一是补贴不起。金融做的就是资金融通的生意，天然具有交易量巨大的特点。腾讯和阿里烧钱15亿元帮助滴滴和快的奠定了出行领域的霸主地位，但这点钱在金融领域真的不值一提。举例来说，2015年P2P交易量过万亿元，按照1%的补贴率需要资金100亿元；第三方支付交易量保守估计超过40万亿元，按照1‰的补贴率需要资金400亿元。没有资本有这个补贴能力，当然，选择单个领域单个产品进行补贴也是可行的，但小打小闹对行业格局的影响并不大。

二是补贴也没用，甚至可能加大风险。金融业是高杠杆行业，交易量远超净资产，信用风险、操作风险、欺诈风险、市场风险等错综复杂，对全面风险管理能力要求极高。风险管理能力的提高需要业务数据积累、需要试错纠错、需要经济周期检验，这是不能速成的。没有风控保障下的高交易量，无疑是在玩火，规模越大，潜在问题越多。

三是持续亏损的金融企业是极其危险的。对传统金融企业来说，若持续亏损，会极大地增大交易成本，对存款类金融机构而言极易引发挤兑行为；对互联网金融企业来说，市场的容忍度更高，但持续亏损仍然极其危险。金融业是典型的周期性行业，再强大的风控能力都抵挡不住经济周期的威力，经济下行时，各类风险高发，金融企业可以通过回吐前期利润渡过难关，但持续亏损的金融企业很难度过经济下行期。

是时候冷静下来想想企业怎么才能赢了

当前的互联网金融行业中，仍不乏以亏损换规模的企业，虽然这些企业都声称自己始终把风控放在第一位，但你能相信一个不惜靠亏损来追求规模的企业会真正地重视风控吗？毕竟规模扩张和风控是相互制约的关系。

如上所述，金融业的本质决定了其不适宜走亏损的路子，违背行业本质的做法注定难以持续，互联网金融需尽快回归诚信、审慎、稳健、盈利的行业本质。

事实上，自2012年以来，风向就已经悄然发生变化：VC们开始谨慎投资，"先规模再盈利"的理想模式不再适用。很多行业开始陆续感受到资本寒冬的影响：迅雷、凡客等企业IPO被推迟，一些创业企业被谨慎的VC拖到破产，更有明星企业因VC的谨慎在竞争中败落。拉手网就是个例子，赢得千团大战的美团网CEO王兴事后曾分析道："拉手与我们很典型的差别是他们想更快一点，迅速融资，不停地融资，疯狂地烧钱，迅速上市。你也不能说他的策略一定是错的。如果资本市场对团购网站的疯狂时期更长一点儿，今天的局面也许会不一样。"

虽然没人说得清风向何时开始改变，但风向的确变了，2015年表现得尤为明显。在资本的运作下，美团网与大众点评合并、58同城与赶集网合并、携程与去哪儿合并、滴滴与快的合并，当市场厌倦了烧钱的游戏，喧嚣过后，是时候冷静下来想想企业怎么才能赢了。

新锐电商品牌"初刻"创始人许晓辉（先后就职于金山和凡客，"凡客体"策划者）在"初刻"出售后曾反思：若时光倒流，调整品牌定位是第一位，控制投入产出（控制早期投入，使得投入产出比在财务风险可控范围内）和成本控制（全方面控制成本，从房租、办公、差旅到其他）分列第二、三位。

在业界看来，"初刻"倒在资本寒冬的反思很有代表性：在互联网领域，不注重成本控制、一味追求规模的打法不再可行。

正如苏宁控股集团董事长张近东在一次受访时谈到的"趋势取代优势是任何一个企业都逃脱不了的宿命"，对企业而言，要认准趋势，莫要和趋势作对。

正确看待互联网金融的跨界融合

　　大金融是这些年流行的新词汇，金融前面加一个"大"字，意在突出用更广的视角看待金融问题。2007年，著名历史学者黄仁宇出版了《中国大历史》一书，强调以更为宏观的视角看待历史现象，我想"大金融"一词的灵感可能就来自这里。今天，很多人开始谈金融的跨界融合，早些年，大家谈的是金融分业经营和混业经营问题，跨界的含义更丰富一些。

　　追根溯源，今天所讲的跨界，主要还是产业资本跨界金融业务，是产业和金融的跨界融合问题。从银行发展史来看，德国和日本一直有工业企业办银行的历史传统，实行全能银行或主银行体制，银行和产业之间关系密切。在我们国家，金融与产业之间有着比较清晰的划分，互联网时代来临后，互联网金融的发展使得产业和金融的融合更为容易，产业办金融在这几年才变得比较普遍。从目前的发展情况看，产业与金融的融合以互联网金融的形式在支付、消费金融、供应链金融和投资理财四个领域取得了较快发展，对传统金融的影响也已经初现端倪。

　　关于互联网金融，近一年来大家看到了很多负面的信息，市场对互联网金融的印象变差，很多人认为它是个搅局者，其出现增大了金融体系的风险。互联网金融在发展过程中的确出现了一些问题，需要进行针对性规范，但是对于新兴事物，我们更多地还是要看到其积极的一面，支持其健康可持续地发展。所以，今天我主要想谈一谈互联网金融的发展带来的实实在在的好处，以及互联网金融与传统金融之间的合作关系。

互联网金融四大领域较好地做到了普惠和廉价

这半年来，我一直在谈一个命题，即互联网金融的使命是普惠金融和廉价金融。对长尾客户的覆盖是互联网的特点，普惠金融是互联网金融的天然使命，但仅仅普惠是不够的，这种金融服务还应该是便捷的和廉价的（即更低的融资利率、更少的收费）。应该说，互联网金融的四大领域均比较好地做到了普惠和廉价，这是互联网金融对金融体系和实体经济做出的重要贡献。

首先来看消费金融领域。数据显示，2015年国内互联网消费金融发放贷款2 300亿元，2016年会达到9 000亿元，甚至更高。互联网消费金融为何能获得这么快的增长，低利率和便捷的服务是两个重要原因。信用卡分期的年化利率一般在15%左右，互联网消费金融产品最低能做到8%左右，怎么做到的呢？我认为可能是理念不同，传统金融产品把利息收入当成目的，互联网消费金融产品可能有更多的考量，有时候利息收入只是目的之一。以电商系消费金融产品为例，利息收入只是发放消费贷款的一个考量，还有另一个重要考量是促进商品的销售，所以其有下调利率甚至实行免息策略的动力。银行信用卡与此不同，获得利息和手续费收入是其主要的目的。从便捷性上看，互联网消费金融产品的申请是纯线上的，短则几分钟，多则几个小时；而银行信用卡申请需要经过各级机构的传递，一般需要15个工作日甚至更长的时间。此外，相对于银行信用卡，互联网消费金融的门槛更低，可以覆盖更广的人群。应该说，这些年互联网消费金融的大发展，较好地促进了消费升级。

其次来看供应链金融领域。银行业在供应链金融领域深耕已久，进行了很多创新，也做出了很大贡献，但仍然存在需要提供保证金、成本较高、期限僵化三个"痛点"。以期限为例，不同企业的应收款项账期不同，从节约成本的角度来说，企业希望融资期限能与账期匹配，但银行的融资产品通常只有3个月、6个月、一年等少数几个期限可选。"痛点"的存在，银行是清楚的，但很难去改进，因为在供应链资金流、信息流和物流的"三流"中，银行至多能掌握资金流和信息流，掌握不了物流，对欺诈风险和重复质押风险就很难防控。前些年，国内钢贸融资不良大爆发，仓单的"一女多嫁"甚至仓单造假是重要的原因，根源在于银行不掌握仓储和物流。这三个"痛点"为实体企业发展供应链金融业务带来了机会，这两年很多大的实体企业投身金融行业，第一个要做的就是供应链金融，凭借对资金流、信息流和物流的掌握，风控能做得比银行更到位，自然能降低融资成本、取消保证金并做到期限匹配，真正促进了我们企业产供销的衔接。

再次来看支付领域。今天，所有主流的第三方支付企业的个人业务基本都是免费的，包括开户、充值、转账、提现、动户提醒、便民服务缴费等，手机银行还做不到这一点，还是有比较多的收费项目。此外，第三方支付的免费策略也给银行业带来了一些压力，促使银行业不断降费。以转账为例，2016年2月份，五大行联合宣布手机银行转账免费，网上银行5 000元以下转账业务也不收费，这是市场竞争带来的积极效应。在对公支付方面，第三方支付的费率也全面低于传统银行业。在支付领域，互联网金融实现了更低的成本。

最后来看投资理财领域。从目前的主流业务模式看，互联网理财更多的是换个渠道卖理财产品，与传统金融机构的理财销售缺乏本质的区别，或者说互联网对这个领域的改变还不突出。随着智能投顾技术的进步，互联网理财有望突破现有产品代售的模式，真正做到运用大数据、机器学习等技术改变传统金融业务模式。就当前而言，互联网理财有两大贡献，一是大幅度降低了理财业务门槛，从银行理财的5万元起降至1元起；二是互联网渠道节约了中介成本，能够给客户提供更高的收益率，大约能提高1~2个百分点。

互联网金融与传统金融业有很大的合作空间

上面是我谈的第一点，主要阐述了互联网金融在促进金融体系效率改进和服务实体经济上的贡献。接下来，我谈谈第二点，互联网金融和传统银行业之间的关系。

市场对二者的关系的认识，是有一个演进的过程的。刚开始，大家都觉得二者是一种绝对的竞争关系，甚至是颠覆者和被颠覆者的关系。从这两年开始，人们的观念开始有所改变，越来越多的人认识到，二者更多地还是一种合作关系。与传统产业不同，金融业一直比较注重同业合作，几乎每家银行都有同业业务部，在一些银行，同业业务部的收入贡献甚至不弱于公司金融部和个人金融部。正是由于这种紧密的合作文化，金融企业间形成了健康的竞合关系，该竞争时激烈竞争，该合作时倾心合作。我们看到，在金融体系内，没有一家金融机构希望另外一家机构倒闭，因为大家你中有我，我中有你，2008年美国第4大投资银行雷曼兄弟的倒闭成为全球金融海啸的导火索就是最好的例子。从这一点来看，金融业与传统产业是有比较大的差异的，从一般的产业竞争来看，可能更加强调"剩者为王"的理念，竞争对手都做不下去了，市场就是我的了。

所以，对互联网金融企业而言，应多体会金融业这种合作的文化，这也是苏宁金融一直坚持的理念。在我看来，当前互联网金融行业与传统金融机构在资金合作、风险管理合作、渠道合作和产品合作四个方面具有很好的基础，且仍然还有很大的空间。

一是资金合作。一方面，互联网金融机构需要传统金融机构的资金支持；另一方面，互联网金融机构的资金，无论是自有资金还是客户资金，都是存在银行账户中的，也在为银行提供资金。关于传统金融机构为互联网金融企业提供融资支持，我认为这是经济结构升级的客观要求，未来会越来越普遍。过去的20年，中国处在重工业化阶段，大量银行资金集中于此，随着经济重心更多地转向新兴产业，传统产业的资金需求是下降的，释放出来的银行资金需要寻找新的出路。一般而言，银行对于新兴产业是谨慎的，以互联网产业为例，现在无疑是个大产业，但很多知名互联网企业的发展壮大更多地依靠的是风险资本而不是银行资金，在某种意义上，银行业曾经错过了这个大产业。互联网金融行业也是如此，未来必定有很大的发展空间，若银行业不想错过这个新兴行业，就需要为这个行业主动提供融资支持，可喜的是，目前已经有越来越多的传统金融机构意识到了这一点。

二是风险管理合作。传统金融机构擅长对客户财务信息的分析，但互联网金融企业还掌握了客户的行为数据、消费数据和社交数据等，可以对客户进行立体的风险画像，弥补纯财务信息画像的不足，这是传统金融机构与互联网金融机构在风险管理上合作的基础。当然，二者在黑名单共享上也有很大的合作空间。

三是渠道合作。互联网金融机构有流量，传统金融机构有网点，它们之间也存在合作的基础。

四是产品合作。一方面，很多互联网金融机构销售的产品都来自传统金融机构，如各类基金产品、保险产品等；另一方面，传统金融机构也需要为客户提供更为丰富的产品组合，在这方面也存在与互联网金融机构合作的空间。

除了上面四点，互联网金融和传统金融机构在其他方面也有很多合作的空间，在此暂不赘述。

互金平台布局企业理财，一场持久战！

2016年以来，互联网金融巨头相继布局企业理财市场，意图从这个数十万亿元的市场中分得一杯羹。不过，与个人理财业务不同，企业理财市场是另外一套玩法。互联网金融平台（以下简称"互金平台"）进军企业理财市场有哪些优势和劣势？欲分得一杯羹，又需要做好哪些准备呢？

先来看看企业理财市场的蛋糕有多大

2015年，非金融类A股上市企业收回投资收到的现金为1.75万亿元，同比增长50.58%，近3年来年均增速达到58.22%。假设非金融类上市企业平均投资年限为1年，则非金融类上市企业2015年用于金融产品投资的金额为1.75万亿元。根据社科院测算，国内非金融类企业中，上市企业总资产占比约为10%，假设上市企业金融产品投资占比也为10%，则2015年国内非金融企业用于金融产品投资的金额为17.5万亿元。

考虑到增速的递减效应，假设未来5年年均增速为30%（2015年为50.58%），则2020年国内非金融类企业可用于金融产品投资的金额高达65万亿元（如图1所示）。如果能从这个巨大的市场中分得一杯羹，互金平台的行业地位不愁不稳固。

数据来源：苏宁金融研究院

图 1　非金融企业可投资金融产品金额（万亿元）

何况，拿下企业理财业务后，互金平台还可以通过公私联动反过来拓展个人业务，比如员工理财、员工信用贷、高管财富管理、企业福利发放等。事实上，对每家银行而言，公私联动都是开拓业务的重要渠道。以招商银行为例，在其信用卡业务展业最初的几年（2003 年前后），近 40% 的信用卡优质客户来自企业客户的员工。关于公私联动，招商银行 2015 年年报中有这样一段话：

"报告期内，本公司及同业金融以自身的快速发展为零售金融业务增长打造坚实基础：2015 年，公司金融通过大力营销代发工资、商务卡、养老金等零售业务，带动零售金融客户拓展，零售金融业务在公司金融业务的联动支持下，代发工资超过 10 000 亿元，商务卡等产品年内发卡 12.22 万张，管理养老金资产超过 1 300 亿元；同业金融资产管理业务把握市场动向，根据零售客户的差异化投资需求和风险偏好，提供理财产品，助力零售金融业务发展，报告期内面向零售客户发售的理财产品为 3 527 只，金额 72 356.03 亿元，期末存续规模 9 073.84 亿元。"

互金平台拓展企业理财客户有哪些优势？

理财产品有收益性、流动性和安全性三个特性，收益性和流动性与产品密切相关。而在刚性兑付的大环境下，客户多倾向于将安全性与平台挂钩，企业理财客户尤其如此。

收益性和流动性是互联网理财产品的两大法宝，借助这两大优势，互联网理财产品在短短几年内获得了数十倍的增长。

2013年6月，凭借金融市场"钱荒弥漫"的天时地利，互联网宝宝类理财凭借一度高达6%以上的收益率，异军突起，攻城略地，爆发式增长。以余额宝为例，在2015年6月份之前的长达两年时间内，7日年化收益率都在4%以上（如图2所示），互联网宝宝类理财成为人们活期理财的首选产品。

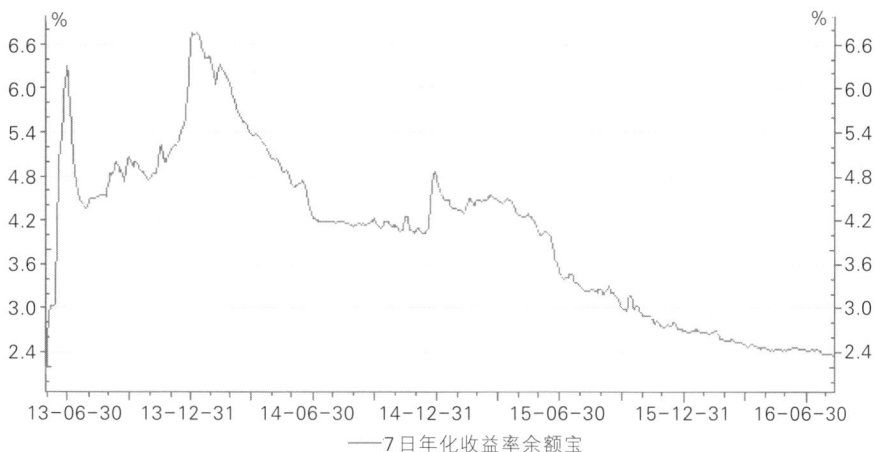

数据来源：Wind资讯

图2 余额宝7日年化收益率

其实，互联网宝宝类理财的实质是货币基金，占到全部货币基金规模的70%左右。截至2013年年末，货币基金市场规模达到8 801亿元，较二季度末增长143.95%，在基金市场中的占比也由12.89%提升至28.23%。互联网宝宝类理财的崛起带动了整个互联网理财市场的繁荣，2013年也因此被称作"互联网金融元年"。之后，宝宝类理财成为各家机构开展互联网金融业务的标配，一直保持着高速增长态势。截至目前，市场上累计出现了139个宝宝类理财产品，规模合计达到3.17万亿元，而货币基金在基金市场中的占比也已接近60%左右。

除了宝宝类理财，P2P理财产品通过引入变现功能兼顾了高收益和流动性，自2013年以来也取得了快速增长。截至2016年7月末，P2P余额达到6 567.58亿元，较2013年年末增长了20倍。

对企业客户而言，互联网理财产品最大的吸引力也是高收益和流动性，问题在于，企业客户对于安全性有着极为"苛刻"的要求。与个人不同，企业客户更加理性和专业，既不相信平台"本息保障"的口头承诺，也不会被很多平台宣称的"银行级"风控手段所迷惑，更不会单纯地相信广告背书、名人背书甚至股东背书等，企业客户认可的安全，需要基础资产合规和产品流程合规来支撑。

在2015年底《网络借贷信息中介机构业务活动管理暂行办法（征求意见稿）》发布之前，互联网理财基本上处于"无规可循"的状态，自然难以得到企业客户的认可，这也是互联网理财平台迟迟未能进军企业市场的重要原因。

拓展企业理财市场要做好五方面准备

监管机构划定红线后，基本终结了互联网理财产品的尴尬定位，为互金平台进军企业理财市场扫清了最大障碍。不过，一切也只是开始而已，互金平台要做好打持久战的准备。

一是要向企业客户证明自己合规。比如，为了证明不做资金池，平台务必要严格落实第三方存管制度，对每笔资金投向负责，并向客户清晰展示账户流水，因为简单的资金托管是难以说服客户的。再比如，要做实做细信息披露工作，基础资产、交易结构、逾期率、不良率等敏感信息不能再遮遮掩掩了。

二是要向企业客户证明自己安全。一方面，在理财产品对应的基础资产上要足够安全，个人信贷、小微企业融资等典型的P2P资产显然不行。从市场上已有的企业理财产品来看，其基础资产多集中在货币基金、专业资管产品优先级等低风险资产上，同时配置少量的稳健性资管产品。另一方面，在操作环节上要确保安全，如要严格落实企业账户认证制度，要做到资金同卡进出、账户变动短信提醒等。

三是要投入大量人力资源进行营销和客户维护。个人端产品标准化程度高，一般只要营销推广上得去，就很容易呈现爆发式增长。但就企业端而言，产品呈现出更多的定制化特征，定制化的产品需要投入更多的研发资源和销售资源。对企业端销售而言，烧钱的户外广告效果微乎其微，需要成百上千的客户经理提供一对一的服务，需要投入大量时间、精力、情感、服务等，这对很多习惯线上运营的互联网金融巨头而言，都还是很陌生的事情。

四是要创新服务方式，千方百计增强客户黏性。在企业经营过程中所需做出的各类决策中，短期闲余资金的保值增值并没有那么重要，要赢得客户的信赖还需要在理财之外下功夫。例如，一些互金平台通过为初创企业提供社保服务、残保金咨询、员工招聘、高管培训、财税优化、企业报销甚至员工理疗等增值服务提高企业客户黏性，还有一些平台为进出口企业专门开辟了中短期外币理财业务等。

五是要做好持久战的准备。相对于个人客户，企业客户的决策更为理性，一般要经过多次的交流互动，决策流程缓慢。同时，企业理财决策带有明显的"试错"意味，初期合作顺畅并建立信任后，才会逐步加大金额投入。整体而言，企业端业务讲究慢工出细活，要受得了辛苦、耐得住寂寞。

收费时代来临，互联网金融的影响及应对之策

2016年9月12日，支付宝宣布提现收费，很快形成了刷屏效应，而在2016年4月份微信宣布提现收费，也曾引发了激烈讨论。其实，收费并非第三方支付行业的新闻，而是整个互联网行业都在悄然发生的变化。不经意间，各大视频网站纷纷开启会员付费提前看模式，外卖平台开始收取派送费，出行平台也都悄然提价，资讯领域也出现了收费订阅APP，收费俨然成了互联网行业新的风向标。

收费的背后当然是出于成本的考虑，但成本因素一直都存在，所以，在笔者看来，收费的逻辑并非成本，而是更深层次的行业环境和消费环境的变化。在行业环境上，群雄逐鹿的草莽期已过，竞争格局初定，盈利成为更迫切的需求；在消费环境上，由消费理念转变带来的消费升级势不可挡，客户在更好的体验与免费之间的权衡天平开始向另一侧倾斜。凡此种种，都影响着互联网行业的市场格局，也对互联网金融企业的业务模式和业务策略产生了深远的影响。对互联网金融企业而言，唯有顺势进行业务模式的调整，才能踏上新的风口持续高速增长态势。

从免费到收费背后的市场格局变迁

在互联网思维盛行的那些年，免费成为最核心的内核，在互联网免费模式下，盛行所谓的"羊毛出在猪身上"的理论，即获客成本的覆盖并非来自顾客而是来自第三方。免费赢得用户，好产品带来口碑，用户口碑带

来新的用户，最后形成千万级用户基数。有了庞大的用户基数，既可以通过增值服务向小部分客户收费，又可以通过广告的形式回收部分成本，更可以赢得风险资本的青睐，获得高估值。2013年以后，又有了新的变现方式，就是可以进军互联网金融，发展理财和借贷业务。互联网金融业务的布局为估值游戏插上了腾飞的翅膀，形成了风险资本—补贴—用户规模—高估值—风险资本的正向循环，激发了中国互联网金融蓬勃发展的潮流。

然而，企业的高估值，根本上还是取决于最终的盈利能力，免费只是阶段性的权宜之计（不排除部分业务永久免费，但企业整体必须持续盈利才可持续）。不过，在盛行免费的行业里，收费的结果只会把客户赶到竞争对手那里去，于是乎，大家只能死磕，导致烧钱大战盛行，每一方都希望通过融资烧钱让竞争对手出局。盈灿咨询和IT桔子统计数据显示，2013年至2016年3月末，互联网金融行业累计发生865次股权融资，累计融资金额1 372亿元，其中2015年融资金额高达953亿元人民币，在各行业中排行第二。问题在于，行业排名靠前的玩家，背后都有大财团，指望通过烧钱把对手战胜并不现实，最终剩下的只是亏损和疲惫。以出行领域为例，2015年，Uber中国亏损10亿美元，神州专车亏损37亿元，滴滴未公布相关数据，但有媒体估算其至少亏损100亿元。

从根本上来讲，企业的高估值依赖的还是其盈利能力，不能盈利的企业估值再高也难以持续，既然不能靠烧钱消灭对手，依靠并购来化敌为友就成为突围新思路，并引发了行业格局的深刻变迁。我们看到，2015年国内互联网市场掀起了一股合并的浪潮。IT桔子监控数据显示，2015年互联网领域全年共披露311起并购事件，预估全年交易总额约3 000亿元，同比大增122.74%。其中不乏大家耳熟能详的一些案例，比如滴滴与快的合并、58同城与赶集网合并、美团网与大众点评合并、携程与去哪儿合并等。滴滴合并优步中国，随后双方补贴瞬间大幅减少，乘客端价格上涨，司机端奖励取消，充分反映出当前互联网企业对盈利的渴望。

互联网市场并购事件造就了各个细分行业的巨无霸，普遍占据70%以上的市场份额，此时跑马圈地的边际效应大大降低，围绕存量客户进行精细化运营成为当务之急。行业竞争形势的变化自然带来经营思路的变化，跑马圈地讲究补贴赚客户，精细化运营则讲究向服务要效益，一时间，收费、提价成为各个细分行业的关键词，互联网免费模式逐渐成为过去。

消费升级助力收费环境成熟

　　行业格局变化的同时，宏观层面也在发生着深刻变化，助力收费环境走向成熟。从欧美日等发达国家发展经验来看，当人均 GDP、人均收入、金融信贷环境等达到关键节点时，如人均 GDP 达到 5 000 美元，居民消费偏好和消费结构将发生显著变化。2015 年末，中国人均 GDP 达到 8 000 美元，并快速朝着 10 000 美元节点迈进，居民消费能力大大提高，正全面开启消费升级黄金时代。消费升级，从内涵上看，表现为居民生活品质显著改善，家居服务、休闲娱乐、文化教育支出占比不断提升。从形式上看，表现为即便价格昂贵，消费者为高品质、高科技、强艺术性的产品或服务买单的热情不减。

　　见微知著，大到出行、旅游、房产，小到个护化妆、厨卫家电，方方面面都体现出居民消费升级正当时。以旅游为例，伴随出境游人数的快速增加，旅客愈发愿意为优质服务买单，从而在航班、酒店住宿、餐饮美食、行程安排、生活体验等方面加大支出，"花钱买服务"，以享受一个更为轻松、舒适和个性化的旅程。从运动健身来看，健康意识不断增强，使马拉松、骑行、攀岩、室内瑜伽、潜水等活动持续火热，成为全民健身新宠，引爆智能手环、山地车、运动护具等方面的消费升级大市场。从个护化妆来看，海外购、海淘的崛起，使爱美女性对个人护理品和化妆品越来越挑剔，大众化妆品如宝洁、联合利华等大品牌正成为过去，取而代之的是欧美小众领域的高端产品，满足爱美一族身体肌肤全方位的保养需求。再从厨卫家电来看，消费升级趋势更为明显。相对于传统家用电器，智能化、科技性、艺术性、高品质、原生态、节能环保正成为厨卫家电的新标签。如互联网电视，让被动接受内容的时代成为过去，大大提高了居民观看时间的自主性；空气盒子，可时刻感知并记录室内空气质量，且可将空调、空气净化器等家电互联，科技感十足；原汁机，其先进的低速螺旋挤压技术，让水果细胞结构得以保全，营养价值更高；智能马桶盖，兼具水洗、温控、除臭等功能，健康卫生，引发国内游客日本抢购热潮。虽然单价普遍要比同类型的传统家电高出至少一倍以上，但依旧掩盖不住居民升级的热情和购买冲动，技术革新驱动下的新型厨卫家电销量增速屡创新高。凡此种种，皆为居民消费升级的缩影，却反映出居民消费观念和消费心理正发生巨大的转变，由省吃俭用、勤俭节约向"花钱买服务""花钱买享受"转变。

对于互联网金融的发展，居民消费升级的直接影响是使得高质量的金融服务成为吸引和留住用户的根本，免费模式的"吸粉"威力日渐式微，为更极致的服务体验买单日渐被用户所接受和认可。在这种环境下，对收费的耿耿于怀更多演变成了情绪的短暂发泄，并引发初始阶段的客户流失。发泄过后，且转换至另一家服务机构产生使用不惯、安全性不佳等成本时，人们将回归理性，还是会在收费和便利、安全之间进行权衡和妥协，流失客户又将重新回流。最为明显的例子莫过于微信支付提现收费，当时很多用户反应激烈并转战支付宝。但现在来看，当初那些叫嚣"逃离"微信支付的人，大多数在其他支付工具上转了一圈又回来了。因此，居民消费升级不断加速，使中国互联网金融收费环境日渐成熟，并对整个行业发展思路、商业模式、产品运营等产生深远的影响。

互联网金融行业的影响及应对之道

同其他行业一样，互联网金融行业也是依赖给客户让利等类免费模式而崛起的，理财层面是高收益，支付层面是免费，信贷领域则是普惠，与互联网行业的免费模式一脉相承。随着互联网行业整体步入收费时代以及消费升级的加速推进，互联网金融面临的商业环境和用户环境也在发生潜在变化，相应地，大家习以为常的商业模式也在悄然发生变化。

第一，理财层面。投资者对绝对收益偏好更为理性，开始追求风险可控下的相对高收益，类似2013年前后宝宝类理财靠高收益迅速崛起的机遇已经一去不复返，平台的竞争力开始向着产品的丰富度、便捷性、合规性等方面倾斜，相比以高收益取胜的P2P平台，大型集团旗下的一站式理财平台开始受到投资人更多的关注。与此同时，投资者理财产品组合配置的意识越来越强，对投顾业务也提出了更多的需求，在此背景下，智能投顾概念应运而生，2014年左右，国内开始出现主打智能投顾理财的创业企业，进入2016年，智能投顾业务开始成为一站式理财平台的标配，陆金所、苏宁金融、京东金融等大平台加速布局智能投顾业务，引发了智能投顾业务的新热潮。

第二，支付层面。用户开始更多地看中支付场景和生态体系的完整性，免费不再是吸引客户的必然手段，凭借对优质场景的把控，支付宝和微信支付相继对提现业务收费，以降低运营成本，更好地拓展支付场景，优化支付体验，形成了正向的循环。对互联网支付市场剩余参与者来说，受限于支付场景的不完善，仍将维系免费策略，但免费除了增大运营成本外，获取新客户的效果已经不大。在此背景下，103张互联网支付牌照显然多了，排名前十的企业虽有一战之力，也基本把业务重心向企业客户市场进行倾斜，以避开微信和支付宝在消费者市场的锋芒。对剩余的支付企业而言，并无太好的突围之策，于是乎，我们看到市场上掀起了一波并购潮，互联网支付牌照纷纷被有意进军互联网金融领域的大型实业集团囊括旗下，成为大型集团在体系内搭建金融账户体系和沉淀数据信息的工具。

第三，信贷层面。经过几年的发展，市场发现互联网金融的普惠主要体现在门槛较低上，在贷款利率上非但不"惠"，还高得吓人，如将近一半的校园贷平台年化利率在70%以上。不过，经过互联网消费金融机构几年的耕耘，基于消费需求的信贷市场已经被激活，再加上顺应居民消费升级的大环境，消费金融市场开始引起全面的关注，尤其是成功激发了大型金融机构的兴趣，既包括以银行为代表的传统金融机构，也包括大型电商和互联网巨头，从而开始引发市场大变局。后者坐拥雄厚的客户基础，在充分借鉴已经趋于成熟的大数据风控手段的基础之上，推出利率更为实惠的消费信贷产品，对"高利贷化"的存量互联网金融市场进行降维攻击，加速消费金融市场的洗牌期的到来。

最后，对互联网金融从业者而言，无论是宏观市场环境还是中观行业环境均已经发生了深刻的变化，顺势而为才是持续发展之道。万变不离其宗，用户体验依旧是每家企业最终取胜的法宝，只不过，免费不再是最好的用户体验。

互联网金融整治风暴来袭，行业将现四大变局

2016年10月13日，《互联网金融风险专项整治工作实施方案》（以下简称《实施方案》）在中国政府网正式发布。随着这份文件的公开发布，舆论的焦点再次转回到已经持续半年有余的"互联网金融专项整治活动"上来。自2015年10月以来，以打击"非法集资"为抓手，互联网金融逐渐步入规范和整治阶段，以2016年4月14日国务院召开电视电话会议统一部署整治行动为标志，互联网金融的政策环境和监管环境发生了重要变化。与之相应，其行业竞争环境、商业模式和发展前景也都有了深刻变化。

今天的互联网金融很难再重复昨天的故事，那么，互联网金融的明天会怎样？笔者就借着《实施方案》的公开发布，和大家聊一聊互联网金融行业的变局。

先回顾互联网金融监管环境的变化

2015年之前，互联网金融一直是重点扶持的对象。2015年政府工作报告明确要求："新兴产业和新兴业态是竞争高地……促进电子商务、工业互联网和互联网金融健康发展。"2015年7月，央行等十部委联合发布《关于促进互联网金融健康发展的指导意见》（以下简称《意见》），提出"作为新生事物，互联网金融既需要市场驱动，鼓励创新，也需要政策助力，促进发展"，此时，监管层对互联网金融的态度是温和的、鼓励的。

　　然而，2015年下半年以来，一些平台以互联网金融之名行金融诈骗之实且愈演愈烈，造成恶劣的社会影响，成为国家着手打击非法集资的转折点。

　　2015年10月19日，国务院发布《关于进一步做好防范和处置非法集资工作的意见》（国发〔2015〕59号），明确要求"密切关注投资理财、非融资性担保、P2P网络借贷等新的高发重点领域"。

　　2016年政府工作报告中明确提出"规范发展互联网金融"，在措辞上首次出现变化。

　　2016年1月21日，北京市发布《进一步做好防范和处置非法集资工作的管理办法》；4月5日，上海市发布《进一步做好防范和处置非法集资工作的实施意见》；4月14日，国务院组织十四部委召开电视会议，专题部署互联网金融整治事宜；10月13日，国务院正式公开发布《互联网金融风险专项整治工作实施方案》。

　　相对于1年之前，互联网金融的政策环境发生了天翻地覆的变化。

再来看《实施方案》究竟有多厉害

　　就新发布的《实施方案》来说，负面清单制管理更严格，分别对P2P、股权众筹、第三方支付等互联网金融主要业态和资管类产品互联网渠道销售、房地产金融等重点专题列明了政策红线，并由各部委出台配套子方案配合实施，以确保专项整治工作的有序推进。表1是对《实施方案》主要内容的解读。

表1　　　　　　　　　对《实施方案》主要内容的解读

监管事项	主要内容	要点解读
综合原则	打击非法，保护合法。明确各项业务合法与非法、合规与违规的边界，守好法律和风险底线。对合法合规行为予以保护支持，对违法违规行为予以坚决打击	此次专项整治采取负面清单制原则，重点对监管红线进行检查和整治

监管事项	主要内容		要点解读
牌照监管	互联网企业未取得相关金融业务资质不得依托互联网开展相应业务，开展业务的实质应符合取得的业务资质		明确了牌照监管的原则，从根本上杜绝互联网金融的所谓"监管套利"问题
P2P行业	1. 未经批准不得从事资产管理、债权或股权转让、高风险证券市场配资等金融业务。 2. 严格落实客户资金第三方存管	3. 不得设立资金池，不得发放贷款，不得非法集资，不得自融自保、代替客户承诺保本保息、期限错配、期限拆分、虚假宣传、虚构标的，不得通过虚构、夸大融资项目收益前景等方法误导出借人，除信用信息采集及核实、贷后跟踪、抵质押管理等业务外，不得从事线下营销	基本属于《网络借贷信息中介机构业务活动管理暂行办法》"十三禁"的翻版，网贷平台彻底回归信息中介模式
股权众筹		3. 不得发布虚假标的，不得自筹，不得"明股实债"或变相乱集资。 4. 严格信息披露，不得进行虚假陈述和误导性宣传	禁止"明股实债"，很多伪股权众筹平台业务将难以持续
资管产品跨界销售	1. 未经相关部门批准，不得将私募发行的各类金融产品通过打包、拆分等形式向公众销售等 2. 金融机构不得依托互联网通过各类资产管理产品嵌套开展资产管理业务、规避监管要求		此为对传统资管产品的规范，一定程度上也切断了传统资管业务与互联网金融渠道的联系
第三方支付	1. 客户备付金账户应开立在中国人民银行或符合要求的商业银行，且不得计息 2. 非银行支付机构不得连接多家银行系统，变相开展跨行清算业务		客户备付金账户管理是此次央行整治重点，也是第三方支付机构受罚的高发领域
房地产类金融业务	1. 从事房地产金融业务需取得相关业务资质 2. 严禁首付贷业务，规范互联网众筹买房业务		单独突出房地产类金融业务，可视作房地产调控的配套政策之一

资料来源：苏宁金融研究院

互联网金融行业将出现哪些变化

整体上看，在目前的监管框架下，随着合规整改，互联网金融行业的商业模式将发生重要变化，深刻改变行业的竞争格局和发展空间。具体来说，行业在短期内将出现以下四大变化：

变化1：牌照监管思路明确，从业机构数量将快速下降

作为曾经的主流创业领域，互联网金融行业存在数以千计的草根创业者，也是行业乱象频发的重要原因。从新出台的《实施方案》及各子行业配套方案看，互联网金融牌照监管的思路明晰。牌照监管将大大提高进入门槛，短期内将加速行业内中小机构的退出，与此同时，行业内马太效应加速，为大平台收割市场提供了绝佳的机会窗口。

以P2P行业为例，新规明确了地方金融监管部门备案、互联网增值业务证书、银行存管等基础性门槛。据统计，行业内同时满足三项要求的平台不超过3%，绝大多数平台将不得不因为从业资质问题选择退出。数据显示，2016年1—9月，P2P平台正常运营数量累计减少了393家。未来几个月，随着过渡期最后期限的临近，中小平台退出的速度可能会大大增加。与此同时，行业排名靠前的大平台成交量持续上升，2016年9月份，前十大平台成交量在行业的占比为33.97%，较半年前提升2.72个百分点，行业集中度进一步提升。

变化2：互联网金融小微化方向凸显，与传统金融机构的竞争关系淡化

互联网金融从小微金融和普惠金融业务上崛起，随着各类实业巨头的陆续布局，开始向供应链金融、一站式理财平台、企业金融等大金融方向发展，从而与传统金融机构有着越来越多、越来越激烈的竞争，脱离了监管机构对互联网金融和传统金融互补发展、错位竞争的初衷。通过一系列的制度文件，监管机构明确了互联网金融普惠化和小微化的特征，而小微金融一直是传统金融机构的薄弱环节，至此，互联网金融与传统金融机构的竞争关系大幅淡化，当然，互联网金融距离做大做强、再造国内金融体系的梦想也越来越远。

以第三方支付为例，2015年12月出台的《非银行支付机构网络支付业务管理办法》明确了三类账户的划分标准，对于最高级别的Ⅲ类账户，也限定"所有支付账户的余额付款交易年累计不超过20万元"，并禁止支付机构为金融机构以及从事信贷、融资、理财、担保、信托、货币兑换等金融业务的其他机构开立支付账户，大幅缩小了第三方支付机构的业务范围。《实施方案》则再次明确要求引导非银行支付机构回归提供小额、快捷、便民小微支付服务的宗旨。8月份出台的《网络借贷信息中介机构业务活动管理暂行办法》也以规定单人借款限额的方式明确了网络借贷的小微本质。

变化3：集中整顿期间，互联网金融暂时步入创新低潮期

根据《实施方案》相关要求，2016年4月至2017年3月为专项整治工作实施期，在此期间，主要的互联网企业将重心放在合规整改、兼并收购、收割小平台退出后的市场等方面，产品和模式创新的精力将会大打折扣，互联网金融行业暂时步入创新低潮期。

以P2P行业为例，2016年以来，行业内掀起了一波合规整改浪潮。一些平台通过砍掉C端资金来源实现去P2P化，转型为消费金融公司；一些理财平台悄然下架了非货币基金型的活期理财产品；一些理财平台开始下架大额投资标的；还有越来越多的平台因迟迟达不到资质要求而选择主动停业。受此影响，一向以追逐市场缝隙类需求即时创新著称的P2P行业，今年以来的行业产品创新活跃度大大下降，进入低潮期。

变化4：辅助型的金融科技类企业迎来新的发展机遇

在主流的互联网金融业态忙于合规整改的同时，以服务于金融机构为宗旨的金融科技类企业，因不直接涉及金融业务而未被纳入此次整顿，相对而言，仍处于快速发展期。

以大数据服务类金融科技企业为例，在大的行业环境中，IaaS、PaaS、SaaS逐渐成为潮流，越来越多的金融企业开始接受购买大数据服务的风控理念。从小的行业环境看，金融领域欺诈风险高发，大数据风控需求一直居高不下。在此背景下，大数据型金融科技企业针对性地推出了身份验证、用户画像、信用评估、黑名单、实时预警、催收管理以及账户安全、数据安全、系统安全、恶意营销管理、"羊毛党"识别等产品和服务，已经成为金融科技产业内发展速度最快和发展前景最广的细分行业之一。

再比如，智能投顾依托现代科技手段实现了标准资产产品的组合化和智能化，带来产品层面的创新。通过智能投顾技术，客户得以享受全新的风险和收益组合，本质上已经是一种新的投资产品。相对于互联网理财对传统资管行业的影响，智能投顾的影响更为深远，将在产品创新、业务模式、销售策略等方面给传统资管行业带来深远的影响。

一文说尽互联网金融的兴起、转折与破局之道

任何行业的快速崛起都不是偶然的，基本都是各类"天时地利人和"因素的综合作用使然，才会形成所谓的"风口"。10年前互联网产业的快速崛起是如此，3年前互联网金融的快速崛起也是如此。随着时间推移，曾经的促进因素逐步消退，行业发展往往会迎来转折点，需要找到新的驱动力量才能二次腾飞。下面，围绕2013年以来互联网金融的发展变化，来谈一谈互联网金融曾经的兴起、如今的转折及未来的破局之道。

助推互联网金融兴起的四大外因

2013年被称为"互联网金融元年"，以宝宝类理财为起点，P2P、第三方支付、众筹、消费金融等各类业态均取得跨越式发展。在苏宁金融研究院看来，除了互联网金融企业自身的努力等内因之外，还有四大外因不可忽视。

外因1：网民数量快速提升，"互联网+"成风口

随着新一代智能手机的普及，从2011年开始，中国网民数量进入了快速增长期。2011—2013年间，国内网民数量累计新增1.6亿人，为整个互联网产业的快速发展奠定了坚实的人口基础（如图1所示）。

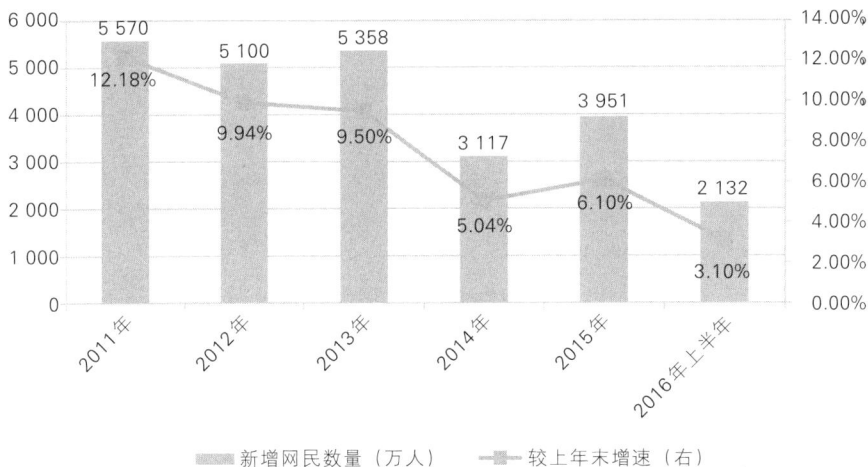

数据来源：CNNIC，苏宁金融研究院

图1　2011年以来我国网民新增情况

2013年前后，国内出现了一波互联网颠覆传统产业的浪潮，"互联网+"成为潮流。相对于以大规模生产、大规模销售和大规模传播为特征的工业化思维而言，互联网思维通过对市场、用户、产品以及产业价值链的重构，对零售业、批发业、制造业、广告业、新闻业、通信业、物流业、酒店业与旅游业、餐饮业等传统产业产生了巨大的颠覆效应。一时间，免费思维、用户思维、迭代思维、极致思维、流量思维、平台思维、跨界思维等词汇火遍大江南北。

随着互联网对传统产业的成功重构，"躺着赚钱的"金融业作为"最后一个堡垒"成为互联网企业觊觎的对象，这就为金融的"互联网化"奠定了基础。

外因2：PE/VC业态成熟，为互金快速发展提供了资本支撑

截至2012年末，活跃在中国大陆的VC/PE机构已超过5 000家，为互联网金融创业企业融资提供了便利条件。自互联网金融于2013年初露头角，很快就被PE/VC视为新的投资风口，2014年，国内互联网金融行业发生股权投资193起，同比增长339%；披露金额1 420亿元，同比增长695.38%。

PE/VC的助力使得互联网金融在早期得以延续互联网的"免费"思维，通过大量的补贴获得客户和市场，并通过对客户体验的极度重视重现口碑效应，完成了早期的积累。借助互联网易于传播、快速复制等特征，互联网金融在实现"从0到1跨越"后，很快实现了规模化几何级数上升，成为金融体系内部越来越重要的一支力量。

外因3："钱荒"持续，成为"宝宝理财"崛起的导火索

2013年6月份"钱荒"事件之前，商业银行对于央行在关键时点会向市场"注水"充满信心（实际上央行也一直这么做的），对流动性风险重视不足。银行业界普遍存在将短期资金用于中长期用途以获取更高利差的现象，而对于短期的资金支出需求，则通过银行间市场拆借来解决，资产负债期限结构严重错配。在2013年6月的关键时点，市场在经历了外汇占款增速下降、季末现金需求增加、银行表外理财业务整顿等各种情况的冲击后，流动性需求大增，银行业一如既往地在等待央行注水救急。而央行为了强化银行的流动性风险管理意识，选择了观望和等待，迅速引致银行间市场资金紧张，银行间同业拆借利率快速飙升，"钱荒"事件爆发（2013年SHIBOR隔夜利率如图2所示）。

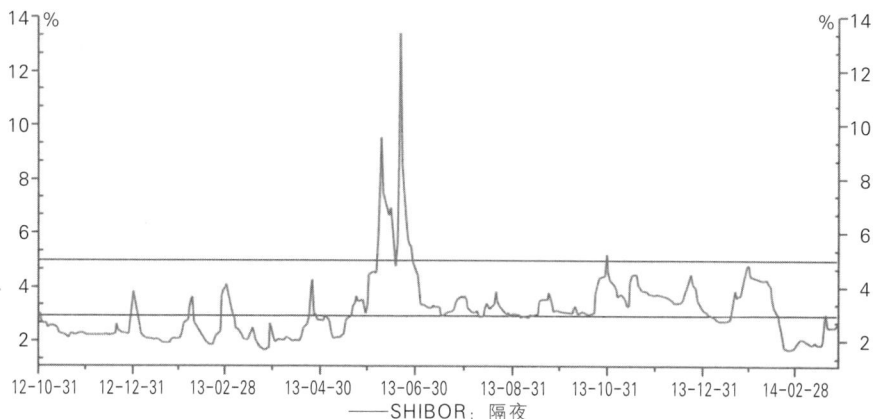

数据来源：Wind资讯

图2　2013年SHIBOR隔夜利率

　　2013年6月，凭借金融市场"钱荒弥漫"的天时地利，凭借一度高达6%以上的收益率，互联网宝宝类理财攻城略地，爆发式增长。在2015年6月份之前的长达两年时间内，宝宝类理财产品的7日年化收益率都在4%以上，成为人们活期理财的首选产品。

外因4：宽松的舆论环境，助力互金创业潮

　　2013—2014年间，互联网金融作为新兴事物，社会各界均给予了较为积极的评价，为互联网金融的快速发展创造了较为宽松的舆论环境。关于互联网金融，当时主要有两类观点，或重视或轻视，均从不同的角度促进了行业在早期的快速发展。

　　一种观点认为互联网金融意义重大，需要鼓励与扶持。这部分观点以学者和从业者为代表，认为云计算和大数据可以有效解决小微金融领域的信用风险评估难题，而互联网渠道的长尾效应则大大降低了金融服务的门槛，从而将"开放、平等、创新、服务"的基因植入金融领域，为中小投资者带来收益，也给传统金融企业带来一股新生活力，最终有助于推动金融的民主化。

　　另外一种观点则认为互联网金融尚未有根本性的技术变革，仅仅是将传统金融产品重新"包装上网"，只是渠道的改变，难成大气候。这类观点以传统金融机构从业者为主要代表，在他们看来，宝宝类理财本质上就是货币基金，而P2P平台的"本息保障"潜规则也有很大的隐患，难以从根本上撼动传统金融机构。

　　在上述外部环境因素的助力下，互联网金融在P2P、在线借贷、第三方支付、众筹、理财平台等业务领域和大数据征信、坏账催收、智能投顾、支付聚合、第三方信息平台、金融产品搜索等辅助业务领域均取得了突破性进展（如图3所示）。

数据来源：北京大学互联网金融研究中心，苏宁金融研究院；以2014年1月为指数100

图3　互联网金融分业务发展指数

四大因素加速行业拐点来临

互联网金融的快速崛起本身也产生了一系列的负面因素，从而在方方面面改变着行业发展环境，最终加速了行业拐点的来临。

困局1：合规门槛提升

自2015年7月份《关于促进互联网金融健康发展的指导意见》发布以来，互联网金融逐步进入集中规范期，互联网金融行业的整体合规门槛提升，成为加速行业分化的催化剂，也成为很多中小平台生存面临的第一道坎。

以网贷平台的资金存管要求为例，《网络借贷信息中介机构业务活动管理暂行办法》明确要求"网络借贷信息中介机构应当实行自身资金与出借人和借款人资金的隔离管理，并选择符合条件的银行业金融机构作为出借人与借款人的资金存管机构"。然而，据融360不完全统计，截至2016年9月末，国内已经上线银行资金存管的平台仅为95家，另外有接近200家宣称已经与银行签订了资金存管协议。

对于商业银行而言，一旦开展存管业务的平台破产倒闭，不仅前期的IT投入无法回本，还容易面临潜在的与资金兑付相关的声誉风险问题。虽然在法律上银行无须承担兑付责任，但理财者在资金兑付无门的情况下往往会找银行讨说法，对银行的声誉有一定的负面影响。基于此，银行开展资金存管业务时，往往会涉及较高的准入门槛，以便尽可能地降低合作平台破产倒闭的风险。结合银行对平台交易规模、资产质量等条件要求，未来至少有70%以上的平台会被挡在资金存管门外。

困局2：场景饱和及获客困局

一方面，互联网金融具有易于复制和快速传播的特征，经过两年的快速发展，优质的金融场景已经趋于饱和；另一方面，自2014年以来，网民数量增速从10%左右大幅下降至6%左右，网民数量红利已呈现明显的逐年下降态势，不足以支撑行业的高速增长。其结果必然导致互联网金融行业陷入明显的获客困局。

佐证之一是很多互联网金融平台的线上有效获客成本已经达到了千元以上，而两年前这个成本可能还在百元以下，甚至只有二三十元。佐证之二是几乎所有优质的电商平台和社交平台都推出了自己的理财产品和信贷产品，场景与金融产品的关系由之前的合作变成了现在的自营，自然也就把很多第三方的金融产品排除在外，加大了金融产品外拓优质场景的成本。

困局3：盈利困局

经过几年的高速发展，互联网金融行业仍然面临着普遍的盈利难题。第三方支付、网贷平台甚至消费金融等主流的业务平台普遍处于亏损或微利经营的状态，且在短期内仍找不到可持续的盈利路径，这开始影响资本市场对行业的发展预期，并加速了资本寒冬的到来。

以网贷平台为例，截至2016年10月末，国内正常运营的平台数量为2 154家，其中，仅有8家平台在官网或财务报告中披露了盈利信息，有10家平台在企业负责人媒体访谈中披露了盈利信息，这个数量不足正常运营平台数量的1%。

困局4：资本寒冬

互联网金融企业普遍不盈利，主要依赖风险资本获得维持高速发展所需的资金投入。然而，行业的长期不盈利使得风险资本逐步失去了耐心和信心，操作风格由激进变得谨慎，最终引发了资本寒冬的到来。从表1可以看出，互联网产业风险投资在2015年出现了峰值，共发生融资5 334家；2016年1—8月，融资数量同比出现了大幅下滑。

表1　　　　　　　　2014—2016年互联网产业融资统计（家）

时间	天使轮	A轮	B轮	C轮	D轮	合计
2014年	1 541	1 190	276	99	19	3 125
2015年	2 682	1 999	465	134	54	5 334
2016年1—8月	685	990	229	78	21	2 003

　　数据来源：投资界，苏宁金融研究院

在资本寒冬下，得不到足够的外部资金支持，互联网金融企业原有的发展模式难以持续，加速推动行业进入分化和整合阶段。

在上述因素的共同作用下，行业发展的两极分化成为当前整个互联网金融行业的共同特征，尤其在P2P、第三方支付等行业表现得非常明显，在互联网消费金融领域也出现了"赢者通吃"的苗头。说得更直白一些，互联网金融行业迎来了拐点期，整个行业已经进入下半场。

互联网金融的下半场

渠道变革是互联网金融上半场的主要驱动因素，随着人口红利和场景红利的消失，渠道的驱动作用逐步削减，行业的高速增长逐步成为过去。在此背景下，若企业依旧延续过去的业务模式和经营思路，无疑会事倍功半、收效甚微。在笔者看来，所谓的下半场只不过是旧的驱动因素衰竭的自然结果，只要找到新的驱动因素，行业依旧可以迎来快速增长的"又一春"。目前来看,至少互联网金融还有"金融科技"这张牌可打。

　　为了赶上新的风口,互联网金融企业要从以客户新增和交易规模为核心KPI指标的传统模式中挣脱出来,着重实现存量用户的精细化挖掘和从交易规模向盈利能力的转变,并在实现盈利的基础上,加大对金融科技的布局。毕竟,风口只会留给有准备的企业。

从AR红包看互联网金融企业的核心竞争力

近日，支付宝推出了AR红包，吃瓜群众又可以在2017年的春节红包大战中享受新型抢红包的乐趣了。没记错的话，这是继口令红包、"集五福"活动之后，支付宝放出的第三个红包"大招"了。

相比之下，微信红包并没有频繁地推出创新产品，却一直屹立不倒，对此，主流的解读是微信的社交场景太好，好场景压倒一切嘛。

自然而然地，有个问题就来了：AR红包有没有获胜的希望呢？若有希望，表明场景并不能决定一切；若没希望，工程师们不断对"红包"功能推陈出新的动力又来自哪里呢？场景和产品，哪个才是互联网金融企业的核心竞争力？

互联网金融，得场景者得天下？

在主流观点看来，互联网金融本质上就是场景金融，所谓得场景者得天下，主流互联网金融机构的平台化发展，本质上也是在不断地拓宽场景。

支付、理财、借贷是互联网金融三大业务，对场景的依赖程度不一而足。一般而言，支付对场景的依赖性最强，没有场景也就没有支付；借贷中的分期业务对场景的依赖性次之；相比之下，理财和现金借款就弱得多。

在场景金融理念下，很多现象似乎都有了标准答案。比如说，阿里和腾讯的互联网金融业务为何发展得最为迅猛？原因在于电商场景和社交场景。五大互联网金融集团之中，为何三家都来自电商企业？原因还是逆天的电商场景。微信支付的线下市场份额为何能稳步增长？原因是社交场景的黏性太强大，用户活跃度强于电商场景。互联网金融创业企业为何集中在 P2P 和分期领域？因为理财和现金借贷对场景的依赖性最弱。这样的现象还可以说很多。

在此，笔者不否认场景的重要性，但有个问题要抛出来：如果场景决定一切，那产品的位置在哪里？好的场景与好的产品，究竟哪个才是根本？

有人要问了，互联网金融的产品不都差不多吗，该有的功能大家都有，用谁不用谁，难道看的不是背后的场景等因素吗？比如笔者所在单位苏宁金融的 APP，该有的功能都有，体验也很好，若不是场景的因素，为何只是行业前五而非行业第一呢？在此，需要说明的是，本文所要重点论述的产品，主要是指市场首发型的战略级创新产品，因为市场模仿太容易了，成熟期的产品功能大同小异，已经失去了与场景一较高下的能力。而战略级的首发产品则不然，能量要大得多。

场景和产品究竟孰轻孰重？

市场中有两个经典案例可供佐证：一个是微信红包之于微信支付，另一个是余额宝之于支付宝。是微信红包这款创新产品成就了微信支付，还是微信的社交场景成就了微信红包？是余额宝这款产品成就了支付宝，还是支付宝的电商场景成就了余额宝？这两个问题清楚了，场景与产品孰轻孰重的问题大致也就有点眉目了。

案例 1：社交场景的强金融属性是后天的，根源在好产品

在支付领域，很多人都对微信支付背后的社交场景羡慕不已，潜台词是社交场景才是微信支付风头无两的主要原因。但支付天然就和社交联系在一起吗？毕竟，在 2014 年之前的舆论中，电商是天然的强金融场景，而社交的金融属性要差得多。否则无法解释，为何阿里、苏宁等电商平台

做起金融来得心应手，而社交软件那么多，做金融突围的也就微信一个。

先说其一。问个问题，现在支持扫码付的APP很多，体验相近，你也都绑了卡，在线下扫码过程中，你为何还是选择了微信支付（为便于讨论，排除小商贩只支持微信支付的情景）？小商贩并非你的好友，你也不想因为一次购买就发展一个朋友。显然在这里，社交属性并非首要考虑因素，重要的原因可能是你把微信APP放在了手机屏幕中的黄金位置，打开很方便；而其他的钱包工具可能已经被你折叠进"财富管理"文件夹，打开的过程就多了一步。因此，本质上，若出现一款APP，用户打开的频率和微信一样高，这款APP早在几年前也推出一个支付工具，问鼎行业前三是不是有可能？

再说其二。手机屏幕中的黄金位置很多，电话、短信、相机、照片甚至新闻类APP等都在首屏，为何都没有做支付呢？笔者认为，一方面是微信有意发力，更重要的则是微信红包的横空出世强化了社交与支付之间的关系链，并完成了客户绑卡量飞跃的关键一步，之后，微信社交关系链（注意哦，并不是社交）就有了强烈的金融属性。支付是基于银行卡账户产生的，没有绑卡行为，社交和金融就是两码事。而社交金融又具有极强的先发优势，一步领先步步领先，一旦社交平台成功与金融属性捆绑，后来者是很难追赶的。还是那个问题，目前的社交APP还少吗，成功做金融的还是只有微信"独一无二"。

试想，若当时是易信、米聊或支付宝率先推出红包功能，微信靠滴滴打车、美团网等场景还能完成关键的绑卡行为吗？绑卡用户量不足，拿什么支撑其庞大的支付帝国呢？世事并非皆有定数。

案例2：战略级的好产品可以创造战略级好场景

再来谈谈余额宝。2013年6月，余额宝上线，以"活期+高收益+阿里品牌"的方式点燃了国内互联网理财的热潮，几十个"宝宝"理财相继面世，P2P平台、分期公司、众筹平台如雨后春笋般出现，推动2013年成为互联网金融元年。

有了余额宝，人们开始有了在支付宝中存钱的习惯，支付宝开始真正从支付工具向钱包转变，也为后面招财宝提供了发展空间，最终助力支付宝转型为财富管理工具。反过来，财富管理工具的定位又会增强客户黏性和活跃度，创造了所谓的财富管理的场景。看来，好产品也可以创造好场景。

那么，回过头来想一想，如果不是阿里率先推出余额宝，而是由百度、苏宁或者小米等巨头推出类似产品，会不会取得同样的成功呢？

在笔者看来，一定会。今天来看，余额宝这款产品就是经过改良的货币基金拿到网上销售而已，在2013年，这的确算得上一款跨时代的产品。在这之前，要获得5%以上的收益只有银行理财（当时颇为小众的P2P就不说了），5万元的门槛，3个月、半年或一年三个期限可选，到期前你也看不到你的收益。而余额宝的出现打破了这一惯例，1元钱就可以享受6%的收益率，而且你每天起床都可以看一下你的新增收益，若是能存上10万元，每天基本上都会有30多元的收益入账，的确是个很美妙的体验。所以，真正吸引客户的，其实是产品本身的特性，与电商属性并没有什么关系。

因此，如果当时是苏宁或者百度率先推出了这一款产品，凭借二者庞大的客户基础，同样会取得成功，以该产品为基础聚拢人气和口碑，再推出其他周边产品，问鼎行业头把交椅又有何不可呢？

好产品+客户基础才是制胜王道

场景金融的观念深入人心，撼动并非易事。笔者并非是要标新立异，而是看到场景金融的观念在某种程度上已经束缚行业创新。不同的经营理念决定了不同的决策结果，场景为王的观念容易导致销售为王的运营思路；而产品为王的观念才会更注重人才和技术创新。若产品让道于场景，没有场景的企业哪来的动力创新？没有后来者基于市场突围动力的创新，行业的发展不过是一句空话罢了。

末了，希望行业中有新的战略级好产品横空出世，给业已趋稳的行业格局带来新的变数。毕竟，这样的产品，有好几年没有再现了。

轻资产运营真的是互金平台转型的灵丹妙药吗？

近期，"萝卜章"事件终因保险公司的垫付而告一段落，对吃瓜群众而言，这件事就算过去了，但对从业者而言，却有很多启发之处。过去的几年，互联网企业流行轻资产运营思维，延伸到金融领域，信息中介成了轻资产运营思路最好的落地方式。于是，不仅传统金融机构纷纷宣布轻资产运营转型，互金平台也在市场和监管层的推动下一步步走向信息中介化。

但问题在于，鉴于金融产品自身的专业性和复杂性，在当前甚至未来可预见的几年内，市场不能指望消费者对金融产品风险的鉴别力有质的提升，在此背景下，消费者的金融产品选择必然严重依赖平台的产品推荐，并更多地演变为基于对平台的信任而选择理财产品。这一点虽然从合同关系或法律关系上有不合理之处，但站在市场角度看又并非没有道理。

在消费者把金融产品的选择权交到平台手中时，对平台而言就是沉甸甸的责任与压力，规模越大，责任越大，平台还能淡然地把底层资产的甄别权交给第三方而安心地做展示窗口吗？这种把自己的命运完全交到第三方合作伙伴手中的互金平台，真的有未来吗？

问题频发背后可能是战略思路出了问题

理财产品违约，已经成为互金平台不敢触及的"红线"。这条红线，不在监管层面，而在实操层面。在当前的行业环境和舆论环境下，一旦平台未能及时兑付资金，很容易引发投资者挤兑潮，给平台带来灭顶之灾。基于此，对平台而言，良好的信誉是第一宝贵资产，平台通常会不惜一切代价来确保到期资金的按时兑付。

挤兑带来的最大问题是流动性危机，在正常经营情况下，理财平台会保持相对稳定的资金流入和流出情况，通过事先的流动性测算，基本可以保证流动性均衡。当挤兑发生时，平台在短时间内遭遇大量的资金流出需求，此时并无足够的流入资金接盘，导致兑付失败。兑付失败本身会加剧投资人的恐慌情绪，引发更大规模的挤兑，也会使得潜在的流入资金中断，使平台丧失资金来源，最终因资不抵债而破产倒闭。对互联网金融平台而言，由于缺乏类似的存款保险和央行最终贷款人等制度安排，一旦遭遇挤兑，几乎就是灭顶之灾。

回顾2016年以来的理财平台倒闭潮，在500多家跑路、提现困难或经侦介入的平台中，产品逾期几乎是唯一的导火索。产品一旦逾期，接着就是挤兑，然后是提现限制，最后是经侦介入。由于提前可以预测到结局，一些平台干脆选择在产品逾期或接近逾期的时点"主动"跑路。你要说有的平台本来就是骗子，不能否认，但500多家平台都是骗子吗？肯定不是。相信大多数都是受互联网轻资产思维影响的创业者，怀着满腔热情进入这个行业，以"轻资产、平台化"的思路去"链接"资源，终因经验不足接手大量的"问题资产"。至此，一些创业者开始"黑化"为不法分子，玩起庞氏骗局的游戏企图自救，玩不下去就跑路；还有一些创业者，选择倾家荡产填坑，之后停业关门；还有一些创业者，因无力兑付面临经侦介入。

当前，不良资产高增长的趋势仍在持续，行业中也还有几千家平台，平台背后资产的质量状况将直接决定平台的命运。问题在于，由于奉行轻资产思维，平台在资产甄别、贷后管理等方面过度依赖第三方合作伙伴，真要评估资产质量，恐怕平台自己心里也没有底吧。结合监管门槛和不良资产暴露的趋势，笔者曾经断言2017年末还能持续运营的平台将维持在500家左右，意味着还有接近2 000家平台需要出清。如此大规模的平台退出，不能不说是业务模式或者业务模式背后的战略思路出了问题。

轻资产还是重资产，金融企业要怎么选

回过头来看，自2010年以来，互联网改造传统产业，在很多领域都取得了成功甚至后来者居上，唯独在金融领域，互联网思维似乎遇到了瓶颈。

互联网思维强调轻资产运营，大致的思路是通过免费思维和流量策略吸引用户并实施免费策略，然后以跨界思维寻找合作伙伴搭建平台，通过平台化的运作为客户提供一体化服务提升黏性，对资产方收取通道费或流量费以获得盈利。

在互联网思维模式下，平台与资产提供方只是通道合作关系，对资产的质量无心也无力进行甄别，这就埋下了行业发展的隐患。要知道，普通的商品销售出去，服务基本就算结束了，而金融产品卖出去，一切才刚刚开始，只有底层资产不出问题，放出去的钱能收回来才算圆满。所以，金融产品的风险和问题都是滞后的，片面强调当期规模并无任何意义，有时候一个资产逾期处理不慎，就可能引发挤兑而致全盘皆输。值得注意的是，金融业又是讲究杠杆效应的，像商业银行，基本是10倍的杠杆，10元本金可以放100元贷款，这意味着，如果不良率达到10%，就把本钱亏光了。很多分期公司，不良率达到15%以上，从资本的角度看，估计也已经资不抵债了。

在金融业，大家发现并不能照搬互联网的传统做法，估计也是互联网金融巨头纷纷从传统金融机构聘请高管的重要原因。然而，数以千计的小平台既缺乏对金融的敬畏之心，也缺乏从传统金融机构聘任人才的意识，即便有这个意识，也不见得能请来真佛，毕竟，传统金融机构里的人才也往往只会青睐巨头。于是，经过了短短一两年的高速发展后，行业的从业机构纷纷停业，从表面上看是监管政策提升了合规成本，根本原因还是发展模式走进了死胡同，难以为继。

轻资产的运营模式并非谁都可以玩

对传统产业而言，轻资产运营的难点在于做大客户规模，有了客户才能吸引商家入驻，有了足够丰富的SKU，反过来也能提高客户黏性，于是流量运营的思路应运而生并大获成功。

对金融业而言，轻资产运营的难点在于借款人（即底层资产）的风险管理，风险管理不好，轻资产运营就是虚的。既然轻资产本身决定了不可能深度介入资产的甄别和风控过程（这样就不是轻资产模式了），那就要求平台方具备极其强大的市场影响力和资源协调能力，确保底层资产一旦出事，各方不会扯皮，生态圈能兜得住，保住平台的声誉。对于大多数中小平台而言，缺乏这样的影响力和协调能力，一旦底层资产出事，合作伙伴往往反目成仇，要么平台自己兜底，要么事情闹大，经侦介入，平台关闭。而后者，正是数以千计的互联网理财平台已经经历或正在经历的事情。

因此，就金融业而言，轻资产的运营模式并非谁都可以玩，先要掂量一下自己的影响力和协调能力。一旦选错了战略方向，必定事倍功半，而且多半会是个悲剧的结局。

从周小川答记者问，谈一谈被"遗忘"的互联网金融

每年的央行答记者问，都是探究全年金融热点话题的绝佳窗口。记者们负责提出热点问题，行长借答题之机阐明全年的工作重点，引导市场预期，为接下来的工作做好铺垫，所谓"勿谓言之不预也"。正因为如此，监管部门的答记者问颇受市场关注。

然而，对于已经习惯了站在舆论风口的互联网金融而言，这次却不得不接受被"遗忘"的尴尬——无论是与会媒体还是央行行长，对"互联网金融"都只字未提。

受批判的热闹固然比不上不受打扰的冷清，但对于一个追逐市场估值的新兴行业而言，没了热度便少了关注，少了关注便少了客户，也少了资本的追逐。在此，笔者不想酸酸地就着冷清谈冷清，重点想探讨的是冷清的后果严重与否，然后再来说说如何重新回到"网红"行列。

互联网金融距离"冷宫"，只差一个备付金的距离

从超高理财收益到监管层的雷霆整治，互联网金融近几年几乎妇孺皆知，监管层对其也是"关爱有加"。

2015年全国两会央行答记者问，潘功胜副行长表明央行对互联网金融的态度——鼓励创新、适度监管，周小川行长则预告互联网金融政策不久出台。2016年全国两会央行答记者问，大家对互联网金融的关注更加具体，涉及P2P首付贷、平台跑路、分领域监管等。

到了2017年全国两会央行答记者问，监管层和媒体似乎把互联网金融给忘了，12个回合的问答中，除了一个第三方支付的问题算是与互联网金融相关，另外一个则是从数字金融的角度谈了谈普惠金融，其余没有一句提及互联网金融。

数字普惠金融是以数字化方式提供的普惠金融服务。更通俗地讲，就是利用高科技让原本贷不到款的人贷到款，让原来必须支付很高利率才能贷到款的人降低支付利率。互联网金融属于数字金融的一种，但数字普惠金融并不局限于互联网金融。相比较而言，数字普惠金融一方面扩大了技术的范畴，不限于互联网技术，另一方面强调通过技术扩大金融服务的覆盖范围、降低其服务费用，降费这一点，在互联网金融身上表现并不突出。从这个角度看，监管层提出"数字普惠金融"概念的背后，关注的实际上还是"普惠"二字。

不仅这次央行行长没提互联网金融，前几日银监会主席郭树清也没提，总理的政府工作报告也只是从大资管风险防范的角度提了一句。

监管层不提，记者们也没有主动问起。看来，在监管层和媒体的心里，除了风险防范，"互联网金融"可以去冷宫待着了。而就目前来看，互联网金融距离进入"冷宫"可能只剩下一个第三方支付备付金的距离。

此次央行答记者问，第三方支付的问答主要集中于备付金存管。备付金一直是第三方支付行业违规违法操作的高发领域，正如周小川行长所讲，"有一部分支付机构的动机和心思并不是想用新的网络科技手段把支付搞好，而是眼睛盯着客户的备付金，觉得那个资金可以拿来赚利差，甚至有的打自己的主意，缺钱的时候从那里挪用一些，这就是动机不纯"。

早在2017年1月13日，中国人民银行就发布《关于实施支付机构客户备付金集中存管有关事项的通知》，要求自2017年4月17日起，支付机构应将客户备付金按照一定比例交存至指定机构专用存款账户，且该账户资金暂不计付利息。

新规的出台，将从根本上杜绝资金挪用或非法占用的可能性，提醒行业中个别企业少动歪脑筋，尽快回归到小额、快捷、便民小微支付的定位上来。

除了资金安全的考虑之外，备付金新规还是监管机构规范行业发展一系列规章制度的重要一环，备付金的集中存管使得银行直连失去了土壤，为网联的上线和清算牌照的放开扫清了障碍。同时，备付金的集中存管使得第三方支付的资金流和信息流更加透明，为反洗钱和反金融诈骗工作提供了更好的条件。

所以，第三方支付备付金这件事，随着新规落地便要告一段落了。之后，整个互联网金融行业可能要彻底被"遗忘"了吧。

被遗忘究竟意味着什么？通常的游戏规则不再适用

从金融属性来看，不被监管关注是很惬意的事情。就像2012年之前的信托、2015年之前的互联网金融和2016年之前的保险资本。

笔者刚毕业的那阵子，信托业还是就业市场的小众选择，回过头来看，同学中最早"发财"的就是去信托工作的那一波人了。

互联网金融一度给传统金融机构造成了多大的"危机感"也不用提了，翻看2015年前后的财经头条，《躺着赚钱时代结束 银行员工集中投奔互联网金融》《互联网金融高薪"挖人" 传统银行迎来离职潮》等标题比比皆是。而险资在股市中的冲锋陷阵也让人印象深刻。

但一旦被监管层盯上，那便是另一种画面了。个中滋味，南唐后主李煜的一首词《破阵子》或能精彩诠释："四十年来家国，三千里地山河。凤阁龙楼连霄汉，玉树琼枝作烟萝，几曾识干戈？一旦归为臣虏，沈腰潘鬓消磨。最是仓皇辞庙日，教坊犹奏别离歌，垂泪对宫娥。"

如果不被监管层关注还值得开心，那么，当主流媒体也逐步淡化报道这个行业时，就值得从业者深思了。

不难发现，2017年以来，有关互联网金融、网贷甚至金融科技、区块链的行业论坛少了很多，而去年和前年这几个话题有多火，估计很多人还记忆犹新。就今年来看，主流的论坛主题开始聚焦于消费金融、供应链金融，显然，大家关注的焦点已经从互联网转移到了更为实质的业务本身。

这意味着什么？意味着在市场的眼中，互联网金融行业开始变得"成熟"或"平庸"。对一个尚未实现行业性盈利的新兴行业而言，这两个标签都是致命的。这意味着风口已过，而风口里的"猪"们却还未长出翅膀，若无人接盘，便只能摔到地上了。

在互联网金融高速发展的那几年，国内曾经孕育出非常多的"独角兽"（估值10亿美元以上），除了几大巨头外，还有网贷、互联网保险、消费分期等领域的一些创业企业，个别估值一度达到50亿美元以上。目前来看，不少企业的估值早已出现缩水。

一级市场中少了接盘侠，近期很多互联网金融企业又打起了IPO上市的主意，只是，广大股民对"互金"概念还买不买账呢？估计也难吧。

泡沫估值的游戏玩不下去，互联网金融行业的玩法也发生了大变化。在不具备可持续盈利能力的前提下，连获客的钱都拿不出来，交易量的高增长自然就无法持续，之后便会走向因交易数据下滑带动的估值的螺旋下滑（互联网金融获客与估值路线如图1所示），负反馈便开始了。

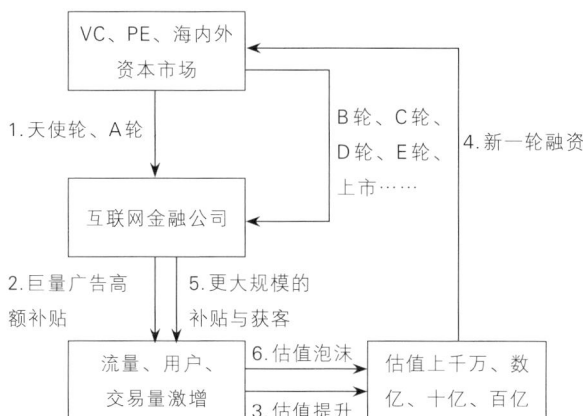

资料来源：苏宁金融研究院

图1　互联网金融获客与估值路线图

互金机构该拿什么来证明自己的"与众不同"

也许，最应期待的便是可持续盈利能力。但可持续盈利能力可以让企业活下来，却不能拯救行业挣脱"成熟"或"平庸"的标签，也就不能让行业继续享受新兴行业的"高估值"红利。

辛苦创业多少年，以为进入了朝阳行业，最终却变成了一家传统金融机构。在传统金融领域内，大家通常以"块头大小"来说话。无论多么大的互金巨头，去和传统金融机构比"块头"，瞬间就会被"秒成渣"，还谈什么高估值？还谈什么改变世界？这大概是互金行业最不甘心看到的。

问题在于，传统金融机构与互联网金融的合流之势进行得越来越快。这几年，互联网金融忙着做生态、做平台，鲜有令人惊艳的产品或创新产生。再看传统金融机构，一直在积极地吸收互金的"三板斧"，虽然基于各种各样的原因，吸收速度有些慢，但互金机构若停滞不前，传统金融机构便总有接近或赶超的一天。

届时，互金机构拿什么来证明自己的"与众不同"，拿什么来拯救自己的"不平凡"呢？在笔者看来，答案仍在于两个字：创新。

回顾互金行业这几年的发展，起于传统金融缝隙，兴于产品和模式创新，成于资本涌入，衰于野蛮生长。接下来，很可能败于资本退潮。至于之后，起决定作用的，可能还是产品创新：或进一步毁于创新停滞，或再次起于产品创新。

看似两条路，实际上没得选。

互联网金融企业的"中产焦虑"

这段时间，一二线城市的高房价又火了，再次引发了人们对逃离北上广的争论，顺带着，有人提出了据说能获诺贝尔经济学奖的三大难题，比如，为何学历不值钱但学区房却那么值钱？这个问题自然没那么深奥，只是段子，权当一乐，但背后的根源却让人深思。但凡当压力超过承受力，人便容易灰心丧气，当这一现象带有普遍性时，又会从一个人的灰心变成一群人的黑色幽默，段子便出现了。

人是社会的基本细胞，群体性现象的背后往往有更为中观和宏观的原因。中观层面，是人们工作的企业和行业出现了问题，使得养家糊口的供给侧即收入来源出了问题，收入增长赶不上支出增长，压力或者焦虑便产生了。

下面，我们就从中观行业层面，以互联网金融行业为例，来谈谈行业普遍面临的"中产焦虑"，以及行业的焦虑如何传导成为每个从业者的焦虑，最后演化成整个社会的群体性焦虑现象。需要说明的是，故事里的人和事纯属虚构，如有雷同，请勿对号入座。

高管视角：烦心事一箩筐的互金公司

甲公司是一家互联网金融企业，创业三年了，因为赶上了行业风口，三年来公司获得了飞速发展，先后进行了A轮和B轮融资，已经成为市场和同行眼中的"准独角兽"。然而，公司内部人士的感觉却并不乐观。

创始人王总最近有点儿烦。创业初期，为了获得免费流量，王总会每天花4个小时在论坛和微博上与用户互动，也很愿意就热点问题发声。慢慢地，王总成了业内的网红和意见领袖，事实上，创业的头几年，公司的近一半用户都是奔着王总的名头来的。虽然经常在外面侃侃而谈、信心满满，但王总自己也有苦恼，目前行业内的同质化竞争愈演愈烈，他一直苦恼于企业如何转型和突围，苦于没有好的方向。与此同时，近一两年来，整个创业团队的氛围大不如前，各个部门老总之间争吵不断，大家相互抱怨，似乎每个人都不快乐，他有时很怀念刚刚创业那段简单、乐观和积极的日子，有时也会陷入迷茫之中。

业务部门的张总最近比较烦，对外要与竞争对手打仗，现在产品的同质化太厉害了，唯有市场宣传、用户补贴等全方位发力，才会有好的结果，而财务部门却要压缩用户补贴费用，说是公司B轮融来的钱快花完了，要省着点儿。唉，又要马儿跑，又要马儿不吃草，难啊。

人力资源部的李总也很郁闷，最近经常有骨干员工想离职，仔细询问原因，竟然是觉得看不到前景和出路，没有了干劲儿。可气的是，财务部的周总竟然还来暗示他，看能不能适当压缩员工费用。唉，难道他真的不知道人才是创业企业之本吗？

信科部的赵总对业务部门很有意见，经常不顾IT研发资源的现状提出不切实际的要求，一会儿说同业产品有了这个新功能，一会儿又要上那个新功能，而且都很急，员工经常加班加点来满足他们的需求。事后来看，这些新功能似乎并未带来业务的大幅增长，真是浪费资源。

财务部的周总忙于压缩费用支出，几乎成了各个部门的公敌，没办法啊，公司虽然是业内的明星企业，但至今也没有盈利，眼看融资的钱花得差不多了，现在又是资本寒冬，肯定要勒紧裤腰带过日子啊，但各个部门大手大脚惯了，要压缩点儿费用简直太难了！

品牌部的吴总也很苦恼……

所有人的苦恼最终都汇总到创始人王总这里，王总有时候也会很无力。本以为做了CEO就走上了人生巅峰，没想到烦心事这么多，早知如此，还不如做个普通的白领来得无忧无虑、自由自在。

员工视角：积极努力的他想逃离北上广了

小李已经30岁了，在甲公司（互联网金融企业）上班，是个小团队的负责人。目前，他与谈了3年的女朋友正式步入谈婚论嫁的阶段，只不过苦于无力买房，准丈母娘那里迟迟不松口。于是，小李把结婚的希望寄托在了升职加薪上，不放过任何一个空闲的时间为自己充电。

在工作上，他积极表现，努力做好每一项工作，经常加班到很晚。空余时间，他在得到APP上订阅了几个付费专栏，还不时地去听听知乎Live，以求拓展自己的知识结构；他置顶了很多行业相关的公众号，实时关注行业热点新闻资讯；他加了很多微信群，里面有很多行业大牛，他时常在群里发言，想着可以拓展自己的人脉资源。周末，他一般会去听几场精心挑选的行业论坛，不过经常失望地发现大佬们只是忙着推荐自己的企业或产品。他的背包里随时会准备一本书，一般都是根据"新年必读图书清单"上的推荐买的，以便利用上下班地铁上的空余时间。

虽然日子过得无比充实，但小李常常会感到莫名的焦虑。看着自己所在企业每天为竞争、为转型、为投资人的下一轮资金而发愁，又听闻公司正在筹划裁员和降薪方案，小李不知道自己的努力还能不能换来升职加薪，而迟到的升职加薪还能不能让自己追赶上节节攀升的房价。

这样的日子过了一天又一天，他有时候也会想点哲学问题，比如人生的意义、生活的目的，但很快就被现实的问题打败，一向积极向上的他竟然第一次有了逃离北上广的想法。

他们怎么了？又是为了什么？

对于甲公司，焦虑的根源不外乎增长——可持续的增长。

做了几年的创业企业 CEO，王总对罗振宇的一段话深有感触，罗振宇说："以前认为挣钱最重要，后来发现增长比挣钱重要；当你以为增长最重要的时候，后来发现增长的速度才是最重要的；当你在追求增长速度的时候，你又会发现超过市场预期的增长速度才重要。创业的本质是要增长，要预期中的增长，要超过预期的增长。无论你跑在哪里，跑得多快，后面都有一条狗，在穷追不舍。这哪里是在创业，这分明是一场没有终点的逃亡。"

拿互联网金融这个行业来说，支付、理财和借贷是三个主要的业务线，甲公司的重心在理财和借贷，准确地讲是理财和消费金融。在王总看来，理财和消费金融都有广阔的空间，但他不再确定这个空间与自己还有多大的关系。

为了吸引投资人，公司已经支付了比行业平均水平稍高的利息，而为了覆盖资金成本，公司需要对接大量的优质高息资产。是的，要够安全，且利息还要够高。2015 年之前，公司还经常能接到几个房地产企业和地方融资平台的大单，足够卖几个月的，但现在这些"好"项目都被传统金融机构以更低的利率抢走了。做供应链金融吧，作为一家创新企业，实在是没有资源，所以，在客户端获取可持续优质资产的希望越来越小了，从 2016 年开始，公司便把宝压在了消费金融上面。

作为一家创业企业，公司并没有海量的用户，也没有丰富的大数据，不得不与各种各样的小场景方合作，然后派驻大量的驻店员工线下获客。在这些场景中，业务员与潜在用户的有效接触时间往往不超过 10 分钟，10 分钟内用户拿不到贷款额度就会失去耐心，没办法，只好把信用风险防控后置，专心在这 10 分钟内做好欺诈风险防控。可气的是，不停地有竞争对手出来，说他们可以 3 分钟甚至 1 分钟就放款，搞得合作多年的场景方都想弃王总而去。凭王总的经验，真的怀疑这些 1 分钟放款的企业到底有没有做风控，不过没办法，只能逼着风控部门进一步提高审批效率，当然，效率和精准度是互斥的，但市场竞争激烈，没有办法，不良率高一点儿，只能靠高息去弥补了。

不过，在一两个极端事件曝光后，高息这种模式开始受到舆论的关注，被冠上了高利贷的帽子。唉，媒体这帮人哪里懂得我们的难处。不妨来算笔账，P2P 资金成本 10%，不良率 10%，再加上庞大的人力费用，利息不高一点儿，企业哪有生存的空间呢？

真正让王总深感忧虑的还是巨头们的虎视眈眈。之前，巨头们不掌握这些三四线蓝领工人的数据，做不了这块业务，才让创业企业有了"可乘之机"。可随着大量的创业企业布局次级客户市场，中国市场中的次级用户也渐渐有了信贷数据。假以时日，真担心这些数据被巨头们获取后，开发出一个大数据风控模型，把这些用户抢过去。巨头们的优势就一个，利率低，届时，我们这些高息的创业企业该何去何从？

每每想到这里，王总都头疼不已。不过，王总也想到了应对之策，那便是金融科技。唯有先于巨头们一步完成对这部分次级用户的大数据风控评估，才能借助新的业务模式降低对人力的依赖、降低不良率，从而慢慢把贷款利率降下来，获得可持续竞争力。只不过，大数据这玩意，说起来容易做起来难啊。何况巨头们在加速布局，不知道留给这些企业的时间窗口还有多久？一年？半年？

王总现在感觉，每一秒都是宝贵的，想加速布局金融科技，但财务部门却经常扯后腿，说什么没钱。想当初，那些风投都抢着来投资，没想到现在都端起了架子。而整个团队的氛围大不如前，也让他对"背水一战"能有多大的成功概率深感忧虑。他意识到，企业的转型不仅仅在业务层面，在内部机制和企业文化层面，也有很多坑要填，只是，他要与时间赛跑……

对小李来说，对公司和行业发展前景不乐观是其焦虑的根源。

就拿买房这件事来讲，自从毕业以来，小李就看着房价一直涨、涨、涨。但当初的他，从未觉得买房会成为自己中产生活的最大拦路虎。毕业的时候，企业刚刚创立，自己是第一批员工，拿到了一些股份，虽然不多，但互联网金融是典型的朝阳产业，这些股份未来肯定很值钱。后来，企业连续进行了两轮融资，估值已经算"准独角兽"了。小李相信，公司有朝一日上市后，自己的这些股份至少能值两百万元，无论房子怎么涨，付个首付总是够的。

工作这几年，房价一直在猛涨，但小李最近对公司的发展前景和自己的职业前景却不那么乐观了。

因为一些害群之马的影响，整个行业开始受到严格的监管，不受拘束、野蛮生长的阶段成为过去，公司再也不能天马行空地进行业务创新。

恰逢此时，在传统主业遭遇转型瓶颈的巨头们开始加速布局互联网金融行业，传统的巨无霸商业银行也加快了互联网化转型，巨头们的进入加剧了行业竞争，更重要的是以更实惠的价格、更便捷的场景抢走了小李所在公司辛苦经营多年的用户。

小李知道，作为估值驱动的创业企业，保持营收的增长是第一重要的，而恰恰作为一名老员工，他越来越看不清企业保持高速增长的希望。最近一段时间，公司内部几个部门的关系很僵，大家都想努力把自己部门的工作做好，但其他部门总是做不到百分之百配合，好像冥冥之中有张无形的网，束缚住了大家的手脚。小李知道公司出了问题，但不知道问题出在哪里。小李一度动过心思，换个行业重新来过，为了这个还惹得人力资源部老总不快，但实在舍不得那些原始股权，他决定先不管这些，抓紧时间充电，升职加薪才是硬道理。

小李开始了繁忙的充电过程，繁忙虽然可以让他忘记焦虑和烦恼，但他也清楚自己是站在了甲企业或者互联网金融这个行业的船上，自己跑得再快都没用，终究还是这艘船要飞速向前才成。

虽然购房的绝望一直在内心深处折磨着他，但事实上，他更担心的，还是脚下这艘船。他知道，只要船还在顺利前行，他的生活终究还有希望。

他们的出路在哪里？

说到出路，也是个有意思的事。

为了出路，互金公司开始不遗余力地加快金融科技的布局，结果自身的金融科技水平与巨头们的差距越来越大，反倒催生了数据热潮，数据是越来越贵了。听说，很多一直捣鼓数据的小公司，十几年来都半死不活，这两年倒做得风生水起。不过，有时候王总也会很释然，大不了从头再来，只是辜负了自己几年的心血和一帮打拼的兄弟。

话说回来，有什么办法呢？行业过了巅峰期之后，上千家的企业，注定大多数到最后都会变成炮灰。

为了出路，小李们不浪费任何一块儿时间来学习、充电，结果并未解决自身的焦虑，反倒催生了一个产业——"知识付费"，听说连微信公众号也要推出付费阅读功能了。不过，有时候小李也会很释然，自己终究在成长，在试着像蜗牛一样自己长出一副可以保护自己的外壳。另外，不就是一套房子吗？《人民日报》不是曾撰文，"失去奋斗，房产再多我们也将无家可归!"，我虽然没有房子，但我有奋斗精神啊。

什么？你说小李是不是充电充傻了，怎么这么阿Q呢？那你来说说，小李还能怎么想？

最后，还是想说点儿阳光的事情。那就是，你所有的经历与付出，都不会白费，上帝给你关上了这扇门，也许因为他知道，你真正的出路是在另一个出口。所以，很多时候，你并不需要有一个十分明确的目标来激励自己前行，因为未来本就是不确定的，如果是对的，做就是了，注定要经历的事情，经历就好了。

笼子里的互金！除了监管点名的现金贷，还有哪些问题？

近日，银监会发布《关于银行业风险防控工作的指导意见》，意在督促银行业金融机构切实处置一批重点风险点，消除一批风险隐患，严守不发生系统性风险的底线。同为会（银监会）管机构，银行业领了指示，网贷平台自然也少不了，集中在校园贷和现金贷两点，其中现金贷更是首次纳入监管意见，引起市场广泛关注。

继互联网金融集中整治之后，2017年，银行、保险、证券、信托等传统持牌金融机构也相继"沦陷"。在复杂的国内外经济金融环境下，各类风险隐患凸显，守住金融安全的底线成为重中之重，今年又被戏称为"风险集中整治年"。

回到互金领域来看，自2015年7月以来，互金的整治已经接近两年时间，局部风险已经被关进了笼子，自然不存在引发系统性风险的可能性，但由于各细分领域整顿和整改要求进度不一，风险隐患各异，个别领域的风险依旧不容忽视，高息现金贷引发的暴力催收只是其中之一罢了。

网贷行业：合规整改压力大，需警惕存量退出风险

2015年下半年以来，随着e租宝事件的发酵和后续一系列平台的卷款跑路事件，网贷行业一度成为互联网金融乱象的代名词，P2P犹如过街老鼠，成为舆论重点关注和监督的对象。

2016年8月，《网络借贷信息中介机构业务活动管理暂行办法》正式

出台，明确了网贷行业的定位和监管框架，通过平台备案、银行存管等强制性要求来确保投资人资金安全，杜绝恶性跑路事件的发生；通过十三项业务禁令，剥离了网贷平台对接传统金融机构资产、对接大额标的资产和变相发行理财产品的功能，促使平台回归到小额普惠的信息中介定位上来；通过加强信息披露和投资人权益保护，平台之前"敏感"的经营数据陆续大白于天下，为投资人"用脚投票"提供了信息基础，加速了行业优胜劣汰的过程。

《网络借贷信息中介机构业务活动管理暂行办法》出台后，配合专项整治工作实施方案的要求，各地金融办（局）均对网贷行业展开了逐一风险排查，提出整改要求并明确整改期限。通过设定较高的合规门槛，推动2 000多家平台加速分化，客观上达到了快速降低从业机构数量、增强行业可控性的效果。

综合目前的行业监管框架和近在咫尺的整改期限来看，2017年网贷行业面临较大的合规整改压力，虽然增量市场由于监管的趋严而整体风险无忧，但存量市场却有可能因合规和转型等问题出现意想不到的黑天鹅事件。

最大的风险隐患来自大额标平台的合规转型。截至2017年2月，网贷行业贷款余额为8 858亿元，从机构业务属性的角度粗略估算，大额标占比在60%以上。以最长到期期限1年来计算，随着这些大额标陆续到期，意味着未来1年内行业将产生5 300多亿元的余额缺口，会对整个行业的交易量、投资人活跃度和用户体验带来重大影响，从而引发很多潜在的风险点。比如，对于个别平台而言，交易量的急速下降甚至有可能引发资金流断裂的风险，需要予以重点关注。

消费金融：高速增长期需注意局部市场纠偏

近些年中国经济进入三期叠加期，外需不振、出口低迷，投资和消费成为拉动经济增长的主要力量，消费金融正迎来高速发展的黄金期。数据显示，2008—2015年间，银行业消费贷款年均增速为26.18%，比全部贷款增速高 8.66 个百分点。而 2004—2008 年间, 银行业消费贷款年均增速仅为 16.97%, 比全部贷款增速略高 2.61 个百分点。

2013 年以来, 市场中先后涌现出一批基于场景的消费分期公司, 连同数千家 P2P 平台一起, 构成互联网消费金融市场中的一支重要力量。进入 2015 年以来, 几家互联网金融巨头也纷纷在消费金融业务上发力, 成为其金融科技和大数据风控最佳的试验田。至此, 消费金融市场中出现了传统金融机构、互金巨头和互联网创业企业三支代表性力量。

从目前的市场格局来看, 以银行为代表的金融机构凭借较低的利率牢牢占据着优质客户市场; 互金巨头则凭借对场景的把控得以在具体消费场景中与传统金融机构争夺优质客群, 并凭借其大数据优势展开了对次级类客户的拓展; 互联网创业企业则主要依托与第三方场景提供商的合作, 重点开拓蓝领市场和三四线城市市场的次级客群, 通过较高的利率定价来覆盖风险成本。

三方力量各自占据一块优势领域, 并在不同客群的交界地带展开正面竞争, 但整体上看, 市场还处于蓝海期, 正面竞争仍然有限。因此, 整个消费金融行业仍然处于快速上升期, 发生大面积风险事件的概率并不大。不过, 我们也要关注局部市场和局部环节的风险。

以校园贷市场为例, 自 2016 年以来, 校园贷市场负面新闻层出不穷, 银监会发言人明确指出要对校园网贷拟采取 "停、转、整、教、引" 的五字整治方针, 重庆和深圳的地方监管机构纷纷发文, 对校园贷市场进行约束, 校园贷市场乱象才告一段落。

再以非法催收为例, 近年来几乎所有与消费金融有关的负面新闻都与非法催收或暴力催收有关, 近日引起舆论广泛关注的于欢案也是因非法催收引起的。在互联网消费金融内部, 高息贷款是非法催收的土壤, 反过来, 非法催收大大提升了催收的成功率, 降低了高息贷款产品的潜在损失, 换句话说, 非法催收也在为高息借贷市场的快速发展 "保驾护航"。需要说明的是, 虽然在短期内全面取缔高息贷款还为时尚早, 但应该对市场中一些带有普遍意义的非法催收或暴力催收行为进行纠偏, 从而真正确保整个行业的健康可持续发展。

第三方支付：市场格局初定，风险整体可控

第三方支付行业一度是互金领域乱象频发的重灾区，特别是在收单行业、二清、切机、套码等竞争乱象横行，甚至涉及洗钱、挪用客户备用金等行为，卷款跑路等行为也时有发生。

2015年以来，监管机构加大了对第三方支付领域的违规违法行为处罚力度，包括开出多张巨额罚单、先后吊销4家支付机构牌照等，有效整肃了市场乱象。与此同时，通过理顺市场机制、完善监管框架等手段，从乱象的根源着手整治，成功遏制住了支付领域的乱象。

2015年12月，央行下发《非银行支付机构网络支付业务管理办法》，建立了支付机构实名认证和三类账户体系的监管标准，并通过后续一系列针对日累计转账限额和笔数的补充规定，将第三方支付定位于小额普惠交易场景，从根本上斩断了第三方支付领域违法违规行为引发系统性风险的可能性。

2016年3月，发展改革委和央行发布了《关于完善银行卡刷卡手续费定价机制的通知》，在"市场化定价、借贷分离、取消商户类别"等方面进行了重大变革，使得困扰行业多年的套码、切机、信用卡套现、渠道套用等违规现象有望根治，成为收单行业发展的分水岭。

2017年1月，央行发布《关于实施支付机构客户备付金集中存管有关事项的通知》，从根本上杜绝资金挪用或非法占用的可能性，促使行业中个别企业少动歪脑筋，尽快回归到小额、快捷、便民小微支付的定位上来。

在进行行业层面集中整治的同时，通过网联框架出台、支付扫码合规、银行虚拟账户确立等措施，监管层在支付领域陆续为传统金融巨头松绑，在市场中引入新的竞争者，为行业的持续和良性竞争奠定基础。

从目前行业格局来看，各项监管制度基本完善，市场进入寡头竞争阶段，乱象的土壤基本不复存在，风险隐患基本消除，2017年行业更多面临的是探索如何在新的政策环境和行业环境下的创新发展问题。

结语：一手合规，一手发展

对传统金融机构而言，今年的状态是一手风控、一手发展，栅栏正被逐步加密，"牛栏里关猫"的现象将大大缓解。而对于互金企业而言，面临的则是一手合规、一手发展的问题，笼子早已密封好，带给大家的考验是如何在笼子里的小空间持续发展的问题。

在受局限的小空间里还能怎么发展呢？蛋糕总量就这么大，优胜劣汰，加速洗牌罢了。

银行业互联网化转型，步履缓慢的大象能学会跳舞吗？

对商业银行而言，挑战从未像今天这样普遍——外有全球金融市场波动加剧、黑天鹅事件频发、保守主义抬头、贸易增速下滑，内有经济增速趋缓、金融脱媒加速、利率市场化来临以及互联网金融跨业竞争。

多年前，马云曾放言"银行若不改变，我们便改变银行"，对银行不曾有大的触动。如今，面对内外夹击的挑战，"傲慢"的银行业终于愿意承认，金融科技创新正在加速重构银行经营发展模式和市场竞争格局。以互联网金融企业依靠金融科技快速崛起为榜样，银行业也在大力探索如何运用金融科技突破资产驱动的线性增长模式的制约。

在固有印象标签下，银行业似乎是传统和顽固的代名词，那么，步履蹒跚的大象能否学会跳舞呢？

银行业互联网化转型来势汹汹

2014年以来，银行业的互联网化转型频频登上新闻头条，如银行系宝宝理财、直销银行部、银行系P2P、手机Pay、网盟（网络金融联盟，由12家股份制银行发起）、扫码付、民营银行、金融科技实验室等，涉及面广，花样也多。不过，进行系统性梳理就会发现，银行业互联网化的主流打法基本上集中在下述"三板斧"上。

第一斧：渠道整合与优化

移动互联网时代，若不能与线上协同发展，线下渠道便无前途可言。

银行的渠道转型喊了很多年，基本为"手机银行升级、网点智能化转型"，通过线上线下的协同，做到"一点接入、全程响应"，打造一致的用户体验。

线上，把手机银行打造为移动金融服务综合门户，一方面通过流程优化，推动更多的业务线上化办理；另一方面，进行界面大改版，更趋近互金平台，操作更便捷，一改过去刻板拘谨的使用观感。同时，产品运营意识有了从0到1的突破，也开始将支付、理财、消费贷款、转账等高频功能放在首屏突出位置（如图1所示），甚至有一些银行在电子渠道推出智能机器人，针对标准化问题与客户进行智能互动。

资料来源：苏宁金融研究院

图1　苏宁金融VS建行手机银行的APP界面

线下，则注重网点的智能化和轻型化改造，提升效率，释放人力，并因地制宜开展特色化业务，推动网点从"交易型"向"营销型"转变。比如，加大智能柜台和智能机具投放，推进网点流程标准化建设，在提升效率的同时，也可以释放出更多的人力用于客户营销和服务。根据区域资源优势和业务量潜力分别打造旗舰网点、综合网点和轻型网点等，在特定区域，还会建设部分特色网点，如在高校附近建设特色图书网点等，充分发掘线下渠道的潜力。

第二斧：夯实账户基础，强化数据应用

业务从人力驱动到数据驱动的转型，首先要把分散的数据聚集在一起，便是要夯实账户基础。

从实践来看，一般需从内外两个方面着手。对于本行客户，通过整合内部各类业务账户体系，实现"一个客户、一个账户"；同时，随着银行三类账户政策的实施，Ⅱ类户可通过简单绑定本行或他行银行卡开户，与第三方支付企业的账户开立过程如出一辙，银行业务拓展不再受制于本行客户规模，获客壁垒消除，银行业开始陆续上线开放式账户系统，接受其他银行用户的注册，为非本行客户提供金融服务。

之后，便是要探索互联网、大数据、人工智能等新科技与银行传统业务的融合，让信息创造价值。在实际应用中，商业银行也是围绕精准营销和风险防控两个角度来布局金融科技应用，建立智能营销模型和大数据风控模型。还有些银行专门成立了大数据与人工智能、云计算、区块链与生物识别等金融科技创新实验室，有的银行则上线了基于金融科技的智能投顾产品。

第三斧：以消费金融和支付实现业务端的突破

渠道整合和账户整合的最终目的是实现业务层面的突破，银行普遍选择了消费金融和支付两项业务。

消费金融贷款额度小，信息对称，更适合标准化的信贷服务，成为商业银行运用互联网与大数据建立风险控制模型、实现线上自助操作、业务自动处理、风险精准监控的最佳练兵场。

在消费金融上，一般有两个抓手：一是深挖信用卡场景，主打购车、账单、留学、教育、家装及循环透支和取现等业务，这对商业银行来说是看家本领；二是推出主打消费的现金贷产品，借助低资金成本优势，以超低的利率切入市场，具有很强的市场震慑力（如图2所示）。

再看看支付。2016年8月前后，扫码支付正式得到监管机构的"书面"认可，扫码支付的"合规化"为银行布局线下扫码业务扫清了障碍。

从当前银行业的产品布局来看，目前主要包括扫码支付和收银台两类产品，前者主要依托手机银行APP，与第三方支付扫码直接竞争；后者则是扫码支付的聚合支付产品，本质上是一个收银台，与第三方支付扫码是合作关系。

资料来源：苏宁金融研究院（注：银行产品取非优惠利率水平）

图2 银行系VS互金巨头系消费贷款产品万元日息

依托对支付产品的布局，银行加快了对散落各处的缴费场景的整合，统一为便民生活场景，来提升用户黏性。

奈何生产关系拖了生产力后腿

马克思主义辩证法认为，生产力决定生产关系，但条件转化后的生产关系居于主要矛盾，反过来影响生产力。就银行而言，互联网金融业务为生产力，制度机制为生产关系，便出现了明显的生产关系拖生产力后腿的问题。

何以证明？我们先看逻辑，再看例证。

逻辑上，不妨沿着拳头产品从线下到线上的迁移线路进行推演。

产品主要作用于线下时，自然就加入了很多地域化的因素，每家分行都有很大的产品研发权和运营权，以便因地制宜，总行更多的只是进行统计、指导和督导。

拳头产品从线下到线上的迁移，一个根本的变化便是产品开始面向全国，从而必须由总行负责产品的开发和运营工作，分行的产品研发职能受到削弱，开始更多地朝着产品销售方向转型。

随着分支机构职能的收窄，起码在互联网金融这条业务线上，总行的权威将大大增强，其责任也更为重大，产品竞争力的强弱全系于总行，或是一个团队中的几个人，或是一个部门中的几十个人。

既然如此，起码在互金这条线上，对总行职能部门的考核便不能再采取大锅饭模式，否则业务便做不起来。而考核机制的变化自然会带动用人机制的变革，必须要能上能下，必须要优胜劣汰，起码管理者要能把业绩不好的员工调离核心岗位，否则市场化的考核机制便是一纸空谈。对一个机构而言，考核机制和用人机制牵一发而动全身。如果要改变，自然不能局限于负责互金业务的一个团队或一个部门，而是要在总行所有职能部门推行才能完全落地。而在所有职能部门推行，又谈何容易？

既然是谈何容易，我们沿着这条逻辑链条反向推导，会得出什么结论呢？

由于新的考核机制和用人机制在总行职能部门无法落地，在负责互金业务的部门便无法落地，大锅饭模式下，大家的工作积极性难以从根本上得到提升，响应速度滞后，产品创新速度便持续落后市场一个身位。

再来看看例证，来势汹汹的背后究竟有多大影响。

进入行业下半场后，互联网金融本质上便是数据金融，对这一点银行业有着清醒的认识，事实上，很多银行都把"场景融合、数据洞察""打造金融生态系统"等视作互金业务的发展理念。理念是很棒的，但因为生产关系影响了生产力，行动是远远落后于理念的。

银行业渠道整合和账户整合的成绩如何，在此就不说了，毕竟大家缺乏切身体会，主要看看其主推的几项业务吧。

先看看场景上的努力和成就。银联主推、银行站台、手机厂商配合的各种手机Pay，在2015年年底推出的时候也曾豪情万丈，承载着上述各方在线下场景分一杯羹的愿望，甚至一度引发了NFC与扫码支付孰优孰劣的争论。然而一年过去了，手机Pay依旧小众，连对收银员的使用培训都未到位，而扫码付正式得到监管层的认可，在争夺线下支付市场的战斗接近尾声的时候，各大银行又纷纷推出自己的扫码付产品，究竟能不能抓住尾巴还未可知。

随着场景金融概念的崛起，银行系的电商平台、信用卡商城开始重新焕发活力，毕竟为自家的支付、消费金融、信用卡分期等产品提供了场景。但问问各位，有谁在购物的时候会选择银行系的商城呢？

再看看数据整合上的进展。看大数据的能力不能光看其官方宣传，还要从产品上着手，尤其是各大银行力推的消费贷产品。在宣传上，都是快速授信、实时审批、实时提款，但绝大多数用户的使用体验只有三个字——没额度。

针对此事，各种垂直网站上有很多吐槽，主要集中于以下几点：在该行有房贷，没额度；在该行有高额度信用卡，没额度；在该行有房贷+信用卡+公积金，没额度。哪些人才有额度呢？要么是公务员或事业单位员工，要么是该行的代发薪用户。吐槽的人是不是有信用污点呢？不见得。从笔者自身来看，征信报告没瑕疵，在房贷行的消费贷产品中，也是没额度。

从这个角度看，很多银行在消费贷款上的大数据能力可能仅限于代发薪数据的整合，连信用卡消费数据、转账数据等都没有有效利用，显然还差得远。

综上所述，不难看出，在特定情境下，生产关系拖了生产力的后腿，此言不虚。

请注意潜在的"灰犀牛"风险

经过上面的分析可以看出，当前银行业的互联网金融转型，像极了步履缓慢的大象。因为体型大，所以走路带风，看上去来势汹汹；因为步伐慢，所以感觉上显得敦厚可爱，似乎少了很多威胁。

但问题在于，银行业的互联网化转型会不会成为互金行业的灰犀牛事件（与黑天鹅事件相对应，比喻大概率且影响巨大的潜在危机）呢？很有可能！

先看概率，银行业互联网化的成功转型是否是大概率事件？笔者认为是的。虽然受"生产关系"的牵制，转型速度有点儿慢，但毕竟转型才是趋势，几千家法人银行机构或者说二十余家上市银行中，总会有成功突破限制的银行，率先转型成功，从而带动更多的银行改变。

一旦成功转型，对互金行业是否影响巨大呢？当然是！不要轻视步伐缓慢的大象，一旦被踩到，非死即伤。

互金整改周年回顾：乱象、整改与转型、突围

近期，媒体传出了互金行业整改延期的消息，原定于 2017 年 3 月份完成的专项整治工作将延期至 2018 年 6 月，届时，未完成整改的平台或将被直接取缔。

其实，整改延期的迹象早已有之。《互联网金融风险专项整治工作实施方案》成型于 2016 年 4 月，将 2016 年 12 月至 2017 年 3 月底这段时间作为最后的验收和总结阶段，计划用 1 年的时间完成专项整改。然而，2016 年 8 月出台的《网络借贷信息中介机构业务活动管理暂行办法》，把网贷机构的合规整改期限界定为 2017 年 8 月；2017 年 1 月发布的《关于实施支付机构客户备付金集中存管有关事项的通知》提出"按照一定比例交存至指定机构专用存款账户"的要求，属于渐进推动的思路。

这种思路的产生，源于互联网金融涉及多个业态，每个业态的业务模式不同、潜在的风险点不同、风险整改手段也不同，整改所需时间自然也就不同。下面，我们对几个典型业态的合规整改予以回顾总结。

第三方支付行业整改回顾

在互联网金融各业态中，第三方支付行业最早获得准生证。早在 2011 年，中国人民银行就开始分批次发放"支付业务许可证"，一直到 2015 年，累计发放 270 张牌照。支付牌照的发放，使得第三方支付由"灰色地带"走入阳光下，为行业的繁荣发展奠定了坚实基础。在行业快速发

展过程中，源于对市场份额的竞争和降低成本的需求，部分第三方支付企业开始绕过监管原则，在备付金、清结算、二清、套码、反洗钱等方面陆续暴露出一些问题，反过来也加速了行业集中整顿和监管的到来。

收单环节的制度性规范以 2016 年 3 月《关于完善银行卡刷卡手续费定价机制的通知》的发布为标志，意在降低商户经营成本，扩大消费，引导银行卡经营机构提升经营管理水平和服务质量，促进我国银行卡产业持续健康发展。客观上，这一纸文件废掉了收单行业"叛逆作乱"的基因，具体体现为两大"金刚手段"：

一是变政府定价为市场定价，给予银联和银行充分的市场定价权。之前，收单巨头严格遵守政府定价，而一些小的收单机构则变相突破政策限制，通过灵活的定价方式拓展市场，引发了整个第三方支付收单行业的价格战，成为一系列乱象的根源。巨头获得灵活定价权后，小的第三方支付收单机构便很难单纯通过低价拓展市场了。

二是统一商户类别，渐次取消差异费率定价机制，套码的空间越来越小，两年过渡期后，基本也就不存在了。不能套码，切机也就失去土壤，一箭双雕，乱象难以再生。

互联网支付环节的制度性规范则以《非银行支付机构网络支付业务管理办法》的出台为标志，支付账户开始实名、开始有支付限额，小额普惠的定位越来越明显，针对支付机构众多、风险治理能力参差不齐的实际情况，对支付机构分类分级监管，实施差异化监管，提高监管针对性。同时，网联平台上线运行，致力于为支付机构提供统一、透明的资金清算服务，并加强备付金管理，第三方支付机构的银行直连模式将逐步成为历史。

最后，一直受制于账户限制和扫码支付合规性而难以大展拳脚的银行和银联，随着银行虚拟账户新规和扫码支付得到官方认可，传统巨头入场，更利于行业的稳健发展。

在行业整改稳步推进的过程中，市场格局也开始加速分化，C 端市场（消费者市场）由几大巨头占据了 90% 以上的市场份额，跨境市场成为行业新的增长空间，行业内基本消除了乱象生存的空间；B 端市场（企业客户市场）虽然大局未定，但 B 端市场有定制化、个性化的特征，且不涉及公众资金，也基本不存在发生乱象的空间。

整体而言，第三方支付行业虽然尚未整改完成，但合规整改已经不再是行业面临的最迫切问题了。

网贷行业整改回顾

网贷行业涉及公众资金，且一度频发平台跑路事件，一直都是此轮互联网金融整顿的重中之重。早在2015年7月，《关于促进互联网金融健康发展的指导意见》明确要求网贷平台"不得提供增信服务，不得非法集资"。

2015年12月，《网络借贷信息中介机构业务活动管理暂行办法（征求意见稿）》发布，提出了网贷经营的12条禁令。一些网贷平台开始了合规整改之路。

8个月后，《网络借贷信息中介机构业务活动管理暂行办法》正式出台，在征求意见稿的基础上进一步完善和细化，并给出了一年的合规整改时间。自此，网贷行业的监管框架基本明确。

在网贷行业的合规框架中，影响整改进度的规则主要有两条：一是银行资金存管制度；二是对大额标的限制。

前者的主动权在银行手中，基于声誉风险、系统对接成本等因素考虑，开展存管业务的银行有限，以城市商业银行为主，对网贷平台的要求也比较高，一般仅倾向于大平台，导致行业整体存管情况进展缓慢。2015年7月《关于促进互联网金融健康发展的指导意见》出台时就明确了资金存管的要求，2016年《网络借贷信息中介机构业务活动管理暂行办法》出台时，仅有30家平台上线银行存管。截至2017年5月，仅有221家正常运营平台与银行完成直接存管系统对接并上线，占比为10.29%，另有212家平台与银行签署存管协议，此外多达80%的平台都被资金存管卡住了脖子。

后者的主动权在平台手中，但平台积极性差，前期多采用观望态度，寄希望于监管层能够放松相关要求。究其原因，一些平台擅长大额标的资产运作，对于小额的消费金融标的并不擅长，转型过程并不顺利，为了确保交易量不下降，确保投资者投标体验，不愿轻易放弃大额标的。进入 2017 年以来，行业排名前 20 位的超级大平台开始逐步减少大额标的资产，月度交易量出现了零增长甚至负增长。整体而言，进展很缓慢。

考虑到现有监管框架对于小额普惠的行业定位，为了拓展发展空间，在转型整改的同时，大平台也在积极探索转型，一方面通过与上海黄金交易所、深沪两地证券交易所等合作，代销大额"定期理财"产品；另一方面则积极申请基金代销、保险经纪等牌照，上架基金理财、保险理财产品，转型一站式理财平台，只是整体上仍未有突破性的进展。

其他细分领域整改回顾

就其他几个细分领域看，众筹行业因缺乏实质性创新，各个业态整体发展陷入僵局。具体来看：股权众筹受合格投资人限制，门槛较高，且项目成功率低，发展整体步入低谷；实物类众筹则演变成新品预售平台，甚至与电商平台同步销售，逐渐失去了存在的基础；收益性众筹本质上属于互联网理财，在收益率、灵活性和项目资源上难以与 P2P 平台相提并论，发展受阻。

至于互联网资管的监管，目前尚未形成类似网贷行业和第三方支付行业的系统性监管框架，只是明确了牌照管理、关联交易防范、禁止变相将私募产品公开发行等几个原则，相关细则仍有待进一步明确。不过，互联网资管平台以大型集团为主，不存在大的风险隐患。

就消费金融行业来说，监管层以鼓励和扶持为主，只是对其中带有"高利贷"性质的部分现金贷产品从 2017 年 4 月开始出手整顿，高息模式难以持续，行业重归普惠的定位。

行业整体步入发展深水区

　　从整体来看，专项整治工作开展一年多以来，互联网金融各业态合规情况也都有根本性改观。就互联网金融各个细分领域来看，行业领先者早已在第一时间把可控的整改要求落实到位，比如，网贷行业中的超级大平台基本都上线了银行存管，合规不是问题；第三方支付企业，也在循序进行备付金集中存管的整改工作。

　　整改延期，自然是值得欣喜的事情，只是对行业整体而言，最大的问题不是合规整改，而是转型突围。

　　对于互联网金融行业而言，行业发展早已步入深水区，在特定领域，从追赶者过渡到领先者，也是一种无人区。当前最大的问题是如何在金融科技快速发展的背景下，探索新的模式、寻找新的空间，并不断应对因模式变化带来的各种不确定性。举例来讲，越来越多的金融机构开始意识到区块链技术创新和补充意义，在特定细分领域，甚至会带来颠覆性变革，为一些机构的弯道超车提供了可能。

　　至于行业模式怎么演变，弯道超车的机遇会在哪个领域出现，都是值得思考的问题。

金融巨头们接连发布合作协议，好戏才刚刚开始

　　最近，互金圈和银行圈好不热闹！几大互联网金融企业和几家大银行就像商量好的一样，先后发布了战略合作框架，不仅有业务层面的合作，更有金融科技层面的共同探索。

　　其实，互金企业与传统银行的合作并非什么新鲜事儿，网贷、第三方支付等业态早已与传统金融机构产生了千丝万缕的联系，合作之势一直在趋于强化。当然，抱团式地密集发布消息很有分量，也更有市场影响力，但也仅此而已，毕竟，两个业态间的合作早已展开。

　　不过，从合作的深度和进程来看，其实仍处于初级阶段，远远谈不上深入，从几对合作对象的合作声明中也可窥见一二。从合作双方的角度来看，最大的驱动力大概是科技赋能金融——科技实力占优的一方寄希望于将科技融入更多业务场景，从而推动科技自身的进化；科技输入的一方，大概想着借此提升业务体验，同时也能"用市场换技术"，推动自身科技实力的快速提升。

　　今天，我们不妨以传统银行的视角，重点谈一谈科技赋能金融的几个方向及实施路径，毕竟，好戏才刚刚开始……

"存量活客"与"智能获客"的革命

　　客户基础是各项业务开展的根本保障，在互联网金融企业极力推动的用户体验模式下，传统金融机构正面临着获客与活客的双重压力，借助金

融科技转变用户运营思维的理念正成为新的突破口。

对于工、农、中、建、交这五大行而言，虽然坐拥大量的客户，但受限于割裂的数据、单一的业务、传统的营销手段等因素，客户基础整体大而不强，面临"活客"难题。以工行为例，截至2016年年末，个人客户数为5.3亿户，其中个人贷款客户仅1 133万户，渗透率仅为2.1%。

对于股份制银行和城商行而言，客户基础薄弱，存量客户活跃度低，面临获客与活客的双重压力。截至2016年年末，以零售业务见长的招行，个人客户数仅9 106万户；中信银行为6 747万户；平安银行为4 047万户；兴业银行为3 491万户；北京银行为1 664万户。它们与互联网金融巨头的数亿用户规模均有着显著的差距。除了客户基础薄弱外，中小银行同样也面临着存量客户"活客"的难题。

不过，Ⅱ类和Ⅲ类账户的落地，大大缩短了银行新开户的操作环节，虚拟电子账户的开通体验与第三方支付账户无疑使得手机银行、消费贷款等产品获客均不再受本行借记卡账户的限制。比如，客户可通过他行账户注册本行手机银行，并享受各种金融服务；客户也可选择以他行借记卡账户为收款和还款账户，向本行申请消费贷款。对银行而言，无论是本行存量不活跃客户还是非本行客户，均可通过诸如嵌入场景、丰富数据、多维度画像等相似的手段激活或获取，在某种程度上，获客与活客的边界正日趋模糊。

在场景上，一方面，银行加入银联云闪付二维码标准，共享银联线下扫码付场景，同时也在线下布局兼容第三方支付二维码的收单机具；另一方面，银行则与电商巨头合作，通过发行联名卡、虚拟账户合作等方式获客。与此同时，银行还在内部加快推动全行统一的客户标签体系建设，建立个人客户营销画像体系，形成对个人客户特征的多维描绘，实现对客户个体的个性化、集成化产品与服务推荐，以及对客户投资行为、风险偏好的自动评估。

以开放的心态加大与金融科技企业的合作，同时在内部积极推动金融科技的研发与运用，商业银行正迎来一场"存量活客"与"智能获客"的革命。在这个方面，科技正驱动着业务发展，成为第一生产力。

大数据风控与客群扩展相辅相成

经过几十年的发展，商业银行传统的风控手段已经趋于发展的极限，开始遭遇用信类客群拓展的天花板。近年来，电商巨头和互联网消费金融公司借助大数据这一风控手段的创新，成功地在银行传统用信客群外开辟了新的客户，大数据风控也成为传统金融机构实现客群拓展的重要手段。

提到大数据风控，银行不缺数据，但缺乏系统全面的结构化数据，缺乏对数据的整理分析，也缺乏多维度的行为数据，使得银行在大数据风控上反倒成为追赶者。

银行的自有数据主要是各种业务数据，是对全行客户业务活动过程和结果的记录。同时，为了更好地开展业务，还会要求用户提供诸如电话、职业、教育、住址等信息，如果有过贷款申请行为，还会包括收入、房产等强信用属性数据。此外，所有人的工资都是由银行代发，公积金数据、房贷数据和车贷数据也都在银行，银行在业务开展过程中还产生了大量的文档、资讯、图片、音像等非结构化数据。

但问题在于，银行业的数据是割裂的，除了信贷类的关键信息会以征信的形式报送央行征信中心，实现一定程度上的共享外，其他的各类财富相关数据，都分别沉淀在各家银行。比如张三，在中国银行有1 000元存款，在建设银行有20万元存款，在工商银行没有存款，那么，在建行看来这是个有钱人，在中行看来这是个再普通不过的用户，在工行看来这个人的财富状况无法判断。

反映到产品层面，便是授信类产品覆盖范围狭窄。在宣传上，都是快速授信、实时审批、实时提款，但绝大多数用户的使用体验只有三个字——没额度！

就大多数银行的消费贷款产品而言，目前仅限于公务员、事业单位员工和本行代发薪用户，本行信用卡用户、房贷用户、理财用户、转账交易用户等通常没有额度。这意味着，现阶段银行大数据能力可能仅限于代发薪数据的整合，连信用卡消费数据、转账数据等都没能有效利用，何谈消费数据、兴趣爱好、社交信息等行为数据的引入和整合呢？

在实施路径上，银行一方面需要尽快打通散落在各业务线和产品线的内部数据，形成用户统一画像，进而整合、分析、发掘新的优质用户，扩大信贷产品的覆盖范围、提升授信额度；更为重要的则是加快数据拓源速度，既要拓展公积金、纳税、缴费记录等信息，也要与大数据公司保持开放合作态度，补足用户行外金融属性信息，并利用爬虫技术抓取用户社交数据，丰富大数据模型维度。

总之，面对消费金融整体进入大数据征信2.0的新阶段，商业银行应转变风控观念，在实践中从"抵质押为主+大数据为辅"的操作模式向"大数据为主+抵质押为辅"的方向转变。唯有如此，才能真正实现信贷类产品的客群拓展与下沉。

智能投顾与资管业务普惠化

近年来，资管业务成为银行业转型发展的重点方向之一，通过发力非标理财业务，银行得以广泛连接银行同业、信托公司、券商、保险公司、基金专户甚至互金平台，在资产端打通了与市场各类参与主体的业务空间。理财资产的多元化客观上催生并加速了理财客户资金多元配置的需求，传统的一对一人工理财咨询顾问模式受人才、成本、渠道等因素限制，覆盖面有限，这就为智能投顾的发展创造了空间。

所谓智能投顾，是指通过量化投资模型，结合客户的投资目标、收入和纳税情况，为客户打造专业、理性的投资组合。

与传统投顾服务相比，智能投顾依靠模型且纯线上，边际成本几乎为0，且具有明显的规模效应，可以充分发挥互联网的"低成本、广覆盖"优势，推动投顾服务普惠化。

与理财产品互联网化相比，智能投顾依托现代科技手段实现了标准资产产品的组合化和智能化，从而带来产品层面的创新。通过智能投顾技术，客户得以享受全新的风险和收益组合，本质上已经是一种新的投资产品。

所以，相较于互联网理财对传统资管行业的影响，智能投顾的影响更为深远，它从产品创新、业务模式、销售策略等方面给传统资管业务带来了深远的影响。

当前，部分银行已经开展了智能投顾的探索，如招商银行推出了摩羯智投、浦发银行推出了财智机器人等。投资人只需要提出"目标–收益"要求，系统会自动配置理财产品组合并进行动态调整。对用户而言，这更像是一款操作便捷、手续简单的单一理财产品。而从银行的角度来看，则通过资产配置实现了多元化资管产品的销售，为一些非热门产品尤其是长尾产品打开了新的销售渠道。

从整体上看，银行业对智能投顾的布局仍处于初级阶段，数量少、产品配置种类单一，还有很大的发展空间，其对传统资管业务的影响也才刚刚开始发酵。

前景展望：金融业务必将被科技重构

金融科技本身仍处于发展与进化之中，其对金融业务的改造和影响也才刚刚开始。

除了上述几个领域的探索之外，云计算因其成本节约、可动态扩展、交付效率高等优点，开始被金融机构接受，部分外围应用服务已经初步实现云端化。

区块链技术在支付清算、资产交易、供应链金融等领域有望给传统业务模式带来颠覆性影响，目前各类实验性应用层出不穷。

物联网技术在提升金融机构风险识别和控制能力，推动金融产品和服务创新上有了巨大的想象空间，在供应链金融、大宗商品融资、保险标的管理、融资租赁设备管理等方面也已经出现了不少成熟的探索和应用。

机器学习、自然语言处理、知识图谱等人工智能技术在金融量化交易中有了很多应用，生物特征识别在金融领域也有着广泛的应用。

可以预见，随着金融业务中的科技性因素越来越多，业务与科技在某种程度上将出现融合之势，科技贯穿于业务全流程，业务本身也必将被科技重构。

无现金社会加速到来，监管该如何因势而变？

第三方支付快速渗透、传统金融机构布局扫码支付、便捷支付相关的金融科技技术持续进步，在各种因素的推动下，无现金社会正加速向我们走来。资金流通是市场经济运转的润滑剂，主流支付手段的非货币化，其影响绝不仅仅是支付体验的优化，还会带来货币统计口径的变动，也必然会加速各类金融业务和模式的重构。

站在监管机构的视角来审视无现金社会的到来，不难发现，无现金时代的金融监管，绝不仅仅是第三方支付监管或支付清算监管的问题，某种程度上甚至涉及对整个监管架构的重新审视和调整，不得不慎重对待。在本文中，笔者尝试从几个方面设想一下未来金融监管可能面临的新问题，权作抛砖引玉之言。

货币口径失真及货币政策失灵风险

谈到货币供应，一般有三个概念，分别为M0、M1和M2。一般认为，M0是狭义的货币供应；M1是现实的货币供应，可直接用于支付；M2是潜在的货币供应，因为其中的定期存款和储蓄存款不是即时的购买力。

在无现金社会中，M0的占比会越来越低，该指标也就越来越不重要。那谁的占比会增加呢？M1还是M2？

问题的关键在于要弄清楚替代性的支付工具是谁。如果银行卡成为主流的电子支付手段，对应的应该是M1；如果第三方支付账户中的货币基金，如余额宝、零钱宝等成为主流的支付工具，则对应的是M2中的非存款类金融机构存款；如果信用卡和蚂蚁花呗、苏宁任性付等消费金融产品成为主流的支付工具，则并不在央行的货币统计口径之中。

从目前的趋势来看，包括信用卡在内的消费金融产品成为主流支付工具的概率更大，而此类工具并未被统计到央行货币口径之中，会使货币统计口径与社会中的真实购买力脱节，统计口径小于真实购买力。

举个例子，央行统计的即时购买力M1约为50万亿元人民币，而考虑到大量的消费金融产品（尤其是其分期功能）的存在，社会真实的购买力可能在60万亿元左右，这种真实货币供应的增大可能会带来潜在的通胀风险。

除此之外，实际购买力结构的变化还会对现有的货币政策传导机制带来影响。央行的货币政策，大致分为调整利率的价格政策和调整货币供应量的数量政策。

央行调整货币供应量，一般通过调整基础货币和货币乘数两个手段进行，其主要媒介是存款性金融机构，影响的主要是银行存款。而在无现金社会中，真实的购买力隐藏在消费金融产品而非银行存款中，会导致央行的数量型工具在特定情境下失去效果。

支付工具进化与金融业态重构的潜在影响

回顾支付工具的演变历程，从快捷支付到扫码支付，再到Amazon Go推出的"买完即走"的自动支付模式创新，货币的电子化程度一直在层层深入。货币作为一切经济活动的媒介，货币形式的改变必将对经济运行产生深刻影响，并反过来改变金融业务的应用场景和业务模式，某种程度上甚至会完成对行业的重构。不妨以物联网技术普及对支付行业数字化进程的促进为例来谈一下这个问题。智能手机的普及使得手机成为第三方支付的主要载体，推动了第三方支付行业开启了第一波繁荣发展阶段。而随着物联网技术的逐步成熟和普及，支付领域有望进入"万物皆载体"的新阶段，智能手环、手表、汽车、空气净化器、冰箱、空调、电视等都可以成为支付的"账户载体"和"受理终端"，作为货币电子化的重要表现形式，支付清算在更广泛范围内实现数字化和虚拟化，引领行业发展再上新台阶。

对支付行业而言，"万物皆载体"要求重构业务流程，针对特定交易场景实现无验证式支付，进而实现自动化订购的目的，同时还要在便捷和安全上面寻找均衡点。此外，正如智能手机作为支付载体，为手机制造企业布局第三方支付带来机遇一样，"万物皆载体"时代的来临将为更多的跨界巨头进入支付行业提供机遇窗口，届时，目前稳固的市场竞争格局有望再次重塑。

对整个互联网金融行业而言，"万物皆载体"意味着"万物皆是数据源"，数据源极速扩容后，基于大数据的机器学习模型将大大推动信用评价的透明化和营销方式的智能化。届时，信用融资变得更为容易，风控能力或不再是贷款类企业的核心竞争力，基于场景和体验基础上的客户黏性成为竞争获胜的关键。而营销手段的智能化，则有望改变目前粗放式的无差异投放的营销手段，在大幅降低营销成本的同时提升营销精准度。

对于监管机构而言，金融业态的重构以及金融业务与场景的高度融合，需要重新评估现有机构监管模式的有效性。举例来说，在"万物皆载体"的模式下，支付行为的参与者不再局限于银行和非银行支付机构，智能硬件制造者等更多的跨界巨头也将成为重要一环。届时，该如何界定被监管主体？如何界定被监管金融业务？如何确保在保证监管效率的前提下减少监管空白和监管套利的现象？这些都是新形势下监管机构需要应对的新问题。

金融强监管时代，效率与安全的再平衡

2017年7月中旬结束的全国金融工作会议，对金融监管提出了一些新的要求，金融业正迎来金融监管新时代。

在机构层面，设立国务院金融稳定发展委员会，这是适应金融业务混

业经营大趋势的监管应对措施。同时，对于强化金融监管，金融工作会议有三个比较新的提法：一是强调"所有金融业务都要纳入监管"，即所谓的无死角监管；二是强调"更加重视行为监管"，注重从被监管主体的金融行为属性来对应监管机构，大大降低监管套利的空间；三是强调"有风险没有及时发现就是失职、发现风险没有及时提示和处置就是渎职"，即监管问责。

在强监管及监管问责的新形势下，面对无现金社会中的新技术、新业态，如何达到安全与效率的平衡，无疑也会成为监管机构需要面临的一个挑战。

对于新技术与旧业态的冲突与合作，站在从业者的角度看，主要是一个资源与利益的重新分配问题，大家争的，无非是在未来的行业格局中，谁的份额大一些，谁的利益多一些。而从监管者和政策层面来看，更多的则是一个效率与安全的问题，新技术通常会提升行业效率，政策是欢迎的，但也会带来很多不确定性，如对现有模式的冲击可能会产生安全的问题，需要综合考量，既要预防系统性风险的发生，又不能因为监管因素削弱本国金融科技企业的国际竞争力。

问题在于，安全与效率，几乎是一对永远的矛盾统一体，既相辅相成，又对立统一，最难的就是平衡度的把握。若过于强调安全和风险防控，则可能会延缓无现金社会的到来速度，甚至对支付机构和银行的业务创新乃至生存发展都带来较大影响；若从效率的角度出发，创新和便捷性是没有问题，但又难免会带来一些安全上的隐患。

谈四点建议，权作抛砖引玉之言

笔者从个人角度谈四点建议，权作抛砖引玉之言。

一是大力发展监管科技。综合利用大数据、人工智能等技术大幅提升监管效率，提高监管能力和覆盖范围。就现阶段来看，在对部分互金机构的监管中，已经出现了基于系统对接和公开数据挖掘的风险预警体系，这属于监管科技的初步应用。随着更多数据信息的接入和人工智能、区块链等技术的应用，监管科技还应有更多的表现形式，比如推动金融业务对区块链技术的应用速度，充分利用区块链的不可篡改特性，降低违规行为发生概率。

二是借鉴监管沙盒思路，实现安全与效率的动态平衡。通过沙盒测试，一方面可以在监管机构的控制下实现小范围内的真实环境测试，在沙盒测试中，受测试者不因测试本身而丧失任何合法的权益；另一方面，沙盒测试可以为监管机构提供清晰的视角来看待监管规定与金融创新的辩证关系，及时发现因限制创新而有损消费者长远利益的监管规定，并在第一时间进行调整，真正让适度监管、包容监管等创新监管精神落地。

三是实施分类监管策略，细分不同业态、不同机构甚至不同业务的潜在风险概率，有针对性地实施不同的监管策略。在这里，可以借鉴第三方支付行业的监管经验，为兼顾账户实名制要求和便捷支付的效率要求，监管机构对个人银行账户和支付账户实施了分类管理，账户开立时要求越严格，账户功能便越齐全。同时，在支付环节，按照"大额支付侧重安全、小额支付侧重便捷"的管理思路，在要求大额支付必须采用多重认证方式确保安全的同时，也允许在"云闪付""扫码付"等小额便捷支付中采用免密方式。

四是正视货币口径和货币政策传导机制的潜在变化，对货币政策有效性进行实时评估，并适时进行动态调整。

金融科技

区块链技术，通往未来世界的风口

近日，中国人民银行数字货币研讨会进一步明确了央行发行数字货币的战略目标。这意味着广受风险创投资金关注，并在比特币领域展露身手的区块链正快速走进公众和政策视野。

有人说，"区块链"技术将改变世界、改变一切，也有人说，互联网金融的终极形态是"区块链"。那神奇的"区块链"技术"神"在哪里？

在苏宁金融研究员看来，区块链至少存在以下五大领域存在神奇之处。

一、金融领域

1.可创造出一种去中心化的数字货币

区块链最成功的应用，将是创造出一种去中心化的世界货币，使全球货币发行不依赖各国的央行。货币的发行流通完全依赖于数学算法，人们可以在无须中介的情况下，自由、高效地进行交易，"比特币"就是其雏形。

与此同时，区块链技术能提供可编程的智能合约功能，这类似于交易合同。通俗点说，可编程的智能合约功能，可随意给交易合同添加各种不同的交易条件。通过智能合约，可以给数字货币施加限制条件，如这笔钱只能用于三农建设，而不能流入房地产市场，在发放前编辑程序写入数字货币即可。

2.能缩减银行服务成本和支付时间

区块链技术对于银行来说好处很多，但最主要的有两个：成本和速度。

成本方面，银行各个业务系统与后台工作，往往面临长流程、多环节，区块链去中心化技术为简化并自动化这些手工服务流程提供了可能。

速度方面，以支付为例，通过区块链技术可绕过中间支付清算系统，实现点对点即时支付，大大缩减支付到账时间。

3.有利于实现全球证券交易的一体化

传统的证券交易，需要经过中央结算机构、银行、证券公司和交易所这几大机构的有效协调，才能完成股票交易。而通过区块链进行证券交易，可使参与者在去中心化的交易平台上自由完成交易，并且可实现24小时不间断运作。这个过程简便快捷，公信力强，没有人可以作弊，因为每一笔证券交易都公开、透明，可追本溯源。

2015年7月，美国纳斯达克交易所宣布启动区块链实验，试图将区块链技术应用到股票市场中。如果实验成功，基于区块链的证券交易市场不断做大，将打造出一个真正意义上的全球证券交易所，使全球投资者可以全天候不间断地进行全球范围内的证券交易。

4.有助于建立点对点的互助保险平台

保险的运作本质，是投保人投保之后，保险公司将资金归集形成资金池并进行有效投资，一旦被保险人发生保险事故，则保险公司将按照合约规定将赔付金给予被保险人。这种模型下的保险形式，管理成本很高，如身份识别、损失核算、理赔，需要很多人参与，费时费力。

基于区块链技术，可建立点对点的互助保险平台，一旦有人生病，参与者将直接缴纳费用给患病成员。资金的归集和分配将完全通过区块链技术来实现，这会使资金运用效率显著提高。在这种模式下，保险公司的作用就大大降低了，其角色将逐渐转变为专业的咨询公司。

二、产权保护领域

在产权保护领域，区块链能让每个人成为知识产权的主体。

在房产保护领域，从拿地开始，再到房屋建造、买卖、转让各个环节，都把相关的产权信息、交易信息，通过记账的方式链接到区块链中，形成一个房屋产权数据库。由于这个数据库是分布式存储的，即使某个房地产公司倒闭了或者政府部门垮台了，这些数据依旧能保存完好。因此，一旦产生房产纠纷，只要通过查阅区块链上的房屋产权数据库，就可以有效明晰产权，减少调查和公证成本，简单便捷。

在知识产权保护领域，将贵重的艺术品所有权登记在基于区块链技术的公共账本上，被全网络验证并记录之后将无法修改，一旦产生产权纠纷，可追溯艺术品交易的历史，确认艺术品的所有权归属。如果这一设想能实现，则人人都可以成为知识产权的主体，照片、QQ聊天记录、微信朋友圈状态皆可轻易证明产权归属。

三、医疗领域

在产权保护领域，区块链可防范数据篡改、病人隐私外泄。

医疗领域，每天全国数以万计的病人因看病检查产生了大量的信息数据，而且很多是比较私密的个人信息，需要妥善保管。但在目前，病人信息基本上由各个医院单独保存或者卫生管理部门统一管理，这种中心化的存储方式无法保证资料的安全性，很容易发生数据泄露。

因此，通过区块链技术来保护病人数据信息就变得很有必要。将病人信息以加密方式链接到区块链中，既能保证数据不被篡改，又可通过设置多把私钥来更加安全地保护病人隐私。

四、供应链领域

在产权保护领域，区块链可成为打击假冒伪劣商品的尖端工具。

在我国，假冒伪劣商品屡禁不绝，一个很重要的原因是目前的商品供应链系统无法为货物提供一套可以从生产源头进行追踪的物流及交易记录，许多商品的信息在中途缺失，导致行政机关查出假冒伪劣产品的成本很高。

但基于区块链技术，从生产厂家开始，就将每一个产品的信息通过记账的方式链接到区块链中，之后到经销商、代理商、物流，最终到消费者这一流程的任何信息变动都登记其中，实现产品信息的全方位覆盖，任何信息都可以通过区块链进行追踪。

消费者对于自己收到的商品，可以通过查看区块链信息来分辨真伪，如果区块链上没有该产品对应的全流程信息，则说明这个产品是存在问题的。换句话说，依靠区块链技术打击假货可能比现有的任何方式都有效。

五、通信领域

在产权保护领域，区块链能提高电话或信息传输的安全性。

基于区块链技术建立的通信系统，打电话和发信息的方式是由个体直接发给全网络中的所有人，而不是通过一个中间电信服务商，再发送给某个特定的人，由此，通过软件跟踪电话或者信息的传输难度很大，因为全网络的人都接到电话或者收到信息了，但只有拥有私钥的人才能解密电话或者信息。

因此，区块链技术应用到通信领域，不但可以确保对方可以收到电话或信息，还能提高电话或信息传输的安全性，使电话或信息的传输路径无法被跟踪。

　　结语：虽然区块链技术目前还处于早期理论阶段，但我们无法忽视区块链可能给未来社会带来的巨大改变。乐观预计，在不远的未来，区块链有可能作为互联网的底层基础设施，在很多领域都表现出广阔的应用前景。无论是金融机构、企业、监管部门，积极关注、有效应对区块链技术的发展才是上策。

揭金融科技颠覆金融巨头的秘密武器

不知从何时开始，"金融科技"这个词突然变得时髦起来，成为了继"互联网金融"之后的又一个热点词汇。作为互联网金融从业人员，和人聊天时如果不聊几句金融科技（最好是Fintech），简直不好意思说自己是互联网金融圈从业者。下面，我们来说一说金融科技那些事儿！看看它们究竟有怎样的秘密武器。

"金融科技"的概念与由来

先看看概念。百度百科中这么讲，"金融科技一般是指科技金融，科技金融属于产业金融的范畴，主要指科技产业与金融产业的融合……由于高科技企业通常是高风险的产业，同时融资需求比较大，因此，科技产业与金融产业的融合更多的是科技企业寻求融资的过程。"

这个解释生生地把高大上的金融科技描述成了科技企业寻求融资的过程，百科该更新了！

再看看维基百科的解释，"金融科技，也称Fintech，是指一群企业运用科技手段使得金融服务变得更有效率，因而形成的一种经济产业。这些金融科技公司通常在新创立时的目标就是想要瓦解眼前那些不够科技化的大型金融企业和体系"。这里讲的科技手段，包括但不限于人工智能、机器学习、自然语言处理（NLP）等领域。

这个解释比较接近市场对金融科技的一般认知。不过，这个解释把金融科技企业与"大型金融企业和体系"对立起来，多少有点概念狭窄，但这并不妨碍我们对金融科技领域的深度解读。

解密金融科技8大代表公司

综合去年年末H2 Ventures联手KPMG发布的《全球金融科技100强》榜单和苏宁金融研究院内部监控数据，基于融资总资金额、融资率、地区和行业多样性、消费者和市场吸引力、X因素（产品、服务和商业模式评分）等角度，苏宁金融研究院选取了8家代表性金融科技公司，为大家详细解析国际领先的金融科技企业都长什么样，核心竞争力是什么，又会对传统的金融巨头带来哪些颠覆性的影响？

一、Oscar Health

Oscar Health是美国企业，经营领域为健康保险业，成立于2013年10月，截至目前估值达到27亿美元。

与传统健康险公司只参与病人医疗过程中的支付流程相比，Oscar Health的创新之处在于"通过重新设计健康保险"，包揽了患者咨询、问诊、用药、支付等一系列环节，主动介入医疗护理过程，为病人提供24小时远程医疗服务，病人可以随时向医生拨打免费电话（20分钟内不花钱），让复杂的医疗系统简单化。

二、Wealthfront

Wealthfront是美国企业，财富管理公司，前身为Kaching，成立于2008年12月，2011年12月更名为Wealthfront，转型为智能投顾平台，估值超过30亿美元。

该平台借助计算机模型和技术，为客户量身定制包括股票配置、期权操作、债权配置、房产投资等在内的资产投资组合建议，本质上，就是利用互联网技术，把成熟市场的机构投资模式直接提供给个人投资者。

Wealthfront按照每个账户扣除1万美元后的余额收取佣金，年费率为0.25%，远低于美国传统投资理财机构1%~3%的费率水平，受到中等收入人群的青睐。截至2016年2月末，Wealthfront的资产管理规模近30亿美元，同比增长近60%。

三、趣分期

趣分期是中国企业，大学生消费分期领域，成立于2014年3月，两年内完成六轮融资，估值约10亿美元。

趣分期为大学生的电子产品消费提供分期服务，通过价格战和庞大的地推团队迅速站稳脚跟，2015年8月获得蚂蚁金服2亿美元入股，持股比例为32%左右。据了解，受限于大学生人群高度的流动性（毕业意味着客户流失），趣分期正着力于拓展非校园客户。

不过，随着金融正规军对消费金融业务的重视，消费分期公司正面临越来越大的竞争压力。举例来说，分期公司的年化利率平均在19%左右，高于银行信用卡现金借款年化利率，也高于蚂蚁花呗、苏宁任性付、京东白条等电商系消费金融产品，高的融资利率将成为阻碍这些创业企业吸引优质客户的根本障碍。

四、Funding Circle

英国最大的P2P平台，成立于2010年，定位于小型企业贷款业务，估值超过10亿美元。

Funding Circle主要从现金流（质量和数量）、资产（质量和数量）、替代数据（Yelp评分等）和稳定性（管理、业务、行业等方面）四个维度进行信贷准入，同时所有的贷款都需要提供抵押质押或担保。截至2015年11月末，Funding Circle累计成交量为9.48亿英镑，发放贷款15 000笔以上，英国境内共有约4.5万名投资人。

五、Kreditech

德国企业，在线借贷领域，成立于2012年3月，主要为在正规金融机构得不到授信的次级借贷者提供服务。

Kreditech通过大数据对申请人进行信用评分，其算法可以分析约20 000个数据点（Facebook主页、eBay主页、电子商务购物行为、手机的使用情况、位置数据、填写问卷时间、输入出错率、用大写字母的频率、按取消键的频率、发出申请的设备是iPad还是普通平板等等），一旦评估通过，15分钟内即可完成放款。

目前，Kreditech正在积极输出其大数据服务，致力于为在线零售商等企业建立国际性、自我更新的数据库，帮助这些企业更好地进行精准营销和客户服务。然而，虽然该公司已经对200万人进行了信用评分，累计放出50万笔贷款，但截至目前仍未实现盈利。

六、Avant

美国企业，在线借贷领域，创立于2012年，估值超过20亿美元。

Avant专注于为介于信用优级和次级之间的借款人提供服务，通过大数据以及机器习得创建更加精确的消费者信用资料。它的放贷资金来源于平台自身而非投资人，因此并非严格意义上的P2P企业。

另据了解，Avant的贷款额度平均为8 000美元，最高可达到35 000美元，其贷款利率最低为9%，最高可达36%，具体取决于风险核算结果。

七、Atom

英国企业，线上（数字）银行领域，创立于2014年5月，只能通过手机端应用访问，已获得英国银行牌照。2015年11月，西班牙银行集团BBVA收购Atom29.5%的股权，作价4 500万英镑，估值达到1.5亿英镑，此时Atom的手机应用尚未投入使用。

Atom致力于挑战传统银行，经营模式尚处于保密阶段，据悉"手机应用中将加入生物计量、3D影像和游戏技术等特色，并支持个性化定制"。它的愿景是在4-5年的时间内，占据英国市场4%~5%的市场份额。

八、苏宁金服

中国企业，互联网金融集团，创立于2015年初，2016年4月重组成立苏宁金融服务有限公司，估值166.67亿元。与上述企业集中于金融垂直领域不同，苏宁金服搭建了支付账户、投资理财、消费贷款、企业贷款、商业保理、保险、众筹、储值卡等全产品线，是提供综合性、一体化金融服务的金融科技企业的典型代表。

苏宁金服拥有上亿的客户，2015年交易量超过1 700亿元，2016年1季度同比实现三倍增长，积累了金融、消费、物流、仓储等丰富的大数据。苏宁金服致力于利用大数据和科技的手段，让金融服务更加便利化、智能化和普惠化，其IT人员总数占比超过60%，内部构建了数百种客户画像模型和信用评估模型，并在美国硅谷研究院成立Fin Tech实验室，研究并输入美国最前沿的互联网金融实践和最先进的金融科技技术，取得了众多金融专利技术，未来发展潜力不可限量。

中国的金融科技有多大想象力？

看完了上述金融科技企业的介绍，你会发现，这些企业提供的服务都很简单而且容易理解，并不像Fintech这个词看上去那么神秘。更精辟一点说，金融科技只是利用大数据和科技的手段使得金融服务更加便利化、智能化而已。

再次，经过国内外综合对比和分析，我们也可以清晰地发现中国的金融科技企业已经走在了世界的前列。中国不仅有专注于垂直领域的互联网金融企业，还出现了涵盖支付、融资、众筹、理财、保险等众多领域的综合化、一体化的互联网金融集团，以蚂蚁金服、苏宁金服、京东金融等为典型代表，业务横跨C端和B端、国内和国外，为中国金融企业在国际舞台上的弯道超车提供了无限想象力。

与此同时，我们也有忧虑：发展金融科技，中国不缺资本、人才和创新的模式，但相对缺乏"构筑伟大企业、改变世界"的信仰和精神，还缺乏对市场规律的敬畏。而这些，可能才是决定一国金融科技能否持续发展并产生颠覆性创新的根本性原因，从这一点看，中国的金融科技还有一段很长的路要走。

什么样的金融科技企业能成为巨头？

艾瑞咨询近日发布了《2016中国独角兽企业估值排行榜TOP300》，有44家金融科技企业入选，其中14家估值超过10亿美元。可以预计，未来五年内，中国将涌现出几个大的金融科技企业巨头。

那么，在激烈的竞争中，成长为金融科技巨头需要满足什么条件呢？苏宁金融研究院高级研究员薛洪言将着重从行业现状、金融业本质和发展趋势等方面回答这个问题，抛砖引玉，欢迎交流。

一、多产品线布局是标配

要成为真正的巨头，多产品线布局是标配。单业务线布局的金融科技企业有机会成为"小而美"，但成为巨头的可能性不大。最主要原因是不能解决金融服务体验割裂的难题，这也是分业经营模式下传统金融体系面临的问题。

以传统金融体系的服务为例，客户存款和开户信息在银行，炒股信息在证券公司，高息理财信息在资管公司，房贷信息在银行，消费贷款信息在银行或消费金融公司。即便是同一机构内部，也存在明显的服务割裂现象。以银行服务为例，开户和借记卡服务必须到网点，信用卡服务只能在信用卡中心（线上），理财服务线上线下割裂，异地存取款收费，信用卡额度与消费贷款额度不能通用等等。客户需要和多个机构、多个部门发生业务关系，客户体验不佳。

在一些人看来，单产品线布局的企业更为专注，产品体验可以做得更好。在笔者看来，凭借在单项业务上的相对优势，吸引一部分铁杆粉丝不难，但就绝大多数客户而言，追求的可能是多元化、一站式服务和极致产品体验的适度平衡，更何况，多元化的服务本身也是极致客户体验的一部分，大多数客户真的已经受够了割裂式的金融服务体验。

从目前的行业发展趋势看，多数金融科技企业都在进行多元化战略布局，因此，对未来的金融科技巨头而言，全产品线布局只能是标配，要想成为巨头，还需要更多的条件。

就金融科技行业的发展趋势看，未来两类企业可以活得很好，一类是大型生态型金融科技集团，全产业线布局，一站式服务，客户黏性强；一类是专注细分领域的"小而美"企业，要么专注于C端，做到极致体验，要么专注于B端，为巨头提供配套支持。而不大不小的综合型平台，两边不靠，不具有大的发展空间。

二、得支付业务者得天下

支付业务有银联、商业银行等传统金融巨头参与其中，最能考验企业的综合实力。能在支付业务的激烈竞争中脱颖而出，企业的场景布局、客户基础、产品体验、营销推广等综合实力必定不俗，这就具备了成为巨头的潜质。

而且，支付是金融业务的基础设施，也是最为高频的金融需求，依托支付业务进行全产品线布局，客户转化难度低，且容易形成生态圈内资金流、数据流的闭环，会收到事半功倍的效果。2C端支付场景是绝佳的借贷场景，同时，支付业务的资金结余会自然创造出理财场景，顺势形成汇、贷、存的金融生态闭环。蚂蚁金服、腾讯金融、苏宁金服等互联网金融巨头的全产品线布局基本按照这个逻辑展开。得支付业务者，基本上提前拿到了金融科技巨头的入场券。

鉴于支付业务的基础性和重要性，不难发现，设立或收购一家第三方支付牌照公司已经成为大型企业布局互联网金融业务的必做之事。以艾瑞咨询发布的2016年第一季度中国第三方PC支付交易规模的市场份额来看，第三方支付行业的市场格局初定。在前十大企业中，"中金支付""汇付天下""易宝"和"宝付"更侧重于2B端支付业务，银联商务专注于支付业务，支付宝（蚂蚁金服）、财付通（腾讯金融）、快钱（万达金融）、京东支付（京东金融）、易付宝（苏宁金服）等五家支付企业背后均有一家互联网金融集团。

2011年，央行向27家支付企业颁发了首批支付业务许可证，第三方支付正式进入牌照时代。截至2015年年底，国内有牌照的第三方支付机构超过270多家，无牌照机构超过1 000家，竞争激烈。同时，自2012年以来，我国支付行业已经发生超过30起并购或融资案例，仅2015年就有二十多例。随着寡头垄断市场的形成，未来支付行业的并购和重组事件还会愈加频繁。

三、对优质场景的把控必不可少

支付、融资和理财是三大基础性金融业务，没有在支付业务上取得优势竞争地位，不代表没有机会成为金融科技巨头，但前提是要把融资业务和理财业务做到极致。

理财和融资，本身就相辅相成，互为"场景"。融资为理财提供基础资产，理财则为融资提供资金来源。理财业务考验的是流量，融资业务考验的是风控。要成为巨头，二者缺一不可，但现阶段资金不稀缺，优质的信贷资产是稀缺品，哪家企业能源源不断地产出优质的信贷资产，哪家企业无疑就是下一个巨头。

需要说明的是，优质的信贷资产来源于优质的场景，而优质场景的唯一判定标准就是产生优质资产的能力。基于这个标准，电商平台可以产生大量的消费贷款需求，是优质的场景；大型制造业核心企业可以产生大量的供应链融资需求，是优质的场景；强大的线下渠道可以服务大量的非标准化、复杂的融资需求，是优质的场景；高频的线上渠道具有强大的客户基础，且占据了最宝贵的资源"客户的注意力"，是优质的场景。

在上述诸多场景中，电商场景、供应链场景都存在"天花板"，不足以独立支撑巨头的形成。而线下渠道具有无限的空间和可能，未来的金融科技巨头中，必然有1～2家来自线下。

四、未来会有几家巨头？

最后一个问题，未来会诞生几个金融科技巨头呢？在笔者看来，至少会出现5～8家。

互联网领域存在奠定的马太效应，行业内流传着一个"721法则"，即一个超级公司会占据行业市场70%的份额，成为市场老大，而市场老二会占据20%左右的份额，剩余的10%由余下的几家公司分食。然而，在笔者看来，金融科技市场不会出现这样的格局，原因有二：

一是金融科技行业的竞争不仅仅局限在线上，线下有更大的市场空间。如上文所述，优质的场景是巨头产生的必要条件，线下渠道是天然的金融场景，对信贷行业尤其如此。事实上，P2P公司、分期公司中的龙头几乎都拥有庞大的线下队伍，员工总数通常上万人，加上兼职代理、线下营销队伍甚至能达到十万人以上，已经超过了中型商业银行的员工人数。而线下业务存在明显的物理边界，不会产生线上的积聚效应，因而马太效应不会产生。

二是金融业是高风险、高杠杆行业，超级龙头的产生会加大金融体系的脆弱性，增强系统性风险，这不符合各方的利益。2008年金融危机中，金融机构的"大而不能倒"被广泛诟病，随后，国际监管机构推出了系统性重要性金融机构概念，对这些机构在资本计提、产品创新等方面严加监管。从监管环境看，不会允许超级巨头的产生。

银行业的"聊天机器人时代"已经到来

美国人工智能界2016年有一句流行语："总有一款聊天机器人适合你"。它的灵感来自于苹果公司2009年的一句经典广告语："总有一款App适合你"。

和App一样,聊天机器人正试图给人们的生活带来更多便利。比如,必胜客在2016年8月推出聊天机器人,从Facebook和Twitter社交平台上接受订单;酒店预订网站(Booking.com)的聊天机器人可以推荐当地的美食和旅游景点;增强现实技术公司ModiFace研发的聊天机器人可以回答美妆方面的问题;更有意思的是斯坦福大学的一名在读生编写了一款法律顾问机器人DoNotPay,专门协助学生撰写停车罚单的上诉信。

Facebook、微软和谷歌等平台运营商对聊天机器人的前景也是大为看好。它们在年初纷纷宣布开放机器学习的云平台,进一步推动聊天机器人的智能化。而马克·扎克伯格在年初召开的F8开发者大会上公开表示,目前App数量严重过载,服务过于分散,聊天机器人是解决这个痛点的最佳方案。未来的聊天软件势必将出现越来越多的聊天机器人,用户不离开聊天软件就可以获得各式各样的服务或帮助,这样的商业模式会衍生出一种全新的"对话经济"。

那么,问题来了:什么是聊天机器人呢?是平时客服电话或微信里碰到的那些让我们输入指令的机器客服吗?不是!聊天机器人跟这些机器客服有着本质上的区别。

通常我们遇到的机器客服是被预先定义了各种指令,它们必须根据这些指令进行操作和回复。这样虽然不容易犯错,但是缺乏对话交流以及进一步发现用户需求的机会。而聊天机器人是基于机器学习研发的,具备自然语言处理等理解能力的机器人，它通过自然的聊天方式识别用户意图，进行恰当的回复和给予建议，比如苹果的"Siri"。当前，研发"Siri"的技术团队"Kasisito"正在开发另一款供银行与用户互动的聊天机器人"KAI"，它的主要功能是帮助用户在Facebook或Twitter聊天平台上查询银行账户的历史交易记录。一旦我们将银行账户和KAI机器人绑定，就可以像平时聊天一样在对话框里输入问题，KAI会根据问题给出相应的回复。

　　具体来说，苏宁美国硅谷研究院借助地理优势，对尚处于公测阶段的KAI进行了一次效果测评。结果显示，如果指明时间段和消费类别，比如"过去一个月里，我加油共花了多少钱？"KAI可以迅速给出答案；它也能理解"最大消费"或"最小消费"的提问并迅速给出答案，比如"过去一个月，加油单笔最大消费是多少？"但如果我们加入一些稍微复杂的计算或者加入一些逻辑推理，比如"平均下来，每周我花多少钱来加油？""最长不花钱的时间是从什么时候到什么时候？"KAI的局限性就显示出来了，这时候它会回复"不好意思，我没有听懂"或者"我还在学习更多的知识"（如图1所示）。

　　另外，从"人机比较"的层面来测评，聊天机器人有"一对多"的优势，能够更好地回答有关账户的基本问题，大大提高了客服的效率。另外，机器人有强大的大数据计算能力，在可以预见的2~3年时间里，聊天机器人慢慢会成为用户在投资领域的新顾问——通过分析用户的风险承受能力，机器人会推荐不同的投资组合，这些投资组合是经过对市场无数次的模拟运算后得出的最佳配比，等到市场出现变化了，机器人还会及时给出调整建议。

　　不过，当遇到从未见过的突发状况时，聊天机器人就会丧失判断能力，还是需要人工客服来解决。除此之外，人工客服在理解能力上的优势也无法被取代，具备优秀销售能力的客服人员可以从客户的角度出发，进行交叉或增值产品的推荐，这种"游说技能"是人工智能在短时间内无法超越的。

　　所以，在移动互联网时代，聊天机器人和人工客服分工协作将是上佳选择（分工见表1）。比如，在银行业，可以把聊天机器人设置在用户经常使用的软件里，比如聊天软件或银行App里，来应对用户的基础问题，当聊天机器人无法满足客户需求的时候，添加无缝接入人工服务的选项，以避免造成无谓的客户流失或者影响用户的整体体验。

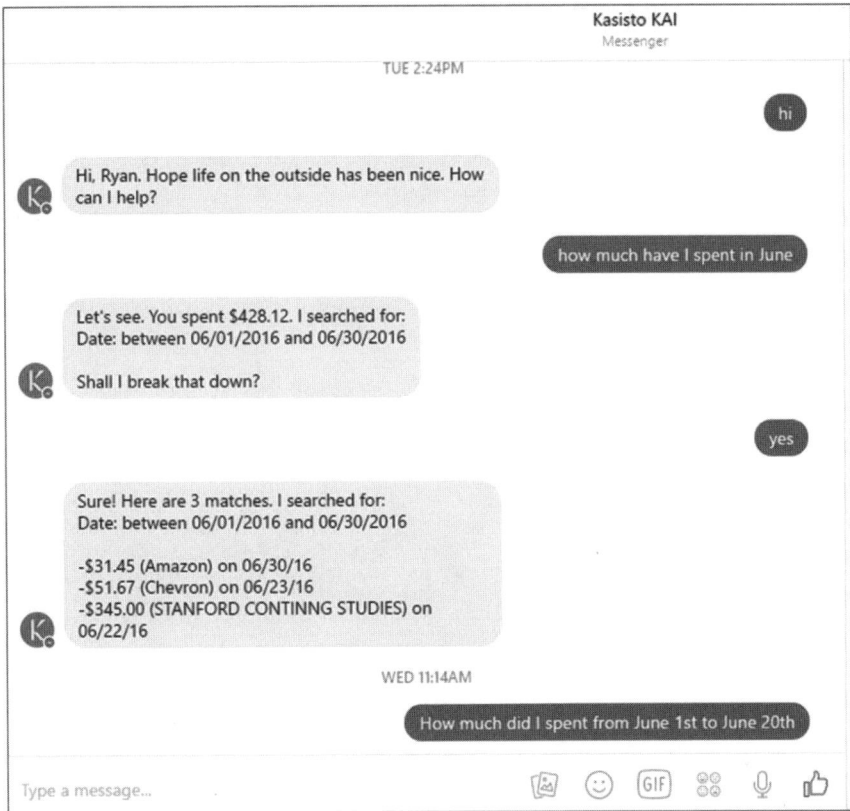

图1　聊天机器人对话框截图

表1　聊天机器人和人工客服的工作划分

未来发展趋势	聊天机器人	人工客服
胜任岗位	基础客服+投资顾问	高级销售经理+投资顾问
擅长技能	●查询消费等历史数据 ●评估风险承受能力,模拟市场回报值,提出投资组合建议	●突发事件处理 ●交叉和增值销售

资料来源:苏宁美国硅谷研究院制作

最后,我们再来看个问卷调查——Accenture公司在2016年做了一份问卷调查,美国高净值人群(税后年收入在10万美元以上)中超过83%

的人表示愿意得到聊天机器人在银行开户或理财方面的帮助。这些高净值人群蕴藏的购买力正是银行开发聊天机器人的动力所在。换句话说，银行业的聊天机器人时代已经到来。

"婴儿潮一代"被金融科技忽略了

最近一两年，金融科技（Fintech）一词俨然成为华尔街投资者和硅谷创业者最时髦的话题，与金融相关的高科技产品应用正一步步拉近"80后""90后"与金融服务的距离。然而，一个不容忽视的现象是：蕴藏着不可小觑的财富、堪称当前社会中流砥柱的那部分人对金融科技的需求，无形中被忽视了。

哪些人被忽视？美国"婴儿潮一代"

以美国为例，其中一类人群的年龄在50岁到60岁之间，他们出生在第二次世界大战结束后的18年里，这18年是美国历史上婴儿出生率最高的时期，因此，他们被称为"婴儿潮一代（Baby Boomer）"。这一代人有着不可取代的特征：

1.人数多。他们是美国人口第二多的人群，在总人口中他们占了24%。

2.收入高。他们是美国资产净值最高的人群，在整体的税后收入中他们占了70%。

3.思想成熟。他们是社会最关注政治的人群，在选举投票的人群中他们占了43%。

4.事业成功。他们是社会地位显赫的人群，在律师事务所合作人中他们占70%。

然而，他们并没有得到金融科技公司的重视，金融科技公司把目光转向了20岁—30岁的"千禧一代（Millennial）"。究其原因，离不开行业对美国"婴儿潮一代"的三种不客观认识：

首先，行业普遍认为美国"婴儿潮一代"是传统金融机构的客户，不会被轻易转化。但是根据美国咨询服务机构Gallup在2014年做的民意调查，美国"婴儿潮一代"是在所有年龄层中对传统金融机构最不满意、最不信任的人群，即便他们当中89%的人拥有银行账户（见表1）。

表1　　　　　　　　2014年美国民众对银行的信任和满意度

对银行的信任值	4分（最高）	3分	2分	1分（最低）
千禧一代（Millennail）	25%	34%	33%	8%
婴儿潮一代（Baby Boomer）	12%	34%	42%	11%

对银行的满意度	5分（最高）	4分	3分	2分	1分（最低）
千禧一代（Millennail）	24%	35%	27%	10%	5%
婴儿潮一代（Baby Boomer）	12%	34%	31%	14%	9%

资料来源：Gallup美国商业市场研究和咨询服务机构

其次，行业普遍认为美国"婴儿潮一代"对互联网技术的接受程度较低。然而，美国"婴儿潮一代"才是在20世纪80年代最早接触和使用个人电脑的一代人。Gallup的民调还显示，71%的美国"婴儿潮一代"每周至少一次会通过互联网进行银行账户管理。

最后，归根结底是金融科技公司自身的企业文化。摩根士丹利金融顾问George Noceti把硅谷前20名金融创业公司CEO的平均年龄算了算，只有39.1岁。不但CEO偏年轻化，硅谷工程师的平均年龄也只有31.6岁，他们研发出来的产品不太可能把美国"婴儿潮一代"的需求放在首要位置。

中国的"50后"/"60后"人群也未得到足够关注

不止美国如此，中国也存在同样的情况。我国的"50后"和"60后"人群，和美国"婴儿潮一代"遭遇的处境一样，没有得到金融科技公司足够的关注。

可是，我们仔细观察会发现，他们中的大部分人是中国的"创一代"，现已成为社会各个领域的中流砥柱，他们对互联网技术的接受度在不断提高——我们看到越来越多的"50后""60后"在熟练使用聊天软件，热衷于网上购物。最重要的是，他们对金融服务有着比其他人群更明确的要求。虽然国内还没有对这类人群进行民意调查，但笔者从平时与他们的交流和接触中发现，这一代人对于当前的传统金融机构和整体理财环境多有抱怨。

这类人群对互联网金融有哪些顾虑？

那他们为什么还没有使用互联网创新产品呢？他们是不想用、不会用，还是另有其因？要回答这个问题，先来看看这一代人对于互联网金融的真实顾虑。

美国司法部近期公布了一份关于"个人身份信息被盗受害者"的报告，统计在2014年间个人银行信息被盗用的案件。统计显示，50岁至64岁是遭遇信用卡被盗次数最多的人群，比25岁至34岁要多出将近125万起案件。由于这类人群信息被盗用的发生率要高于其他人群，所以，怎样能更好地保护自身信息安全，尤其是银行卡和账户里的重要信息，成为他们选择金融服务最重要的衡量标准。

万事达卡（Master Card）和摩根士丹利（Morgan Stanley）的调查报告印证了"50后""60后"对于保护个人信息安全的迫切需求。根据万事达卡的调查，当调查人群被问到"未来三年是否会担忧自己个人银行信息被盗用"的时候,"50后""60后"给出肯定回答的人数是最多的(61%),而"80后""90后"是最不担心这种情况的人群,只有45%的人表示了担心。

摩根士丹利对他们的高净值投资用户做了类似调查,调查结果显示,相比25岁至49岁人士,50岁至70岁人士对"个人信息被盗用却不能在第一时间获知"和"科技快速发展反而降低了信息安全"这两个现象表现出了更多的担忧,他们中的很多人选择了"采用各种方式去保护个人信息安全"(见表2)。

表2　　　　　　　　　2016年不同年龄段投资者对信息安全的看法

对问题持肯定态度的	25~49岁	50~75岁
个人信息被盗用却不能在第一时间获知	46%	61%
科技快速发展反而降低了信息安全	74%	84%
采用各种方式去保护个人信息安全	59%	74%

数据来源:Morgan Stanley金融服务公司

虽然这些问卷调查都是针对美国用户的,但同样的顾虑也在中国存在,"50后""60后"人群对于金融科技的第一反应往往是"这个东西安全吗,可靠吗?"然而,现在行业对于身份验证、识别和反欺诈的安全解决方案还不足以消除"50后""60后"人群的担忧,因为这些解决方案存在两大问题:

一种问题是方案看上去"酷炫"但安全系数低。比如"刷脸认证技术"这个概念听上去非常方便,却对于硬件本身和外在环境的要求非常高,也很容易被攻击。它或许可以用于日常验证所需,但对于保护像银行账户这种高级别的信息还非常不成熟。

另一种问题是方案的安全系数高但用户体验差。增加安全系数可以通过增加用户的验证流程,比如让用户输入密码外,还增加验证码、安全问题等其他关卡,或者增加密码的复杂度,这些烦琐的流程严重破坏了用户体验。

什么样的安全解决方案能打动他们?

什么样的安全解决方案才能打动"50后""60后"人群呢?目前比较

好的互联网金融安全解决方案是既提高安全系数又不破坏用户体验，比如被移动支付领域采用的 Tokenization 技术，该技术把银行和个人信息在存储和传送过程中加密（整个过程发生在后台，用户毫无察觉），加上现在智能手机具备指纹识别功能，用户需扫描指纹方可付款，这个双重保险使得移动支付开始慢慢普及。

　　除了提升安全性能外，目前行业也要注意对其他年龄层进行宣传推广。宣传推广的不足体现在经费上——在美国，只有区区 5% 的营销预算拨给了 35 岁到 64 岁的人群，而且这些市场营销人员以年轻人为主，他们对金融产品的命名和广告用语，都是以吸引年轻人群为目的的。殊不知，行业在不断争夺年轻用户的同时，获取这些用户的成本也在逐年增加。

　　北京大学互联网金融研究中心 2016 年 7 月发布的最新一期"互联网金融发展指数"报告显示，自 2014 年 1 月至 2016 年 3 月，"'60 前'和'90 后'是互联网金融纵向增长的排头兵，这说明互联网金融正在向年龄的两端渗透"（如图 1 所示）。

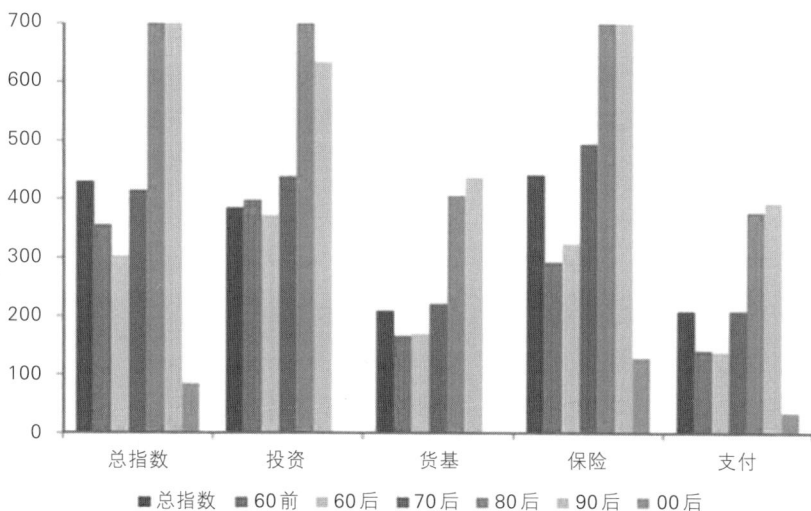

数据来源：北京大学互联网金融发展指数

图 1　不同年龄段不同业务互联网金融发展指数

在互联金融未来的发展道路上，这些未被触及的人群是一个充满商机的市场，关注和尊重他们的需求，能让金融科技公司收获意想不到的回报。

我们离机器人理财还有多远？

买什么股票买什么基金，你敢听机器人的建议吗？或者做一个懒人，直接把钱交给机器人来投资理财，你敢吗？

随着科技的发展，人工智能早已介入金融领域。自2014年以来，互联网理财行业内部开始孕育出主打智能投资理念的创业型投顾平台，进入2016年，智能投顾概念开始受到大平台青睐，俨然成为互联网金融的新风口。

纵观资管行业的发展，互联网理财通过渠道的变化推动了理财的普惠化，催生了国内资管行业的新一轮繁荣潮。然而，互联网理财并未改变资产产品的属性，也难言对传统资管行业产生本质的改变。相比之下，智能投顾依托现代科技手段实现了标准资产产品的组合化和智能化，从而带来了产品层面的创新。通过智能投顾技术，客户得以享受全新的风险和收益组合，本质上已经是一种新的投资产品。所以，相较于互联网理财对传统资管行业的影响，智能投顾的影响更为深远，它将在产品创新、业务模式、销售策略等各方面给传统资管行业带来深远影响。

不过，从国内智能投顾行业的发展现状和政策环境来看，行业的腾飞式大发展仍需克服一系列难题，在此之前，智能投顾平台宜提前布局、渐次推进，以夯实基础为第一要务。

智能投顾有望解决传统资管面临的三难题

智能投顾是个舶来品，英文名 robo-advisor，又被翻译为机器人理财或自动化理财，是指通过量化投资模型，结合客户的投资目标、收入和纳税情况，基于马克维茨的现代投资组合理论，为客户打造专业、理性的投资组合。

相比传统投顾模式，完整的智能投顾流程采取典型的五步曲模式：一是综合利用大数据技术、问卷调查等，了解用户个性化的风险偏好；二是基于用户风险偏好，结合算法模型，为用户制订个性化的资产配置方案；三是连接客户账户进行投资；四是利用机器学习技术，对用户资产配置方案进行实时跟踪调整；五是资金退出、完成投资。在实践中，并非所有的平台都涉及上述五个步骤，更多地只是对几个步骤的组合运用。

由于并不追求高收益，智能投顾在资产选择上会尽量规避股票、期货、期权等高风险资产，集中于股票 ETF、债券 ETF、货币基金、黄金等领域，另外，国内的智能投顾还会适当配置具有刚性兑付特征的高收益定期理财产品。在具体的资产配置策略上，大多基于马克维茨的现代投资组合理论和客户的风险偏好，沿着有效前沿曲线寻求收益最高的投资组合。

在笔者看来，基于自动化、智能化的特征，智能投顾有望解决传统资管行业面临的三大难题，从而为自身的发展打开了想象空间。

一是可以有效缓解信息不对称现象。这里的信息不对称并非指内幕信息层面，而是指公开信息层面。限于时间精力等各方面因素，个体投资者或理财师并不可能充分消化市场中的公开信息，在吸收程度上也存在着广泛的个体差异，使得信息不对称现象普遍存在。智能投顾利用大数据和机器学习技术，可以更充分地吸收各类市场信息，并运用到模型中去，从而大大缓解信息不对称现象。

二是可以有效过滤投资者情绪的影响。情绪是投资的大敌，波动性市场投资尤其如此，股票市场为此发明了"动量效应"一词，用以反映因投资者情绪影响导致的股票价格在一段时间内趋同波动的现象。相比而言，智能投顾可以彻底摈除情绪的影响，助力投资者成为交易规则的严格执行者。

三是可以有效降低投顾服务成本和门槛，提升市场空间。传统投顾服务依赖人力，且服务范围与投顾人员线性相关，成本和门槛较高，只有少部分高净值客户能够享受到专业的服务。相比较而言，智能投顾依靠模型且纯线上操作，边际成本几乎为0，具有明显的规模效应，可以充分发挥互联网的"低成本、广覆盖"优势，推动投顾服务普惠化。在某种意义上，智能投顾诞生后，高净值客户专属的组合投资模式得以走入寻常百姓家，给趋于沉寂的资管行业带来新的发展空间。

短期内智能投顾不具备腾飞式发展的条件

受益于机构投资模式的创新，以及互联网技术尤其是大数据技术和机器学习技术的发展，智能投顾于2009年前后开始出现，开始是以Betterment、Wealthfront和Future Advisor等创业型企业为代表，着重于通过技术手段降低投资成本和门槛，包括税务筹划、低费率被动型基金选择等，并严格执行模型策略，追求适度收益率，逐步得到主流市场认可，一些大型金融机构也纷纷推出智能投顾业务，如嘉信理财推出智能投顾产品SIP，德银推出Anlage Finder，高盛收购Honest Dollar，贝莱德收购Future Advisor等。截至2015年年底，美国智能投顾行业资产余额达到187亿美元。据毕马威预测，到2020年，美国智能投顾的资产管理规模将达到2.2万亿美元，成为资管市场中的一支重要力量。国际智能投顾企业的基本情况见表1。

就国内资管行业的现状来看，供给的单一性和需求的个性化、多样性之间的矛盾一直存在，这就为智能投顾行业的发展提供了广阔的空间。国内智能投顾创业企业始于2014年前后，受限于产品代销资质和监管政策的不明确等因素影响，上述企业多通过布局美国和香港资产的方式丰富产品类别。进入2016年，一站式理财平台纷纷推出智能投顾概念，致力于为投资者提供自动化、智能化投资服务，提升客户体验，增大客户黏性。国内主要创业型智能投顾平台的简要介绍见表2。

然而，从综合市场环境和政策环境看，智能投顾在国内仍面临一些严峻的挑战，使得大部分智能投顾平台仍停留在概念阶段，资产品类少、配置策略简单等现象普遍存在，短期内智能投顾业务仍不具备腾飞式发展的条件。

表 1　　　　　　　　　　　国际智能投顾企业基本情况

项目名称	管理资产规模	门槛及收费标准	投资范围	增值服务
Vanguard Personal Advisor Services	42亿美元（2014年）	0.3%/年，投资门槛10万美元	Vanguard 基金和ETFs	专业理财师服务（节税，房产，保险等）
Schwab Intelligent Portfolios	24亿美元	低于 1 万美元无咨询费，超过 1 万美元，0.25%/年	ETFs，最多可覆盖20种资产类别	7天 24 小时的投资专家支持
Wealthfront	超过30亿美元	投资门槛 500 美元，低于 1 万美元不收费，以上部分0.25%/年	投资标的是ETFs，覆盖 11 种资产类别	税收损失收割、税收优化等
Betterment	超过40亿美元	免费试用 1 个月，1万美元以下，0.35%/年；1 万美元至 10 万美元，0.25%/年；10 万美元以上，0.15%/年	本身是证券经纪商，投资标的是ETFs	退休规划
Future Advisor	2亿美元（2014年）	免费试用 3 个月，资产管理费 0.5%/年	多账户管理，投资组合诊断及建议	提供收费的代理投资服务
Personal Capital	10亿美元（2014年）	投资门槛 2.5 万美元，工具免费使用，委托理财0.49%~0.89%/年	账户跟踪和分析平台，财务诊断工具	收费的线上一对一投资顾问服务
Motif Investing	－	每个组合 9.95美元/次，每只股票 4.95美元/次，投资总额不低于 250 美元	在线证券经纪商，平台专家和用户建立投资组合，每个组合不超过 30 只股票	IPO 及个股/ETF，可按金额购买，而非股数

资料来源：苏宁金融研究院整理自各企业官网

表2 国内主要创业型智能投顾平台介绍

模式	平台	投资策略	投资产品	收费标准
大类资产配置	弥财	投资组合目标偏差，通过调整资产权重实现再平衡	12支覆盖全球的ETFs（两家全球基金公司：Vanguard和Blackrock，起投金额5 000美元）	（1）管理费，账户总金额的0.5%/年；（2）绑定证券账户收取ETFs的交易费（盈透交易费：0.005美元/每股，最低收取1美元/每单，最高收取交易额的0.5%/每单）
	蓝海智投	运用业绩归因分析投资组合	同时提供美元和人民币投顾服务，投资标的包括美国ETF和国内QDII	人民币账户通过好买基金；美元账户通过Scottrade证券账户
	钱景私人理财	全天候投资策略，构建风格优势+选股能力的体系	FOF——投资国内ETF和公募基金。起投金额5 000元	申购手续费是0.6%，赎回手续费是持有时间在1年以内0.5%，1~2年0.25%，2年以上没有手续费
投资组合+社交平台	雪球	–	跟投模式，用户自己在平台上建立投资组合，组合标的个股为主	通过平安证券（2.5‰佣金）开户后，直接在平台上投资和交易
	金贝塔	smart beta策略	实名认证的证券分析师、专业投研人士提供投资组合（官方制造+大V创建+达人组合）	证券交易通过长城证券（2.5‰佣金）和国信证券

资料来源：苏宁金融研究院整理自各公司官网

一是股权投资类工具受限，智能投顾的优势难以充分发挥。智能投顾基于资产组合理论，以债权性工具确保基础收益，以股权性工具博取额外收益，追逐风险承担下的高收益。以Betterment为例，为便于客户选择，它通常会给客户设立两个投资项，一个是"高风险"的股票组合，另一个是"超安全"债券组合，客户可以在一定的范围内依据自己风险的承受能力，调整股票和债券投资的比例。然而，目前国内股权投资类工具仍相对匮乏，截至2016年7月，国内市场中ETF产品仅有134只，不及美国ETF

总数的 1/10，且 ETF 种类仅限于传统指数型，限制了智能投顾模型策略和收益表现。截至 2016 年 7 月国内基金市场具体情况见表 3。

表3　　　　　　　　　截至 2016 年 7 月国内基金市场情况

基金类型	数量（只）	占比（%）	份额（亿份）	占比（%）
主动投资型基金	2 601	84.26	72 253.82	94.29
被动投资型基金	486	15.74	4 376.39	5.71
其中，ETF	134	4.34	3 426.92	4.47
全部基金	3 087	100	76 630.20	100

数据来源：苏宁金融研究院整理自 Wind 数据库

　　二是长期投资理念在国内证券投资市场的适用性较差，大大降低了智能投顾策略的有效性。智能投顾基于模型自动调整策略和头寸，且有效摒除了情绪波动的影响，追求适度风险承担下的高收益，投资期限越长，其优势越明显。现在的问题在于，与美国股票市场在中长期内稳步向上的趋势不同，国内股票市场的波动性大（如图 1 所示），投资者进行长期组合投资，实际收益水平甚至会低于信托理财、P2P 理财等单一资管产品，因而对智能投顾的长期投资理念接受度较低。

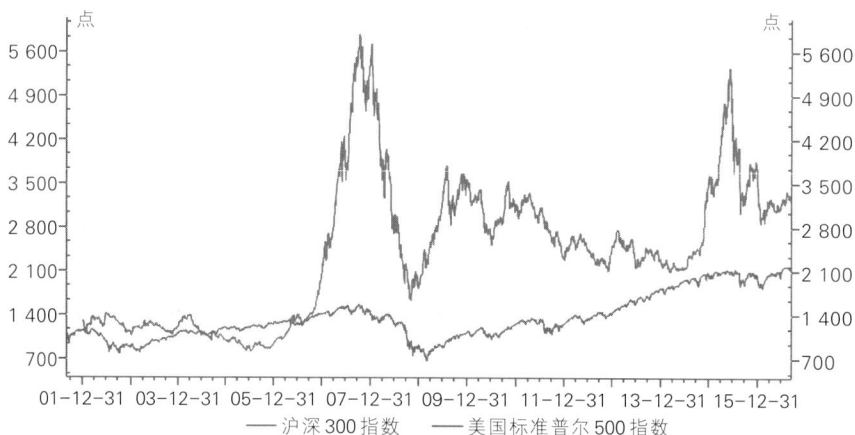

数据来源：Wind 资讯

图1　中美股市走势对比图

三是目前国内尚无专门规范智能投顾业务发展的法律法规，政策上仍存在障碍。传统投资顾问即证券投资顾问业务遵循《证券投资顾问业务暂行规定》，开展证券投资顾问业务的机构需要获得证券投资咨询机构资质，从业人员则需要取得证券投资咨询执业资格，并在中国证券业协会注册登记为证券投资顾问。在国内，投资顾问与资产管理两块业务是分开管理的，而智能投顾强调咨询和资产管理的合一，除了咨询类业务相关政策不明晰外，资产管理是否需要申请牌照、需要申请何种牌照，目前政策上也并不清晰。在互联网金融牌照化和规范整顿的大环境下，缺乏明确的监管框架会在很大程度上影响相关平台进行产品创新和模式创新的积极性，举例来讲，证监会内相关人士曾表示，将高度关注智能投顾，并依法查处未经注册却以智能投顾名义销售公募基金的互联网机构。不仅如此，智能投顾的业务范围并不仅仅是证券投资，理想状态下还会涉及银行、信托、基金、保险资管等各类金融机构产品的销售，以及更多的监管机构。

智能投顾平台可从三方面夯实腾飞基础

据"零壹研究院"联合"神仙有财"发布的《中国个人理财市场研究报告》显示，截至2015年末，互联网理财市场规模接近2万亿元人民币，其中货币基金产品占主导，规模达1万亿元以上，P2P平台理财余额在5 000亿元以上。购买过互联网理财产品的网民规模达到9 026万人，相比2014年底增加1 177万人。相比之下，智能投顾仍然只是互联网理财行业中很小的一个分支。

对监管机构而言，建议吸收P2P、第三方支付等互联网金融创新业务的发展经验，提前明确智能投顾的业务定位和发展方向，并遵循适度监管和创新监管原则，动态调整监管细则，促进行业持续健康发展。

对于平台而言，在等待政策逐步明朗的同时，可以从以下几个方面着手，夯实基础，等待行业腾飞时机的来临。

一是积极申请相关金融产品销售资质或牌照。国内智能投顾业务的开展可以先从提供产品和服务的合规性切入，取得相关业务和产品投资的资质和牌照。考虑到目前国内智能投顾平台的投资标的多为基金和股票，可以优先申请基金销售牌照和证券投资咨询机构牌照。同时，为了提高资产管理业务的合规性，还应该积极申请公募基金牌照、私募基金牌照等。除股票和基金外，智能投顾往往还会涉及债券、票据和非标资产等，需要与相关的监管机构保持密切沟通。

二是从易到难，先推出符合监管要求的简易版智能投顾服务，后随着相关资质的获得或监管政策的明朗进行"加法"操作。举例来讲，平台可以先通过调查问卷的形式了解客户的需求，基于大数据模型给出操作建议，但暂不涉及代客资金交易环节。或者可通过布局国外证券市场的方式暂时避开国内相关监管限制，待国内政策放开后第一时间跟进，这也是很多创业型智能投顾平台的操作模式。

三是积极开展产品创新服务。智能投顾的核心诉求是降低投资者的专业化组合投资的门槛，从这个角度看，一些主打社交投资理财的平台从事的也是广义的智能投顾业务。举例来讲，国内一些理财社区先后推出了投资组合晒单和跟投服务，2016年年初，苏宁金融股票理财频道上线"跟投"模块，将股票开户、行情、资讯、咨询、牛股组合等功能综合起来，为股民提供一体化服务，实现大数据与咨询服务有效结合。此外，主打智能投顾的Betterment也允许用户查看同龄或同收入的人在投资什么以及怎么投资，让用户有一个直观的认识，方便他们进行投资决策。

看这3家金融科技独角兽如何进入中国市场

据美国新媒体BI最新统计，估值超10亿美元的金融科技"独角兽"公司已有27家，其中8家是中国公司，另外19家外国金融科技企业中，Mozido、TransferWise和Adyen这3家的业务范围已经扩展到了中国。苏宁美国硅谷研究院调研发现，这3家公司进入中国市场的策略不尽相同，随之而来的市场境遇也有着天壤之别。金融科技"独角兽"公司公布图如图1所示。

图1　金融科技"独角兽"公司分布图

Mozido：通过投资收购其他公司进入中国市场

　　Mozido 成立于 2008 年，是一家提供移动支付方案的服务供应商，总部位于美国德克萨斯州。目前估值 24 亿美元，融资规模达 3.07 亿美元。

　　该公司的全球化步伐始于 2014 年，目前已在全球大部分地区开展了业务，主要客户覆盖教育、政府、金融领域以及国际 500 强企业。

　　对于不同地区，Mozido 采取了不同的进入策略。在中国，它选择的是"投资/收购"策略。2014 年 12 月，Mozido 和首信易支付（PayEase）达成并购协议，首信易支付成为 Mozido 旗下公司。首信易支付始创于 1998 年，是中国首家实现多种银行卡在线交易的网上支付服务平台，直连 23 家全国性银行和中国银联核心支付系统，支持全国发行的银行卡和全球发行的国际信用卡。2011 年首信易支付获中国人民银行颁发的"支付业务许可证"，2013 年首信易支付获国家外汇管理局授予的"跨境电子商务外汇支付业务"许可。

　　通过这次并购，Mozido 一举打开了进入中国市场的大门，也为首信易支付拉到了一些大客户。2016 年 2 月，首信易支付成为苹果支付在中国境内的首批支付合作伙伴，为中国合作商户整合 Apple Pay 的支付解决方案。

TransferWise：通过申请运营资格进入中国市场

　　TransferWise 成立于 2011 年，是一家提供国际汇款转账的 P2P 平台，总部设在英国伦敦，创始人 Taavet Hirinkus 是创立 Skype 的核心团队成员之一。目前估值 11 亿美元，融资规模达 1.16 亿美元，Paypal 创始人 PeterThiel 和维珍集团创始人 Richard Branson 都是该公司的投资人。

　　该公司于 2015 年开始国际化，现已开通了美国、加拿大、巴西、澳大利亚、新西兰等国家的业务，目标人群是商务人士中的年轻群体，以及有跨境转账需求的中小企业。

2016 年 2 月，TransferWise 获得中国监管部门批准后正式开通中国地区业务，但目前只支持外币转人民币的单向汇款服务，计划明年增加企业转账服务，并准备在微信上开通外汇汇兑转账服务。但它最希望开通的业务还是从中国内地向外汇款的服务，不过鉴于当前中国严格管控资本外流，这并不容易实现。

Adyen：通过寻求合作伙伴进入中国市场

Adyen 创始于 2006 年，是一家提供集成支付、收单等解决方案的技术公司，在荷兰的阿姆斯特丹和美国的旧金山都设立了总部。目前估值 23 亿美元，融资规模达 2.66 亿美元。

该公司早在 2011 年就开始盈利，之后国际化步伐逐渐加速，在欧洲、北美洲、亚洲都有业务。目前在全球约有 3 500 多家企业合作伙伴，为这些企业提供 250 种付款方案，并支持客户用 187 种货币进行交易。

Adyen 进入中国的方式和前两家公司有所不同，既没有兼并收购也没有申请运营牌照，它选择直接和支付公司合作，目前已和银联、支付宝、微信支付成为合作伙伴，目标客户是那些来中国发展的跨国互联网公司（如 Uber 和 Airbnb 等），帮助它们接受中国用户使用的支付方式。2015 年，Adyen 在上海开设了办事处，下一步希望帮助那些想要开拓海外市场的中国商户，为它们连接来自不同市场、使用不同支付方式的消费者。

Adyen 的进入方式，收益最大

单纯从商业模式上分析这三家公司，Adyen 在中国的优势最大，也最难被取代。

　　Adyen的目标是要提供一个"全球无缝支付消费体验"，这个目标本身就颇具难度。因为跨国公司要在一个新市场支持当地的支付方式，往往要和三方建立合作关系：支付网关、金融监管部门和信用卡清算网络。每到一个新的市场，这些合作关系又要重新建立，非常费时费力。可是Adyen偏偏就做到了为跨国公司省去这些流程，它用一个单一系统整合了全球主要支付网关、风控和清算等一系列后台流程。一旦跨国公司选择Adyen，它们只需要这一个商业伙伴和这一套技术系统，而不再需要针对不同地区和不同销售渠道选择多个合作伙伴（如图2所示）。

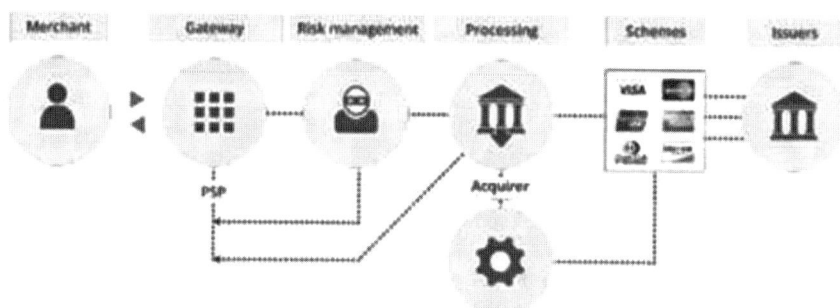

图2　支付系统示意图

　　那么其他公司是否可以效仿Adyen，复制这个单一支付系统呢？

　　短期内是不可能的，发展至今，Adyen已经和全球200多个国家的支付网关、金融监管部门以及卡清算网络达成了合作关系，在全球支持250多种支付方式，所有交易都严格遵守当地监管部门和清算网络的要求。

　　不仅在合作关系的建立上远远领先其他竞争对手，Adyen最近还把视线放在了整合线上线下交易。2015年，它推出线下支付解决方案，商户安装了 Adyen 的全功能 POS 机，即可接入 Adyen 线上支付平台。不过，需要说明的是，Adyen 目前没有计划在中国市场开展 POS 机相关业务，因为这个行业在中国相对饱和，门槛也较高。

从实际效果上看，Adyen 的全球化战略远比 Mozido 和 TransferWise 成功。2015年，Adyen 交易量达 500 亿美元，收入达到 3.6 亿美元，利润 4 300 万美元，交易量相比于 2014 年的 250 亿美元增长一倍，利润相比于 2014 年的 1 380 万美元增长了两倍。

Mozido 收获的市场自主权最大

相较而言，Mozido 在中国市场的自主权要优于 Adyen 和 TransferWise。

Mozido 商业模式依赖"投资/收购"，利用第三方公司的牌照或技术直接进入新市场，自主的权利比较大，可以达到事半功倍的效果。比如，首信易支付在中国开展跨境支付业务的时间较早，拥有先发优势这个特点，Mozido 可以利用这个优势通过首信易支付网关将中国和周边市场连接起来（如图 3 所示）——2016 年 7 月，首信易支付就与韩国 KG Inicis 达成战略合作，准备联手为两地用户提供支付服务。

不过，要比财力和号召力，Mozido 终究比不过阿里、苏宁、百度、腾讯等国内互联网金融巨头，随着这些巨头企业纷纷开展跨境支付业务，Mozido 单凭首信易支付网关这一个产品，市场必然受到挤压。这种情况下，Mozido 要想生存下去，必须开发其他金融技术产品。这也是为何 Mozido 在 2015 年以 250 万美元投资 SimplyTapp 的原因所在。SimplyTapp 这家技术公司专注于 HCE 云支付技术研发，客观上充实了 Mozido 在云支付方面的实力。2016 年 8 月，Mozido 与台湾移动支付股份有限公司旗下的 14 家银行达成合作协议，将在未来启用 Mozido 的 HCE 云支付技术，为银行用户提供移动钱包功能。如果在台湾获得了成功，相信 Mozido 会把这种模式努力复制到大陆地区。

图 3   Mozido首信易支付网关

TransferWise 当前的处境最被动

　　相比其他两家公司，TransferWise 在中国的处境最为被动。它的商业模式本质上是将两个国家间对彼此货币有需求的人进行匹配，然后各自向对方的目标账户转移同等价值的本地货币，以达到换汇的目的，换汇的原则是按照当天实时的国际市场汇率兑换，而这过程中并没有发生任何实际的"国际换汇"业务（如图4所示）。

图 4   TransferWise：点对点国际汇款

　　需要注意的是，如果两个国家之间的资金流动需求出现失衡，比如从 A 国流入 B 国的资金远远大于 B 国流入 A 国的资金，就会导致账面出现赤字。另外一个棘手挑战是货币流行性，如果在购汇上遇到阻力，那即便有需求也没用。这就是为什么 TransferWise 在中国的发展不被看好的原因。该公司的创始人承认这些挑战在其他国家和地区也存在，他们正在和这些地方的金融机构洽谈，希望能得到更多的支持和帮助。

互联网金融国际化时代已经到来

　　除了这三家国际金融科技"独角兽"公司外，近期进入中国市场的还有其他一些中小型金融科技创业公司，比如金融风控公司 ZestFinance 和跨境理财应用 Robinhood 等。

　　在未来，外国金融科技公司来中国"淘金"的热情必然还会延续，不过，大部分业务一般会局限在几个领域，比如跨境支付或者后台技术公司。而这些外国金融科技公司能否在中国成功，还是要看它们的商业模式是否会被其他公司所取代。

　　对于国内的互联网金融企业来说，国际化时代已经到来。前几年，国内的互联网金融企业是以投资收购国外技术公司为主，收购后主要用于辅助国内业务，即便有些企业已经进驻国际市场，主要目的还是为了服务国内用户，并没有开通面向外国用户的业务。而随着国内市场竞争日益激烈，加上自身实力的不断强大，中国互联网金融企业的国际化势在必行，相信在不久的将来，一些国内互联网金融巨头会联手 Adyen 这样的金融科技"独角兽"公司，共同开拓国际市场。

为什么说区块链将开启一个新世界？

最近一年，无论是在金融界还是学术界，区块链都如同一股来自未知世界的"洪荒之力"，成为金融科技领域最炙手可热的概念。一时间，各大区块链联盟纷纷成立，各类以区块链为主题的论坛层出不穷。正如业界一致认为的那样，区块链是一项突破性的技术，将从根本上影响经济运行方式和管理制度，并重塑我们对于信任的理解。然而，豪言憧憬之下，真正了解区块链的人又有多少呢？在此，笔者将以通俗易懂的语言，跟大家侃一侃区块链。

一、区块链究竟是个什么东西？

自货币起源以来，人与人、国与国之间的贸易发展变得愈发流畅和便捷。贸易的往来产生了大量的交易信息，这些信息起初主要由一些专门的系统，如政府系统、银行系统来记录，因而往往是保密的，不向公众开放。所以，当我们与陌生的对手进行交易时，需要掌握以上信息记录的、可信赖的第三方或中间商帮我们审核交易的真实性，比如政府、银行、会计师、公证员，这些被称之为"可信赖的第三方"。

比特币的出现，使"可信赖的第三方"地位岌岌可危。比特币通过计算机联网的方式共同维护一个对全民公开的账本，这些账本是完全公开且不受任何组织控制。更确切地说，它是一个公开可查、由整个分布式网络维护的数字化账本，我们称之为"区块链"。

在区块链中，所有的交易都有记录，包括交易的日期、时间、交易对象和数量，网络中每个节点都拥有区块链大账本的完整副本，相当于每一个节点都拥有大账本的复印本。区块链利用先进而复杂的数学原理，让系统中的所有用户竞争性地参与记账。在某一时间段中，记账最快最好的用户记录将被选中，并记录到大账本中。

全民记账，使得系统没有特定的独立第三方记账人，系统中任意节点上的记录丢失，其他节点上因为有全套复制账本，使得信息传递和交易达成并不会受到任何影响。如果有人试图制造欺诈交易，那它的节点信息将无法和网络达成共识，因为其账本内容与大多数人的账本不一致，故不会被大众认可，除非他能篡改超过51%的节点上的账本记录。显然，这很难实现，因为没有人可以同时控制分布在全球各地节点上的记账电脑。因此，区块链不会使虚假交易达成。

通过区块链，每一笔交易都是公开的，而且由成千上万个节点，以匿名的方式认同交易发生的日期X、时间Y、数量N等，如同以公证员的身份公正了所有交易。如此，大家共享同一数据来源，公开透明可信赖，这就是我们信任区块链的原因，也是区块链技术的本质属性。

二、区块链实践将走向何方？

区块链技术被普遍看好，相关公司皆已获得了大量的风险投资，资本的涌入无疑大大促进了区块链产业的落地。数据显示，2013年各种区块链项目的融资金额总计超过9 000万美元，2014年为3.6亿美元，2015年为4.9亿美元。截至2016年9月中旬，2016年区块链行业的融资总额已达到4.2亿美元。

然而，从企业发展周期来看，当前大部分的投融资还停留在天使轮和A轮、B轮融资阶段，预示着区块链相关公司还处于早期萌芽和摸索阶段，区块链从理论走向实践尚需较长一段时间，短期内很难有系统性成果出现。据高盛预计，在接下来的2年内可见到早期技术原型，2～5年后有机会见到有限度的市场应用，而5～10年内将会有更大范围的市场普及。

就当前而言，大量区块链公司已相继涌现，区块链应用已初见端倪，主要集中于支付转账、交易所流程优化、资产确权、慈善等领域。

首先来看支付转账领域，这是最先被区块链改造的领域，也是由区块链去中心化特质所决定的。在国外，Ripple 与 Circle 作为典型代表，已获得了多轮融资。其中，Ripple 让世界各地的银行可以无须中央对手方或代理银行就可直接交易，从而使世界上的不同货币（包括法定货币和虚拟货币）自由、近乎免费、零延时地进行汇兑；Circle 则让用户可以在无须手续费的情况下，以发送消息的形式发起即时的国内或跨境转账、收付款。

在交易所流程的优化方面，传统股票交易需通过中央结算机构、银行、券商和交易所等机构才能完成。而通过区块链进行证券交易，可使参与者在去中心化的交易平台上自由完成交易，且可实现 24 小时不间断运作。如 DAH 正致力于通过区块链进行数字化证券发行与交易，目前正为澳大利亚证券交易所设计清算和结算系统。

在资产确权方面，区块链的可信赖性使得资产权属一经确定，便难以被篡改。因此，应用于房屋产权、知识产权等归属的技术应用将充满前景。一旦产生纠纷，只要通过查阅区块链上的产权数据库，就可以有效明晰产权，减少调查和公证成本。

慈善方面，也是一个很重要的应用领域，通过将捐赠资金发布到区块链上，可创建慈善财产公共账本，使慈善募捐透明化，让人人都可以看到自己的捐款最后使用到了哪里。2016 年 7 月 9 日，在杭州举办的首届全球 XIN 公益大会上，蚂蚁金服表示区块链技术即将上线，并会首先应用于支付宝的爱心捐赠平台。

此外，区块链能让货币更加智能化，让现金和资产自动化流转和交易，相关研究和实践也在积极开展之中。举个例子，如果要限定某种津贴只能到认证的医疗机构使用，只需要把规则编程进类似"比特币"这种虚拟货币中即可。货币单元甚至还可以这样编程：只要一段时间内持币者没有花掉这笔钱，货币就会退还给货币的来源方。这样一来，就可以有效保证补助津贴不会被侵吞。公司也可以用同样的方式控制花销，把薪金、机构、资料和维护费用的预算程序化，让钱只能花在规定的事情上，无法挪用到其他地方。这些事务的自动化可以相当程度地减少官僚程序，节省会计开销、监管开销和流程时间。

三、区块链将给新世界带来哪些可能？

区块链作为一项伟大的技术，虽然引发了重要关注，但它还存在较多的不确定性，因此短时期内并不会出现太多的具象化产出，但这不妨碍它给我们带来一些启发。

首先，区块链让年轻人有更多成就伟大事业的机会。一方面，区块链本身，或许可以掀起第四次工业革命，目前已吸引数以万计的创业者投身其中，即便以概率计算，也将会缔造出若干新技术下的世界级企业，如同互联网创业潮下涌现出的阿里巴巴、腾讯等公司一样。另一方面，也是更为重要的，区块链让交易更为透明，让信息更为公开，给予更多普通人获取同等机会和同等信息的权利。当前，传统的中心化机构占据着大部分社会资源，它们是市场信息的搜集者和垄断者，甚至以此牟利。区块链将让这一切成为过去，未来将是一个信息共享的时代，每一个穷人、每一个年轻人、每一个老年人都有获得同等信息的机会。对于年轻人来说，区块链开辟的是一片现在根本无法想象的新天地。

其次，区块链让个体的能力和作用充分凸显。区块链的核心之一是信息公开、全民记账，通过共识机制充分发挥个体的力量，打破中心化的传统社会形态。在区块链架构下，个体的力量愈发重要，中心化的相关机构日趋边缘化，不再存在中心化的团体或某一些人可以对其他人施加约束和限制，社会将变得更加自由。因此，即便区块链最后未能得到实际应用，但其背后所传达的思想，仍然值得我们借鉴和思考。

最后，区块链会重塑人们对于信任的理解，让世界更加美好。当前，科技在让居民生活水平和幸福指数显著提高的同时，也衍生出很多阻碍社会发展和进步的问题，如贪污腐败、网络欺诈、信息泄露等等，以上每一个问题都会影响到居民福祉，甚至有很多人深受其害，如信息泄露、网络欺诈等。通过区块链，以上问题将迎刃而解。人们把信息发布、储存到区块链上，让资金流向、交易真假等由全民来验证，一经验证，交易信息将无法被篡改，且信息完全公开，真相也无法被掩盖。如此，整个社会将更加透明、更加公平。

当然，对于我们普通大众来说，并不需要对区块链了解太深，只需好好享受区块链带来的互联网服务，感受科技带来的惊喜即可。如果你觉得这还不够，那不妨投资一些区块链概念股，或许可以发掘一些潜在的机会。

中国商户已成全球网络欺诈分子的主要目标

近日，美国出现了历史上最大规模的网络攻击事件，美国 Paypal、Twitter 和 Netflix 等诸多知名互联网企业遭到三波"分布式拒绝服务（DDos）"攻击后域名出现瘫痪，用户无法访问和登录网站。类似这样的恶意攻击让美国商家损失惨重的事件屡有发生：比如 2013 年，零售商塔吉特将近 7 千万账户信息被盗；2014 年，门户网站雅虎将近 7 亿个账户信息被盗，夸张的是雅虎直到 2016 年才对此事有所察觉。

值得警醒的是，中国商户已经慢慢发展成为全球网络不法分子眼中的"肥羊"——网络安全解决方案供应商 ThreatMetrix 公司最新监测数据显示，"中国现已成为英美网络黑客攻击的主要对象之一"（如图 1 所示）。

就此，苏宁美国硅谷研究院深入调查分析发现，现阶段发生在商家身上的欺诈或恶意攻击案件呈现出三个趋势：

（1）在地域方面，商家在跨境交易上遭受欺诈并造成损失的案件比境内交易高出 2.5 倍。

（2）在渠道方面，O2O 商家在线上线下面临的双重安全挑战显得更为棘手。

（3）在场景方面，零售和互联网金融等交易频发行业成为网络不法分子的主要攻击目标。

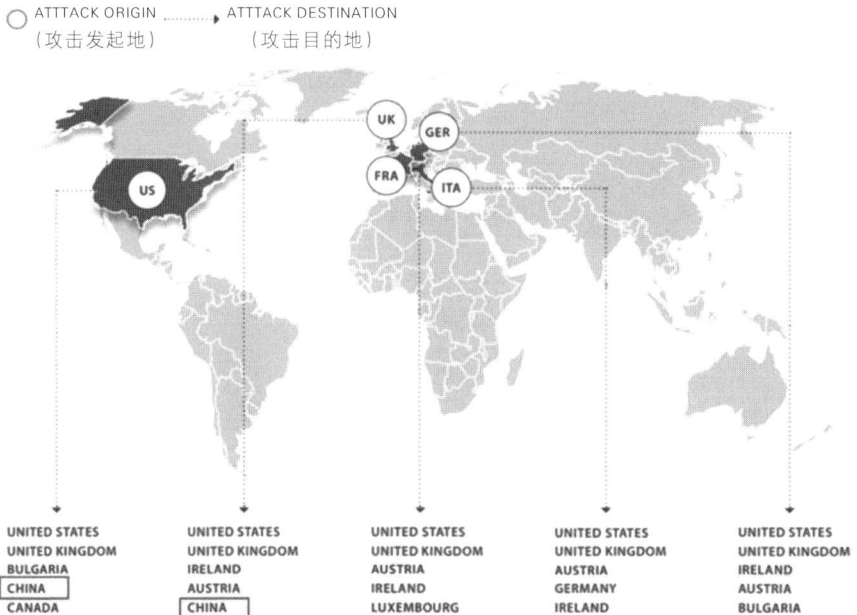

图 1　ThreatMetrix网络安全监测报告2016年第二季度

网络欺诈或恶意攻击的常见类型

就调查结果来看，目标锁定在商家身上的网络欺诈或恶意攻击主要有3种常见类型：身份盗窃、交易平台欺诈和安全漏洞攻击，作案手段是越来越隐蔽。下面做一个具体介绍：

常见类型1：身份盗窃。"身份盗窃"主要窃取目标是商家网站上的用户个人信息和银行卡信息。在零售领域，最常见的身份盗窃手段有"钓鱼网站/链接"或者"木马病毒"等恶意软件。这些年屡屡爆出大型零售商家成为身份盗窃案被害者的消息，比如2013年年底美国零售巨头塔吉特的支付网络上被安装了恶意软件，最后导致7 000万的用户个人信息和4 000万的信用卡数据被盗，涉及用户名、电话号码、电子邮箱和信用卡信息等隐私数据（如图2所示）。据估计，目前塔吉特的损失已达1.48亿美元，并最终可能达到10亿美元。

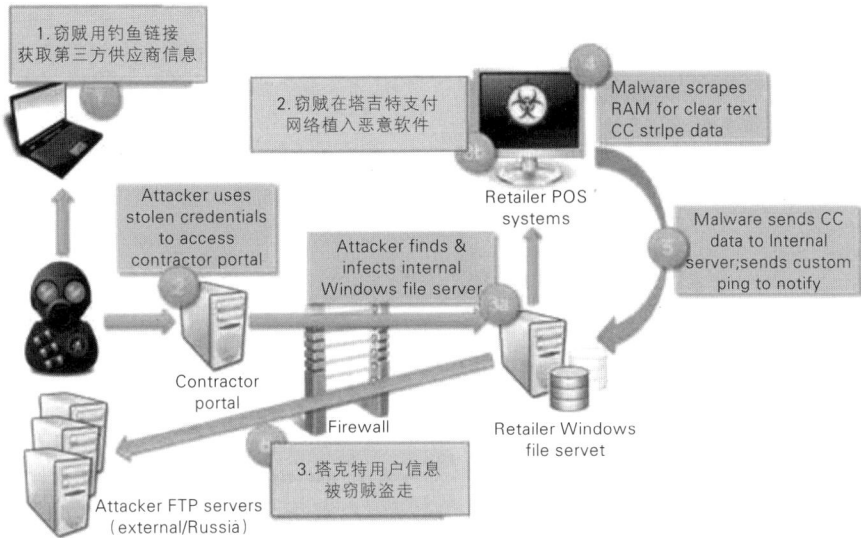

图2　2013年美国零售商塔吉特用户信息泄露事件主要过程

常见类型2：交易平台欺诈。"交易平台欺诈"的主要目标是构造虚假交易平台。围绕C2C电商平台出现的"三边交易欺诈"就具有很强的蒙蔽性，它通过三个步骤来实施：（1）骗子在电商平台注册虚假网店，销售低价高需商品从而吸引消费者来网店购买下单，这样网店就可以收集到消费者的个人信息；（2）骗子用别处盗来的银行卡去真正的网店下单，然后把收货地址填成自己假网店下单的消费者地址；（3）再用假网店盗取的信用卡账号购买其他商品（如图3所示）。

通过这三个步骤，消费者收到商品后并不会察觉自己的个人信息被盗取，发现被盗后再追究责任和挽回损失也非常困难。

常见类型3：安全漏洞攻击。"安全漏洞攻击"目标是寻找商家网站系统安全策略上存在的缺陷从而进行攻击，例如上文提到的DDoS攻击，也叫拒绝式服务攻击，其攻击方式相当的简单粗暴，通过堆砌大量的垃圾数据，使得用户的正常登录被"堵塞"，从而造成大面积的网络瘫痪，导致企业业务中断（如图4所示）。今年10月21日这次美国历史上最严重、最大规模的恶意攻击事件就是一个典型案例，美国域名服务器管理服务提供商Dyn遭遇严重的DDoS攻击，造成包括Twitter、PayPal和Spotify在内的

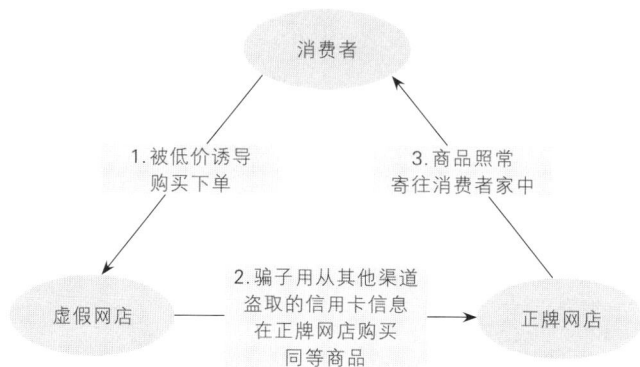

图3 "三边交易欺诈"流程介绍

公司客户断网。根据《DDoS攻击商业破坏力研究报告》，目前全球DDoS攻击次数惊人，2015年全年监测到的全球网络DDoS攻击2 700多万次，被攻击网站数量多达77万个，平均每个被攻击的网站遭遇DDoS攻击35.4次。

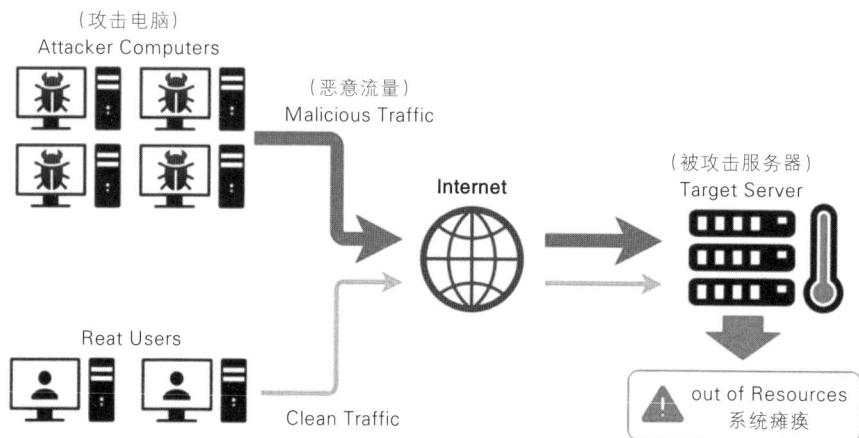

图4 DDoS恶意攻击

如何防范网络交易欺诈或恶意攻击？

面对网络安全问题的愈趋复杂，国内外的行业巨头纷纷开始在零售、金融等行业积极部署风险控制技术体系，目前这些先行者普遍采用的是"多层次+全渠道+跨境防御"的安全防护体系。

"多层次"是指对用户真实身份验证、授权和交易风险评估等各个环节，根据不同应用场景采用恰当的技术解决方案。应用场景涉及的交易风险越高，那么身份验证解决方案就应该越严格，比如用户登录账户时可以采用九宫格等验证方式，当用户进行支付确认时增添指纹验证等安全度更高的技术方案。

"全渠道"是指在不同渠道实施不同的监测、评估和预防体系。在创新支付风险防控方面，中国银联正在联合各方推动"线上+线下"全渠道风险欺诈拦截，实施风险信息共享、实时欺诈交易拦截、货物拦截和资金暂缓清算等多重措施。

"跨境防御"是指有效拦截国际业务中产生的交易欺诈行为。数据显示，跨境交易欺诈案件中采用IP地址欺骗的比例比境内案件高出60%。由于这些交易欺诈难以察觉，很多平台选择了"宁可错杀一千，也不放过一个"的策略，导致跨境拒单率是境内交易的2.5倍，严重破坏了用户体验。所以，如何平衡拦截率和误杀率，如今成为了风控专家们的新课题。

需要提醒的是，虽然"多层次+全渠道+跨境防御"是未来风险控制技术体系的大方向，但是不管是过去还是未来，反欺诈和欺诈永远是一个"道高一尺，魔高一丈"的相互博弈过程。正义的一方要想在这场博弈中抢得先机，一方面需要消费者的警惕性，另一方面需要监管部门提高不法分子的犯案成本，更重要的一点是需要商家提高重视程度，因为他们是用户账户安全最重要的一道防线。

从英国FCA的沙盒实验看金融科技监管的演变趋势

英国一直是金融科技重地，据统计，2015年英国金融科技从业人员共6.1万名，产生利润约66亿英镑，被专业服务公司EY列为金融科技行业发展氛围最好的国家。英国政府也一直大力支持金融科技企业的发展，前首相卡梅伦曾公开表示"本届政府希望英国成为世界上领先的金融科技中心"。为了切实推动英国全球领先金融科技中心的定位，英国金融行为监管局（FCA）积极开展了一系列探索，取得了良好的成效。

近日，笔者有幸代表苏宁金融参加由中国互联网金融协会组织的"第八次中英经济财金对话金融科技论坛"，其中的一项重要活动就是赴英国学习了解英国FCA的金融科技监管精神和最新实践（如图1所示）。本文就以FCA为例来与大家探讨国际金融科技监管的前沿演变趋势。

图1　英国FCA向中国金融科技代表企业讲解英国金融科技监管框架

详解FCA的金融科技监管框架

全球金融危机使得各国的金融监管体制的内在缺陷充分暴露，2011年6月，英国政府正式发布《金融监管新方法：改革蓝图》白皮书，对英国金融监管体制进行改革。

自2013年起，英国金融服务管理局（FSA）的监管职责被金融行为监管局（FCA）和审慎监管局（PRA）所取代，其中，FCA是FSA法律实体的延续，既负责银行、证券、保险公司等金融机构的行为监管，也负责不受PRA监管的金融服务公司的行为监管和审慎监管。显然，金融科技企业的监管由FCA负责（如图2所示）。

为了更好地对金融科技类企业进行监管，英国FCA于2014年10月设立了创新项目（Project Innovate），并增设创新中心（Innovation Hub），目的是"encourage innovation in the interests of consumers"。FCA认为，金融创新一方面可以强有力地推动符合消费者利益的充分竞争，另一方面也有助于帮助监管者了解市场情况，以保持适度监管，实现监管与创新的平衡。为此，FCA致力于为金融科技企业的各类创新活动提供以下几方面服务和支持：

一是提供直接的帮助（direct support）。即通过与金融科技企业进行对话，帮助企业理解监管框架，更好地适应监管体系。据介绍，从2014年10月开始，累计有600多家机构向FCA寻求支持，经过甄别，FCA对其中300家提供了直接的帮助，标准是企业有创新想法，且能使消费者获益。

二是为企业打开国际市场或国外企业进入英国市场提供帮助。

三是为金融科技企业提供咨询服务，协助企业达到合规门槛。

四是实施沙盒项目（regulatory sandbox），为新兴的金融科技创新提供空间，并不断调整既有监管框架，探索新的监管边界。其中，沙盒项目作为FCA支持金融科技企业发展的重要监管模式创新，引起多国金融监管机构纷纷效仿，下面进行重点介绍。

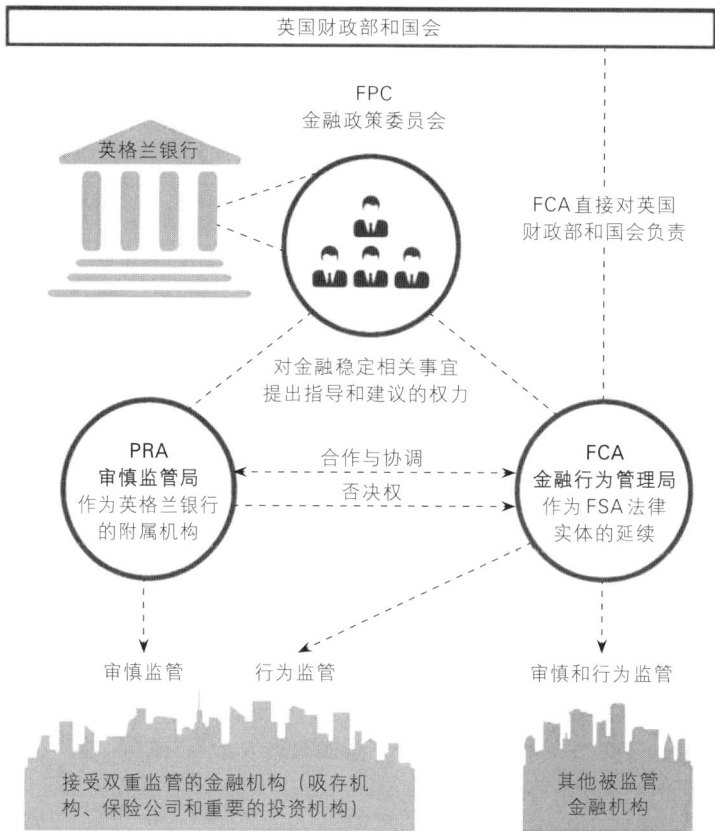

图2　英国的金融监管新框架

FCA的监管模式创新——沙盒项目

沙盒（Sandbox）原本是一个计算机用语，指通过限制应用程序的代码访问权限，为一些来源不可信、具备破坏力或无法判定程序意图的程序提供试验环境。沙盒中进行的测试，多是在真实的数据环境中进行的，但因为有预设的安全隔离措施，并不会对真实系统和数据带来影响。

"监管沙盒"由英国首创，指从事金融创新的机构在确保消费者权益的前提下，按FCA特定简化的审批程序，提交申请并取得有限授权后，允许金融科技创新机构在适用范围内测试，FCA会对测试过程进行监控，并对情况进行评估，以判定是否给予正式的监管授权，在沙盒之外予以推广。

一般而言，申请沙盒测试的企业，在现有的监管体系内，要么根本无法合规运作，要么合规的成本很高。通过沙盒测试，一方面，可以在监管机构的控制下实现小范围内的真实环境测试，在沙盒测试中，受测试者不因测试本身而丧失任何合法的权益；另一方面，沙盒测试可以为监管机构提供清晰的视角来看待监管规定与金融创新的辩证关系，及时发现因限制创新而有损消费者长远利益的监管规定，并第一时间调整，真正让适度监管、包容监管等创新监管精神落地。

据FCA工作人员介绍，截至2016年11月，FCA已经累计收到69份沙盒测试申请，其中24家通过了初步审核，有18家很快就可以开始测试。第二批的开放申请也将很快实现。从实验时间上看，FCA称取决于项目本身，不过一般在6个月左右，意味着到2017年年中，我们将有望看到第一批沙盒实验项目结束实验期，有一些将被公开推向市场，相应地，FCA也极有可能修订一批监管规则。

最后，FCA的沙盒测试还对英国境外金融科技企业开放，其他国家的金融科技企业若想进入英国市场，申请沙盒测试以解决合规问题是个不错的选择。据了解，FCA的沙盒测试得到新加坡、澳大利亚、中国香港、日本等金融监管部门的认同，已经被不同程度地采纳。

如何实现监管与创新的动态平衡？

金融史告诉我们，监管套利一直是金融机构积极开展业务创新的最大动力之一，当然，一定程度上也构成了金融体系的最大风险源。举例来讲，自巴塞尔资本协议实施以来，基于资本的监管成为国际银行业的主流监管规则，也引发了国际银行业大规模的资本监管套利潮。银行业利用监管规则对风险资产测度上的缺陷来调节资本比率，规避资本监管的要求。其中，资产证券化一度成为国际银行业转移信贷和利率风险、提高流动性、增加非利息收入以及改进资本比率的重要手段，使得监管资本标准有效性大大降低，成为诱发金融危机的重要因素。就国内而言，也有观点认为，2013—2015 年期间互联网金融的快速发展也离不开监管套利的因素，并一定程度上成为监管机构加强行业治理的诱发因素之一。

　　基于消除监管套利的强化监管自然没错，不过，监管与创新需要达到一种动态平衡，既要预防系统性风险的发生，又不能因为监管因素削弱本国金融科技企业的国际竞争力。如何摆布这种辩证关系成为各国监管机构面临的共同难题，而英国 FCA 的实践无疑是一个不错的尝试方向。

未来50%的金融分析师会失业？

2016年11月9日，特朗普当选美国第45任总统，全球最大的对冲基金之一Lansdowne Partners急需评估此事对他们所持有的航空公司和银行等金融资产价格波动的影响。如果是Kensho来回答这个问题，2分钟不到就能提供相关公司股价波动的预测区间值。

这家位于美国马萨诸塞州的金融科技初创公司Kensho获得了高盛公司（Goldman Sachs）1 500万美元的投资，它的投资商还有Google和CNBC等行业大鳄。其中，高盛公司已经在内部部署了Kensho取代部分金融分析师的工作。

那么，Kensho究竟是什么？它将对金融市场产生哪些影响？本文将逐一进行分析。

Kensho究竟是何方神圣？

Kensho是一个界面类似于Google搜索引擎的金融量化分析软件。Kensho的用户在搜索框中输入一个自然语言风格的问题，比如"台风对建筑行业股票价格影响是怎样的"，Kensho会立即通过扫描庞大的数据库、对几万个变量进行分析，从而给用户一个比较精准的回答。这个过程类似于Apple的Siri、亚马逊的Echo和谷歌的Google Now。用户不再需要专业的金融工程知识，也不需要设置复杂的参数和配置算法，就可以得到类似于金融分析师分析的结果。此外，Kensho的用户体验非常好，不懂

金融的"小白"用户拿一个 Pad 或者手机输入一个问题，就可以获得
答案。

Kensho 能够找到影响资产波动的关联事件。用户在 Kensho 搜索框中
输入股票的代码，能够知道当天的哪些事件能够对该股票波动产生影响。
例如，输入"亚马逊"，Kensho 就会呈现一个亚马逊股票的走势图，从中
可以看到究竟是哪些具体的事件影响了股价波动的某个百分比，比如亚马
逊 AWS 拿下了中情局 4 年云计算设施的 6 亿美元合同对股价有拉升。此
外，Kensho 还会展现相关事件对股价波动影响的 P-Value（即显著性影响
指数）。

Kensho 能够找到事件可能会影响的资产。在 Kensho 中输入事件或者
监管机构的关键字，比如输入"日本中央银行"，Kensho 就会将日本中央
银行行长发表的讲话以及发布的政策抓取出来，作为输入分析的具体变
量，再结合用户在 UI 界面上输入的时间段和变量选择，给出会受到这些
变量影响的资产列表，以及价格波动方向和百分比。Kensho 会自动从成
千上万份报告中抓取数据，以及数据的上下文，形成对受影响标的资产范
围的判断。

Kensho 通过机器学习预测模型预测资产价格波动区间。Kensho 在纳
斯达克的金融云 FinCloud 上构建数据分析平台，接入 9 万个标准数据源，
包括以下比较重要的数据库：Earning Releases 收入报告、联邦贸易委员会
发布的 Economic Reports、股票价格波动、股票价格的移动平均值 Moving
Averages、公司新产品发布、FDA 批准的新药目录、股票价格触发器、货
币政策变动、政治事件等。Kensho 基于的数据源是传统金融分析师能够
覆盖数据的 4 倍，而且对数据的钻研程度更深。具体来说，Kensho 首先根
据数据库中某个资产价格的变动历史，提取出影响该资产价格的所有可能
变量，通过特征选择算法，选择出和当期资产价格波动较为相关的变量，
再通过机器扫描所有和这些变量相关的数据源，将变量值输入到历史数据
训练的机器学习模型中，从而得出资产价格的波动区间，以及变量的影响
因子 P-Value。其中，特征选择算法根据问题和变量范围的不同可以采用
完全式搜索、启发式搜索等算法。

Kensho 对金融市场影响几何？

　　Kensho 将削弱金融市场的信息不对称性、加大机构获利难度。找到影响资产的事件、事件影响的资产、资产价格的波动幅度，Kensho 可以把以前华尔街专业分析师小范围独享的资产波动预测提供给普通人，使更多人了解市场波动的奥秘，原本机构通过信息优势进行短期快炒获利的难度加大。此外，值得注意的是，Kensho 获得的信息是传统证券分析师的 4 倍以上，分析速度是证券分析师的 180 倍，Kensho 将使得非金融机构公司和普通人也能对金融资产进行专业化的配置调整，专业金融机构的获利优势将被削弱。

　　Kensho 将让信息对金融市场的传导影响更快速，金融市场更容易受信息影响。互联网公司掌握着 PB 级产品、公司大数据、数以亿计的用户行为数据，它们可以基于这些数据开发舆情因子、信用预警模型、资产价格风控模型，金融机构可以根据这些面向金融市场量化的、已经分析好的互联网数据因子，快速分析对资产价格波动的影响，并采取资产配置策略进行应对，比如美国东海岸飓风将造成快消企业的股票上扬 5%，机构就可以加仓快消公司股票进行获利。

　　如果结合人工智能，Kensho 将能够实现量化分析的全流程自动化。Kensho 只是模拟分析师分析数据的过程，并不能理解变量之间的相关性，以及事件和资产之间更深层次的因果逻辑，这些还是要靠金融分析师根据行业的深度理解来进行判断。所以，Kensho 目前还只能是金融分析师数据集成和数据分析的辅助手段，只有当人工智能、神经网络真正和 Kensho 的机器学习模型相结合，可以让 Kensho 识别和理解待选择变量的语义、变量之间的影响因子的时候，才能真正做到量化分析的全自动化。这时，机器将自动化筛选输入到预测模型的变量和特征，并对比资产价格预测以及事后资产价格的实际波动，反向调整优化预测模型的参数和变量选择算法。

　　总之，Kensho 是一个量化分析虚拟助手，覆盖 4 倍于传统分析师能够获得的数据源,基于机器学习预测模型和实时计算技术,在数分钟内自动化完成事件对资产价格影响的预测,获得传统分析师花费几个小时分析的结果,百倍加速量化分析过程。

　　如果 Kensho 能够更进一步,将人工智能引入作为特征自动提取、变量含义理解的手段,并构建知识库和知识图谱,也许真的能够做到自动根据事件和信息,自动化地触发生成对资产价格的量化分析,真正成为投资者的量化分析机器人,那时,也许高盛、摩根士丹利、对冲基金等公司50%以上的金融分析师都要失业了。

被"黑科技"攻占的金融服务网点长啥样?

"您好先生!请到这边取个号,耐心等待。"走进国内任意一家银行网点,您将享受到银行柜员、大堂经理的热情接待,以及高度标准化、专业化的金融服务,却也不得不忍受漫长的排队等待过程。这是现今中国22.4万个银行网点给绝大多数人的感受。

伴随着互联网时代的到来,电子渠道对营业网点的替代率达到87.97%。很多人通过手机、电脑在网上办理金融业务、购买理财、转账等,有的人甚至一年也去不了几次银行。根据中国电子商务研究中心的监测数据,截至2015年年底,中国银行电子渠道交易金额达到153.45万亿元,同比增长13.00%。

在电子渠道蓬勃发展的时代,未来还需不需要银行网点?需要什么样的银行网点呢?笔者认为"走心"+"黑科技"也许是一种选择。下面我们来看看国外同行的案例。

典型案例:Umpqua Bank 的"走心"服务

未来需要什么样的银行网点?美国安快银行(Umpqua Bank)也许是一种启发。这家由6名伐木工人于1953年在俄勒冈一个小镇上创办的社区银行,最初主要为伐木工人提供支票承兑和办理贷款业务。在2008年美国"金融海啸"中,大银行纷纷关闭线下网点降低成本,安快银行竟然实现了异军突起。奥秘就在于它的"走心"服务:

安快银行用如家般的舒适来吸引人们"逛"银行。在安快银行的网点，传统银行中的大理石圆柱、闪烁专业汇率的显示屏、厚厚的柜台玻璃、一排排冰冷的座椅全都消失不见了，取而代之的是如饭店大厅一样舒适、时尚的开放式空间，顾客在这里可以休息、读报、观看球赛、品尝免费的咖啡、使用免费WIFI和充电吧，遇到志趣相投的陌生人甚至可以借用商务室来沟通交流。安快银行向顾客传递了这样一种信息——客户来安快银行做人生财务规划，是为了更高品质的生活，而不仅仅是为了金钱。安快银行的营业大厅如图1所示。

安快银行的"灵感创意墙"

图1　安快银行营业大厅

安快银行用作零售的思维来陈列金融产品。他们向在美国零售业享有盛名的Nordstorm鞋店和Ritz-Calton酒店学习，在安快银行的Neighborhood Store社区店设置"产品搜索墙"陈列展示金融产品，通过8块高清大屏幕、2台电脑、富有科技感的3D打印设备，引导客户来了解安快银行的各项零售金融业务。旁边配有彩色打印机，用户可以选择打印感兴趣的金融产品介绍。在Flagship Store旗舰店设置6块显示屏组成"灵感创意墙"，展示了银行关于企业客户的创意产品以及各种银行产品的模拟和预测。

安快银行与客户建立了"走心"的终身服务联系。传统银行的企业文化是销售文化,而安快银行的行长霍·戴维斯认为安快银行的企业文化是服务文化,与客户建立起远超"处理简单交易"的关系。安快银行的零售金融产品部由市场部管辖,他们认为一线员工最清楚零售产品该做成什么样子。他们的网点只有店长和店员,店员能够处理现金交易、开通信用卡、销售理财产品、办理住房贷款等所有零售金融业务,并为客户解答关于这些业务的所有问题。安快银行社区银行在西雅图社区店为妇女举办瑜伽和插花培训,在旧金山旗舰店为年轻人设立公共自行车存放点,在波特兰旗舰店放置安装有 Flikr 和 Instagram 的 iPad 供年轻人使用。

综上可见,安快银行里面的员工聚焦的是真正的客户服务。他们深入到客户生活、深入到社区运作中,通过对客户的深入服务,与客户建立起了紧密的联系。

展望未来:"黑科技"助力金融服务网点

为客户提供"走心"的服务需要时间,但金融服务人员每天都要处理大量的业务,比如开户、账户维护、网上银行业务、存款、转账和用户信用评估等。该如何把金融服务人员从这些重复性业务中解脱出来呢?下面的"黑科技"也许是一种参考答案。

首先,网点部署支持人脸识别技术的 VTM,通过远程金融服务,降低网点金融服务人员的负担。人脸识别技术包括人脸监测、追踪、比对和神经网络等技术,可在 1 秒之内、在万分之一误识率下,达到98%以上的识别通过率,可用于远程金融服务的身份核实。在金融服务网点或者商业区部署支持远程视频、人脸识别的 VTM,让客户不用去柜台就可以办理开户、激活、换卡、协议维护、转账汇款、客户资料修改和业务风险评估等业务。需要说明的是,在网点部署 VTM,并不意味着该网点未来不再需要客户服务人员,而是将客户服务人员从重复化、耗费时间较多的业务中解放出来,为客户提供更个性化的咨询、引导服务。基于人脸识别的

VTM如图2所示。

高清视频
支票处理
A4单据打印
A4单据回收

小额存款
高拍仪
身份证识别
指纹/掌静脉
读卡、发卡
IC卡读卡

图2　基于人脸识别的VTM

其次，网点通过引入总部金融云服务处理业务的专业部分，降低对网点专业要求，加快业务流程。把除了身份核实之外的功能全部放到云上，由总部的金融云服务器来执行。着力建设总行一级的共享服务中心，将客户信用评分、贷款审批、流程授权、信用卡审批、额度授信等功能收到上一级，降低银行网点对一线员工专业性的依赖，让一线员工专注于销售和服务、一线员工只负责收集数据和身份核实，共享服务中心通过金融云服务向一线员工提供服务。比如我们可以在总行数据中心构建基于FICO评分的决策引擎，采用自动化审批流程，加速信用卡和授信额度审批。决策引擎采用云服务方式部署到银行网点，客户只要在网店的移动终端（例如ipad）上填报各种数据和电子签名即可，决策引擎云服务会在总部运行，自动完成客户的风险评估、额度决策等，并在10分钟之内给出审核结果。

最后，基于人工智能的智能投顾系统可以让客户经理更快速地设计出合理、科学的投资组合方案。智能投顾系统通过现代投资理论、机器学习模型、金融市场数据、客户风险偏好建立自动化和自优化的投资方案。在客户进入网点之后，基于人脸识别的 CRM 系统可以快速识别客户，并通知相关客户经理，同时将智能投顾系统对客户资产的分析报告和投资建议发送给客户经理。客户经理借助智能投顾中系统、图形化的展示界面，可以非常专业地为客户分析其资产，现场计算，并提供投资建议。

上述这些有"黑科技"助力的金融服务网点，你会喜欢吗？让我们共同期待它们——实现。

智能识别时代在金融领域拉开序幕

    2016年是生物特征识别技术在金融领域开启"实用化"的元年，金融机构开始向用户大规模投放智能识别应用。以美国四大银行为例，美国银行和大通银行从2016年开始全面支持"指纹认证"功能，用户可以通过扫描指纹登录这两家银行的移动端应用。

    与此同时，富国银行在美国大力推行"眼纹认证"，用户经手机核对过眼纹后，登录银行账户。为富国银行提供这项技术的供应商是前不久被蚂蚁金服收购的美国生物识别技术公司"EyeVerify"，据不完全统计，在美国已有30多家地方银行和信用合作社相继采用了这种"眼纹认证"。

    相比前三家银行，花旗银行则是将生物特征识别应用拓展到了国际市场，今年已经陆续在中国台湾、新加坡、澳大利亚推出了"语音认证"服务，用户通过电话与客服简单交流后，系统会快速核对客户身份。据悉，花旗银行的短期目标是在2017年年底完成对亚太地区12个零售银行市场的语音认证服务覆盖（各银行认证方式如图1所示）。

    在金融领域，类似上述四家银行的举动可谓应接不暇，大大小小的金融机构都在跃跃欲试。除了美国银行巨头，巴克莱、渣打和汇丰银行在今年也不约而同地推出了各自的生物特征认证服务。为了充分理解这个趋势背后所带来的影响，下面我们来看一看：为什么金融领域会在这一年进入一个智能识别应用的爆发时代？

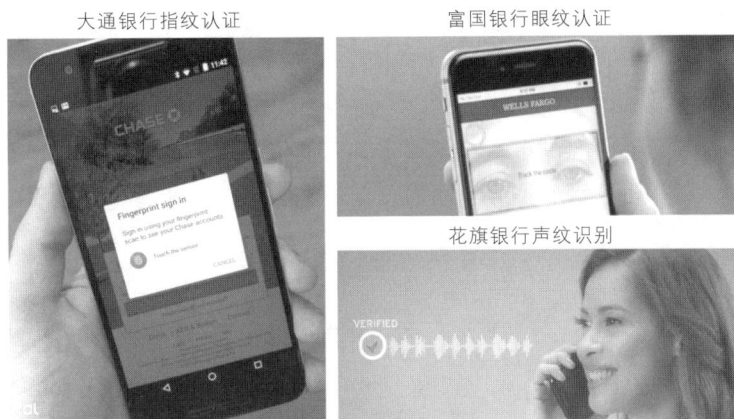

大通银行指纹认证　　富国银行眼纹认证

花旗银行声纹识别

图1　认证方式

生物特征识别弥补了传统身份鉴定的缺陷

其实，生物特征识别在很早的时候就被人们所采用了，合约需要"签字画押"就是最原始的表现形式，但是这种方法靠的是肉眼比对真伪，效果和效率上都差强人意，所以"签字画押"更多成为了一种心理层面的约束。而计算机、生物传感器和生物统计学原理等高科技手段的出现，让基于生物特征识别的应用在效果和效率上大幅提升，现如今行业已经踏入了"智能识别时代"。

在"智能识别"出现以前，传统身份鉴定主要依靠两种方式：第一种是通过鉴定用户自己设置的密码内容，比如文字密码，数字密码、图形密码；第二种是通过鉴定含有用户身份信息的实体物件，比如智能身份证、银行U盾、智能门卡。这两种方式虽然给我们带来了极大的便利，但是它们的缺点也很明显：密码容易遗忘，含有身份信息的设备容易被伪造或被盗，这个时候生物特征识别恰恰弥补了传统身份鉴定的缺陷。

生物特征识别具有不易遗忘和不易伪造的优点，它利用人体固有特征进行身份鉴定，这些"固有特征"可以分为两种：第一种是"生理特征"，又称为"静态特征"，比如我们每个人与生俱来的指纹、脸纹、眼纹等等；第二种是"行为特征"，又称为"动态特征"，比如我们的笔迹、声音、步态等，虽然这些特征受后天影响较大，但是我们每个人的行为特征和其他人都不一样。

生物特征识别的优势是显而易见的，但由于这类型识别设备的成本过高，所以在早期主要为政府部门所用。比如，美国入境关口开始采集来访者的指纹，从而鉴定他们与签证申请者的身份是否吻合。商业领域的使用也主要集中在企业内部验证员工身份，医院鉴定患者身份等方面。而随着该技术准确度的提升、硬件成本的下降以及智能手机的大量普及，生物特征识别在大众市场推广已具备足够的条件。

大众市场发展的推力：准确度+低成本+智能手机

生物特征识别技术的研发从上个世纪 60 年代末就已经开始了。1969 年，美国联邦调查局开始推动指纹自动认证流程，随后的 40 多年，生物特征识别技术研发从未间断过，每隔一段时间都有重大突破。根据 2014 年美国国家标准技术研究所对多项生物特征识别的技术测评，其中指纹识别、人脸识别和虹膜识别的最优算法在百万级数据库中的准确率都超过了 90%。各种生物特征识别算法的 1 比 N 鉴别性能得到进一步提升，在数百万人中查找一个人将不再是大海捞针。

生物特征识别准确度进步的步伐有多大呢？举一个发生在 15 年前的例子——2001 年 1 月，在美国佛罗里达州举办的"超级碗"橄榄球决赛上，警方首次采用了脸部识别技术，目的是为了分辨观众中有没有混入通缉犯。然而，最后的监测结果是一个真正的通缉犯都没有抓到，反而把很多无辜观众误判成了违法分子。在当时，脸部识别技术远远达不到大众普及的要求。

2001 年以后，互联网技术迅猛发展，尤其是大数据计算和云技术给生物特征识别提供了更多更好的手段和技巧，为科技大力发展奠定了坚实的基础。经过 15 年的积累和尝试，才有了例如今年万事达（Mastercard）在欧洲 12 个国家推出的"刷脸支付"功能，用户可以通过脸部和指纹识别来简化网上购物流程。

而另一个重要推动力来自于智能手机的普及，智能手机让生物特征识别进入家家户户，苹果公司在这方面功不可没。2013年苹果 iPhone 5S 手机首次推出了"Touch ID"指纹识别技术，2015年苹果 iPhone 6 推出了第二代"Touch ID"，用户体验进一步提升，识别速度更快，使用起来也更加方便。结合 Touch ID 的产品有苹果支付、应用内付费等，三星和谷歌也相继效仿苹果的做法，把指纹识别功能植入到手机里，这就大大方便了美国银行和大通银行等金融机构在手机上推出指纹登录账户的服务功能。除了移动端，生物特征识别还可以运到哪些金融领域呢？

在金融领域的应用：2大功能+3个场景

如果按照功能分类，生物特征识别的第一种功能是"身份认证（Verification）"，将用户和自己的生物特征一对一比对，从而认证用户是否是其本人；第二种功能是"身份鉴定（Identification）"，将用户和数据库中所有生物特征比对，查询和鉴定用户的身份。这两种功能在金融领域都有广泛运用空间，具体可以运用在三个场景：（1）银行支付机构；（2）ATM 自动提款机；（3）网上银行业务。

在银行支付机构方面，今年美国金融服务技术供应商 Fiserv 和日本富士通（Fujitsu）合作推出了一款掌纹识别设备，银行客户进入支付办理业务的时候，可以在这款掌纹识别设备上验证和鉴定自己的身份。

在自动取款机方面，日本对生物特征识别的运用比其他国家普及更早，很多 ATM 机目前已经配备指纹识别功能，但仍需输入用户的密码和银行卡号。不过，从今年3月开始，日本永旺银行（Aeon Bank）的 ATM 机将仅凭指纹即可进行存款、取现和转账等交易。

在网上银行方面，2016年汇丰银行和昔日语音识别公司的巨头 Nuance 合作，在汇丰旗下子银行 First Direct 引入语音识别服务，使用时客户将录入自己的声波纹，一旦完成注册，语音认证将取代密码或指纹认证。First Direct 在成立之初是以电话银行定位的，年内它将为全部 1 500

万个客户实现语音识别服务（各应用场景如图2所示）。

银行支行应用场景　　　　　　　自动提款机应用场景

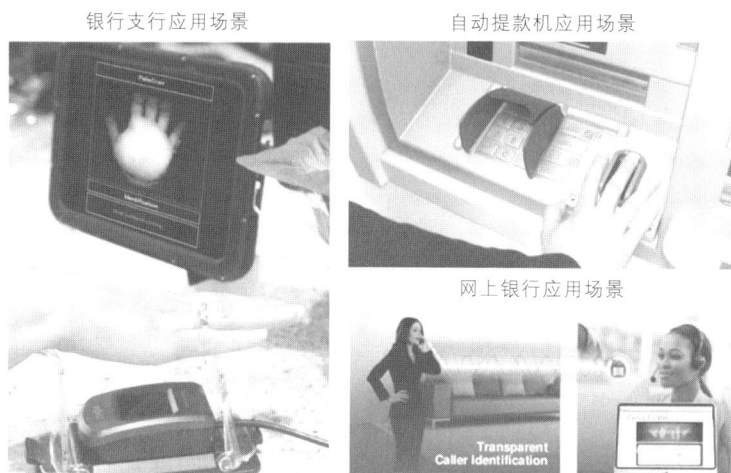

网上银行应用场景

图2　应用场景

生物特征识别的隐患：安全+隐私

　　随着生物特征识别应用在金融领域的不断普及，人们对安全和隐私问题的关注也会越来越高。因为生物特征的唯一性和不可更改性，个人敏感信息一旦被窃取，将会造成不可预估的严重后果，而这种危险主要存在于数据的传送和存储环节。2015年6月，美国人事管理局（OPM）的数据遭遇了一次大洗劫，2 150万人的敏感信息被泄露，560万个指纹记录被盗。信用卡的密码在被泄露后可以撤销或者重新设置，但是生物特征却不能被替换。

　　针对这个缺陷，目前行业应对的一种信息保护方案是"特征变化+可撤销生物特征模板"，生物特征被录用后以"特征变化"的格式存储在系统里，即便被窃取后也无法还原最初形态（生物特征识别如图3所示）。一旦发现泄露事件，系统可以直接撤销被盗模板，并对同一个生物特征重新发放新模板。

原始图片1　　　　　　　原始图片2

特征变化1　　　　　　　特征变化2

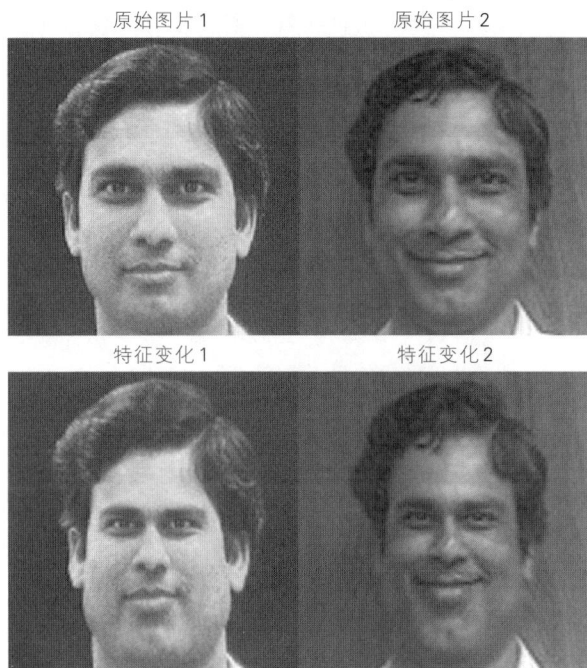

图3　生物特征识别

除了上述措施外，为了保护生物特征数据在传送中的安全，避免遭遇像"中间人攻击"等身份窃取行为，目前行业还采用了"生物特征加密系统"。传统的生物特征识别系统采用细节点作为识别特征。不过，由于传统系统不采用任何加密措施，如果中间遭到拦截，不法分子可以直接从指纹细节中恢复出原始生物特征图像，为了应对这个问题，"生物特征加密系统"诞生了。

生物特征加密系统的理论基础来自于现代互联网加密技术，生物特征加密技术是一个把密钥和生物特征安全地绑定在一起的过程，使得密钥和生物特征本身都不能从系统存储的模板中获取到，当且，仅当活体生物特征提交给系统时，密钥才会重新生成。

为了进一步保障安全性，行业中还通过增加生物特征的复杂度来防止数据被复原，比如"多特征采集"和"多因素考量"。日本富士通公司采用的就是"多特征采集"，它的智能识别设备同时录用指纹和掌纹两项特征；而美国西点军校的研究院正在研发一种"多因素考量"识别系统，系统会分析用户打字时的节奏、力度和错别字发生率等多个因素来核实用户的身份。

需要提醒的是，目前没有一种防护方式是万无一失的，在具体应用时要注意应用的场合和具体需求，搭配适当的安全保护措施。不过，信息保护措施越复杂，用户体验就会越差，所以应用开发者永远要在优化用户体验和最大化保护隐私中找到一个平衡点。

探究未来发展方向：多元化+规范化

目前大众市场推广的智能识别应用以指纹和声纹为主，这两项技术在过去30多年积累了足够多的"实战"经验，达到了在金融市场大规模投放的要求，预计眼纹和脸部识别将会是下两个兴起的技术领域。除了上述四个成熟技术，行业内还有各式各样的生物特征用于身份识别，比如人的心跳、鼻子形状、耳朵形状和走路步态等特征，这些技术有些已经拥有产品雏形，有些尚停留在研究院研发阶段，相信在不久的未来，更多成熟的技术将会投放到大众市场。

但是我们不能夸大生物特征识别的作用，它并不能替代传统身份鉴定，未来十年内也不可能取代所有业务场景，我们生活中的许多方面还是需要传统方法（密码和智能身份证等）。智能识别的作用在于与上述两种传统模式配合使用，把"我们知道的（例如密码）"、"我们携带的（例如智能身份证）"和"我们拥有的（例如指纹）"相互结合，根据不同的应用场景推出最利于用户使用的应用，提升效率和体验（如图4所示）。

在未来，生物特征识别行业还必须具备一个规范化的监管和运作环境，需要建立和明确责任制和第三方信任机构，这也是任何行业健康发展的必要条件。生物特征对于我们每一个人都非常重要，尤其是运用在金融这样的重要领域，任何国家都会对这个行业格外重视，有些可能会分外谨慎，这不是一件坏事。

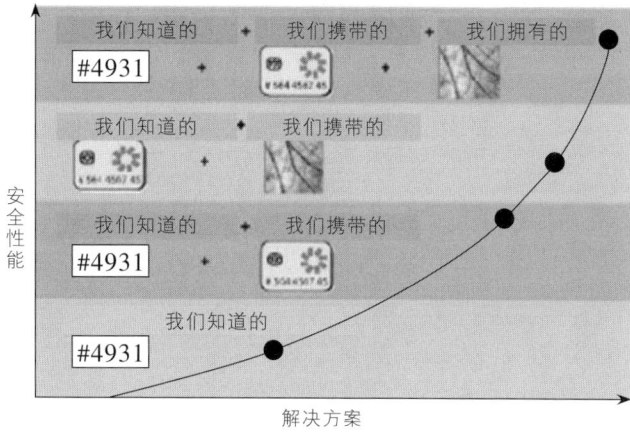

图 4　解决方案

　　基于今年的种种迹象，笔者相信智能识别技术将与智能理财机器人一起引领下一个"智能金融时代"，智能理财机器人将成为我们做决策时的金融助手，而智能识别技术会成为我们在支付和交易等多个环节的"金钥匙"。

从供给侧改革看金融科技企业的发展机遇

供给侧改革是未来一段时间宏观经济运行的一条主线，各行各业宏观层面的机遇和挑战均蕴藏其中，金融科技类企业尤其如此。当前，以银行业为代表的传统金融机构持续面临着经济增速趋缓背景下的资产"压缩"的转型困境，不得不把更多的精力放在不良防控和存量业务结构调整上，面对 2013 年以来金融科技企业基于互联网渠道革新带来的蓬勃发展，主要采取观望和跟随战略，带来传统金融机构和新兴金融科技企业的此消彼长。不仅如此，供给侧改革还将通过加速经济周期的更迭进一步加速这一进程。在新的经济周期转换中，支柱型产业不再从传统的重工业中诞生，传统金融机构基于重化工业时代积累的经验优势大大缩水，面对新经济、新业态，传统金融机构和金融科技企业站在了同一起跑线上，某种程度上，金融科技企业还有一定的优势。

在这一因宏观结构调整带来的行业变革大局中，现行的金融体系将加速分化甚至不排除局部的覆灭，相生相杀过程中，适应新经济的金融科技类企业将迎来重要发展机遇。

传统金融机构遇到的挑战

自 2013 年以来，宏观经济的持续低迷开始向金融业传导，不良资产攀升和盈利增速的下滑逐步成为行业新常态，供给侧改革政策的推进，更是从加速经济结构调整的角度在短期内加大了金融业的转型难度。在供给侧改革五大任务中，"去产能、去库存、去杠杆"侧重于存量资产的调整，主基调是"压缩"，传导到金融机构中，意味着存量金融资产的压降，或以不良资产的形式直接粗暴地形成损失，或以还后不续借的形式表现为信贷需求不足，进一步加速了金融业尤其是银行业"不良攀升、增速下滑"的转型困境。截至2016年上半年，商业银行实现净利润8 991亿元，同比增长3.17%；不良率为1.75%，同比增长0.25个百分点，较2015年年末增长0.08个百分点；拨备覆盖率为175.96%，同比下降22.43个百分点，较2015年年末下降5.22个百分点。

面对存量资产压降带来的挑战，金融机构一方面加大对不良资产的防控与处置力度，另一方面也着力在宏观经济新模式、新业态上做文章。笔者注意到，银行业转型的花样很多，如消费金融、资管业务、债券投资等，但问题在于，存量业务的风险暴露已经让银行焦头烂额，银行在新兴业务转型上难以投入足够的精力，在与金融科技类企业的竞争中明显处于下风，在客户体验上一直存在较大的差距。在相当长的一段时期，传统金融机构很难扭转盈利低迷和不良率攀升的增长颓势，下面以银行业为例进行说明。

在盈利方面，银行业净息差将持续承压。在资产端，受经济整体融资需求不旺和不良高发的双重影响，银行持续面临着优质信贷项目荒，随着实体经济去产能、去杠杆加速，经济信贷需求会进一步下降，加剧银行信贷投放难。在此背景下，越来越多的银行不得不加大对债券的配置力度，债券利率低于贷款1～2个百分点，致使银行资产端整体收益率下降。在实体经济降成本背景下，利率下行也会限制银行对优质信贷客户的议价能力。在负债端，随着存款利率上限的放开和存款理财化趋势的加强，银行吸储成本越来越高，理财等高息资金占比也越来越高，负债端利率趋于上行。未来几年，银行净息差将进一步收窄。

在资产质量方面，银行业面临不良率持续攀升压力。2016年，GDP增长目标为6.5%～7%，下限较2015年下降0.4个百分点，继续施压银行资产质量状况。宏观经济去产能、去杠杆、去库存，也将加速不良资产暴露速度。截至2016年6月，银行业拨备覆盖率仅为175.96%，作为"利润缓冲垫"，其继续下降的空间有限，新增不良资产将更多地直接冲抵当期利润。同时，金融环境的恶化可能引发监管机构进一步提高风险管理、资本管理等指标的监管标准，加大银行业拨备支出。未来一段时期，银行业可能会步入利润负增长时代。在利润负增长背景下，银行员工收入难有提升，会加剧人才流向金融科技类企业，进而对银行业务创新、经营转型甚至是不良防控带来压力。

在传统金融机构持续遭遇转型挑战的同时，以第三方支付、互联网理财、网络贷款、消费金融等为代表的金融科技业态逐步发展壮大，凭借便捷的消费体验、较高的理财收益、丰富灵活的营销手段和日益完善的风控机制，金融科技企业的渗透率逐步提升，客户黏性越来越强，正深刻改变着金融业态格局。一方面，以蚂蚁金服、苏宁金融、京东金融等为代表的综合性金融科技集团，借助完善的金融牌照布局，初步形成了类银行"存贷汇"的资金流闭环，并开始从线上到线下、从体系内走向体系外，已经初步具备与传统金融机构一较高下的实力。另一方面，以海尔、美的、小米、万科等为代表的非金融企业展开了大规模的"金融+"浪潮，传统金融业持续面临着优质客户、资金、数据流失的挑战，支付、理财、融资等功能正面临全面边缘化的挑战。

本次经济周期交替将加速金融体系分化

从更为宏观和更为长期的视角来看，供给侧改革的推进将加速经济周期的交替调整，新的支柱产业和新的经济业态的出现会进一步削弱传统金融机构的经验优势，生于新业态的金融科技企业获得了更大的发展机遇，金融体系将加速分化。

周期性波动是经济运行的客观规律，作为亲周期的行业，金融机构对经济低迷带来的一系列问题通常不会过度忧虑，经济总有重回繁荣的一天。这里多说一句，宏观经济的L形走势，更多是从GDP增速的角度，对L形走势的认可不意味着繁荣不会再来。增速与繁荣是两码事，除新兴经济体外，发达经济体的繁荣期增速普遍在5%以下。即使中国GDP增速未来长期保持在6.5%左右，经济内在的衰退和繁荣依旧会自然交替。

问题在于，此次的经济周期变化有一些不同。经济周期是由支柱行业的更替推动的，过去30年，中国的支柱产业经历了从纺织轻工到钢铁煤炭，再到房地产和基建的转移。产业的交替并未给金融机构带来大的挑战，因为这些产业都是重资产行业，与金融机构重抵质押担保的授信模式一脉相承，无论是纺织还是钢铁，其融资模式没有变。不过，这一次潜在的支柱行业将在互联网等轻资产行业中产生，新的支柱型产业成长于互联网新经济业态之中，适应了股权融资和大数据信用融资，避免了传统融资模式可能面临的水土不服状况。

面对新行业金融服务需求形式的变化，不可避免地，此次经济周期性调整会带来金融机构的大分化，既是传统金融体系内部各机构之间的分化，也将是互联网金融与传统金融的分化，这一次，金融科技企业和传统金融机构站在了同一起跑线上。

传统金融机构早已看到这一点，一直在谋求转型，而非大家认为的机制僵化、坐以待毙。不过，终究是力有不逮。

一方面，究竟哪些行业会成为支柱产业，没人说得清，也没人看得准。未来是什么，凯文凯利先生在苏宁·钟山"创业创想预言聆听会"上提到四个关键词——共享、互动、流动和知化。这四个词是对未来经济特征的描绘，但无人说得清对应的具体是哪个行业，也许，5年后的支柱产业，现在还没有问世。

另一方面，大企业和小企业的界限正逐步消失，把赌注押在大家身上不再奏效。在新经济中，大企业可能突然倒塌，由于是轻资产，倒闭后可能一文不值。马云曾在一次演讲中提到"我如履薄冰，每一天就像过一年一样难过，每一年过十五年这样的压力"，此为大企业的真实写照。在跨界竞争的背景下，企业永远不知道要命的敌人来自哪一方。问题在于，连企业自己都看不清自身的前景，金融机构又如何能提前布局、稳操胜券呢？

不知道未来支柱产业是什么，也不知道它们需要什么样的金融服务，需要什么形式的金融服务。这一次，金融科技企业终于和传统金融机构站在同一起跑线上，从某种意义上说，金融科技企业在把握客户需求和灵活的机制等方面还更具优势。

金融科技企业如何把握发展机遇

面对未知的新经济新需求，创新求变是金融机构唯一应对之策。金融业的一切创新，都围绕着满足客户理财、融资和支付三大基本需求展开，支付领域的创新模式相对比较清晰，NFC、扫码付两大模式基本确立，行业门槛已然很高。相较之下，理财和融资两大需求仍有很大的改进空间，也将为金融科技巨头的崛起提供新的机遇。

一是理财顾问服务将迎来蓝海。从银行业收入结构看，理财顾问收入占比不断提升，貌似占领了先机。但问题在于，过去基于刚性兑付环境中的理财顾问，更多的是在高返佣的前提下为客户推荐相对高收益的产品。很多所谓的理财顾问经理，缺乏基础的金融知识，培训一个月（甚至更短）就敢上岗，与销售一般产品并无区别。随着刚性兑付的打破，理财产品的推荐有极大可能给客户带来损失，越来越体现为一个专业性活动，传统的理财经理主导的理财顾问模式难以为继。

对于高净值客户，自然有高端专业人士提供一对一优质服务，这个没有问题；而大众的理财需求，才是各方的角力点。笔者认为，未来理财顾问服务各方角力的突破口在于智能投顾。智能投顾的运转逻辑，是通过量化投资模型，结合客户的投资目标、收入和纳税情况，为客户打造专业、理性的投资组合，将人为不确定因素降至最低。它的诞生，受益于机构投资模式的创新，以及互联网技术的发展。

基于互联网的智能投顾业务，核心诉求是专业化的人才。只要人才够专业、够顶尖，不必多，几个人即可，通过定制化的模型把高净值客户专属的组合投资模式带入寻常百姓家。对金融科技企业而言，这种依赖少数人力资本的业务，无疑是个蓝海。在这个领域中，考验的是对顶尖人才的吸引力，传统金融机构并不占据更大的优势，甚至稍有劣势。

二是投贷联动业务的新机遇。理财的另一端就是资产，资产端的核心竞争力就是满足客户融资需求的能力。新经济的融资需求必然是股债结合，在合理控制杠杆率的同时，适当让渡股权满足高速发展、激烈竞争所需的资金和其他资源支持。股债结合的融资方式，对金融机构无疑是个挑战。新经济需要钱，更需要赢得市场竞争的综合资源支持。在流动性整体宽松的当下，尤其是随着股权众筹的出现，人人都是天使投资人，真正有潜力的企业不怕融不到钱，倒是融资机构需要担心企业愿不愿意用你的钱。未来，融资机构求着企业用自己的钱有望成为一种常态。

相对而言，传统金融机构只是有钱而已，在客户基础、市场营销、业务模式优化和发展策略等方面缺乏经验，在客户争夺过程中不占优势。反倒是新经济自身孕育出的金融机构更有资源为新经济体提供一揽子服务，在客户争夺过程中占据优势。

最后，盘点世界上金融科技领域的独角兽，多集中于智能投顾和在线借贷领域，在笔者看来，这还只是金融科技逆袭的初级阶段。未来，在一揽子综合服务领域会孕育出更多的金融科技巨头，而且这些企业将有极大的概率出现在新经济体系下的金融机构中，这些机构，既懂金融，又懂新经济，前景不可限量。

比特币涨疯了！想投资的你，知道这些常识吗？

随着比特币启动隔离验证和区块容量扩容消息带来的新一波暴涨行情，再加上席卷全球的勒索病毒点名只接受比特币"赎金"，比特币又一次进入大众视野。

和前几次一样，我们再次见证比特币作为一种数字资产的巨大波动，只是，这一次是暴涨。

OKCoin币行数据显示，2016年12月31日，比特币收盘价为6 791.82元人民币，截至2017年6月11日，比特币收盘价为20 600元，涨幅高达203.31%，简直秒杀其他一切可投资资产。

早在2013年12月，中国人民银行等五部委出台的《关于防范比特币风险的通知》中就明确把比特币界定为一种数字资产。对于这种可以合法交易的数字资产，我们有必要多了解一点。

比特币简史

比特币（Bitcoin，BTC），"货币"符号为Ƀ，ISO 4217标准货币代码为XBT。它并非一种法定货币，而是一种基于区块链技术的加密数字资产。在特定情境下，比特币可以用于支付交易，比如微软、戴尔、新蛋网等企业均接受比特币支付，日本的一些商店也接受比特币支付，但在我国境内，比特币被界定为一种数字资产，不可替代法币用于支付。不过，真有支付需求的话，可以选择在比特币交易所将比特币兑换成人民币。

　　2008 年，一个化名为中本聪（Satoshi Nakamoto）的人首次提出比特币的概念。2009 年 1 月 3 日，第一批 50 个比特币随着创世区块的诞生而被"发行"出来。但在此之后，比特币并未引起关注，也未与现实世界产生关联。

　　2010 年 5 月，美国的一个消费者用 10 000 枚比特币交换了价值 25 美元的比萨饼，比特币第一次与现实世界中的法币产生了汇率，即 1 个比特币等于 0.25 美分，以当时人民币兑美元汇率计算，一个比特币约合 1 分 7 厘人民币。之后的每年这一天，都有人都会想起这个倒霉蛋（按照现在的市价，10 000 个比特币价值接近 2 亿元人民币），这一天被称为"比特币比萨日"。

　　自 2013 年开始，随着比特币价格的暴涨，比特币交易日益活跃，世界主要国家开始先后承认比特币作为一种可交易数字商品的合法地位。

　　2013 年 12 月，中国人民银行等五部委出台《关于防范比特币风险的通知》，明确提出：从性质上看，比特币应当是一种特定的虚拟商品，不具有与货币等同的法律地位，不能且不应作为货币在市场上流通使用。这相当于承认了比特币作为一种虚拟商品的合法性。自此之后，比特币作为一种投资品，屡次上演价格过山车，也吸引了一大批高风险偏好的投资者。

　　在全球比特币交易队伍中，中国投资者是一支不容忽视的力量。数据显示，2016 年我国比特币年交易额达到 4.5 万亿元，占全球比特币交易总量的 90% 以上。

投资价值分析

　　很多人把比特币投资与股票投资相类比，其实，与股票相比，比特币的波动性显然要大得多，一个主要的原因是比特币没有价格锚。

　　股票价格虽然波动很大，但根本上受制于背后上市公司业绩，比特币却没有这样的锚定，其价值根本上取决于投资人的共识，极易受到情绪、政策等因素影响，暴涨暴跌。下面，我们详细解析一下影响比特币投资价值的正、负面因素。

1.支撑比特币价值的正面因素。

（1）总量固定。比特币总量固定，没有通胀风险，一直是支持者和长期看涨者津津乐道的理由。根据比特币的发行规则，每个新增区块可以发行的比特币数量，平均每四年减半一次，前四年每个区块是50个币，四年之后每个区块是25个币，依次递减。这样算下来，比特币总量为2 100万个。只要发行规则不改变，比特币的数量就不能突破这个上限。

（2）市场参与者的增多。区块链的安全性从根本上取决于算力的多寡，参与人越多，算力越大，便不易受到攻击，安全性就越高。比特币作为虚拟货币的领头羊，投资者越来越多，2016年全球交易量超过7 000亿美元。参与者的增多推动了价格的上涨，价格的上涨一方面激励了挖矿的矿工，另一方面也吸引更多的投资者进入，各类支付场景也越来越愿意接受比特币作为一种新的支付手段（在国内是不允许的）。

由于比特币交易的去中心化、地址匿名性和单一用户可以生成很多的地址，所以要判断比特币实际用户数是个不可能完成的任务，但之前英国剑桥大学的一项数字货币研究报告显示，"截至2016年年底，大约有290万至580万的独立用户正在使用一个比特币钱包"。当然，也有说法认为当前比特币的全球炒家数量已经超过千万，这也是一种粗略估算。

（3）政府的认可。作为一种虚拟产品，与现实世界的和解是虚拟货币持续存在并发展壮大的根本诉求，所幸的是，比特币先后得到了主要国家的认可（如表1所示）。

2.影响比特币价值的负面因素。

（1）交易处理能力限制。每个区块大小被限定在1M，每个交易大约250字节，所以每个区块最多容纳4 000个交易。由于每个被认可的区块平均产生时间为10分钟，意味着每秒钟只能处理7个交易。而随着区块链交易的火爆，很多交易不得不排队等待被写进比特币区块链。交易处理能力的限制反过来也会影响比特币作为一种数字货币的适用范围和场景。不过，一个好消息是，比特币社区已经高比例通过了隔离验证协议，大大缓解交易能力制约，也刺激了此次比特币的大涨。

（2）底层密码算法可能被攻破。比特币选择的哈希函数具有碰撞阻力（如果无法找到两个值，x和y，x不等于y，而 H（x）=H（y），则称哈希函

表 1   主流国家政府对比特币的态度

大洲	国家	态度
北美洲	美国	美国商品期货委员会将比特币归类为"商品"；各州相继推出数
欧洲	德国	表示支持比特币的合法化，但需要对交易正常征税
	英国	对比特币态度积极，承认比特币作为一种货币存在
	西班牙	允许比特币存在，只要按照相关法规交税即可
	芬兰	将比特币归类为金融服务，免收增值税
	波兰	将比特币看作金融工具，而非货币，但允许其存在
	比利时	允许比特币存在，免收交易增值税
	法国	谨慎，在反洗钱等金融风险上对比特币要求严格
亚洲	中国	谨慎，控制，承认比特币的虚拟商品属性
	日本	批准数字货币监管法案，并定义比特币为财产
	俄罗斯	对比特币持负面态度，最近有所松动
大洋洲	澳大利亚	对比特币征收增值税

资料来源：清华大学五道口金融学院

数 H 具有碰撞阻力），但尽管概率极低，并不代表不存在碰撞，世界上没有哈希函数具有真正的防碰撞特性。而一旦哈希函数被攻破，意味着整个比特币的安全性将受到根本性威胁，届时，比特币可能一文不值。其实，仅仅这种忧虑本身就会影响人们对于比特币的信心。而修复这一问题将涉及底层协议更新，又会带来比特币区块链分叉的问题。

（3）虚拟币的竞争。针对比特币底层协议的缺陷，一些组织做了针对性修改，从而推出了竞争币，以莱特币（Litecoin，LTC）为典型代表，其货币符号为Ł，交易活跃度一直居于虚拟币的第二位，国内火币网、OKCoin币行等主流比特币交易所也都支持莱特币交易。此外，还有大量的山寨币，大多由复制比特币的底层协议而来。由于单枚比特币的价格已经接近于 2 万元人民币的高位，很多虚拟币投资者纷纷选择竞争币投资，先上车再说。

以莱特币为例，截至 2017 年 6 月 7 日，OKCoin币行收盘价为 195.8 元人民币，2016年12月31日的收盘价为30.67元，涨幅高达538.41%，远远超过比特币涨幅。

前景与风险提示

关于比特币价格的预测有很多，一些狂热的支持者提出了"天价论"，比如著名的"一枚比特币换北京一套别墅"；还有很多人则对比特币目前的高价位非常谨慎。

考虑到预测股价的专家总是被"花式打脸"，笔者不会以身犯险，但考虑到绝大多数的人在投机性交易中总是难免做"韭菜"的命，在这里还是想泼点冷水。

在2015年A股牛市熊市转换过程中有过崩盘经历的人，可以回忆一下那种钝痛、无力、苦闷；没有相关经验的人，我们来重温一个故事——郁金香泡沫。

16世纪中期，郁金香从土耳其被引入西欧，不久，人们开始对这种植物趋之若鹜。17世纪初期，一些郁金香珍品被卖到了不同寻常的高价。17世纪30年代初期，这一时尚导致了一场经典的投机狂热，大家预测郁金香价格还会一直涨，于是越来越多的人加入炒作大军，郁金香价格越来越高。1637年2月，一株名为"永远的奥古斯都"的郁金香售价高达6 700荷兰盾，这笔钱足以买下阿姆斯特丹运河边上的一幢豪宅，而当时荷兰人的平均年收入只有150荷兰盾。不久，郁金香泡沫破灭了，千百万人因此倾家荡产。

最后，对于社会中层出不穷的各种山寨币，希望大家都敬而远之，要抵挡住"现在入场是处于某某币项目的初期，是机会最好的时期，相当于买原始股，你说赚不赚钱"的诱惑。作为虚拟的数字资产，若没有得到政府直接或间接的认可，是没有投资价值的。

恒星币、万福币、中华币、百川币、维卡币、邮币卡、珍宝币、五行币等等，已被警方明确确认为虚拟币传销案，涉嫌非法集资等犯罪行为，这些都是前车之鉴。

比特币那么贵，以太币会是更好的选择吗？

比特币作为区块链数字货币的开创者，一直稳居数字货币龙头地位，遥遥领先于其他竞争币（对比特币有所改良的数字货币）和山寨币（完全复制比特币另起炉灶的数字货币）。值得注意的是，今年以来，以太币涨势迅猛，涨幅是比特币的20倍，总市值快速提升，似乎有后来者居上之势。可以说，以太币是比特币面世8年来遭遇的第一个强劲对手。

以太币作为以太坊内的主货币，是以太坊整个区块链生态正常运转的燃料，与以太坊的发展一荣俱荣、一损俱损。而以太币对比特币发起的挑战，本质上是以太坊区块链对比特币区块链的挑战。一个携生态优势，一个是爆款单品，胜负前景究竟如何呢？与比特币相比，以太币会是更好的选择吗？

以太坊的崛起及以太币的暴涨

2008年，中本聪发表《比特币：一种点对点的电子现金系统》时，区块链只是作为比特币的分布式账本而存在。对于比特币和区块链的缔造者中本聪而言，区块链就是为比特币存在的，区块链的可编程性仅仅停留在"将比特币变成可编程的电子货币"，去实现一些基础性的智能合约，延展性非常有限。

其中，一个主要的缺陷来自于简化支付验证的困难。比特币的默克尔树结构支持"简化支付验证"的协议，通过该协议，区块链上的节点在验证交易真伪时，不需要下载全部完整的区块链，而只需要向其他节点索要与交易相关的特定哈希序列即可完成，大大降低了验证所需带宽和时间。由于比特币区块链主要被设计用来进行比特币的简单交易和价值存储，对于基于比特币区块链搭建的复杂的金融应用，其脚本系统并不支持简化支付验证，因此，也就大大限制了复杂应用系统在比特币区块链上的运转。

我们看到，作为世界第一大区块链，比特币区块链上除了交易所、钱包等应用外，鲜有其他复杂的去中心化应用，远远构不成一个生态。

2013年年末，以太坊创始人 Vitalik Buterin 发布了以太坊初版白皮书，提出了打造区块链创新开放基础平台的理念，通过提供超强脚本系统的优秀底层协议，在其上可以创建出任意高级的合约、货币及其他去中心化应用。

2017年6月，Vitalik Buterin 在一个论坛上曾分享了这段心路历程："我在六年前踏入区块链领域。那时我赚了20个BTC，拿了8.5个用来买一件衬衫。当时我花掉的那8.5个BTC现在价值2万美元，而那件衬衫现在已经不见了。但我在加入这个全球性实验（以太坊）时意识到，如果世界各地成千上万的人一起致力于此，那么这个数字经济体系一定可以运作起来。而成千上万人连接网络可以创建一个独立的金融体系的这个想法，在我的脑海里深深刻下了。去中心化、密码学、开放性、透明都深深震撼了我。然而，区块链的应用并不仅限于加密货币。它有着一个巨大的潜力，适用于各行各业，能为各企业和各种规模的组织带来显著的好处。"

很快，以太坊的理念吸引了大批优秀的人才加入其中。2014年7月24日，以太坊便开始了创世预售，共发行7 200万以太币。2015年7月，以太坊网络发布，以太坊区块链正式运行，以太币作为以太坊区块链内的通用支付工具，开始进入各大交易所交易。

随着越来越多的金融机构和大企业加入以太坊区块链开发队伍，基于以太坊的区块链应用开始增多，以太坊的发展壮大为以太币的增值提供了基础。2015年12月至2016年6月，短短半年内，以太币价格从6.1元人民币涨至100元人民币左右，之后因The DAO事件币值下跌，但一直稳定在50元人民币以上。

比特币交易网数据显示，2016年12月31日，以太币价格为57.08元人民币，进入2017年3月份以来便步入快速上涨期，6月10日盘中触及

3 000元的高点，2017年6月14日，以太币价格为2 615.99元，较2016年年末上涨4 483%。同期，比特币的涨幅仅为200%左右。

技术完美主义与生态支撑的辩证

相比比特币在可扩展性上的处处蹩脚，以太坊优秀的扩展能力吸引了多方参与者，其中不乏政府机构和企业巨头。我们来看一下：

2017年6月的国际经济论坛中，俄罗斯总统普京与Vitalik Buterin会面，讨论了以太坊技术在俄罗斯的应用。据称，普京总统支持由区块链技术铺路，建立新的业务关系的想法。

2017年5月5日，韩国正式成为了全球最大的ETH交易所市场，日交易额为1.05亿美元，占全球ETH交易所市场份额的21%，高于美国和中国。

2017年3月，以太坊联盟（EEA）成立，成员包括微软、英特尔、摩根大通、德勤、埃森哲、ING、ConsenSys和丰田研究所等，致力于在以太坊区块链基础上探索区块链的未来，创建下一代经济。

2017年1月，联合国粮食援助机构世界粮食计划署（WFP）在巴基斯坦信德省首次采用基于以太坊技术的援助手段，100个人获得100卢比以及价值100卢比的食物，而善款和物资发放的渠道是基于以太坊的区块链网络。

……

据不完全统计，截至2016年年底，基于以太坊的项目多达数百个，可以预见的是，此类项目还将如雨后春笋般冒出来。这些项目之间可以互相调用，商业和业务模式可以互相关联，非常利于形成强大的生态系统，这是目前其他区块链产品所不具备的。

以太币作为以太坊区块链的燃料（支付手段和奖励工具），自然会随着以太坊的发展壮大而不断升值。截至2017年6月10日，以太币市值达到240亿美元，仅落后于比特币220亿美元，稳居加密数字货币市值第二名，是第三名瑞波币的2倍之多。

　　本质上，以太坊基于对比特币区块链的改进而产生，希望通过图灵完备的技术充分发挥区块链技术的优势，使开发者可以自由实现各种商业模式，各类商业模式的成熟反过来也会促进以太坊本身的繁荣发展。这个模式在理想状态下很好，但也有潜在的问题，那就是为了保持足够的扩展性，以太坊技术需要足够灵活，也会变得很复杂，开发者的代码越来越难懂，对开发者团队也就越来越依赖；同时，生态越来越完善，需要处理的新问题越来越多，需要协调的事项越来越多，距离去中心化的理想也会越来越远。

　　事实上，在 The DAO 事件中，以太坊的处理方式便饱受争议。先来简单回顾一下事件本身：2016 年 6 月，以太坊上最大的众筹项目 The DAO 被攻击，这个众筹超过 1.5 亿美元的项目损失超过了 360 万以太币。2016 年 7 月，以太坊团队通过修改以太坊软件的代码，在第 1 920 000 区块强行把 The DAO 的所有资金全部转移到一个特定的退款合约地址，通过这种方式拿到被黑客控制的币，从而形成两条路，一条为原链（ETC，目前在加密数字货币中市值位居第 6 位），另一条为新的分叉（ETH）。

　　The DAO 事件发生后，以太币持有者因找回损失而欢欣鼓舞，更多的人则普遍持批评态度，也开始担心这样的操作会在多大程度上损害其"去中心化"权威。毕竟，作为一种虚拟货币资产，以太币要想被更多的人接受，交易的不可篡改性和去中心化是不可缺少的前提条件。受此影响，以太币 ETH 出现暴跌，跌幅一度高达 60%，并在低位盘整半年之久。

　　相比之下，比特币区块链虽然可扩展性差，但也使得比特币作为一种数字加密货币更加纯粹，去中心化趋势更为显著，区块链本身也更具韧性。

　　所以，从区块链本身的扩展性应用来看，以太坊无疑是成功者，是区块链 2.0 时代的代表。但仅仅从加密货币本身来看，这个世界究竟是要一个纯粹的货币，还是更青睐一个承载并服务于一个生态的货币，可能这才是决定比特币和以太币核心发展前景的根源性问题。

前景展望：比特币未必不堪一击

"屁股决定脑袋"是投资领域的经典法则，数字货币也是如此。在那些看好并买入以太币的人眼中，以太币代表加密数字货币的演进方向，而比特币则是1.0时代的老古董。在那些持有大量比特币的人看来，比特币作为区块链的第一个应用，解决的是世界经济积攒多年的主权货币体系的缺陷，一个超越国界、抗通胀的货币具有广泛、巨大的需求，比特币纯粹地达成这一个愿望足矣，足以支撑起广阔的增值前景。

当然，更多的人选择双边下注。无论是以太币还是比特币，与现行货币体系相比，交易量都还小得可怜，各自都还有巨大的成长空间，也都各自面临很多的限制性条件，远没到针锋相对的时候。

投资数字货币，你掌握这些基础知识了吗？

近日，加密数字货币的行情又经历了过山车——前期追高买入的朋友遭遇短暂被套，随后又出现回升迹象。

对大多数人而言，既然投资波动性巨大的加密数字货币，就应该有应对过山车行情的心理准备。除了心理准备，是否还应该有一些基础知识的准备呢？

举例来讲，同是加密数字货币，为何比特币能卖到 18 000 元人民币（下同，除非标明美元，否则单位为人民币）一枚？区块链 2.0 以太坊中的以太币怎么就无法突破 3 000 元呢？大名鼎鼎的 Ripple 区块链中的瑞波币为何又不足 2 元？达世币是什么鬼，凭什么又能卖到 1 300 元左右？

当前，全球加密数字货币已经超过 900 种，价值基础不同，风险差异极大，不知其然，也不知其所以然，恐怕不是好的投资理念。在本文中，结合市值排名前 10 名的加密数字货币，简单谈一谈加密数字货币背后的投资逻辑。

加密数字货币的市值趋于两极分化

Coinmarketcap 数据显示，截至 2017 年 6 月 28 日，共有 928 种加密数字货币，其中 722 个有市值统计，总市值 1 061 亿美元。

从市场结构来看，比特币市值 423.23 亿美元，占比 39.89%；以太币市值 300.90 亿美元，占比 28.36%；瑞波币市值 106 亿美元，占比 10%。前

3名加密数字货币市值合计占比78.25%，第4名至第10名加密数字货币市值合计占比8.81%，第11名至第50名加密数字货币市值合计占比9.54%，其余672个币种市值合计仅占3.40%（如图1所示）。

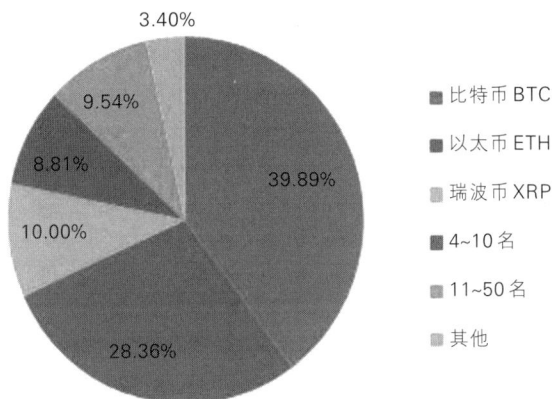

数据来源：Coinmarketcap，苏宁金融研究院

图1　全球加密数字货币市值结构

不难发现，加密数字货币领域呈现明显的两极分化特征，几款明星货币才是市场追逐的重点。

单价1美元以下的加密数字货币占多数

在722种加密数字货币中，单价超过1 000美元的有4种，单价100～1 000美元的有7种，单价1～100美元的有104种，单价1美元以下的是606种。

鉴于每种加密数字货币的总发行量、已发行量存在很大差异，所以单纯比较单价并不可取。

举例来讲，比特币总发行量2 100万枚，截至2017年6月28日（下同），已发行1 640万枚，单价2 578.78美元；瑞波币总发行量1 000亿枚，流通数量383万枚，单价0.277美元；Zcash总发行量2 100万枚，已发行155万枚，单价339.5美元。瑞波币单价很低，主要原因在于其巨大的供给量。但供给量又并非决定价格的唯一因素，比特币和Zcash总供给量相同，单价相差7倍，背后便是需求的影响。决定需求的因素比较复杂，包括区块链实用性、知名度、用户量、区块链安全性、发展路线图、市场预期等因素，不一而足。

产业链的支撑因素显得愈发重要

一个加密数字货币，从理念诞生到发行再到走入公众视野，离不开产业链的支撑，尤其是在各种加密货币已经多达900余种的前提下，加密货币的竞争力已经不仅仅是理念和技术本身的竞争力，产业链的支撑开始发挥越来越重要的作用。

一般而言，加密数字货币的产业链涉及发行、兑换、储存、流通等环节，背后涉及创始团队、社区核心参与者、矿工（矿池）、投资人、基于区块链的拓展项目、交易场景、监管机构等。当然，具体到每个币种，产业链构成方存在显著差异，比如比特币已经不存在创始团队；未来币、新经币、IOAT币等都是通过创始交易一次性发行完毕，后续不再有发行环节，其中IOAT甚至并非基于区块链的加密数字货币。

以比特币为例，其产业链包括发行环节的矿池，从算力排名看，全球排名前10名的矿池中有7个在中国；买卖环节的交易所，仅中国就有大大小小40余家交易所；储存环节的钱包软件；流通环节的各类交易场景，如微软、戴尔、日本乐天、新蛋网、Overstock等均接受比特币支付；以及比特币用户（投资人）、基金会、各国监管机构及其他产业合作方等。要了解一种加密数字货币，不仅要了解该币种本身的技术和理念，还应熟悉其产业链情况，往往后者才是决定价格走势的关键因素。

关注价格波动有两个不容忽视的要素

针对具体的加密数字货币，决定其价格走势的因素非常多，比如比特币的此次大涨，隔离见证协议的临近和勒索病毒都是推手，监管因素、其他竞争币良好的发展势头等也都是重要推动力。所以，笔者不会去穷尽这些助涨或助跌的因素，只是想就以下两点做些提示：

第一，要关注数字货币的供给曲线。

除了比特币和少数其他几个币种外，几乎所有的山寨币和竞争币都会采用ICO的形式进行创始发行，通常结构是"X+Y/年"，即ICO阶段发行X，之后每年发行Y（当然，Y并非常数，而是按照一定的规则动态变化）。

多数情况下，X的占比并不高，但对一些数字货币而言，X占比超过70%，考虑到剩余30%是在长达数百年的时间逐步释放的，初始阶段的前几年，X可以占流通量的90%以上，创始团队和初始ICO参与者便成为事实上的巨庄。

举个例子，以太坊的ICO阶段共释放7 200万枚以太币，而截至2017年6月，已发行总量接近9 300万枚，ICO阶段占比仍达到77%。与此类似，新经币、未来币、瑞波币在ICO阶段发行占比即达到100%，即第一个区块便完成了整个发行任务。

在ICO阶段，创始团队通常持有很大比例，第一批众筹者的获取成本也极低，随着币值成百上千倍地攀升，投资者有理由担心"庄家"套现行为以及由此引发的砸盘和市场恐慌。以瑞波币为例，总共发行1 000亿枚，市场流通383亿枚，瑞波公司手中还握有610亿枚，这610亿枚瑞波币何时进入市场、以什么比例进入市场，成为决定瑞波币价格走势的关键因素。为了打消投资人疑虑，维持币值稳定，2017年5月，瑞波公司宣布即将通过数十个智能合约锁定该公司持有的瑞波币，锁定期四年半，每隔一个月释放一个托管合约即10亿瑞波币由公司支配。Ripple首席执行官Brad Garlinghouse在接受媒体采访时明确表示，"砸盘整个市场的行为将是非理性的，这违背了公司的利益……希望这种冻结资金的行为能够为瑞波币持有者带来信心"。

就其他加密数字货币而言，也或多或少存在类似的问题，既有 ICO 阶段形成的巨庄，也有后续发行阶段的供给曲线变动引发的供求变化问题，这些都是影响投资人信心和决定市场价格走向的重要因素，必须时刻保持关注。

第二，应了解数字货币的核心价值基础。

既然市场中出现了 900 余种加密数字货币可供选择，投资人必然关注该币种背后的区块链有何价值基础，并基于这种价值基础做出投资决策。不同的加密货币，价值基础迥异。比特币的价值在于，其作为加密数字货币的鼻祖，知名度高、用户数多。比特币区块链的参与人数最多，安全性最高，是目标相对单纯的纯粹的数字货币。即便存在这样或那样的局限性，即便所谓的比特币 2.0/3.0 做了很多针对性改进和创新，都无法动摇比特币的价值基础。在比特币之后，2013 年之前出现了很多山寨币，基于比特币的代码逻辑进行简单的修改，摇身变成新的币种，因为推出时间很早，也积累了大批的支持者，具有一定的产业链生态资源。但由于它们（如莱特币、狗狗币、点点币等）和比特币实在太像了，即便交易确认更快些、区块容量更大些，在价值上也并没有太多的想象空间。

一些数字货币通过增强比特币的某一特征而受到市场认可，如门罗币、达世币、Zcash 等，针对比特币的半匿名特征，通过混币、环签名、零知识验证等技术大幅增强货币的匿名性，受到了市场的追捧。以 Zcash 为例，诞生于 2016 年 10 月，因采用零知识验证技术被称为终极匿名的数字货币，火爆到还没开始挖矿，其期货价格就远远超过比特币，2016 年 10 月 28 日正式上线的 Zcash，一个币的单价一度冲到 3 300BTC，相当于 200 万美元。虽然之后价格急剧回落，但截至 2017 年 6 月，它已经攀升至市值排行榜第 12 位，单价仍处于 316 美元的高位。

还有一些数字货币通过在区块链完善上做文章而获取独特的价值，典型的是以太币、瑞波币、比特股等。以太坊以对智能合约良好的扩展性出名，Ripple 则致力于支付，比特股则着重于资产交易。因为有独特的价值基础，所以这些数字货币虽然推出时间晚，但在市值上往往能后来居上，得到投资者的认可，并成功建立生态圈。

当然，有一点需要明确，先发效应很重要。一个数字货币有很好的创意不等于有很好的价值，前提是提出时间要早，否则便和比特币后面的山寨币一样，晚了一步，便不是正主儿。

还有一点就是，绝大多数所谓的价值基础，在理论上都是可以被其他货币复制或采用的，归根结底，还是要持续创新，并尽快建立起稳固的生态圈。

投资加密数字货币的几点通用建议

加密数字货币的投资属于比特层面的投资，而比特层面是可以复制、迭代和更新的，所以，相比原子层面的资产（如股票背后的上市公司），加密数字货币具有很强的进化性，这意味着，任何所谓的缺点都是有希望被纠正的，任何所谓的优点也都有可能被竞争币复制。

一句话，不存在绝对的缺点和优点，也就不存在绝对坚固的价值基础。所以，需要再提示几点：

第一，进行加密数字货币投资，必须要持续关注、持续学习。长期投资理念没错，但两耳不闻窗外事的长期投资绝对是错的。

第二，分散投资。正因为进化太快且新的竞争者层出不穷，才需要分散投资，押注单个币种并不明智。

第三，实在看不懂，就买市值高的。注意，是市值高而非单价高。所有的加密数字货币本质上都是虚拟资产，其市值的高低基本代表了市场对其价值基础的认可度高低。所以，抛开短期投机性因素，一般来看，市值越高，投资的风险便越低。

第四，控制欲望、保持理智。

数字货币ICO，暴富的游戏还是虚幻的泡沫？

随着加密数字货币的火爆，基于区块链的代币ICO（Initial Coin Offering，首次公开募币）开始走入大众视野。

在现实世界中，我们有企业首次上市募资的IPO，在数字货币的世界里，区块链创业企业则可以通过ICO向早期爱好者发行代币，获得事业的启动资金。

事实上，以太坊便是ICO的经典案例，通过ICO募集资金，它一步步地发展成世界第二大区块链。所有的ICO参与者，只要拿得住，都致富了，也算亲身参与了区块链发展史上的一件大事。之后，更多的加密数字货币通过ICO取得成功，ICO也就逐渐成为最受追捧的投资数字货币项目的方式。

不过，站在现在这个时点，看着新的ICO项目依旧层出不穷地冒出来，对于ICO投资前景，笔者要泼冷水了：ICO也好，IPO也罢，投资这件事，讲究的是时机，时机不对，什么都是错的。

区块链ICO的风口期可能已经过去了

你没看错，概念刚火，但很可能区块链ICO的风口期已过，因为打造生态圈已经越来越难。

代币的价值本质上取决于所在区块链的生态圈，只有打造一个强韧的生态圈，代币才有上涨的空间，以太币ETH与以太坊的共荣便是经典案例。但以太坊的成功占据了天时、地利、人和，已经很难再复制。

以太坊的理念产生于 2013 年，在当时，基于图灵完备的虚拟机和对智能合约的全面支持仍属于突破性的创新，使得以太坊占据了区块链 2.0 的认知标签；以太坊的创始人 Vitalik Buterin 本身就是天才开发者，从比特币社区成长起来，以太坊的理念也吸引了世界上顶级的一批开发者，以太坊区块链有很多极具创新性的设想，有可持续的长远发展规划路线。以太坊于 2014 年进行 ICO，2015 年区块链正式运营，2016 年初就赢得主流社区的认同。

加密数字货币具有典型的马太效应，强者恒强。自 2016 年以来，行业内顶级的人才大都服务于几个顶级的区块链技术公司，大的矿池也只挖几个主流的数字货币，大的场景也只愿意和已经成功的区块链合作。对于新的 ICO 项目，只能以牺牲去中心化和区块链安全性为代价，不走寻常路，代币发行容易，却大大稀释了代币的长期价值。主要表现为以下几点：

第一，非 POW 共识算法影响去中心化。

POW（工作量证明）机制共识，基于节点算力分配记账权，是公认的达成区块链去中心化特征最有效的机制。即便存在电力和能源浪费的问题，比特币、以太币（现阶段）、莱特币、达世币、Zcash、门罗币等市值靠前的币种都采用 POW 机制，而瑞波币定位于联盟链，所以未采用 POW 机制。

正因为采用了 POW 机制，这些竞争币和山寨币才能在数以千计的加密数字货币中脱颖而出。要采用 POW 机制，需要得到矿工们的支持。问题是，矿工们的计算资源有限，忙于挖那些市值高的主流数字货币，无暇顾及层出不穷且没有价值保障的 ICO 代币们。得不到矿工们的支持，没能采用 POW 机制，便不得不采用各种 POS 和类 POS 共识机制，结果又带来了中心化或弱中心化问题（即易被操纵）。

第二，代币预挖打压升值空间。

既然得不到矿工们的支持，索性也就通过预挖的方式把代币一次性发行完毕吧。况且，采用挖矿发行的加密数字货币的发行期多在百年以上，绝大多数 ICO 项目也没有这个耐心和信心存续百年之久。另外，ICO 项目要构建生态圈、实现远大理想也需要大量启动资金，而资金只能来自 ICO

代币销售，自然是卖得越多越好，一般占到代币总量的50%～70%。

问题来了，代币或在ICO阶段被售出或被创始团队持有，聚集在少数人手中，便产生了天然的巨庄。对于存在大庄家的投资品，理性的投资者自然不敢碰，代币只能在一个小圈子里流转，缺乏升值空间。反观一些真正做起来的预挖型加密数字货币，在早期多会采用免费送币的方式把代币分散化，用户基础大了，交易便活跃起来，币值自然有了升值空间。

截至2017年6月末，在Coinmarketcap有统计的加密数字货币已经达到950种，还不包括已经夭折的货币和很多ICO货币。

加密数字货币是个典型的马太效应市场，两极分化严重，各种资源向已经成功的大区块链集聚，不得不说，区块链ICO已经过了风口期。

缺乏实质创新的ICO项目全靠理想在支撑

整体错过了风口期，项目本身够强也是可以的。问题在于，现阶段绝大多数ICO项目都缺乏实质性创新，多采用拿来主义，把比特币、以太币、瑞波币等几个主流的区块链的优点或特征进行简单重组（很多仅局限于白皮书设想上），再用远大理想扯个大旗，便出来融资了。而这些理想，通常看上去都不能落地。

比如，有的ICO项目立志改造国内公立医院低效率的运作模式，想把病历、处方甚至各科室内部终端诊疗系统统统搬上区块链，打造一个透明的医疗体系；有的ICO项目想打造国内商品流转的溯源机制，积累大量商家和用户，构建流量平台，大有再造一个阿里巴巴之势；有的ICO项目想打造全球统一的数字资产发行与交易平台，实现数字资产的跨境无障碍流通……

梦想还是要有的，万一实现了呢？但站在ICO项目投资人角度，真的能充分认识到这种远大梦想背后的极低概率吗？先不说创始团队的构成单一，基本都是程序员；也不说募集的区区几千万元资金，如何去改变旧模式；单是那份想在两三年内便改变世界的"梦想"就足以让理性的投资人望而却步。

问题在于，被一夜暴富深深刺激的 ICO 圈新晋"韭菜"们，有的是勇气为梦想买单。目前，国内 ICO 项目筹集计划多在 2 000～4 000 比特币，按照比特币 2 万元单价计算，募集资金在 4 000 万元至 8 000 万元。而 ICO 代币量占比通常在 50% 左右，这意味着区块链项目 ICO 阶段本身估值为 8 000 万元至 1.6 亿元。

ICO 投资者的"朴素"想法是在不超过 3 年的时间内币值可以增值 10～100 倍，以 50 倍计算，意味着该项目在 3 年左右估值要达到 40 亿元至 80 亿元。

不得不说，这可能算另一个梦想了，属于投资人自己的梦想。

潜在隐患突出，非专业人士不要参与了吧

上面所讲的，主要还是针对勤勉努力的区块链创业团队而言。事实上，这个行当中更多的是圈钱的人，很简单，募集资金后不作为，让代币自生自灭。有良心的，持有募集来的比特币和以太币，等着币值上涨、赚钱后套现，把本金还给 ICO 阶段投资人，大家一拍两散，和平散伙；没良心的，把钱挥霍掉（所谓的基于多重签名的资金托管来保证专款专用，听听就得了），你们投资失败，大家一拍两散。

还有更厉害的，打着 ICO 的幌子搞加密虚拟货币传销，搞起了庞氏骗局，这与 P2P 火爆时 e 租宝打着 P2P 的幌子搞"互联网理财"如出一辙。相比 P2P 行业当时 20% 的年化收益率，打着 ICO 幌子行传销之实的传销项目可以打出 200% 甚至 2 000% 的收益率，再加上巧舌如簧的宣传，诱惑力更大，危害也更大。

不少人想问：怎么区分一个 ICO 项目是正常的项目还是传销？潜台词是，我不参与传销项目就是了，ICO 这个暴利游戏还是值得参与的。要是这么想的话，上面那么多字真的就白写了。

先说怎么区分，典型的传销其实不难辨别，具备如发展下线、缴纳入门费、团队计酬等特征。但问题在于，在 ICO 阶段看上去正常的项目后期也可能演变成传销项目，没法从根本上杜绝。况且，就现阶段的区块链

ICO 而言，即便是正常的项目，风险也是极高，非专业人士，真的建议大家不要参与了。

梦想是要有的，万一就发家致富了呢？呃，你如果还坚持这么想，当我啥都没说吧。

从以太坊Parity钱包漏洞事件看智能合约的安全性

北京时间2017年7月20日凌晨，以太坊Parity钱包爆出极其严重的漏洞，导致15万个以太币（价值约3 200万美元）被盗。

该漏洞是由Parity钱包的多重签名智能合约代码造成的，其他钱包尚未发现该漏洞。黑客反复调用了Parity钱包的enhanced-wallet.sol文件中的initMultiowned和initDayLimit两个智能合约，这两个初始化代码按理说只允许调用一次，但代码实现时未做限制，导致了资金被非法转移。

截至笔者发稿时，Parity官方正在处理这个漏洞，但还未正式修复，所以建议所有使用多重签名协议的客户将全部资金转出，待漏洞修复后再转回来。

Parity钱包被盗对以太币影响几何

Parity是目前以太坊使用最广泛的钱包之一，这次被盗事件与2016年6月份发生的The DAO事件相类似。The DAO事件是由智能合约代码的漏洞所导致的350万个以太币（当时价值5 000万美元，如果以目前价格计算则为7亿多美元）被盗。

The DAO事件发生后，以太坊创始人Vitalik Buterin提议修改以太坊代码，对以太坊区块链实施硬分叉，将黑客盗取资金的交易记录回滚。这个提议得到了社区大部分矿工的支持，但也遭到了少数人的强烈反对。最终，坚持不同意回滚的少数矿工将他们挖出的区块链命名为Ethereum

Classic（以太坊经典，简称ETC），导致了以太坊社区的分裂。

但本次Parity事件发生后，Vitalik Buterin迅速表示，因被盗取资金并非巨量，不考虑像上次那样实施硬分叉回滚交易。因而，以太币的价格在事件发生后并未大幅下跌，目前以太坊ETH的价格为213美元，以太坊经典的价格为15美元。

什么是智能合约

以太坊诞生于2014年，是继比特币之后又一个成功的区块链项目，目前市值约200亿美元，仅次于比特币（约400亿美元）。

以太坊在比特币的基础上发展了区块链技术，维护了一个全球共享的计算平台，实现了图灵完备的虚拟机EVM，试图通过图灵完备的智能合约实现灵活、安全、全功能的计算。而比特币的设计初衷是一个电子现金系统，其内置的脚本语言是专为资金转账交易而设计的，为了确保安全性故意放弃了图灵完备性（没有跳转、循环指令），因而仅仅是一个全球共享账本而非计算平台。

以太坊实现了一个内置了多种编程语言的区块链协议，这些编程语言都是图灵完备的，可以支持条件分支、循环、跳转、函数调用等复杂的运算逻辑，理论上可以在以太坊区块链上运行任意的应用。具体来说，作为在以太坊区块链上运行的某个应用，可以由程序员根据业务需要，用以太坊支持的编程语言自行设计代码，而不用为了一个应用去运行一个单独的区块链。基于以太坊区块链协议，使得应用开发者们可以高效快速地开发各式各样的应用程序。这样的程序被称为智能合约，智能合约代码发布到区块链上之后，能够在无中介的参与在以太坊区块链上自动执行，没有人可以阻止它的运行。

目前在以太坊上运行的智能合约已有数百种之多，Parity和The DAO只是其中两种。

受到以太坊的启发，近年来出现了许多类似的项目，如Fabric、QTUM等，均从不同的角度和层面对以太坊进行局部优化，但总体思路都是差不多的，其核心都是图灵完备的智能合约。

如何防范智能合约漏洞的产生

值得注意的是，此次Parity事件的损失虽然比The DAO事件小一些，但问题的根源是相同的。随着智能合约开始得到越来越多的使用，智能合约的流程和代码也变得越来越复杂，人们也发现，就像现实世界的合同一样，如果没有认真审核的话，在设计和编码过程中难以避免人工失误的产生，一旦被黑客找到漏洞，损失往往是巨大的。

需要强调的是，这种漏洞不是以太坊区块链本身的漏洞，人们不应对以太坊和区块链的安全性产生不必要的怀疑。此次事件也不会对区块链的应用带来严重的负面影响，类似的事件将来还会发生，这并不意味着区块链技术的末日。

当然，区块链从业人员应吸取教训，以尽可能减少类似的安全事故。在笔者看来，在区块链和智能合约的设计与编码实践中，需做到以下几点：

第一，简化区块链脚本语言设计，牺牲一部分图灵完备性换取安全性。比特币由于其设计上的非图灵完备性，加上中本聪大幅删减了许多脚本指令，所以其安全性是极高的，从2009年诞生至今8年多的时间里，平安经历了无数次的黑客攻击，从未因比特币区块链和脚本本身的原因出现过资金损失。然而，功能上的丰富性和安全性是一对永恒的矛盾，不可能兼顾，因此在设计区块链脚本语言时，尽量不要为了功能而使用通用的编程语言，要在语言的功能上有所取舍，采用最小可用指令集，同时在智能合约虚拟机的设计上要采用沙盒等隔离手段，并严格限制CALL指令的使用方式。

第二，严格执行智能合约代码审查。与现实中的合同文本一样，智能合约代码也要经过多层次的严格的代码审查，包括业务流程/逻辑审查、代码走查、详尽的测试流程、安全性检测、专家评审等。对逻辑复杂且涉及较大资金的智能合约，要尽可能通过代码形式化验证，通过数学证明的方式验证智能合约的确定性。

第三，强化对智能合约程序员的培训。虽然智能合约编程语言表面上看与传统的编程语言极其相似，但其属于一个全新的编程范式，思维方式也与传统的面向过程、面向对象、面向函数的编程范式有很大差异，需要将公平交易、诚信和其他主观概念加入智能合约的设计和编码中。为此，要加强智能合约程序员的培训工作，在实践中提炼出智能合约编程和设计模式，尤其是安全方面的模式，降低程序员出现差错的可能性。

第四，在应用实践中要谨慎、渐行。在实际应用区块链智能合约时，应采用分步推进的策略，从简单到复杂，从小范围试点到全面推广，涉及的资金量也应从少到多，不贸然涉及大量的资金。如此，即便在前期出现漏洞被攻击，损失也不会过于巨大。

比特币分叉风波：涨跌之外的冲突与妥协

近来，阴霾已久的加密数字资产市场迎来久违的晴天。OKCoin币行数据显示，自2017年7月17日起，比特币迎来6连涨，21日更是最高达到19 800元人民币的高点。

在一个有效的市场中，大部分有价值的信息都已经反映在K线走势中。就比特币或整个加密数字资产市场而言，比特币分叉风险是此前大跌的重要导火索，而近期的回升也很大程度上在于BIP91方案开始得到主流矿工的认可，短期内，比特币分叉的警报得以解除。

不过，警报并未完全解除，BIP91成功激活的3个月内还将迎来2M区块扩容的硬分叉，届时，真正的考验才算到来。考验什么呢？考验比特币区块链的坚韧性，若因为几个利益冲突便说分叉就分叉，比特币也不再是大家追捧的比特币，其价值基础必然受到严重损坏，这是大家都不愿看到的结果。

所以，对比特币的考验，只是刚刚开始。

区块链分叉风险从何而来

对大多数投资者而言，区块链分叉依旧是个陌生的词汇。顾名思义，所谓分叉，就是原本一条区块链拆分成两条或多条区块链，鉴于区块链是记录比特币交易的公共账本，既然有多条区块链，意味着有多个不同版本的比特币账本，自然也就出现了多种比特币。就像以太坊，因为The DAO

事件而出现硬分叉，结果分成两条区块链，也就出现了 ETH 和 ETC 两款以太币。

区块链分叉是怎么产生的呢？这要从区块链的共识机制说起。大家都知道，区块链是由点对点的去中心化节点共同维护的，这里没有可以说了算的权威机构，区块链的有序运转靠的就是大家的共识，即对哪些交易是可以接受的、哪些节点具有记账权等关键事宜，有一套公认的标准。这套标准是部署在区块链底层协议中自动化执行的。

问题来了，当区块链中的节点运行不同版本的底层协议时，就可能出现共识机制的不一致性，即对有些区块，部分节点认为是合乎规则的，同意接入区块链，而有些节点认为是不符合规则的，拒绝承认。此时，在节点没有对底层协议进行更新以保持一致的情况下，区块链就分叉成两条或多条。

有人要问了，为何节点会运行不同版本的底层协议呢？大家都及时更新不就好了吗？看上去就是一个及时更新软件的简单问题，实则不然。第一，区块链是去中心化的网络运作模式，各个节点散落在全球各地，所处的时区不同，且有的持续在线，有的经常离线，在同一时间实现节点的全部更新是不可能完成的任务，因此，区块链的底层协议升级几乎必然导致区块链分叉；第二，基于各种因素考虑，有些节点就是反对升级，这才是造成区块链长期分叉的根本原因。

为何有些节点会反对呢？这并不难理解。在商业社会中，要大家百分之百同意某种观点或认可某个升级，本身便是不可能完成的任务。有时候，若存在严重的利益冲突，分裂成两派或多派就再正常不过了。不幸的是，对比特币底层协议升级与否，社区内就存在严重的意见冲突。

利益冲突及暂时的妥协

笔者在之前的文章中曾经提到，比特币区块链现行的底层协议存在一些限制，已经严重制约了比特币的发展和繁荣。一是区块大小的限制，当前比特币区块大小为 1M，每秒仅能处理 7 笔交易，严重滞后于发展需要；二是比特币区块链的扩展性较差，难以部署较为复杂的创新应用。

就此次冲突而言，焦点集中在区块扩容上。对区块进行扩容已经成为共识，但各方对如何扩容存在不同意见。

矿工们的理想方案如下：

矿工们希望直接放开对区块的限制，先后提出了 8M、4M、2M 等不同的扩容方案。比特币 Core 团队表示反对，无论是升级到 2M 还是 8M，随着比特币交易的火爆，总有一天还是不够用，意味着还要扩容。而区块越大，对计算能力要求越高，意味着越来越少的节点有能力运行全节点区块链，届时容易造成算力的中心化和垄断化，即区块链只能交由几个大的矿池进行维护。

Core 团队的理想方案如下：

就 Core 团队而言，希望部署隔离见证 SegWit，即通过交易信息和验证信息的分离，当部分数据被移除后，就为更多的交易腾出了空间，这样一来，整个比特币网络的交易吞吐量也随之提高，变相达到区块扩容的效果。部署隔离见证后，后续还可以引入闪电网络，将小额交易搬离区块链，区块链只承担最终的清算功能，大大降低区块链的负荷。

矿工们表示反对。隔离见证也好，闪电网络也罢，都将从根本上损害矿工的利益。矿工挖矿的动力有二：一是区块记账权带来的比特币发行收益；二是记账的交易手续费收入。若交易被带离区块链，意味着不需要再向矿工缴纳手续费，矿工显然是不能接受的。

问题是，若得不到矿工们的支持，比特币底层协议的升级也就成了空谈。

由于双方迟迟未能达成一致意见，关于比特币扩容升级，从 2015 年一直拖到 2017 年。Core 团队率先出手，打算强硬推行 BIP148 方案，达到部署隔离见证的目的。其激活日期为 2017 年 8 月 1 日凌晨，届时，若矿工代表的节点未能跟进升级 BIP148，则比特币网络面临分裂，包括已升级 BIP148 节点和未升级节点，比特币区块链也将一分为二。

某种意义上，是耐心被磨光了。既然达不成一致，那么便分叉好了。

鉴于 BIP148 方案的分叉风险，从 2017 年 7 月 10 日开始，比特币交易价格开始出现跳水，短短 7 个交易日，比特币收盘价便从 17 762 元跌至 13 500 元，整个加密数字资产市场，更是哀鸿遍野，腰斩、胸斩比比皆是。

于是，具有妥协性的BIP91方案出现了，并得到矿工们的支持。BIP91方案的目的是抢在2017年8月1日前锁定隔离见证，并可兼容BIP148协议。这意味着，只要BIP91在2017年8月1日前成功激活，届时，无论是运行BIP91协议的节点（支持矿工的提案）也好，运行BIP148协议的节点（支持Core团队的提案）也罢，双方是互相兼容的，不会带来区块链的分叉。

由于得到矿工们的支持，BIP91方案于2017年7月21日便得以成功激活，这意味着，拟于2017年8月1日激活的BIP148方案变得无害了，区块链分叉警报得以解除。在此消息刺激下，比特币交易价格出现了快速上涨。

未来三个月仍有一战

但问题还没完。BIP91之所以得到矿工们的支持，因为它是一个"隔离见证+2M区块扩容"的捆绑性方案，先部署隔离见证，然后在3个月内自动升级2M区块扩容协议，照顾了矿工们的利益，也顾及了Core团队部署隔离见证的需求。

问题在于，通过BIP91方案提前锁定隔离见证，只需要算力达到80%的门槛即可，并不需要Core团队的支持。这意味着，BIP91的激活，并未从根本上消解双方的争议——区块扩容，只是把时间延后而已。

通过BIP91部署隔离见证并无问题，但Core团队未必同意3个月内进行2M区块扩容，所以，未来3个月内，比特币区块链依旧面临分叉风险。

比特币的价值来自于稳固的生态圈以及由此激发的投资者信心，若仅仅因为几方的利益问题便能轻易造成分叉，投资者对比特币的信心必将受到影响。信心若被从根本上动摇，怎么会有好的前景呢？

所以，这场大战仍未结束，对比特币的考验也才刚刚开始。

比特币真的会成为未来货币吗？

比特币从 2009 年 1 月 3 日诞生至今 8 年多来，从默默无名的极客玩具成长为如今备受关注的新闻热点，其价格也上升了数百万倍。

比特币脱胎于中本聪《比特币：一种点对点的电子现金系统》一文，论文明确了比特币是一种电子现金，是一种新型的货币形式。但 8 年多来，对比特币到底是不是货币充满了争议，各方专家众说纷纭，各国政府的态度也千差万别。

2013 年 12 月 5 日，中国人民银行等五部委联合发出了《关于防范比特币风险的通知》，认为"比特币不是由货币当局发行，不具有法偿性与强制性等货币属性，并不是真正意义的货币，从性质上看，比特币是一种特定的虚拟商品，不具有与货币等同的法律地位，不能且不应作为货币在市场上流通使用"。

该通知否认了比特币的货币属性，界定其仅仅是一种"特定的虚拟商品"，这就造成了监管上的无从着力，只能从反洗钱角度对比特币交易所进行监管，其余的上下游链条均游离在监管视野之外，结果导致中国的比特币产业投机风气日盛，缺乏真正的技术投入和产业投资。

比特币，未来互联网上的主流货币

货币的本质是什么？通俗地说，就是在一个广泛的范围内，当人们需要购买商品和服务时，愿意付出的同时也被其他人普遍接受的一种特殊的商品。货币的形式有很多，其核心在于"普遍接受性"。

在互联网时代之前，普遍接受的范围只能是地理上的概念，比如一个部落（雅浦岛上的石币）、一个社区（社区代用券）、一个国家（法币），也有少数货币在全球范围内被普遍接受，如黄金、美元。在民族国家兴起后，由国家垄断发行的信用货币——法币已成为主流的货币，让人们逐渐忘记了曾经产生过的各式各样的货币，把信用货币当成了唯一可行的货币形式。

随着互联网的诞生，电子货币和数字货币可以轻易地跨越地理障碍在全球任意流通，这种普遍接受性不再受国家边界的束缚，人只要能上网就可以利用比特币进行商品交换。

目前，全球比特币交易量已达每天 20 万笔以上，接受比特币支付的商家已达数十万户，并正在飞速增长，在一些发达国家，只使用比特币已经可以满足日常生活所需。在不远的将来，比特币可能会成为互联网上的主流货币。

比特币的信用来源于其数学基础

货币本身是一种信用，只要接受货币的人相信，这次收到的这些货币下一次仍然可用于等价的支付即可，货币本身是否具有价值和使用价值并不重要。

早期的货币如金银尚具有一定的使用价值，但其使用价值远远低于交换价值，根源就在于人们相信它能继续用出去。随着货币形式的发展，现代的信用货币如法币几乎不存在使用价值，但法币仍然能够作为一般等价物与其他商品相交换，这是通过国家的法律和民众的信任来保障的，一旦民众对政府失去了信任，这种保障也就失效了。比如在津巴布韦，因为政府滥发货币导致恶性通货膨胀，没有人愿意持有津元，最终政府不得不放弃发行本国货币，允许使用外国货币。

同样地，比特币与法币一样不具备使用价值，保障其信用和交换价值的是无懈可击的密码学算法和公开的发行机制。

比特币诞生8年多来，遭受了无数次的黑客攻击，但从未被攻破过，其安全可靠性得到了充分的验证。历史上发生的Mt.Gox等黑客盗取比特币事件，都是由于比特币交易所内部管理不善、系统安全不足乃至监守自盗引起。再加上比特币2 100万发行上限所形成的天然稀缺性，可媲美乃至超越金银，从而比大多数法币更值得信赖。

比特币是长期通缩、短期通胀的货币

比特币被设定为按固定的节奏发行，到2140年左右将达到2 100万上限不再增长，这是无法改变的。这样的设计保证了比特币的稀缺性，同时也导致了比特币的通缩特性。这一特性是模仿黄金而设定的，也和黄金一样受到许多经济学家的诟病，被认为无法适应经济增长。

先放下通缩不利于经济增长这一假设是否正确不说，在布雷顿森林体系崩溃后，各国货币虽然不再与黄金挂钩，但黄金仍然作为重要的国际储备货币被广泛接受。因此，通缩性并不能成为否认比特币作为货币的理由。况且在相当长的时间内，比特币实际上仍处于一个通胀阶段，目前每年的通胀率为4%左右。相信100年后的经济学家和金融家们能想出更好的方法来解决比特币的通缩问题。

比特币是货真价实的货币而非准货币

现在有一种说法，认为比特币不是货币，而是一种准货币。

准货币是一种以货币计值，虽不能直接用于流通但可以随时转换成通货的资产，主要由银行定期存款、储蓄存款以及各种短期信用流通工具等构成。显然，比特币不符合上述定义。

目前比特币在我国不能用来购物是行政命令禁止的结果，并不是由其本身的性质导致的，如果不考虑行政命令的限制，比特币天然是可以用于流通的，因此可以认为比特币是货真价实的货币而不是准货币。

建议：将比特币视为一种外币进行监管

近年来，比特币受到诟病的理由还包括：没有中央银行、汇率波动过大、不是法定货币等。即便这些理由都成立，也只能说比特币还不是一个非常成熟的货币，并不能否认其货币本质。

因此，笔者建言：国家可考虑承认比特币的货币属性，将其作为一种外币（Foreign Currency）来对待，与美元、日元、欧元一样由国家外汇管理局进行监管，将使用人民币买卖比特币的行为纳入结售汇管理。

考虑到比特币的特殊性，可暂由现有的资质较好的比特币交易所而非银行来承担比特币结售汇工作，比照银行进行管理。这样做至少带来以下三方面的好处：

一是不会冲击人民币体系。与人民币体系相比，比特币体量极小，目前总量只有400亿美元左右，其中真正用于流通的只是一小部分。还可以对比特币的使用范围做一些限制，比如：禁止在中国境内用于线下支付；对于线上支付，可以设定支付上限以及用途范围，比如只限于购买小额虚拟商品和线上服务等；对于跨境支付则不设限。这样一来，比特币支付占整个国民经济的比例极其微小，因此不用担心会对人民币体系产生冲击。

二是解决比特币税收难题。与普通货币一样，企业和个人出售货物和提供服务所获取的比特币可纳入营业收入，按照外汇管理局公布的牌价折算为人民币照章纳税，而通过兑换获取的比特币则无须纳税。如果将比特币视为一种商品而不是货币，则买卖比特币要缴纳消费税、增值税和所得税等，这是不合理的。

三是有助于保持金融稳定。由于比特币区块链技术的公开透明性，比特币交易可以溯源，而70%的矿机在中国境内，这也为从源头监管比特币提供了便利条件。

确立了比特币的货币地位之后，各种围绕比特币开展的金融服务也可以从地下转为地上，但同时必须接受金融监管。一方面，可以促进比特币周边行业的发展；另一方面，也可以作为普惠金融的组成部分，让更多不能享受传统金融服务的百姓获益，同时也将整个行业纳入监管视野，对于保持金融稳定具有积极作用。

消费金融

消费金融盯上大学生市场，是挖坑还是填坑？

近年来，一大批互联网消费金融企业主打校园信贷市场，引燃了校园消费金融市场的战火。

2004—2009年期间，银行业拓展大学生信用卡业务也曾激进粗放，较现在的互联网消费金融公司有过之而无不及。2009年之后，银行业态度来了个180度大转弯——集体转身离开校园市场。

究竟是什么原因让银行业从"抢攻"转向"撤退"？大学生信用风险高不高？互联网消费金融公司是在挖坑还是在填坑？

信用卡业务：从亏损开始

银行的消费金融业务，以信用卡为主要载体。在讲述银行校园信贷业务之前，需要先对信用卡业务做个简单的介绍。

信用卡业务的收入结构。一般而言，信用卡业务收入主要由净利息收入（含卡分期收入，下同）、回佣收入、手续费及其他收入三大块构成。不同发展阶段，各项收入的比重并不相同。当前，国内信用卡业务净利息收入占比65%左右，回佣收入占比25%左右，手续费及其他收入占比10%左右。

信用卡逾期率较高。从美国长达20年的数据看，信用卡业务逾期率比一般贷款逾期率平均高2个百分点左右。从中国数据看，信用卡不良率比个人贷款不良率高1个百分点左右，也持续高于全部贷款不良率水平。

展业初期很难盈利。现阶段，信用卡业务是商业银行重要的盈利来源，在银行营收中占比超过10%。但在展业初期，信用卡业务是很难盈利的。

我们知道，信用卡业务是靠规模效应来实现盈利的金融产品，在其发展之初，系统建设、人力、营销、催收、风险成本等需要巨大的投入，而业务初期的信用卡活卡率、分期渗透率等往往较低，同时，恶意透支、非法套现、盗刷等欺诈事件发生率高，不良率高企。信用卡收入的大头净利息收入甚至为负，信用卡业务基本是入不敷出。数据显示，在2009年以前，多数银行的信用卡业务都是亏损的，也基本不会公布净利息收入数据。

校园信用卡：曾经的疯狂岁月

2004—2009年是校园信用卡的疯狂扩张期，也是银行信用卡业务的起步期，普遍处于亏损阶段。而在当时，校园信用卡不计成本的扩张，加剧了信用卡业务盈利难问题，为最终的集体转型埋下了伏笔。

让我们来回顾一下那段岁月：2004年9月，广发银行发行了国内第一张大学生信用卡，同业纷纷跟进，大学生信用卡市场急速升温。

开始时，银行只在几个名校试点发行，对申请人资质有较为严格的把控，效果较好，随后开始大规模、"大胆"介入，并设置激进的发卡量指标。

当时，银行纷纷在学校招聘学生代理长期驻点，通过免手续费、免年费、开卡送礼等策略进行针对性营销。而且，大部分信用卡的申请不需存款凭证，不需担保人，只要填写一张申请表并出示身份证和学生证复印件就可办理。

在办理几乎"零成本"且附带种种优惠下，很多大学生申请多张信用卡，远远超出其消费能力和还款能力，为后来的"三高"乱象埋下伏笔：

较高的注销率。信用卡多采取开卡首年免年费、次年刷卡次数达标免年费的政策，不少人通过销卡规避次年年费。有统计数据显示，当时北京某大学某学院的销卡率高达70%。

较高的睡眠率。很多人为了开卡礼申请多张信用卡，无实际消费需求，选择不开卡。一些银行重发卡不重服务，也是睡眠率高企的重要原因。数据显示，当时的校园信用卡，80%都是"睡眠卡"，远高于一般信用卡48.4%的睡眠率，加大了银行的业务成本。

较高的坏账率。大学生的流动性大，且信用意识有待培育。大学校园存在较为严重的攀比之风，不仅是在消费上有攀比，在有几张信用卡、信用卡额度高低上也都有比较。结果是很多人盲目办卡、盲目消费却无力还款，导致坏账率高企。2009年年底，银行业信用卡不良率为2.83%，大学生信用卡不良率则在4%左右。

校园信用卡的"三高"特征，进一步加剧了信用卡业务亏损，给行业的健康发展埋下了很大的隐患。

终结大跃进：质量强于数量

校园信用卡的乱象最终引发了监管部门的出手整顿。2009年7月，银监会发布《关于进一步规范信用卡业务的通知》，明确要求银行业金融机构向学生发放信用卡遵循审慎原则，且必须满足两点要求：一是满18周岁，二是第二还款来源方书面同意承担相应还款责任。

而在当时，信用卡市场培育已经基本成熟，多家银行由此暂停了大学生信用卡业务，把重心放在卡的质量上。可为佐证的是，中信银行2009年年报中针对信用卡业务有这么一段表述："加强全流程风险控制，立足主动防守，深入贯彻'双高双主'（高端产品、高端客户，主流市场、主流客户群）战略，重点调整客户结构和信贷结构，……积极引入优质客户，提升中高端客户比例，严格限制高风险客户准入，压缩高风险客户占比。"

也是在2009年7月之后，银行信用卡业务经过大幅调整，主攻白领市场，逐步实现盈利，并成为银行业的重要盈利点。

多年过去后，银行业对于校园信贷市场依然趋于谨慎，一些银行虽然放开了发行限制，但门槛高、额度低，有些银行甚至只发行零额度的信用卡，待学生毕业后才转为有正常额度的信用卡。

新生代"接盘侠"纷纷进场

正所谓"甲之砒霜，乙之蜜糖"，在银行业对校园信贷业务保持谨慎的同时，新兴消费金融机构大力推动差异化发展战略，将校园信贷市场作为重要突破口，大举进入。

当前的校园信贷市场，不但有苏宁金融"校花""淘宝花呗"等基于电商消费场景的消费金融产品出现，还涌现出一大批的校园分期平台、P2P平台，为大学生消费、创业、助学、应急等方面提供无抵押借款服务。

虽说银行业曾经在这个市场栽过跟头，却并不必然意味着这个市场没有前景。毕竟这么多年过去了，无论是大学生信用观念还是其家庭的背书能力都有了很大的提高，一味地拒绝校园信贷市场也不见得明智。

值得提醒的是，凡事过犹不及，融资业务尤其如此。多年的银行从业经验告诉我，大凡某个领域出现融资大跃进，往往不是促进该领域市场的繁荣，而是会摧毁这个市场，少有例外。校园信用卡、光伏、钢贸、煤贸等领域莫不如此。

不过，话说回来，新兴消费金融机构能否在快速发展的同时合理控制速度？能否对风险保持敬畏之心？能否避免历史的一再重演？这是值得大家深思的问题。

群雄逐鹿消费金融，如何笑到最后？

"要在全国开展消费金融公司试点，鼓励金融机构创新消费信贷产品。"2016年政府报告中的这句话，被业界认为消费金融的风口时代已经到来。

消费金融是个大风口，一方面是阿里、苏宁、京东、万达等持牌正规军跑步进场；另一方面是各类分期公司层出不穷。据有关机构统计，基于大学生、汽车、装修、租房、旅游等的分期类企业已超过150个。

风口期创业很容易，但风口过后，能活下来的却不多。在苏宁金融研究院研究员薛洪言看来，消费金融类企业要想在互联网时代活下来，活得好，笑到最后，需要把握好六大问题。

客户群定位不重要，后续维护和开发很重要

受自身实力限制，创业型消费金融企业主要专注于特定市场。它的优点是与消费场景紧密结合，很容易去找客户，也容易设计产品。但缺点也很突出，这主要跟各类消费场景有关，具体如下：

一类是家装、购车、租房等低频消费场景。消费金融企业需要不停地寻找新客户以保持业务的持续性，这就需要持续的市场营销投入，与之相伴随的是盈利压力的不断加码。

一类是旅游、商品消费等中高频消费场景。这种优质场景被银行和电商系消费金融产品占据，竞争激烈，对于初创企业来说是块难啃的

骨头。

　　还有一类专注校园分期市场，缺点是大学生群体流动性大，毕业后往往存在客户群的流失，另外，相对于其他客户群，大学生群体缺乏固定收入来源，借贷风险相对高一些。

　　就当前而言，消费金融业务仍处在风口期，虽然巨头很多但市场也足够大，短期内选择任何一个场景都能活下来，关键是如何快速做出特色、凸显优势。毕竟，客户群选择本身不是特色，做好客户群的持续维护和价值开发才是特色。

短期出现亏损很正常，关键要亏在刀刃上

　　正如银行信用卡业务展业初期需要走过一段亏损期一样，消费金融类企业初期亏损实属正常。然而，同样是亏损，少数企业可以亏出光明的前景，更多的企业亏着亏着就没了。差距就是这么大。

　　万事开头难，展业初期，IT系统、营销推广、风控模型等都需要重金投入，这些是导致初期亏损的重要因素。具体来说，必要的系统投入谁都免不了，营销推广也必不可少，推广带来客户，客户多了不但对估值提升有好处，也是风险试错的必要前提。风控更是如此，要建立完善的模型，数据的总量要大，也要有足够的差异化，差异化客户群、差异化定价，差异化的过程就是风险试错的过程，期间不良率可能会快速攀升，但这可以为风控模型完善积累宝贵数据。

　　都要花钱，钱怎么花就很重要！与其他领域不同，融资领域较难出现强者通吃的状况，市场上永远有未被满足的融资需求，消费金融企业不必急于快速占领市场。毕竟，风险的暴露需要时间，风控模型的完善也需要时间，在风控能力未上来之前，过快的业务增长容易埋下风险隐患，换句话说，亏损花钱争取客户的结果是导致更大的亏损，得不偿失。

基于客户资信水平进行差异化定价才叫牛

相较一般信贷领域，消费金融领域风险较高，收益覆盖风险是通用的定价策略。银行信用卡分期年化利率一般在15%左右，一般的分期企业年化利率在19%左右，像苏宁金融任性付等主打普惠金融和场景消费的消费金融产品，年化利率要低一些，也在8%～11%。纵观目前消费金融产品的定价策略，多是基于分期期限，尚未能做到基于客户资信水平进行差异化定价。

以信用卡分期为例，平均年化15%的僵化定价，吓跑了只能接受10%左右定价的低风险潜在分期客户，也并未对能接受15%以上利率的高风险客户做到有效风险定价。要建立多样的利率定价模型，听上去很简单，执行起来并不容易。灵活的利率定价，必然会经历一段时间的试错期，甚至会带来不良借款率的提升和损失的增加，但从构建核心竞争力的角度考虑，这种尝试是值得鼓励的。大数据技术的日渐成熟，也为这种尝试提供了更好的技术支撑。

过度授信的风险需防范，以免雪球越滚越大

整体上来说，授信仍是稀缺资源，但鉴于消费金融类企业存在严重的客户群扎堆现象，局部的过度授信是存在的。

以大学生分期产品为例，同一借款人，可能同时在多家分期平台上有借款额度，分期付款延缓了借款人即期还款的压力，可能诱使其过度借款进而过度消费。由于缺乏固定收入，一旦出现还款困难，借款人可能会求助于利率更高的现金借款，拆东墙补西墙，结果，雪球越滚越大，直至最后一根稻草出现，形成不良借款。

而在当前，消费金融类企业之间实现信息共享并不可行，这就使得过

度授信成了消费金融类企业持续面临的重要风险点。

对盈利要有明确预期，前期做好规划很关键

作为融资类金融行业，持续亏损没有前途；作为高杠杆行业，亏损会快速消耗资本金，降低风险承担能力；金融业又具有风险突发性和传染性的特征，要么出现持续的不良借款，要么不良借款率快速提升，如果大发展期间不能靠盈利储备足够的风险准备金，就很难应付不良借款率快速上升期的挑战。

在经过几年的客户群积累和风控完善后，必须要快速实现盈利。要做到这一点，展业初期就必须做好盈利规划。在这里简单说几点：（1）市场推广费用是个无底洞，务必要量力而行；（2）做好成本控制很重要，差旅、办公能省则省；（3）健全考核机制，最大化发挥人力资源效用。

做好"信用画像"但不可太迷信大数据风控

金融行业的竞争归根结底是风控能力的竞争，互联网金融行业的竞争则是大数据风控能力的竞争。

大数据风控突破了传统征信的局限性，可以为缺乏信贷记录的客户提供"信用画像"，打开了"次级"客户的广阔市场空间。创业型消费金融企业应始终将数据积累、扩充和挖掘放在核心位置，但也不可太迷信大数据，毕竟，依赖用户的非信贷行为数据评价其还款意愿和还款能力，可靠性需要时间的验证。

另外，随着数据边界的扩大，新数据的加入可能使原有的画像结果产生逆转。在经过足够长的时间检验之前，不可过度依赖大数据风控，而应结合银行的传统方式，做到二者融合，这才是上佳之选。

新形势下消费金融市场的新格局与新策略

当前，消费金融业务迎来快速发展的窗口期，各类利好政策相继出台，新机构不断涌入，市场竞争空前激烈。不同的市场主体基于自身禀赋采取不同的业务策略，使得竞争环境更趋复杂，客观上也带来了一些问题。在新的竞争形势下，如何找到合适的定位并采取针对性策略打造差异化优势，已成为市场参与各方需要优先考虑的问题。

消费金融站上"风口"

在以银行业为代表的传统金融机构加大对消费金融投入的同时，一大批新型的互联网消费金融类企业也在加速崛起，深刻改变着行业竞争格局。

传统金融机构加大转型力度，消费金融优势凸显。近年来，随着实体经济持续低迷，银行对公业务盈利水平出现下降，银行业普遍加大对消费金融业务的资源倾斜力度，产品创新和服务能力有了很大的提升。在产品创新上，持续优化传统的抵押质押个人贷款产品的体验，同时与信用卡业务协调、持续加大信用消费金融产品创新方面，涌现出一批有代表性的消费金融产品；在服务转型上，积极发挥线上线下双渠道优势，推动客户信息整合与流程优化，同时利用大数据技术推进以精准营销为主体的营销模式转型，持续改善客户体验。与之相应的，银行消费金融业务取得了快速发展。截至 2015 年年末，银行业消费贷款余额 18.95 万亿元，较 2010 年年末增长152.48%，年均增速20.35%，远高于全部贷款14.04%的平均增速。其中，短期消费贷款4.11万亿元，较2010年末增长327.94%，占比也从12.79%增长至21.68%。

持牌消费金融公司加速扩容，正规军力量凸显。继首批4家试点消费金融公司于2010年相继开业后，监管机构2013年再次扩大试点范围，开始允许民间资本发起设立消费金融公司，新增10个试点城市共12家试点企业名额。截至2016年2月，第二批共11家消费金融公司相继开业，各家公司纷纷把互联网渠道作为业务布局重点，依托大数据风控、大数据精准营销和丰富的产品创新快速站稳脚跟，为消费金融领域注入新的力量。以2015年5月成立的苏宁消费金融公司为例，该公司依托苏宁云商雄厚的客户基础、丰富的数据积累、线上线下O2O融合渠道以及行业前三的消费场景，快速打开市场局面，展现了惊人的爆发力。截至2016年4月，苏宁消费金融公司旗下产品——"任性付"共向近2 000万人发出授信邀请，累计邀请授信金额近1 000亿元，发放消费贷款数量近600万笔，远远超过了传统消费金融公司的发展速度。2015年6月10日，国务院常务会议决定将消费金融公司试点扩至全国，增强消费对经济的拉动力；2016年3月底，央行和银监会联合发文明确"推进消费金融公司设立常态化"。随着更多的消费金融公司设立，持牌正规军将在消费金融领域发挥更大作用。

非持牌互联网消费金融力量崛起，催生消费金融新业态。目前，非持牌互联网消费金融企业大致可分为两类，一类是BAT等金融巨头旗下的消费金融业务，另一类以创业型企业为主，以P2P为典型代表。国内最早的P2P企业成立于2007年，直至2013年前后随着互联网金融概念的兴起，该行业进入发展的巅峰期。为了快速做大资产量，繁荣期的P2P平台把重心放在对公领域，房地产、融资平台、资源型行业等银行信贷调控领域成为布局重点，之后随着宏观经济进入三期叠加期，对公领域不良率持续提升，3 000多家P2P平台开始把重心放在消费金融领域。同时，专门从事购物、校园、旅游、装修、购车、租房等领域消费分期的分期公司（或产品）也层出不穷，据不完全统计，国内专门的分期公司数量已经接近200家。从表1可以看出，互联网消费金融类企业已经遍布主要的消费领域。非持牌消费金融类企业的进入，进一步丰富市场产品供给种类，催生消费金融新业态。

表1　　　　　　　　　　代表性分期企业/产品

分期领域	代表性企业/产品
电商分期	蚂蚁花呗 京东白条
租房分期	租房宝、嗨住网、会分期、房司令等
大学生分期	分期乐、趣分期、爱学贷、名校贷等
教育分期	学好贷、蜡笔分期、孩分期等
医疗分期	多分期、GE 医疗速现通等
汽车分期	车果网、乐驰金服、车巴巴等
农业分期	农分期、领鲜理财、沐金农等
装修分期	小窝金服、家分期、土巴兔、绿豆家装
旅游分期	呼哧旅游、首付游、京东旅游

资料来源：苏宁金融研究院

市场主体涌入短期加剧市场竞争

随着实体经济的持续低迷，对公信贷业务不良率攀升，增长空间受限。相比之下，消费金融类业务保持稳定增长，且不良率较低，为金融机构贡献了稳定的利润来源。同时，消费拉动型经济转型也大大提升了消费金融业务的想象空间，在此背景下，消费金融被市场各方视作新的风口。从中长期看，这个判断没有错，但在短期内，众多新玩家的进入使得新产品的供给远远超过现有市场空间增速，竞争空前激烈。

基于相关资源的丰富程度，新进入者大致可以分为两类：一类是具有雄厚的客户基础和优质的消费金融场景的金融集团，代表性企业如蚂蚁金服、腾讯金融、苏宁金融、京东金融、百度金融等；除此之外的新进入者都可以归结为另外一类，要么缺乏客户基础、要么缺乏消费场景。两类新进入者资源禀赋不同，打法也完全不同，对消费金融业态的影响大相径庭。

第一类新进入者具备天然的消费场景和优质的消费数据积累，具有获取客户成本低、风控成本低、运营成本低等优势，业务策略多为通过更优惠的价格、更优质的服务进入优质客户市场，与传统金融机构正面竞争，以进攻者的姿态在市场中快速站稳脚跟。以取现业务为例，银行业选取招行作为代表，其官网公布的信用卡预借现金收费结构如下："境内人民币预借现金手续费为每笔预借现金金额的1%，最低收费每笔10元人民币；预借现金不享受免息还款，从预借现金办理当天起至清偿日止，按日利率万分之五计收利息，按月计收复利"；相比之下，阿里、腾讯、苏宁等互联网金融集团旗下的消费贷款产品"蚂蚁花呗""微粒贷""任性付"的取现日息均不高于万分之五，且不收取一次性手续费，大大降低了借款人成本，促进了行业的良性竞争。

第二类新进入者受自身资源所限，不具有与银行业等传统消费金融巨头竞争优质客户市场的实力，主要通过开拓次级消费信贷领域获得生存空间，如校园信贷以及被监管叫停的"首付贷"等领域。这些领域风险较高，新进入者缺乏足够的风控能力，在初期的高增长后，往往迎来缺陷的集中暴露，给行业长期稳健发展埋下隐患。

下面，笔者以校园信贷市场为例，进行简要说明。近年来，随着互联网金融的崛起，一批创业企业将校园信贷市场作为主攻方向，初期以重点高校为主，并逐步将业务扩展至三四线城市中的高等院校，准入门槛大幅降低。平台依赖线下兼职校园代理拓展业务，道德风险突出，申请人信息的真实性把控不严，导致虚假借贷、过度借贷风险频发，不良率高企。目前，这类企业多处于亏损状态，短期内也难以找到盈利模式，基本重走了当年银行业校园信用卡大跃进历史的老路。

就目前的消费金融领域而言，一方面是方兴未艾，消费金融的市场空间才刚刚开启；另一方面已是乱象初现，大量新进入者进入次级信贷领域，引发了一系列的风险事件。随着信用卡新规等政策的落地，银行在信用卡业务上有了更大的灵活性和自由度，消费金融的竞争格局可能再次改变。

新形势下开展消费金融业务的新策略

未来一段时期，如何在激烈而复杂的市场竞争格局中获得差异化、可持续的竞争优势，是所有参与者需要认真思考的问题。对此，笔者有四方面建议。

一是要明确客户定位，在特定领域打造核心竞争优势。明晰的客户定位是产品研发和营销策略的基础，客户定位不明确，必然导致产品缺乏特色，淹没在同质化产品的大海中，很难脱颖而出。目标客户群的选择，一定要基于自身的资源禀赋，只有天时地利人和才能打造出一款好产品，在差异化市场中占据领先优势。

对于银行业而言，银行客户仍然是优质的消费金融群体，也是新进入者重点营销的对象，银行业的当务之急是从产品创新和服务创新的角度维护好存量客户。对第一类新进入者而言，重点仍在于深度挖掘体系内存量客户，首先成为存量核心客户的核心消费金融提供商，练好内功，然后才能顺利走出体系外；对于第二类新进入者而言，受实力限制，应聚焦于特定市场，持续做好客户群维护和价值开发工作，做精做细，突出特色，以产品和服务取胜，切忌盲目进入新的领域，把战线拉长。

二是辩证看待亏损和盈利的关系。对银行业来讲，消费金融业务是现金牛，不必考虑亏损的问题，那是因为已经过了系统建设、风控试错、市场推广等初期阶段。对新进入者则不同，万事开头难，展业初期，IT系统、营销推广、风控模型等都很重要，前两者需要重金投入，风控模型则难免要重金试错，这些都是导致初期亏损的重要因素。

必要的系统投入谁都免不了，营销推广也必不可少。推广带来客户，客户多了不但对估值提升有好处，也是风险试错的必要前提。风控更是如此，要建立完善的模型，数据的总量要大，也要有足够的差异化，差异化客户群、差异化定价，差异化的过程就是风险试错的过程，期间不良可能会快速攀升，但可为风控模型完善积累宝贵数据。

不过，辩证来看，作为融资类金融行业，持续地亏损也没有前途。作为高杠杆行业，亏损会快速消耗资本金，降低风险承担能力；金融业又具有风险突发性和传染性的特征，要么持续低不良，要么不良快速提升，大发展期间若不能靠盈利储备足够的风险准备金，就很难应付不良快速上升期的挑战。如此，融资类金融企业经过几年的客户群积累和风控完善后，必须要快速实现盈利。要达到这一点，展业初期就要做好盈利规划。比如，市场推广费用是个无底洞，务必要量力而行；做好成本控制很重要，差旅、办公能省则省；健全考核机制，最大化发挥人力资源效用等。

三是数据积累和分析应用始终是重中之重。金融行业的竞争归根结底是风控水平的竞争，风控水平的竞争越来越体现为数据丰富程度和分析应用能力的竞争。消费金融业务的开展会积累很多有效数据，对这些数据的积累和分析是精准营销和大数据风控的起点。对银行业来说，业务开展时间最长，数据积累也最为丰富，存量数据的挖掘和分析整理是第一位的，也是构筑护城河、打造差异化竞争优势的重要步骤。对第一类新进入者而言，客户的消费大数据主要来源于线上，采集、整理、分析和应用过程相对容易得多，除继续挖掘体系内存量数据外，要不断接入新的场景数据，持续提升用户金融画像的精准度。对第二类新进入者而言，数据的积累也很重要，但基于客户基础及业务体量等因素，很难独自构建出有效的风控模型，务必在场景选择、贷款资金流向上做好把控，不宜轻易推出预借现金类等脱离具体场景、资金流向不好把控的业务。

四是持续关注过度授信的风险。随着众多机构的涌入，短期内消费金融市场是供大于求的，尤其是优质客户，各家都会给予授信额度。对客户而言，可获得的授信总额远远超出其负担能力，存在一定的潜在风险，但整体上这类客户对个人征信重视程度高，风险相对可控。不过，对于校园信贷等产品而言，目标客户群消费观、金钱观尚不成熟，相对缺乏自制力，在校园代理的热情营销下，很容易过度借贷。个人客户没有资产负债表，借款机构不能从资产负债率的角度进行过度风险防范，使得过度风险的潜在发生范围和危害尤为突出。理论上，控制个人客户过度授信风险也有办法，只要授信金额信息共享即可，但实际上，借款客户是企业的核心资源，额度信息共享短期内很难实现，而过度授信也将成为消费金融类企业持续面临的重要风险点。

居民消费升级需要消费金融的大力支持

2016年10月27日，"2016首届中国消费金融品质发展论坛"在南京开幕，苏宁金融集团常务副总裁、苏宁金融研究院院长黄金老在现场作开幕演讲（如图1所示）。他指出，居民消费升级需要消费金融的大力支持。让现在没钱但将来有钱的人可以提前消费，能让居民消费升级的步伐加快。今天蓬勃发展的互联网消费金融正好满足了这一需求。

图1　苏宁金融集团常务副总裁黄金老作开幕演讲

以下是黄金老发言实录：

各位早上好！首先我代表主办方苏宁金融，热烈欢迎各位行业翘楚莅临南京苏宁全球总部，参加"2016首届中国消费金融品质发展论坛"。本届论坛的主题是消费金融品质发展，今天我想跟大家交流的主题是《中国居民消费升级中的互联网金融服务支持》。

最近几年，中国居民消费升级快速推进，从根本上得益于人们消费观念和生活方式的显著变化，表现为对生活品质、休闲娱乐和身心健康的愈发看重。在北京、南京以及其他城市，越来越多的人周末选择去公园、市郊休闲或者运动，也有越来越多的人选择更具品质生活的"买买买"，这些都是居民消费升级的体现。从20世纪80年代，到千禧年，再到今天，无论是消费品类还是消费品质，都实现了大飞跃，最为明显和直观的就是电视机，在品种、屏幕大小、清晰度、价格方面都有非常大的变化。

以上是从总览的角度看居民消费升级，同时也可以从出行、家居、厨卫、采暖等细分部分看到类似的变化。

从出行方式看，飞机、高铁成为首选，由于高端快速锐变为大众出行方式。这里有一组官方披露的数据：民航客流量2015年较2000年的6 700万增长了6.5倍，客座率达到82.5%，上座率非常高。在主要的交通方式中，民航的增长率是最快的，呈45度角上升。所以，我们可以看到，现在各大机场都很拥挤，过安检甚至要一个多小时。除了飞机出行，高铁出行也显示出同样的变化，成为了最受欢迎的地面交通工具。2015年，京沪高铁年输送旅客近1.3亿人次，日均旅客达到30多万人次，且每年日均保持五六万人次的增长，并早已实现盈利。

从家庭客厅看，最突出的变化是智能家居的快速发展。以互联网电视发展为例，销售量快速放大，2015年互联网电视销量为3 400万台，并朝着4 000万~5 000万台迈进，这说明互联网电视备受老百姓喜爱，正走进千家万户，全面替代传统电视。

同样的升级变化在厨卫升级领域反映得更为明显。以前的厨房，里边可能就三样电器：煤气灶、电饭煲、抽油烟机，置办齐花费合计不会超过1万元。但现在的家庭厨房除了前面三样，还有净水器、烤箱、蒸箱等电器，置办齐一套要花费八万元左右。从一万到八万，反映出厨卫电器消费较为明显的消费升级进程。

除此之外，还有采暖市场，消费升级也很明显。以前冬天采暖是北方人的专利，但现在南方各处普遍安装上了采暖设备，这个趋势从苏宁门店布局就可看出，苏宁采暖专厅已经开到厦门、重庆、杭州、温州、武汉等南方城市。

综合来看，无论是出行、客厅、厨卫还是采暖，生活品质的提高都得益于高单价产品的消费支出。从一万元到八万元，这一消费升级如何实现呢？如果真靠等某一天有钱了再买，那消费升级将注定是非常缓慢的过程。

得益于互联网消费金融的出现，即便你现在没钱，但未来有钱，也可以提前进行高单价产品的消费，这就大大地加速了消费升级的过程。

今天消费贷款占全国社会商品零售额的比例达到了15.9%，意味着每6.5元钱的销售可能就有1元钱是靠消费贷款支持的。在房地产金融方面，目前房地产销售80%的购房资金来自于购房贷款，由此支撑起空前火爆的房地产市场；在汽车金融服务方面，今年每卖四辆汽车就有一辆是通过汽车消费贷款来解决的，但相较国外70%、80%的渗透率水平，我国汽车金融渗透率还很低，还有很大的提升空间；在购物分期方面，今年每卖三部高端手机就有一部手机是通过贷款来支撑的，这在以前是不可想象的。我在2000年去加拿大考察，发现加拿大人买100加元东西都要分期，非常惊讶，但今天我国也走到了这一步，1 000元钱的分期在国内也是很普遍的现象了。

互联网消费金融的好处之一是降低了服务的门槛，使普惠金融成为可能。从客户对象来看，中高收入者、年轻白领、大学生、农民都可以申请。从时间和额度来看，银行信用卡审批一般是15个工作日才能够拿下来，一般信用卡的额度能拿个三五万元就不错了，而苏宁任性付最快一分钟就可以审批完毕，并可以给你20万额度。从这个角度来说，互联网消费金融惠及了更多的社会人群，使这些人群可以借到更多的钱。

互联网消费金融的好处之二是降低了服务费率，使廉价金融成为可能。一般的信用卡透支，年化利率是15%到18%，今天在苏宁电商上购物，任性付一般商品每月分期手续费仅0.498%，年化利率约6%，显著降低了服务的费率。

这里来回顾马克思说过的一句话，"假如必须等待积累去使单个资本增长到能够修铁路的程度，那恐怕直到今天这个世界上还没有铁路，但是通过股份公司，转瞬之间就把这件事办成了。"同样，如果要等待每个家庭自身原始积累来进行消费升级，那注定将是一个非常缓慢的过程。假如没有住房贷款，那我国人均住房面积将减少四分之三；没有车贷，那汽车数量将减少四分之一；没有购物分期，高端手机销售量也会减少三分之一。因此，消费金融发展到现在，大大加速了我国居民消费升级步伐。而当前的中国，只有消费者升级才可带来整个产业的转型升级，进而带来整个经济结构的变迁和优化，这是消费金融对国家经济发展做出的最大贡献。

从国别来看，美国、韩国的消费金融渗透率非常高，由消费金融驱动的消费支出占总支出的比重非常大，其中消费信贷/消费支出比重分别高达28%和49%，消费信贷/GDP的比重也分别达到19.6%和24.1%，而我国这两大指标仅为16%和7%，差距明显。与此同时，美韩在消费金融大发展时期，消费升级也在快速推进。20世纪70年代的美国以及20世纪80年代的韩国，在消费金融的支持下，消费结构都发生了巨大的变化，突出表现是食品、衣着等支出占比显著减小，休闲娱乐、文化教育和医疗护理等支出占比显著增加。因此，相较国外水平，今天中国也是消费金融大发展的时期，同时也是居民消费升级大加速时代。

最后跟大家简单汇报一下苏宁金融在服务消费升级方面的创新实践。

苏宁金融隶属于国内第二大民营企业苏宁控股集团。苏宁控股集团下辖零售、金融、投资、地产、文创、体育等六大产业。依托苏宁整体产业生态圈，苏宁金融先后布局了支付账户、投资理财、消费贷款、企业贷款、商业保理、众筹、保险、储值卡等全产品线，围绕支付、理财、贷款等业务大力拓展C端（个人消费者），围绕供应链金融和开放平台商户的金融服务需求大力拓展B端（企业客户），打造了全生态的综合金融服务能力，已发展成为综合性的互联网金融服务集团。

目前，苏宁金融旗下每一项业务都已处行业领先地位。其中，支付业务位列行业前十；投资理财业务，累计交易量1 800多亿元，行业前三；企业贷款业务，累计贷款投放量达500亿元；消费贷款业务，累计投放达100多亿元，行业增速第一；延保、众筹，分列行业第一和第三。

在金融科技方面，苏宁金融大力投入，广泛运用金融科技（FinTech）特别是人工智能技术，加强产品研发能力和技术创新，通过技术手段提高金融风控水平，铸成苏宁金融的核心竞争力。目前，苏宁金融在身份认证（头像识别）、大数据征信系统、智能投顾、实时风控系统等方面皆已取得显著成绩，科技人员占到苏宁金融全部员工总数的65%，金融科技公司特色鲜明。

就互联网消费金融而言，苏宁金融也积极发力，现已实现场景和人群的全覆盖。场景方面，从综合消费到购物、旅游、教育、家装、租房、校园、农业，皆已覆盖。人群方面，中高收入者、白领、蓝领、农民、大学生，都已是苏宁消费金融的用户。展望未来，苏宁消费金融希望与在座的同行一道，共同促进互联网消费金融的健康发展，从而实实在在地为居民消费升级做出更大的贡献。

以上是我今天跟在座各位探讨和交流的内容，谢谢大家！

辱母杀人案，互联网消费金融的里程碑还是转折点？

因非法催收引发的"于欢故意杀人案"（简称"于欢案"）引发了各界关注与反思，撇开案件背后的人文和伦理因素不谈，主流的关注焦点在于正当防卫的界定，笔者作为金融从业者，更关注的还是隐藏在背后的非法催收及高息贷款本身。

非法催收和高息贷款由来已久，近几年随着互联网消费金融的崛起更是开始以更高的频率进入公众视野。自从 2016 年以来，在媒体集中报道校园贷乱象时，便有过关于非法催收乱象的集中报道，近期，也有媒体曝光——在高息模式下逾期借款人普遍存在被暴力催收的问题，甚至"人死债消"，还有更多还不起钱的借款人则沦为所谓的"债奴"，人生为还债而活。

在消费升级的宏观环境和企业去杠杆的行业环境下，消费金融成为了金融领域的新风口，个人加杠杆已成大势所趋。既然个人要加杠杆，消费贷款越来越普及，由于逾期产生的催收问题便也离普通的你我越来越近，看上去远在天边，实际上已近在眼前。笔者关心的是，这起案件会成为根治非法催收和高息贷款这两大难题的里程碑事件吗？如果不是，这个事件对消费金融行业的影响又在哪里？

小事件引发大变革，需要"时势"助力

很多大的变革的发生，都是由一些小事直接引起的，我们称之为导火

索，从意义上看则是里程碑事件。但反过来，并非每一个看上去有影响力的小事件，都足以引发变革。小事件之所以成为导火索，不过是因为果实已然熟透，即便是一阵风，也能让它从树上掉下来，需要的是天时地利人和。

先举个历史上的案例，即秦末的大泽乡起义如何引发了秦朝的灭亡。事件的大致经过，贾谊在《过秦论》中如是说：

"然陈涉瓮牖绳枢之子，氓隶之人，而迁徙之徒也；才能不及中人，非有仲尼、墨翟之贤，陶朱、猗顿之富；蹑足行伍之间，而倔起阡陌之中，率疲弊之卒，将数百之众，转而攻秦；斩木为兵，揭竿为旗，天下云集响应，赢粮而景从。山东豪俊遂并起而亡秦族矣。"

秦亡的根本原因，自然不是陈胜和吴广带领的起义，而是"仁义不施而攻守之势异也"。攻守之势的转变，在于战国后期，天下割据、诸侯混战，此时秦人行"商鞅之法"，行"苛政"，通过战争来终结战乱，符合人心思和平的大势，那时即便有几十起类似大泽乡起义的事件，也不会对秦国产生多大影响。统一之后，人心思定，大家想的是安居乐业，而秦依然大行苛政，便成了逆势而为。民愤积累到一定程度，通过大泽乡起义爆发出来，便成理所当然。

再举个行业内的例子，即为何是"e租宝事件"引发了2015年下半年开始的互联网金融整顿，最终导致互联网金融格局的大变革。

e租宝出事之前P2P平台跑路和提现困难等问题早已出现，网贷之家数据显示，2014年，出现跑路、提现困难等问题的P2P平台共244家，其中经侦介入4家，那为何这些平台的跑路没有引发行业的集中整顿呢？原因便在于时候未到。

2013—2014年间，互联网金融刚刚成为一种社会现象，全社会都对其给予很高的期待，在很多人看来，互联网金融中的云计算和大数据可以有效解决小微金融领域的信用风险评估难题，而互联网渠道的长尾效应则大大降低了金融服务的门槛，从而将"开放、平等、创新、服务"的基因植入金融领域，为中小投资者带来收益，也给传统金融企业带来一股新生活力，最终有助于推动金融的民主化。在此背景下，互联网金融处于升势之中，一些P2P平台的跑路更多地被看作个案，是经营P2P的人出了问题，而不代表P2P的业务模式没有前途。

到了2015年，互联网金融在脱缰野马式的增长过程中，开始从专注普惠金融的补充性角色向着传统金融领域的颠覆者角色转变，业务对象与传统金融趋同，但又基本不受监管，便产生了监管套利问题，衍生出的违规现象也愈演愈烈，在行业大势上开始走下坡路。此时，e租宝事件作为互联网金融平台野蛮增长的最恶劣的一个典型，被舆论发掘出来，成为了整个互联网金融行业转向的导火索。

回到于欢案本身，这个事件会不会成为终结消费金融高息贷款和非法催收等问题的导火索呢？也要从行业大势说起。

从行业基本面看，高息贷款似乎气数未尽

本次事件的直接导火索是非法催收，而非法催收与高息贷款又有着千丝万缕的联系，要根除非法催收这个顽疾，便需要把高息贷款这个更为根本的问题解决掉。

之所以如此讲，是因为高息贷款是非法催收的土壤。自有借贷开始，便有了催收，也便有了暴力催收。但非法催收的愈演愈烈，却是在最近几年，始于互联网消费金融开始挺进次级借款人市场。这些借款人属于典型的无信贷记录群体，在传统金融机构借不到钱，而民间的高利贷恶名在外，他们也不会光顾。此时，很多小的互联网消费金融机构，为了与巨头进行差异化竞争，便选中了这类群体，通过高息去覆盖风险。很多小的消费金融产品，年化利率都在50%以上，年化100%以上的也很常见。

永远不要去考验人性，当消费金融机构对一向资金饥渴的群体打开了借贷的水龙头，不论有无必要和必要性大小，他们都倾向于选择借钱，市场规模自然有了爆发式的增长，但不良借款随之而来，涉及的人群也越来越广，使得催收成了一个"朝阳"行业。随着催收市场的火爆，暴力催收也便从小众走向大众，从地下走到地上。

反过来，暴力催收大大提升了催收的成功率，降低了高息贷款产品的潜在损失，使得高息消费贷款这门生意愈发有了市场空间，这个意义上来说，是非法催收在为高息借贷市场的快速发展保驾护航。

所以，既然很难靠法律的手段去遏制非法催收（否则就不能称之为非法催收了），那就只有釜底抽薪，遏制高息贷款的快速发展。而问题在于，从行业大势上看，高息贷款似乎气数未尽。

面向次级群体的普惠金融一直是世界难题，本质上因为这是个先有鸡还是先有蛋的问题。

这些人之所以从正规金融机构借不到钱，是因为他们没有信用记录，而之所以没有信用记录，又是因为正规的金融机构不借给他们钱。所以，除非他们迈入中高收入阶层行列，否则便一直脱离不了这个循环。

打破两难选择的唯一出路就是勇敢的放贷机构先迈出第一步，这些勇敢的机构便是创业型的互联网消费金融机构，他们不怕高风险、不惧损失，追求在次级信贷市场的高增长，客观上便让无法从正规金融机构借到钱的这部分人有了信贷记录，从而具备了脱离这个循环的条件。有理由相信，随着这些信贷数据被正规的金融机构采集并应用，以前的次级借款人从正规金融机构获得低息贷款便只是时间问题。

从这个意义上看，高息的互联网消费金融机构"横冲直撞"，恰恰有可能成为冲破普惠金融这个世界性难题的"勇士"。此时，我们要评价这类机构的价值，便要从这个高度着手，自然是正面的因素居多，而因其高速发展引发的非法催收问题，便只能是一种附属品，居于次要地位。

所以，全面取缔高息信贷，似乎时机未到。

有远见的公司是时候从高息贷款市场撤退了

这个事件虽然很难成为一个具有里程碑意义的导火索，但却有潜力成为行业发展转向的一个转折点。

事件本身再次唤醒了人们对非法催收和高息贷款产品的重视，监管层面大概率会出手纠偏，打压高息贷款产品的市场空间和发展热情。而对于那些有远见的公司而言，这个事件便是一个警钟，虽然风暴未至，但天色已变，是时候从高息贷款市场撤退了。

消费金融破局同质化竞争的"七字诀"

经过几十年的发展，任何一个行业都容易产生一种刻板印象，在金融业，大概便是"市场上没有倒闭的金融机构，也几乎没有卖不出去的金融产品"。

是的，金融机构一直处于经济体系的金字塔尖，即便不能躺着赚钱，站着赚钱总还是可以的。所以，对于产品同质化，他们也经常开会"深刻"地检讨，但也仅此而已了。

不过，在消费金融领域，"没有卖不出去的金融产品"这个刻板印象大概要被打破了。无他，消费金融产品实在太多了，好不容易看到个风口，大家便都挤了进来，既然都是"新手"，相互借鉴下产品模式想来是不能算抄的吧。一来二去，产品便都成了一个样子，就像影视剧中的小花们，看着都光鲜靓丽，就是分不清哪个是哪个。

一众雷同的产品中，被抄的那些便开始发愁了，怎么让用户知道我才是"真正脸上没动过刀"的呢？

基于消费金融产品的特点，笔者独创了"七字"真言（经常默念，对治同质化有奇效），权当抛砖引玉，真诚欢迎大家联系作者做进一步交流探讨。

同质化何以成为行业性顽疾？

任何行业的发展，总是遵循着相似的规律，即明星企业开辟市场，追随者进入，共同做大市场，待市场显露出天花板之后，便是同质化竞争的存量市场。于是，除了垄断行业之外，同质化几乎是所有行业的顽疾。

在经济学中，把垄断的形成原因分为三类：自然垄断、资源垄断和行政垄断。

● 所谓自然垄断，便是市场存在典型的规模效应，规模越大成本越低，竞争力也就越强，社交领域的QQ和微信便是例子，第三方支付也有这个特点。

● 资源垄断则依靠对特殊资源的占有实现对市场的独占，这种特殊资源，可以是矿山，也可以是专利或配方，专利药品就是最好的例子。

● 关于行政垄断，牌照经营制大概是最好的例子了。

本来，任何一个难题，只要边界清晰，便总有法子治。同质化之所以成为顽疾，也是因为边界不清晰。产品之间究竟是不是同质化，只有用户说了算，而用户与用户之间差异太大，使得同质化与否的清晰界定成为不可能。

举例来说，对于一些用户而言，饮料与水并没有太大差异；对另一些用户而言，饮料之间并没有太大差异；当然，还有一些用户，敏感性要高得多，饮料换个包装便是一种新体验。所以，如何判断一款饮料产品的同质化竞争程度呢？并没有清晰的边界，去应对便会难上加难。

就消费金融行业而言，与其他行业甚至金融业内其他细分领域不同的地方在于，不论哪家机构哪个产品，用户拿到的钱在体验上的差异是很小的，体验只能集中于拿到钱的过程以及拿到钱后的还钱流程及费用。

我们来类比手机行业，便是这样的情景：用户拿到手的手机，在体验上是无差异的，只不过是购买过程和售后服务上有差异。这么一来，苹果的技术领先、硬件和软件层面领先的策略便失效了，毕竟，钱还是那样的钱，用起来是一样的。

此时，市场公关PR们的有效作用范围也收窄了，只能做到让用户知道产品的存在，很难再让用户产生情感上的依赖，形成所谓的"果粉"、"米粉"。的确，互联网金融纵横多年，可有哪款产品有真正的绝对忠实群体呢？

另外，虽然消费金融也具有互联网化特征，但并不存在类似社交产品的规模效应，所以也不会随着规模的发展形成自然垄断，规模再大，也依然要参与竞争。

消费金融产品的上述特征，使得行业更容易陷入同质化的泥潭。只不过，在市场飞速发展的阶段，产品某种程度上供不应求，似乎不必在"售"前体验上花费太多功夫。尤其是很多针对次级用户群体的产品，这类客户还停留在产品可得性的阶段，能获得额度就已经很开心了，还没到对产品体验"指手画脚"的阶段。君不见，很多所谓的消费金融产品，年化收益率100%或50%以上，照样有很多人愿意买单。

但是，看得见未来的人，才能走得更远。距整体层面同质化红海的到来还有段时间，但局部市场或局部客户群的同质化已经非常严重，尤其是大家都看重的优质客户群。

信用卡持卡群体是典型的代表，他们有央行征信信贷记录，每个人都有N家银行的信用卡，所有的互联网金融巨头都抢着给他们授信额度，去任何一家消费金融公司申请贷款都是秒批。这个群体有多大呢？截至2015年年末，有央行征信信贷记录的人数达到3.8亿人；截至2016年年末，全国在用信用卡数量4.65亿张，人均持卡0.31张。

面对这个优质群体，破局同质化便成为战略性布局，毕竟失去了这类优质客户群，任何消费金融业务都不可能做大。

消费金融公司的常规"三板斧"

当前市场是怎么做的呢？基本上是三板斧。

一是基于场景。消费金融是典型的场景化金融，基于对场景的把控变相使得对消费金融产品的"垄断"行为成为可能。淘宝、苏宁等电商平台，背后的花呗、任性付都是这个路子。其他基于家装、教育、旅游、租房等场景的消费金融产品也是这个路子，只不过是与第三方场景合作，并不能做到独占罢了。

二是基于费率。现金贷类产品脱离了消费场景本身的壁垒保护，各个产品只能赤膊上阵，此时最好的竞争武器便是费率。此外，还款的灵活性也是一个考虑因素，但还款方式之所以重要，也是因为提前还款可能带来的违约金问题。从费率水平上看，基本上银行的现金贷（非信用卡项下）最低，巨头的消费金融产品和银行信用卡次之，P2P和分期公司通常收费最高，舆论对于"高利贷"的指责，基本上便是针对此类产品。

三是基于产品使用过程中的用户体验。之所以把体验放在第三位，一方面如上文所说，既然最后拿到的钱都是无差异的，基于拿钱过程的用户体验差异，影响便没有那么大；另外一方面，就目前的申请体验看，除了银行还有部分产品需要线下申请外，大家基本实现了线上自助申请，用户体验的流程差异的确不大。

就用户体验而言，实行预授信额度策略的巨头们无疑占据上风，在存量客户中筛选，提前做足风控，白名单内的客户只需进行实名认证便可提款，而实行用户申请策略尤其是内嵌在消费过程中临时申请的消费金融产品，由于需要进行实时风控，用户需要额外提供一些证明材料，体验上便略逊一筹。

不过，在笔者看来，上面的三板斧并不是基于"差异化"策略有意为之，更多的只是一种附带效果。

比如场景，很多企业不过是有什么场景便做什么场景，想的并不是差异化；比如费率，更多的不过是基于覆盖成本的需要，尤其是对于那些年化收益率100%以上的高息产品，更是短视的一锤子买卖，甚至都称不上策略；再比如申请流程，也不过是在注重基本风控的前提下，互联网企业注重产品体验的惯性使然。

破局同质化，消费金融版的"七字诀"

人们的当务之急，便是要从战略层面高度关注已经到来且愈演愈烈的产品同质化难题，不打无准备之仗。

关于小米的快速崛起，雷军曾总结了经典的七字诀，"专注、极致、口碑、快"。只是，这两年风停了、猪死了，七字诀便也没人提了。

其实，七字诀作为移动互联网时代创业型企业快速崛起的口诀指南，现下并未过时。移动互联网的时代背景还在，用户的行为习惯也并没有发生大的变化。反思很多所谓互联网思维创业企业的失败，恰恰是没有做到这七个字。

对于消费金融产品的同质化突围，笔者认为，只要稍微修改一下，七字诀仍是适用的，便是"生态、低息、口碑、快"。下面简单作个解析：

生态，强调的是多元化服务、产品线集体作战，而非靠消费金融产品本身取胜。

低息，指的是一个相对低息的区间，不是"价格战"层面的一味降息，也不是利率越低越好，底线在于不能给市场留下"高息"的印象标签。

口碑，指的是要注重与用户情感层面的交流和互动，用户既然很难通过产品本身产生情感上的好感，便需要运营部门下更大的功夫，通过运营来强化用户的情感纽带。

快，天下武功，唯快不破，快的背后，便是灵活性和执行力。

为何这"生态、低息、口碑、快"的七字诀会有效呢？

之所以强调生态，是因为单就消费金融产品本身，已无太多进化的空间，要想差异化，唯有改变产品形态。就像当年苹果打败诺基亚，不是苹果造出了更好的手机，而是造出了"能打电话的互联网终端"，此"手机"已非彼"手机"，产品形态有了本质变化。

同样，传统金融机构的消费金融产品虽然有很多问题，但从产品本身看，已经是一款非常成熟的产品，唯有打造具有消费金融功能的一体化服务生态，才能在本质上实现差异化。从这个意义上来说，电商平台将消费金融内嵌于购物场景，便可视作一种生态化探索，也正是靠着这种生态化竞争，电商平台取得了快速的发展。未来，可沿着类似的方向进行更多的探索，而不仅仅局限于场景。

低息的重要性不必讲了，费率是消费金融产品最核心的用户体验。

强调口碑，不仅在于口碑是免费的广告，更在于，没有口碑，花钱的广告没有杠杆介入，也会效果寥寥，因为任何一项营销计划都必须依赖一些持续发生的连锁反应——也就是口碑，来实现所谓杠杆效应。

强调快，则在于消费金融从某些角度看已成红海，参与机构太多，任何新模式、新创意都会被人快速模仿，不得不快，且要持续快，否则不可能持续领先。

就目前行业现状来看，以电商系消费金融产品为代表，在生态打造上已经具有一定的基础，而其他消费金融产品，仍未有建立生态的意识，更多的是在单打独斗。而对于"低息、口碑和快"，真正付诸实践的企业还不多。所以，现在行动，恰逢其时。

消费升级大时代来临，资本市场有哪些投资机会？

这是一个扑朔迷离的时代。从宏观上看，我国经济持续低迷，短期内难以有大的改观，但从微观上看，一些企业却表现得异常有活力。同样，从 A 股市场的整体看，上证综指持续在 2 800~3 200 点徘徊，迟迟未有向"牛市"发展的态势，但从细分板块上看，却隐藏着诸多投资机会。这种活力和机会的背后，正是经济动力转换的反应，也是居民消费升级的结果，深度把握居民消费升级趋势以及由此带动的细分行业发展态势，或许可以从低迷的资本市场挖掘出诸多投资机会。

消费金融助推居民消费升级大时代

最近三五年，得益于人们消费观念和生活方式的显著变化，居民消费升级快速推进，主要表现为人们对生活品质、休闲娱乐和身心健康的愈发看重。种种迹象表明，我国正迎来居民消费升级的大时代。

从政策环境来看，《2016 年政府工作报告》18 次提及消费，《2017 年政府工作报告》提出要进一步释放国内需求潜力。与此同时，促进消费升级产业政策持续出台，方方面面的居民消费升级得到空前鼓励。

从经济环境来看，2016 年我国人均 GDP 为 5.4 万元，约合 8 800 美元，超过 8 000 美元这一国际上公认的消费结构变化拐点。与此同时，我国中产阶层人口达 5 000 多万，超过西欧的中产阶层人口数量。

从社会环境看，居民生活方式和消费观念显著变化，"80 后""90

后"成长为消费市场主流人群，超前消费、信用消费、追求个性与品质已成为潮流。

从技术环境看，互联网的便捷性和无边界性，让网购、海淘成为潮流，使得国内外高品质产品触手可及。线上线下O2O加速融合，全新体验购物方式推动消费潜力的不断释放。

以上种种，为居民消费升级提供了扎实的政策、经济、社会和技术基础。

从出行方式看，飞机、高铁渐渐成为大众出行的首选。官方披露的数据显示，2016年民航客流量较2000年的6700万增长了7.3倍，客座率达到82.7%，上座率非常高。在主要的交通方式中，民航的增长率是最快的，呈45度角上升（如图1所示）。除了飞机出行，高铁出行也显示出同样的变化，成为了最受欢迎的出行方式。

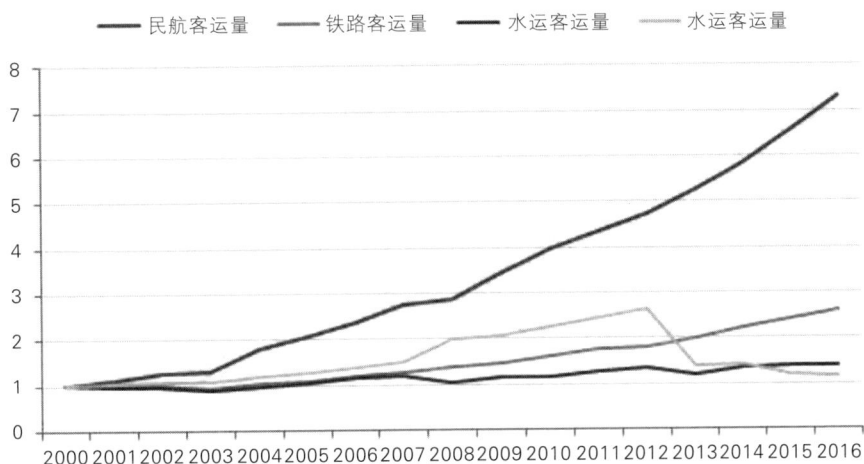

数据来源：Wind资讯，苏宁金融研究院

图1　2000—2016年我国主要交通方式客运量定基增长图（倍数）

从家庭客厅看，最突出的变化是智能家居的快速发展。以互联网电视发展为例，销售量快速放大，2016年销量已超过3 400万台。电视的消费升级，使得传统电视被全面替代，加速走下历史舞台。

从厨卫领域看，升级变化反映得更为明显。以前的厨房，里边可能就三样电器，煤气灶、抽油烟机、电饭煲，置办齐全的花费，合计不会超过1万元。但现在的家庭厨房除了前面三样，还有净水器、烤箱、蒸箱、微波炉等电器，置办齐一套要花费8万元左右。从1万元到8万元，反映出厨卫电器较为明显的消费升级进程。

　　从采暖市场看，消费升级也很明显。以前冬天采暖是北方人的专利，但现在南方各地普遍安装上了采暖设备，这个趋势从苏宁门店布局就可看出，苏宁采暖专厅已经开到厦门、重庆、杭州、温州、武汉等南方城市。

　　从美妆与服饰看，海外购、海淘的崛起，使女性对个人护理品和化妆品越来越挑剔，大众化妆品如宝洁、联合利华等大品牌正失去优势，取而代之的是备受追捧的西欧小众领域的高端产品。同时，女性"爱美"的天性正逐步释放，服装消费呈现品牌化、个性化、社交化发展趋势，品牌服装、潮服、网红服饰等越来越受消费者青睐。

　　从饮食与休闲零食领域来看，方便面消费量拐点的出现是消费升级的典型象征。2013年我国方便面消费量触顶（如图2所示），而后逐年回落，至今连续三年负增长，体现出居民对食物品质（健康、安全）的要求越来越高。与此同时，一批注重体验、注重社交与分享的消费新品牌，如三只松鼠、喜茶等，快速崛起，引发消费者追捧。这种变化的实质其实就是消费升级。

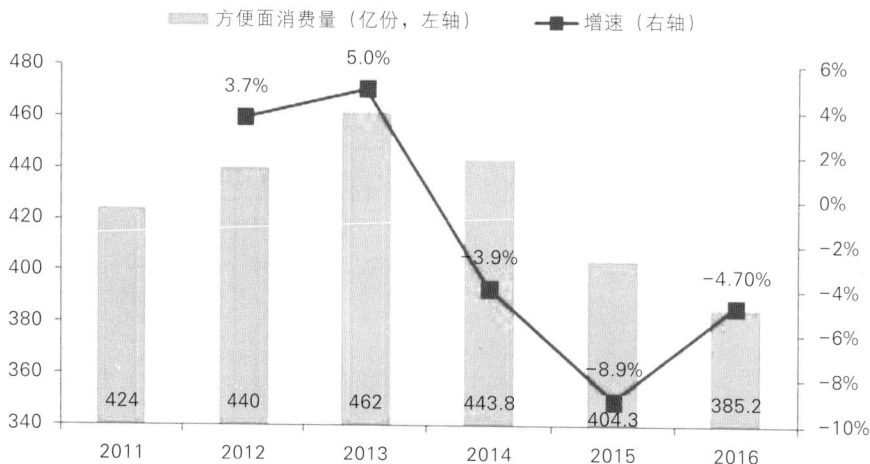

数据来源：世界方便面协会，苏宁金融研究院

图2　中国方便面消费量及增速（2011—2016）

综合来看，无论是出行、客厅、厨卫、采暖、服饰美妆还是餐饮零食，方方面面都体现出我国的居民消费水平正在升级。

然而，在居民收入并没有飞速增长的前提下，为什么消费升级在前几年悄然无声，最近两年突然加速了呢？我想，这主要在于消费信贷的支持。

从中国实际来看，近两年互联网消费金融大发展，已成为居民消费升级的重要推动力。当下国内数千家互联网金融公司在消费金融这一蓝海进行博弈，形成了22家持牌消费金融公司、近200家专业分期公司、2 500家左右P2P公司的市场格局，涌现出苏宁金融、蚂蚁金服等一大批典型代表，使用"任性付"、"任性贷"及"蚂蚁花呗"等成为了很多人购物首选付款方式。

借用马克思的一句话，"假如必须等待积累去使单个资本增长到能够修铁路的程度，那恐怕直到今天这个世界上还没有铁路，但是通过股份公司，转瞬之间就把这件事办成了。"相信在互联网消费金融的有力支撑下，中国居民的消费升级进程将继续加速迈进，中国居民品质生活大时代将全面开启。

资本市场因消费升级发生结构裂变

居民消费升级的快速崛起，使得我国经济发展动力发生了明显转换，正逐步由投资驱动向消费驱动转变，消费已成为经济平稳增长的"新引擎"。国家统计局公布的数据显示，2016年消费对GDP增长贡献率为64.6%，2017年一季度则达到77.2%，拉动经济增长5.3个百分点。

股市是经济的"晴雨表"，对经济增长动力的转变，资本市场已有较好的反应——股市结构正发生明显的变迁。突出的表现是，传统行业如能源、化工、煤炭等逐渐走弱，行业市值占A股总市值的比重快速下降，而消费升级产业、信息科技产业成为发展新趋势，行业市值占A股总市值的比重显著提升。

Wind数据显示，2007年末至2016年末，能源板块股占A股总市值

的比例由 25% 骤降至 6%，而消费类概念股市值占比由 8.5% 上升到 18%
（如图 3 所示）。一升一降，正反映出经济动力转变在资本市场的反应
趋势。

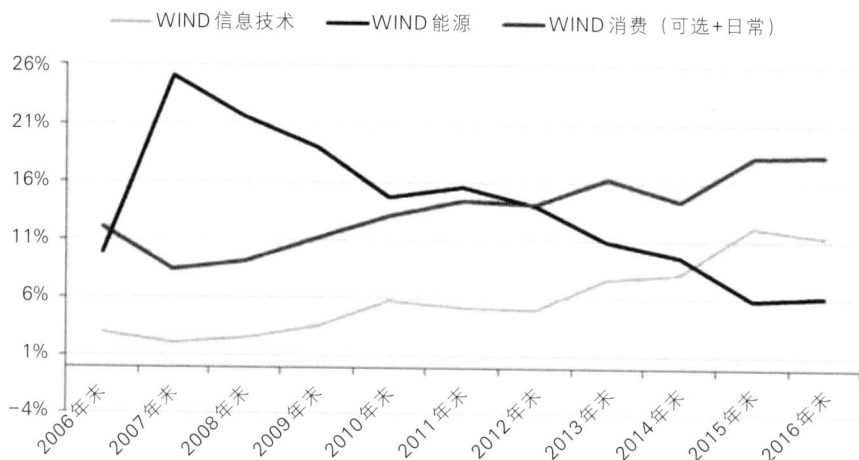

数据来源：Wind 资讯，苏宁金融研究院

图 3　不同行业市值占 A 股总市值的比例变化图

　　具体到消费升级概念板块，众多细分领域股价走势优异。Wind 数据
显示，2016 年初至今，食品饮料板块跑赢"申万 A 指"约 23 个百分点，
遥遥领先其他行业，除此之外，汽车、家用电器也表现不俗。

　　食品饮料行业最为明显的代表莫过于白酒。白酒销售量持续稳步增
长，2016 全年销量已经达到 1302 万吨，同比增长 2.3%。受益于销量的增
长，国酒贵州茅台股价强劲增长。数据显示，2001 年 8 月贵州茅台上市发
行价为 31.39 元，若以"后复权"计算，如今最新价为 3 183.55 元，增幅
高达 101.42 倍。而同期上证综指累计涨幅仅为 70%（如图 4 所示）。即便
八项规定出台对茅台酒的销量影响较大，53 度飞天茅台市场售价一度由
最高 2 100 元跌至 800 多元，但 2016 年年底以来，茅台又强势回归，2017
年春节的时候售价又回升到 1 600 多元。销量和售价的回归，根源于普通
中产对茅台酒的消费快速增加，根源于居民对高端白酒、对品质白酒的偏
好增强，而这正是居民消费升级的突出表现。

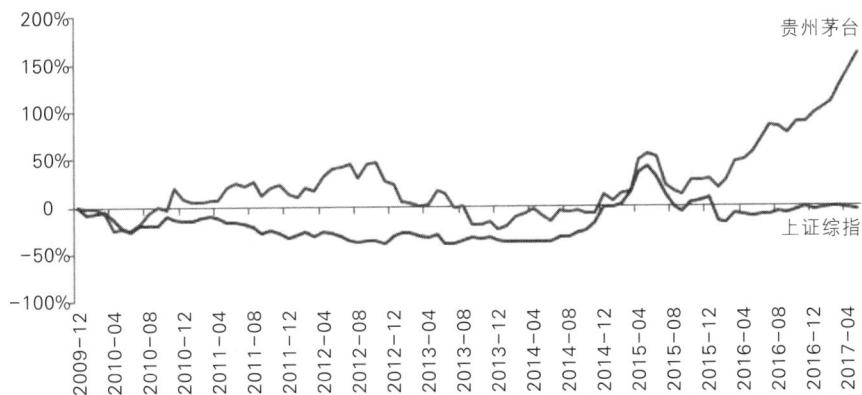

数据来源：Wind资讯，苏宁金融研究院

图4　贵州茅台股价走势远超大盘，股价已达440元

家用电器行业，是周期性很强的一个行业，也是消费升级表现比较突出的行业。1990年之后，受益于经济增长和居民收入增长，彩电、冰箱、洗衣机等步入黄金发展期，销量节节攀升，但2000年之后，市场快速步入萧条阶段，很多家用电器生产商纷纷陷入亏损泥潭。但最近几年，家用电器行业又表现得强势起来，2016年家用电器行业竟成为盈利能力最强的行业。这种变化也给零售企业带来了发展机遇，2015年，苏宁易购线上线下手机、厨电、小家电等销量激增，交易最为活跃，在众多品类板块中表现最为良好。

这是为什么呢？显然这也是居民消费升级的结果——家用电器正从满足生活需要向提升生活品质转变，消费者不仅追求好用，更追求美观、健康、节能、艺术性强的家用电器。这种偏好的改变，使得厨房电器、小家电销量迅速放大，并由此诞生出如美的、格力这样的优质家用电器生产商。数据显示，2016年年初至2017年5月，格力、美的股价增幅分别高达91.59%、77.19%，成为A股中名副其实的"白马股"，而同期上证综指涨幅却为-6.24%（如图5所示）。

汽车行业的消费升级，一是表现为从无到有的升级（三四线城市及农村地区），使得千人平均汽车保有量由2006年的38辆提升到125辆；二是表现为从低端到高端、到高性价比的二次购买升级（一二线城市）。汽车

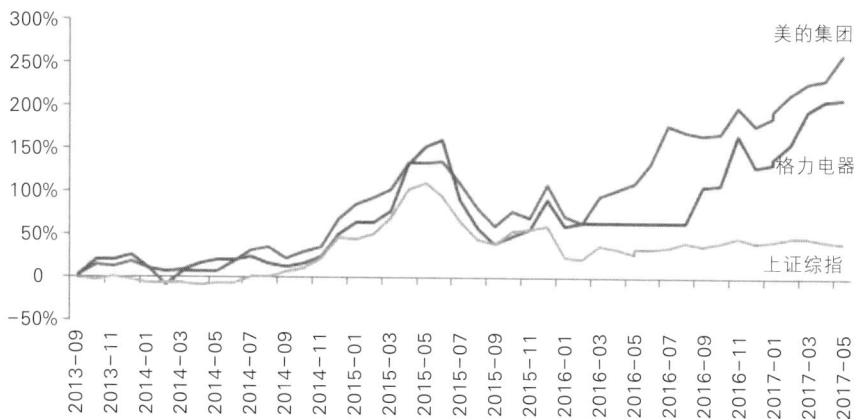

数据来源：Wind资讯，苏宁金融研究院

图5　美的、格力近一年来股价走势远超大盘

行业的这种消费升级变化，给国内核心汽车厂商带来了市场机遇，长城汽车、上汽集团、广汽集团的股价趋势性走高。数据显示，自2012年3月末至今，长城汽车、上汽集团、广汽集团股价涨幅分别高达202%、149%、247%，而同期上证综指涨幅仅为37%（如图6所示）。

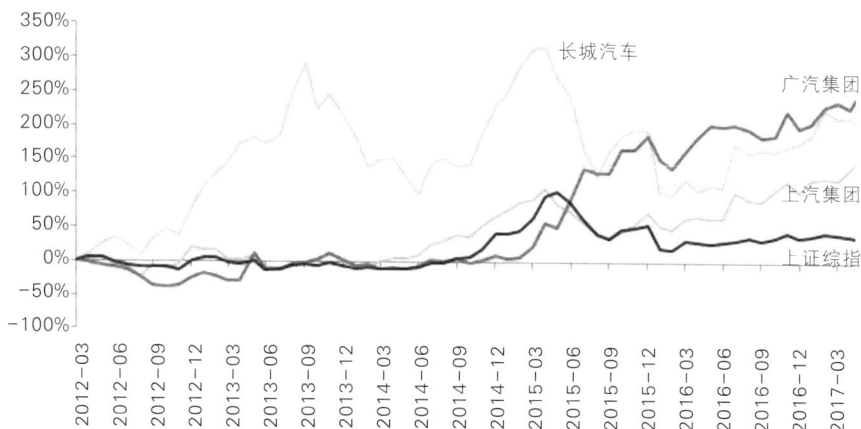

数据来源：Wind资讯，苏宁金融研究院

图6　上汽集团、广汽集团、长城汽车股价集体趋势性走高

　　商业银行业也是服务居民消费的一个重要行业。从资本市场的实际反映来看，注重民生业务的银行股价走势更好，更被资本市场所青睐。综合比较浦发、民生、招商、兴业、中信5家总资产规模相近的商业银行，主打服务个人消费者、服务居民消费升级的招行，股价走势最为良好，市值一枝独秀。截至2017年5月19日，招行总市值已高达5 105亿元，而其余4家市值均在3 000亿元左右徘徊。即便是总资产规模高于招行2 000多亿元的交行，其市值也仅有4 100多亿元，远远低于招行（如图7所示）。总资产规模相同，利润也相差不大，但是市值差异巨大，这背后反映出的是结构和商业模式上的差异，一个是代表未来的模式，另一个是代表过去的模式。毫无疑问，投资者以及资本市场更加看好代表未来模式的银行。

数据来源：Wind资讯，苏宁金融研究院

图7　精准服务民生的商业银行更为资本市场所看好

　　旅游行业也是消费升级的重点。随着收入的提升，居民更加倾向于进行休闲娱乐，使得旅游逐渐成为必需品。数据显示，2016年，我国境内旅游人数达46亿人次，且最近十年的增速均维持在10%以上；出境游人数1.22亿人次，蝉联全球出境旅游人次的"世界冠军"。受益于旅游的消费升级，资本市场旅游概念股长期投资价值凸显。数据显示，2009年10月末至今，中国国旅股价增幅高达262%，而同期上证综指涨幅仅为3%

（如图8所示）。

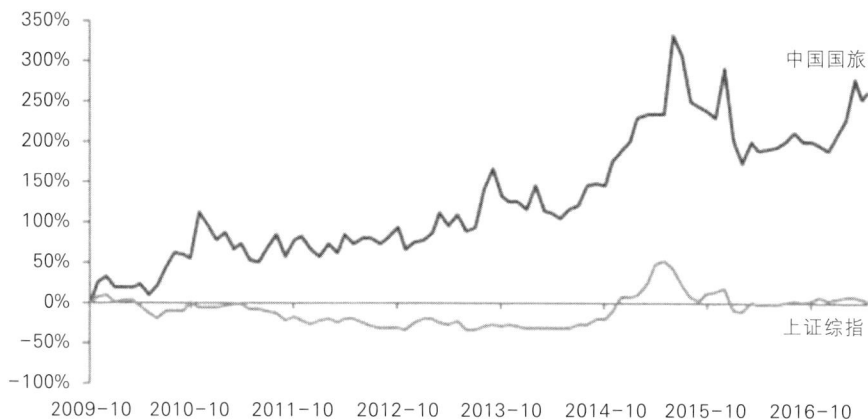

数据来源：Wind资讯，苏宁金融研究院

图8　行业龙头中国国旅走势长期大幅跑赢大盘指数

　　综上，居民消费升级所带来的种种变化，资本市场已做出了初步反应，未来这种反应趋势还会持续下去，带来更多的结构性投资机会。资本市场的这种结构性变化，反映出我国经济结构的变化，旧经济逐渐衰落，新经济艰难崛起，新经济新产业正逐步成为国家主导产业。正如市值高达3 000亿美元的阿里、腾讯，以往其更多的是代表一种未来的互联网概念，但如今，这些公司已经有实实在在的利润支撑，这正是新经济逐步展现出的威力。

金融O2O

互联网金融企业如何进行差异化竞争？

当前，已然站在"风口"上的互联网金融让众多企业摩拳擦掌。然而，现阶段互联网技术很难完全取代线下网点，线下网点有其存在的必要性和重要性。与此同时，传统经营线下网点的模式已经过时，需要与线上平台结合发展。

那么，互联金融O2O模式的经营者们该以何种战略来进行差异化竞争呢？

差异化竞争先做好三大战略

当下金融机构进行差异化竞争，必须摆脱传统的经营理念和模式。

埃森哲(Accenture)咨询公司在2014年金融调研报告中指出，金融机构要具备竞争优势必须持续地为客户提供"福利"，它总结了三点：

（1）答疑解惑：为客户提供专业的咨询服务。

（2）流程简化：为客户提供便捷的消费体验。

（3）价值融合：绑定非金融产品或服务，为客户提供额外价值。

可是埃森哲只提供了价值定位，并未阐述具体战略方针。

在埃森哲的价值定位上，苏宁美国硅谷研究院战略部（简称"苏宁美研院"）进一步归纳出实现这三大战略：

（1）布局定位：根据所在区域和目标人群等因素，决定模式和覆盖面以及数字化设计。

（2）资源配置：在全渠道建设的基础上，为它配置恰当资源（人力和设备等资源），充分发挥交叉销售的作用和效果。

（3）跨界合作：与非金融领域达成跨界合作，推出O2O用户激活计划，互助互利达成共赢。

从典型案例看竞争优势分析

在下文中，苏宁美研院将运用"差异化竞争分析架构"对美国成功金融企业进行竞争优势分析，总结它们是否可以成为行业典范（如图1所示）。通过分析成功案例，希望能给国内金融机构的未来发展提供参考依据。从案例中去其糟粕，取其精华，结合自身优势，创造出差异化竞争战略。

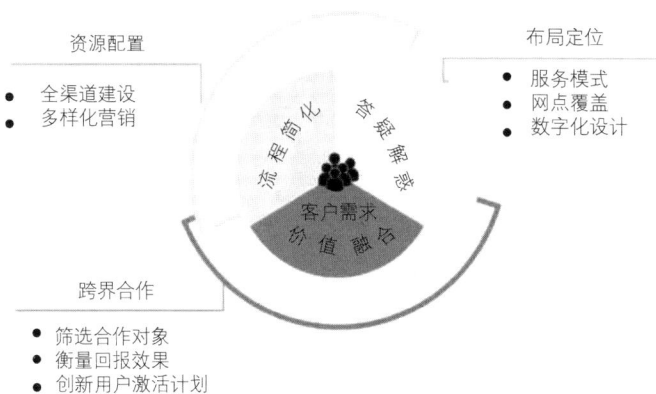

苏宁美国硅谷研究院战略部制作

图1　金融O2O模式差异化竞争分析架构

在首个案例分析中，苏宁美研院选择了美国富国银行（Wells Fargo）作为分析对象。富国银行始建于1852年，是目前美国资产规模排名第四的银行。2008年金融危机并没有让富国银行遭受太大的冲击，它依然保

持着强劲的增长力。相比其他资产规模排名前三的银行：美国银行
（Bank of America）、摩根大通（JP Morgan）以及花旗银行（Citibank），
富国银行在资本回报率、营业利润率和红利回报率方面都要高于它们
（见表1）。

表1 各银行运营指标表

2014年运营指标	美国银行	摩根大通	花旗银行	富国银行
资本回报率 （return on invested capital）	3.09%	4.01%	3.00%	5.15%
营业利润率 （operating margin）	27.37%	31.27%	28.02%	39.34%
红利回报率 （dividend yields）	1.2%	2.7%	0.4%	2.8%

截至2014年年底，富国银行在美国共设有6 165家服务网点，覆盖率
排名全美第一，ATM机的覆盖率排全美第三。不仅如此，它互联网活跃
用户有2 300万人，手机活跃用户有1 200万人。据富国银行估算，它为美
国1/5的家庭和1/10的小型企业提供着金融服务。

截至2014年年底，富国银行的普通收入客户及小企业客户人均持
有金融产品数量约为6个，中大型企业客户平均持有数量为7个，中高
端收入客户为10个。在渠道使用方面，2013年富国银行75%的存款用
户每半年至少会到访支行一次，并且85%的销售额和用户引荐源自线
下网点。

在《金融O2O战略研究系列报道（二）》中，苏宁美研院将开始把
富国银行作为案例对象，分析它在第一个领域"布局定位"所做出的尝试
和收获。

怎样让金融机构的线下网点更加社区化和个性化？

在互联金融时代，随着电子设备的不断普及，未来人们可以熟练地使用网络平台来满足金融需求，但这并不意味着线下网点不需要存在。据奥纬管理咨询公司的调查（Oliver Wyman，2013年《thefuture AR NU》）显示，人们选择金融机构首个考虑要素是其线下网点的地理位置，线下网点可以让金融机构和用户之间建立起信任关系。

趋势：金融网点往"更社区化、更个性化"方向发展

虽然金融机构在线下有其存在的必要性，但已经不能再依靠"大而全"的运营方式。未来线下网点的形式一定会朝着"更社区化、更个性化"的方向发展，使用面积会逐渐缩小、操作流程会变得更简单便捷、用户使用的服务也会更加贴心周到。这样既帮助金融机构节省运营成本、提高运营效率，也可以通过和用户建立信任关系来增加用户黏性，最终提升利润率。

那要如何让金融机构的线下网点变得更加社区化和个性化呢？

这需要在三个方面进行战略部署：（1）服务模式；（2）网点覆盖面积；（3）店内数字化设计。

"服务模式"体现在线下，指的是每一个线下网点的功能，要根据当地具体用户的需求来制定。普华永道（Pwc）的金融分析报告（2012年12月《Rebooting the branch》）根据不同地区的客户需求，把未来门店分为

了五个类别：第一类是自助加协助网点（assisted self-service branch），第二类是店中店网点（in-storebranch），第三类是全品类服务网点（full-service branch），第四类是社区中心（community center），第五类是旗舰店（flagship store）。

在决定了服务模式后，就要决定该地区每个网点间的实际距离，也就是"网点覆盖面积"。上文中提到，人们选择金融机构的首个考虑要素是其线下网点的地理位置，而网点和网点之间的距离决定了人们使用这些门店的便捷程度。

布局定位的最后一个需要考虑的要素是"店内数字化设计"，划分出使用面积，配合数字化平台，实现全渠道服务。

苏宁美国硅谷研究院战略部认为，数字化平台和线下网点是相互配合的关系：数字化平台聚焦交易，满足用户的业务需求；线下网点能够与客户建立信任关系，帮助经营者增强用户黏性。

案例：富国银行布局定位金融O2O模式的三大尝试及成果

接下来，我们分析富国银行在服务模式、网点覆盖面和店内数字化设计方面，所做出的尝试以及所取得的成果。

服务模式：试点"社区邻里网点"工作

富国银行从最初创建到现在，始终围绕着"一站式社区银行金融服务"的理念和宗旨，目的是为了满足当地居民特有的金融需求，并且建立信任关系。

根据富国银行内部数据统计，目前有2/3的家庭客户使用2个以上的银行渠道进行金融交易；使用银行渠道越多的客户，交易频率也越高，说明他们是富国银行的优质用户（如图1所示）。

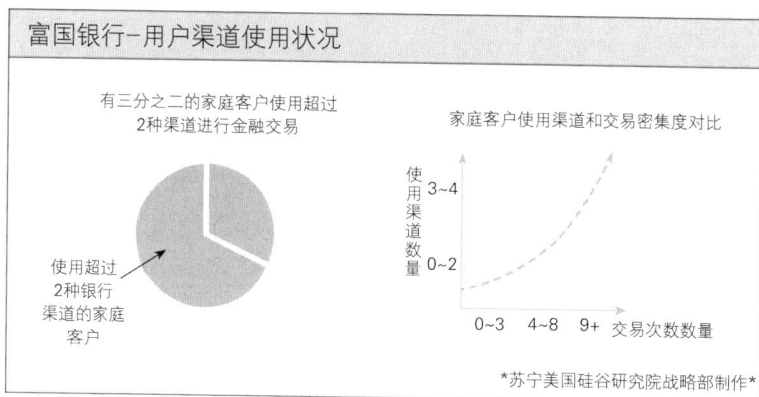

图1　优质用户说明图

在互联金融时代，富国银行想要继续服务这些客户，就要即时做出调整和改变。

富国银行很早就明白传统网点的形式已经过时，投入回报率下降严重。为了应对这个问题，富国银行在自助ATM机和传统网点中找到了一个融合点，从2013年开始进行"社区邻里网点（Neighborhood Bank）"的试点工作。

"社区邻里网点"的主要目的是为客户提供一个小型自助服务区域，当客户需要帮助的时候会有专员在现场。它的占地规模是传统网点的1/3，占地约为90平米到120平米。投入成本则是传统网点的50%～60%，约耗费150万美元到180万美元（如图2所示）。

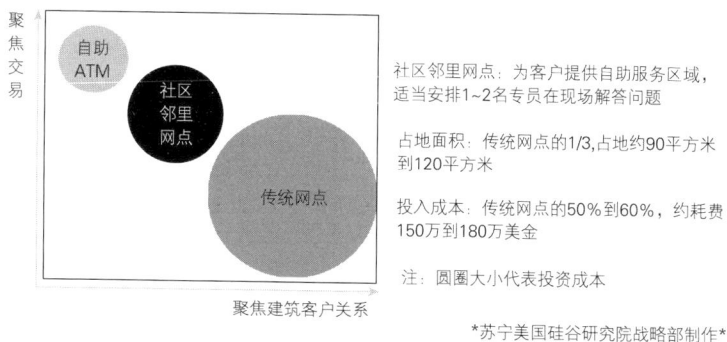

图2　富国银行社区网点：服务模式

数据来源：《Wells Fargo Mini-Branches And The Shrinking RetailFootprint》报道

网点覆盖：集中在市中心周边区域

社区邻里网点的试点选择在了美国首都华盛顿一个新兴的潮流生活区（NoMa Neighborhod），这里的居民更习惯于这种"自助外加1对1服务"模式。

从富国银行在NoMa区域的网点覆盖可以看出，目前社区邻里网点的覆盖范围都集中在市中心周边区域。在未来，这种社区网点肯定会成为一种"卫星网点"，围绕社区中心地段，以更低的成本来更好地服务周边社区的居民们（如图3所示）。

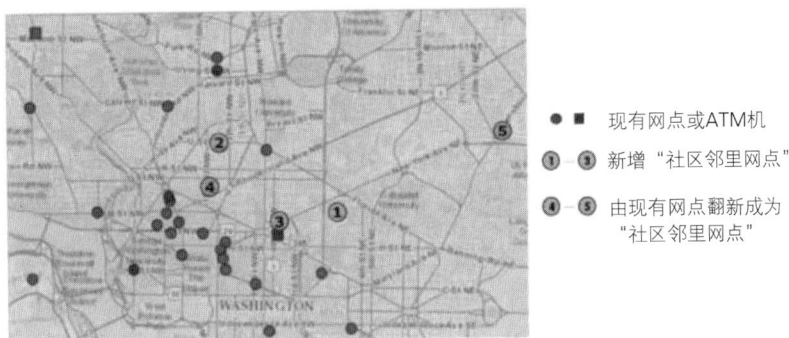

● ■ 现有网点或ATM机

① - ⑨ 新增"社区邻里网点"

④ - ⑤ 由现有网点翻新成为"社区邻里网点"

苏宁美国硅谷研究院战略部制作

图3 富国银行社区网点：覆盖面积

数字化设计：四大区域实现全渠道服务

"社区邻里网点"内置四大功能区域，具体如下：

（1）ATM自助区域，方便客户自助完成常规业务，比如存款取款转账等；ATM会根据客户的历史交易记录，显示客户常用或可能喜欢的金融产品。

（2）休息区，每面墙上悬挂电子屏幕，播放金融产品和普及知识的宣传片。

（3）前台，一到两名银行专员手持便携式平板电脑待命，当有客户发送帮助提示后，他们就会来到客户面前解答相应问题。

（4）会议室，企业客户可进入小型会议室洽谈业务。（如图4所示）

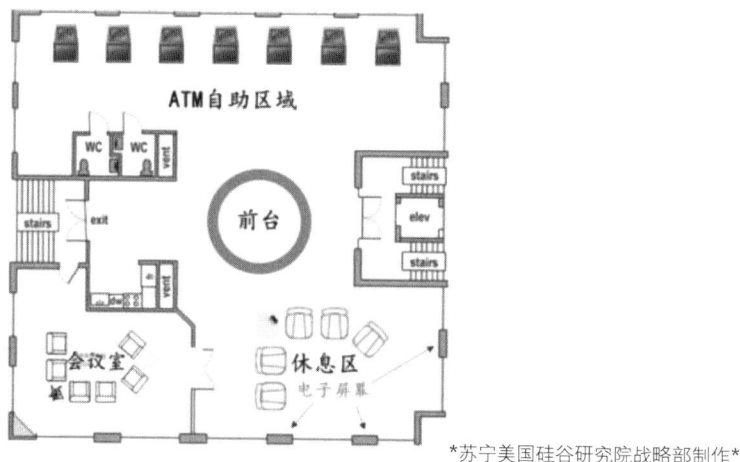

苏宁美国硅谷研究院战略部制作

图4　富国银行社区网点：店内数字化服务

社区邻里网点24小时开放。银行专员下班后，室内的电子屏幕会关闭，由ATM自助机为客户提供服务。

另外，根据地域的特点，富国银行ATM机可取出1美元、5美元等小面额现金（一般的ATM机只给出20美元以上的钞票），方便城市居民在餐厅消费、乘坐出租车等场合给小费。

成效：富国银行85%的销售额和用户引荐都源自线下网点

经过摸索和试点，富国银行结合线下资源和互联网技术来实现数字化服务，以适当的覆盖面积为各地居民带来社区化、个性化的金融服务，取得的成果也相当喜人：目前富国银行75%的存款用户每半年就会到访支行至少一次，并且85%的销售额和用户引荐都源自线下网点（如图5所示）。

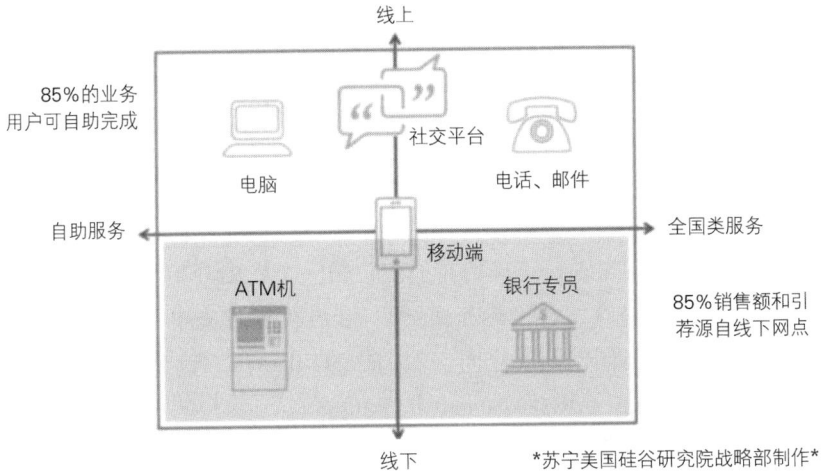

图5 富国银行全渠道布局定位策略

这种成功也引领了其他银行争相效仿"社区邻里网点"模式。

全渠道零售模式，让金融服务无处不在

    对于金融机构来说，正确的布局定位是一个好的开始。但即便面对同类型的客户（同等收入、年龄和性别），金融机构可能要承担不同的服务成本，也会收获不同的利润空间。据 First Manhattan 咨询公司在 1999 年对银行业的研究报告《Mixed Signals.Banking Strategies》显示，零售银行呈现"150/20"的规律，即 150% 的盈利收入来自于 20% 的客户，锁定这 20% 的客户能让银行获取更多的利润。所以在布局定位之后，优化资源配置尤显重要。

    在互联金融时代，"150/20"依然是行业普遍认同的法则，只是讨论的焦点转移到了投放渠道。

    目前较极端的观点认为，因为互联网技术把金融大部分业务从线下转移到了线上，将大幅降低每笔交易成本，未来终将"取代"传统线下网点。也就是说，自助服务业务和人工服务业务两者是相互替代的关系，金融机构应该把资源配置给自助服务业务。

    针对这个问题，哈佛商学院在 2009 年发表过学术研究报告《Economics of Retail Banking Note》，里面重点分析了线上自助服务业务给金融经营者们带来的利与弊。该报告在结论中指出：虽然自助服务可以提升客户对已有金融账户的管理效率，但是它减弱了和客户建立信任关系的机会。要想既吸引新客户，又提高已有客户的利润率，不能单凭线上自助服务。因为线上自助服务缺乏客户黏性，客户很容易因为竞争对手在降低服务价格或提升回报收益后迅速切换服务商。我们认为，线上自助服务和线下人工服务应该相互辅助。

    要想让自助服务和人工服务起到相互辅助的作用，就需要在资源配置上有全渠道零售思维。下面，苏宁美国硅谷研究院战略部将给大家解析美国富国银行在这个领域取得的竞争优势和成功原因。

先看两大竞争优势

第一是多样化营销。富国银行是首批运用"150/20法则"的银行。早在2001年，富国银行就开始计算每个客户的利润空间，并用四个不同利润区间代表四个不同价值的客户群（见表1）。

表1   客户分类表

客户分类	占比	利润空间
杰出客户 （outstanding）	4%	1 000美元以上
优秀客户 （excellent）	20%	200 ~ 1 000美元
一般客户 （moderate）	38%	0 ~ 200美元
潜在客户 （potential）	38%	没有盈利空间

数据来源：2000年7月21日《Systems LetsBanks Identify Most Profitable Customers》报道

其中，"杰出客户"和"优秀客户"属于优质客户，占比24%的他们为富国银行贡献了超过150%的收益。富国银行根据他们的切实需求，推荐个性化产品。

虽然这种做法貌似是一种不公平待遇，但是富国银行并没有"放弃"

其他客户：2014年，富国银行低收入客户及小企业客户人均持有金融产品数量约为6个，中大型企业客户平均持有数量为7个，中高端收入客户为10个，都是行业内最高指数。这说明富国银行通过多样化营销，在增强客户黏性上有着杰出表现（如图1所示）。

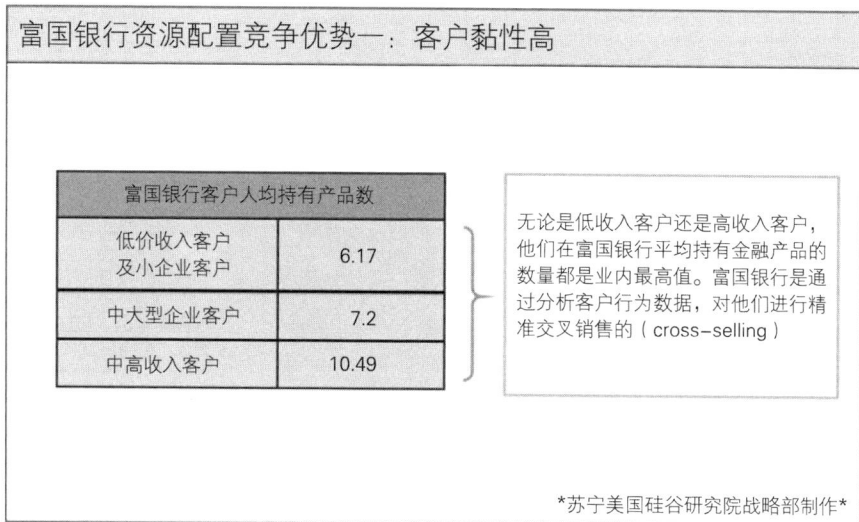

图1　客户黏性

数据来源：富国银行2014年度财报

　　第二是稳定的收入比例。一般来说，银行有两大收入来源：一是"利息收入"，如发放贷款所获得的利息，它可以通过自助服务渠道来完成，比如网上银行自动还款、ATM机、电子支票等形式；二是"非利息收入"，如财富管理业务的服务费和佣金等，它建立在银行和客户频繁交流的基础之上，需要投入更多人工服务。

　　过去五年，相比美国资产排名前三甲的美国银行、摩根大通银行和花旗银行，富国银行在平衡利息收入和非利息收入方面，保持着业内最稳定和最健康的收入比例。这说明它在自助服务和人工服务的融合上有独到的成功之处（如图2所示）。

富国银行资源配置竞争优势二：稳定的收入比例

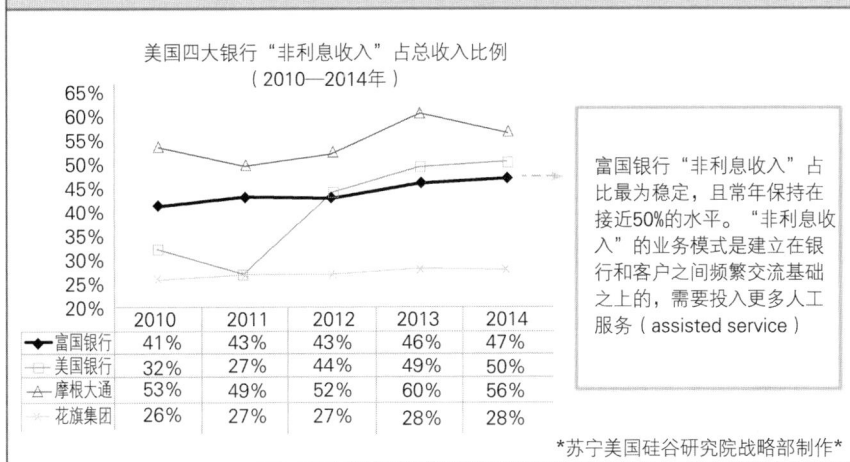

美国四大银行"非利息收入"占总收入比例
（2010—2014年）

	2010	2011	2012	2013	2014
富国银行	41%	43%	43%	46%	47%
美国银行	32%	27%	44%	49%	50%
摩根大通	53%	49%	52%	60%	56%
花旗集团	26%	27%	27%	28%	28%

富国银行"非利息收入"占比最为稳定，且常年保持在接近50%的水平。"非利息收入"的业务模式是建立在银行和客户之间频繁交流基础之上的，需要投入更多人工服务（assisted service）

苏宁美国硅谷研究院战略部制作

图2　收入比例

数据来源：四大银行2010年至2014年财报

再说四个成功要素

第一，富国银行的线下覆盖面是全美国密度最高的。虽说以线下网点为依托，投入成本相对较高，但银行可以通过服务更多的客户来分担成本。截至2014年底，富国银行在美国有6 165家零售线下网点、2 588家咨询中心、12 739台ATM机；线上移动端银行用户达1 300万，PC端银行用户达2 400万。

第二，富国银行的团队堪称精锐。它的全职雇员有32 108人，另外有资质的投资顾问注册成为富国银行"加盟顾问"的有15 163人（如图3所示）。

图 3　全渠道建设

数据来源：DavidCarroll. Senior Executive Vice President. Wells Fargo. November 6, 2014

　　第三，为了让银行雇员和投资顾问能随时随地为客户服务，富国银行还投入了很多管理软件。比如购买视频/音频沟通工具Zoom-Zoom，这是一款易于使用，集所有功能于一身的高品质的音频和视频会议解决方案，支持大多数桌面和设备，能够从桌面共享iPhone和iPad的屏幕,拥有全球大型呼入和呼出电话会议网络（如图4所示）。

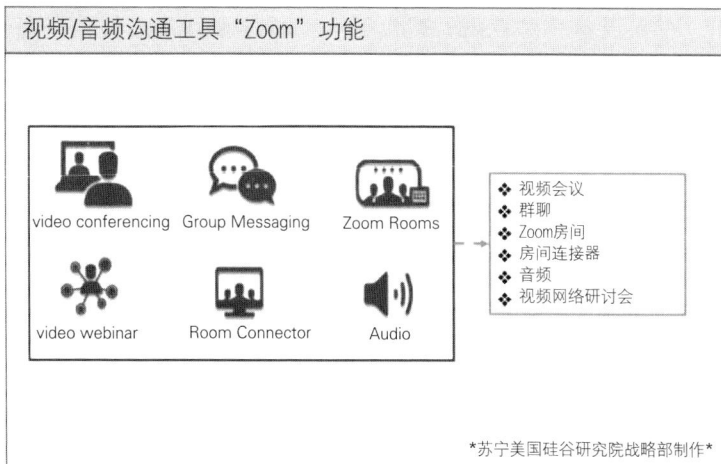

图 4　Zoom 功能展示

第四，富国银行通过多样化营销来分担渠道建设成本。通过多样化营销，它可以从已有客户身上获得更大利润，减少对新客户的营销成本。

具体来说，富国银行的多样化营销主要针对下述三大服务平台的客户：

（1）社区银行，主要服务零售客户及小企业客户，提供包括投资、保险、信托、地产抵押贷款、地产股权贷款等服务。

（2）批发银行，主要负责年收入超过200万美元的中大型客户，包括商业银行、投资银行、资本市场证券投资、商业地产、资产管理等服务。

（3）财富管理中心，主要负责中高端收入客户，包括财务规划、私人银行、投资管理、信托计划等。

这三大平台拥有八十多项业务、数百种产品。富国银行会根据每个客户的行为数据，分析他们的利润空间，即将服务每个客户的成本和从每个客户身上获取的收入相减，得出一个指数（如图5所示），通过这个指数来决定应该向该客户推荐哪几款金融产品。

客户利润空间简易计算方法

活期存款平均结余（1）	10 000
定期存款平均结余（2）	20 000
活期存款净利息率（3）	8%
定期存款净利息率（4）	5%
总年费：（5）	
月费、迟交费、ATM费	250
活期存款年收益（6）=（1）*（3）+（5）	1 050
定期存款年收益（7）=（2）*（4）	1 000
活期存款单个服务成本（8）	200
定期存款单个服务成本（9）	60
客户年利润空间=（6）+（7）-（8）-（9）	1 250

超过1 000美金为"杰出客户"，是富国银行最有价值的客户，也是富国银行重点培养的客户。但是这个演算过程相对简单，因为银行和银行之间计算服务成本（cost-to-serve）的方法是相当复杂的，需要运用到数据分析，这里仅仅提供一个思路，不讨论技术细节

苏宁美国硅谷研究院战略部制作

图5　客户利润空间简易计算方法

值得一提的是，客户数据分析是富国银行多样化营销的核心组成部

分，更是它在业界保持高客户黏性和稳定收入比例的主要原因之一。然而，这种计算利润空间的方法也有不足之处——它仅仅依靠客户过往数据计算出的利润空间，只能表达客户当下的利润值，并不能代表客户未来的利润值，之后就有人提出了客户终身价值的理论，在此不展开讨论。

综上可见，富国银行在资源配置方面的成功有两大关键点：多样化营销和全渠道建设。其中，多样化营销分析客户需求，精准推荐个性化金融产品，提高客户黏性，提升已有客户利润空间；全渠道建设结合自助服务和人工服务两方面优势，服务更多客户，吸引新客户（如图6所示）。

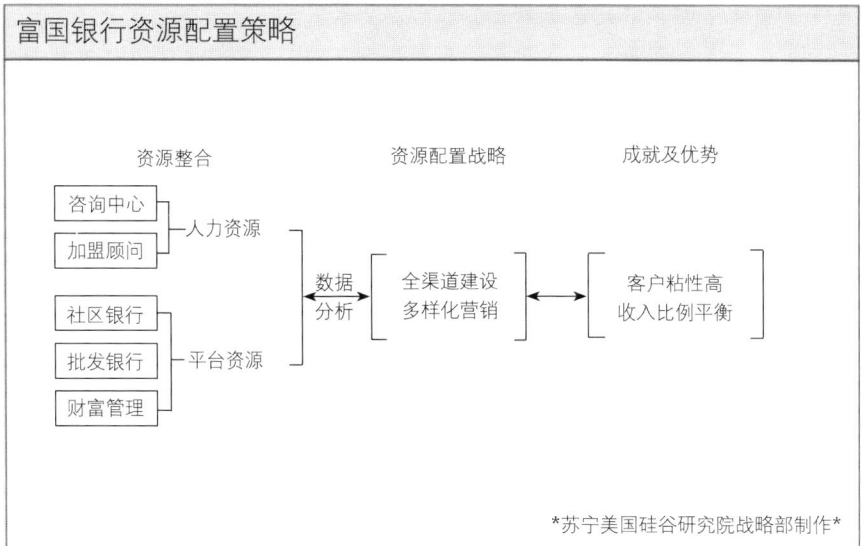

图6　富国银行资源配置策略

金融机构从跨界合作到形成影响力要分几步走？

　　未来的行业竞争，是一场跨界分金的盛宴。金融机构纷纷大力展开与"非金融领域"商业伙伴的跨界合作，以实现机构影响力和盈利的大幅提升。在O2O风靡全球的今天，跨界合作也被视为金融O2O模式的最后一环。

　　本期金融O2O战略研究报告将详细解析美国富国银行在跨界合作方面所做的尝试和收获。

跨界合作规划的制定要分三步走

　　跨界合作大致分为两种模式，一种是战略合作，另一种是赞助合作。战略合作指合作双方在合作领域有共同承担风险和收益的义务；赞助合作指赞助方给主办方提供资金，从而获取主办方资产的使用权利。在此，我们对两种模式不做过多区分，把它们笼统地称为"合作"。因为在很多情况下，战略合作和赞助合作是同时存在的，赞助方也是战略合作伙伴的情况屡见不鲜。

　　无论以何种形式合作，都需要有一个缜密的合作规划。合作规划的制定可以分三个步骤：

　　第一步，是在前期对合作对象的筛选。这个可以通过"FITS分析法"来完成。FITS分析法包括四个方面：（1）聚焦地域，通过分析地域环境来了解自身品牌在当地市场的潜在影响力和渗透能力；（2）无形资产，列举通过合作可以获取的无形资产，分析这些资产为自身带来的收益；（3）有形资产，列举可以获取的有形资产，分析这些资产为自身带来的收益；（4）合作历史，通过分析合作历史了解自身在该领域以往的投入和产出，从而明确下一个目标方向。

第二步，是在合作中期对实际效果的衡量。这个可以通过计算"投资回报"和"品牌回报"来衡量收益成果：投资回报衡量的是"用户激活计划——指通过合作营销手段来吸引用户去购买商品或激活账户等行为"带来的连带销售收益；品牌回报衡量的是营销带来的名誉收益，比如品牌关联度和品牌喜爱度。

第三步，是在合作后期分析未来回报前景，制订退出计划。而要把退出后的负面效果降到最小，可以考虑两种退出方式：逐步退出和转交退出。

下面，我们将通过富国银行在体育领域与美国职业足球大联盟（MLS）的合作关系，来解析它是如何一步一步实现跨界合作规划的。

筛选合作对象是门技术活

具体来说，非金融领域的合作大致可以分为几个方面：体育、艺术、娱乐、节日活动、慈善。其中，银行业在体育领域的投入最多（占38%），因为成功的体育合作可以赢得很高的回报率。据美国银行统计，它们在体育领域每投入1美元，可以让业务得到3美元的利润。

而据公开资料显示，富国银行在2013年购买体育资产（指体育联盟、球场、球队或球员等资产）的费用占总投入的52%（如图1所示）。其中，最瞩目的合作是在2013年成为美国职业足球大联盟（后面简称"MLS"）的官方指定银行，这也是富国银行在美国签订的第一份全国范围的合作协议。

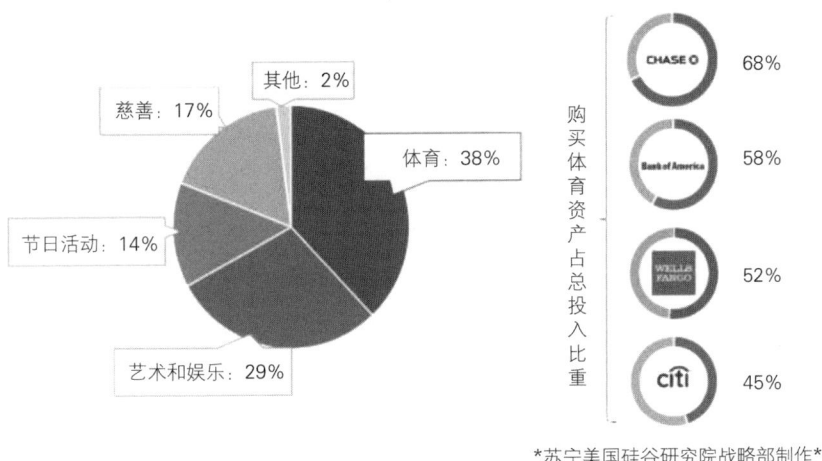

苏宁美国硅谷研究院战略部制作

图1 美国银行业——非金融领域合作投入配比图

在众多职业联盟中，富国银行为什么选择和美国足球大联盟合作？

我们通过"FITS分析法"，来看看富国银行在足球市场是否有竞争优势：

首先，外界认为美国人从来都不关注足球。但是，无论是贝克汉姆在2007年加盟洛杉矶银河队，还是美国国家队在2010年和2014年连续两届打入世界杯16强，过去几年足球市场在美国备受瞩目。美国职业球队的数量、比赛的收视率、网络社交平台的关注度都在逐年增加。和美国其他四大体育职业联赛（橄榄球、棒球、篮球和冰球）相比，足球被很多人认为是下一个热门体育市场。正因如此，富国银行决定聚焦足球市场这个领域，利用MLS这个平台，向更多人群推广自身品牌和业务。

其次，富国银行一直以来的定位都是"社区银行"，它特别重视扶持社区事业来建立用户信任。这次和MLS联盟的合作协议，富国银行将成为MLS"全国4v4小型联赛"的合作主办方，致力于将足球文化植入社区范围，让更多的人喜爱上足球这项运动。不仅如此，富国银行还是MLS"社区最有价值球员活动"的主办方，选拔社区最有潜力的年轻球员为他们颁发奖金，鼓励他们向职业联赛发展。除了渗透社区，富国银行还利用其他资产在全国范围推广品牌，比如在线上拥有MLS网络广告平台的使用权，在线下拥有MLS足球场边广告板的使用权。

另外，富国银行起源于美国加利福尼亚州（加州），足球方面的合作也源自这里。加州阳光明媚、环境舒适，这里有非常浓厚的足球氛围。富国银行在2011年正式和本地球队（San Jose Earthquakes）合作；利用这个历史关系，富国银行在两年后完成了对整个职业足球联盟的合作协议。用"FITS分析"筛选合作对象的具体介绍见表1。

表1　　　　　　　　　　　　"FIT分析"筛选合作对象

聚焦领域	潜力巨大的足球市场和日渐成熟的足球观众
无 形 资产 & 有形资产	社区范围： ■ MLS全国4v4联赛合作主办方 ■ MLS"社区最有价值球员活动"主办方 全国范围： ■ MLS足球场边广告板使用权 ■ MLS全国直播合作伙伴 ■ MLS网络广告平台使用权
合作历史	富国银行总部设立于加州旧金山;2011年开始和当地球队合作;利用这个合作关系,两年后完成了对整个职业联盟的合作协议
结论:综合上述原因,富国银行在足球领域拥有天时、地利、人和的优势;但是它是否可以利用这个优势来获取更多回报?	

衡量效果主要看两方面回报

富国银行要想衡量从MLS合作中是否获取了优异的回报，首先要清晰地区分出不同类型的回报。

第一种回报是"投资回报"。它细分为两个类别：直接业务回报和直接现金回报。具体来说，"直接业务回报"指的是通过合作，给富国银行三条业务线带来的销售，比如B2B业务线可以提供球队修建新球场时所需贷款融资；B2C业务线可以为球迷提供银行存贷汇等业务；财富管理业务线可以为球员、教练或管理人员提供投资信托等服务；"直接现金回报"指的是从售卖球票、出租观看台包间或举办球员见面会等商业活动所获取的商业回报。投资回报全部用销售额来衡量。

第二种回报是"品牌回报"，衡量的是"非现金"回报。比如MLS观众对富国银行的品牌关联度和品牌喜爱度是否有提高。

　　根据 Turnkey Sports & Entertainment 在 2014 年做的问卷调查，只有 24.5% 的被访者可以正确说出富国银行是 MLS 的官方指定银行，但是当被访者已经知道富国银行是官方指定银行后，有 65% 的被访者回答会考虑使用富国银行的产品或服务。这说明经过一年时间的合作，富国银行在足球市场的品牌关联度还需增强，但是在已知人群中，人们对富国银行的品牌喜爱度是有明显提升的。

　　在当下合作市场竞争激烈的情况下，富国银行知道要想保持一个良好的回报，不能单凭售卖门票等传统方式，而是应该积极地采用创新"用户激活计划"来调动用户群体的积极性。在过去几年里，富国银行做了不少尝试，比如尝试使用团购平台"Living Social"，使用团购加闪购的形式来促销球票；它还尝试使用社交视频平台"Youtube"，要求社区优秀年轻球员分享"成长视频"来赢取参加全国比赛的机会。这些在互联网上看似简单的营销方式，其实都是有明确目的的，第一个目的是投资回报，第二个目的是品牌回报。衡量合作过程中的两种回报见表 2。

表 2　　　　　　　　　　　　衡量合作过程中的两种回报

1. 投资回报	直接业务回报	B2B 业务线：提供球队修建新球场时所需的贷款融资等服务 B2C 业务线：提供个人用户银行存贷汇等业务 财富管理业务线：为球员，教练或管理层提供投资信托等服务
	直接现金回报	售卖球票，出租球场包间，举办球员见面会等商业活动所获取的商业回报
2. 品牌回报	品牌关联度	只有 24.5% 的被访者可以正确指出 MLS 官方指定银行是富国银行
	品牌喜爱度	当被访者已知富国银行是官方银行，有 65% 的被访者回答会考虑使用富国银行的产品或服务

结论：在投资回报方面，富国银行是 2015 年第三季度四大银行中唯一销售额同比增长为正值的银行，2015 年 3 月同比增长率分别为美国银行 -2.48%，摩根大通 -6.90%，花旗银行 -5.06%，富国银行 3.12%，说明它和 MLS 的合作在其中起到了积极的作用。在品牌回报方面，MLS 的用户群体对富国银行的品牌喜爱度有明显提升，但是它在足球市场的品牌关联度还有待增加

　　数据来源：四大银行财报

制订退出计划要因时制宜

富国银行和MLS开始合作，并不代表着未来会永远合作。富国银行会在每年年底总结一年合作的效果。我们在这里做一个假设，如果在合作5年后，富国银行发现和MLS合作获得的回报不理想，就有必要考虑退出计划。

它可以考虑两种退出方式：一种是逐步退出，另一种是转交退出。

顾名思义，"逐步退出"是逐渐减弱在合作关系中所起的作用，逐步退出人们的视野。这样做是为了避免外界批评富国银行是出于金钱考虑才退出合作的。

"转交退出"是向MLS推荐下一个合作方，这样让MLS有充分的准备时间。

这两种方法，都可以让富国银行免受外界的质疑，也减少了自身的损失。

综上可见，无论富国银行是在体育还是其他领域进行合作，必将经历前、中、后三个阶段，不同阶段采取不同的策划。这套策略可以帮助它在所有跨界合作中有的放矢，遇到问题后及时地解决问题，最后将回报率最大化（如图2所示）。

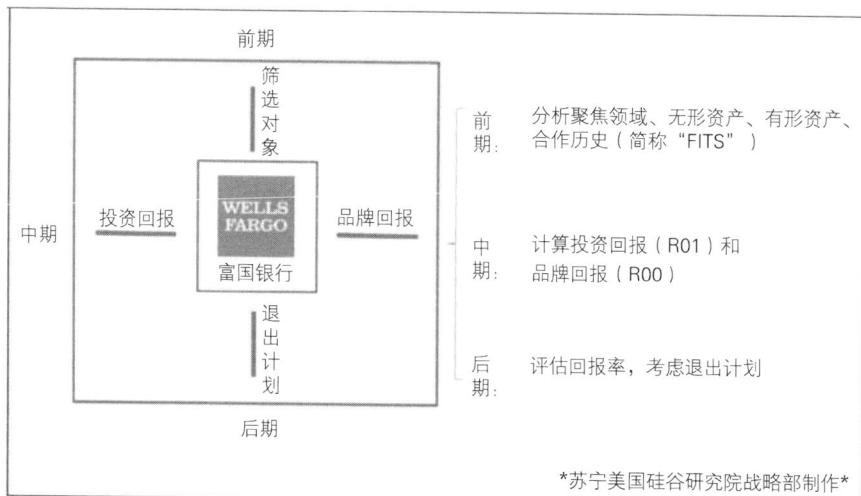

图2　富国银行合作策略

总　结

在O2O跨界合作方面，富国银行也做出了一些回报率最大化的尝试，比如利用社交平台和团购网站与用户互动，但是形式相对单调，容易被竞争对手复制，也没有形成绝对的竞争优势。

对此，我们认为，和布局定位、资源配置相比，跨界合作应该是富国银行最为薄弱的一个方面。但就整体而言，富国银行在以上三个方面获得的成功，帮助它提高了整体运营效率。对比资产规模排名前三的美国银行、摩根大通银行、花旗银行，富国银行在资本回报率、营业利润率和红利回报率方面是最高的，业界一直看好其发展前景。

大型实体企业将成为金融O2O主力军

O2O（Online To Offline），已成为当前一段时间内互联网领域最火的几个词语之一。

相较商业领域、生活服务领域的O2O混战，金融领域O2O发展较为滞后，可借鉴的案例不多，以至于业内很多人把传统银行的互联网化和P2P平台的线下设点看作是金融O2O，其实不然！O2O，从其本质来讲，不在于线上与线下的简单累加，而在于线上线下的有机融合、协同发展、达成极致的客户体验。

从目前金融领域的实践来看，O2O之路还需不断探索。

银行设立直销银行不能称之为"金融O2O"

在互联网金融浪潮的冲击之下，设立直销银行，成为传统商业银行"热情拥抱"互联网的共同应对之策。

直销银行，不设实体网点，主要通过网站、手机客户端和电话等线上渠道寻找顾客，为大众客户群体提供较为标准化的产品与服务，如宝类货币基金、银行理财、智能存款等金融产品。

截至目前，国内直销银行已达50余家。但在业内看来，直销银行并不能称为严格意义上的金融O2O。原因有三：

一是目前各大商业银行的直销银行定位于纯做线上业务，线下还是依靠传统网点来完成业务交易，两者之间相互隔离，衔接关系不紧密。

二是线上产品简单，一般只做三类完全标准化的产品。产品丰富度不够，投资者选择少，用户体验有待进一步增强。

三是直销银行数量呈爆发式增长，很大程度上是银行在面对互联网冲击时的无奈之举，直销银行的定位、发展思路、业务模式在设立之初可能就不是特别清楚。

互联网金融机构线下拓展的出发点存在问题

在传统银行"热情拥抱"互联网，在线上设立直销银行的同时，国内一些互联网金融机构在线下大肆扩张，它们在各个市县级城市开设众多门店，并招聘一大批线下运营推广队伍，宣称自身是互联网金融O2O。

其实，这些互联网金融机构开设线下门店，更多地是为了获取客户。由于知名度、流量等有限，其在线上并不能获得足够多的客户，因此，通过线下门店，辅以高收益的诱惑来吸引客户成为了必要之举。

但是，与传统银行的互联网化相比，大多数互联网金融机构的O2O连出发点、角色定位都存在问题，就更谈不上线上线下融合发展了。

苏宁金融的O2O样本实践已初见成效

在当前，O2O融合发展做得比较好的金融机构，苏宁金融算是一家。

苏宁金融O2O不同于传统意义上的银行O2O，更不同于当前一些互联网金融机构的线下拓展，苏宁金融O2O的本质在于深度无缝"融合"，突出强调科技性、社交性、专业性。

线上覆盖PC端、手机端、电话直销中心。PC端为苏宁金融门户网站、苏宁易购门户网站；手机端为苏宁金融APP、易付宝、苏宁易购APP；线下依托苏宁遍布海内外的近1 700家门店，设立苏宁财富中心。财富中心是苏宁金融的基层机构，内设接待&易付宝专区、消费金融专区、理财专区、小微金融专区、众筹专区及咖啡休闲区，可为老百姓带来家门口的金融服务。

在苏宁金融内部人士看来，苏宁之所以能成为金融O2O的样本，有三方面原因：

一是苏宁金融线上线下相互补充、高度融合。具体体现在：（1）用户群体全覆盖。线上依托全国前三大电商苏宁易购网站，客流量强劲，覆盖喜爱网购的用户；线下依托遍布海内外的门店，用户可在线下实体店进行现场购买，服务那些喜欢实体店购物体验的用户。（2）线上线下产品品类、价格完全一致。客户可以基于自身需要或喜好自由选择两种渠道，不受产品种类、费率等因素的影响。

二是线上线下大数据的充分运用，以大数据促融合。互联网金融的核心竞争力在于数据的采集、整理、分析与应用，而金融O2O模式的成功无疑需要依托大数据的有效支持。苏宁金融经过多年持续研发投入，已建立起海量的大数据资源库和扎实的数据分析、应用系统。通过采集线上线下数据，可分析出用户消费偏好、生活方式、行为特征等，实现线上线下精准营销。如对从线上购买金融产品犹豫不决的客户，可以引导其去线下体验店预先体验。

三是极致服务体验导向。（1）苏宁拥有5 000人的IT专才队伍，系统研发实力强劲。苏宁金融线上交易反应速度快，安全系数高，客户体验好。（2）线下苏宁财富中心设有金融专区和咖啡馆。在金融专区，客户能接受专业高效的咨询服务，面对面听客户经理讲解金融产品。在咖啡馆区，客户可享有咖啡并获得充分休息，并在轻松的氛围中感知苏宁金融的产品和服务。（3）线上突出便捷性，线下突出体验性、趣味性，线上线下有效互动。如苏宁众筹，推出线上平台众筹、线下实体门店开展众筹产品体验的同步服务，给参与者带来新鲜、独特的消费体验。

四是有效解决信任问题。苏宁财富中心能有效提高客户安全感和信任感，凸显线下模式的价值。诚如一客户所言，"现在网上销售的各种理财产品很多，都很诱人，但我就是信任苏宁理财。20多年来，苏宁门店就在那里，看得见、摸得着，有问题我分分钟就能找到。别的互联网理财产品要是出了问题，我还要坐飞机去找，还很可能找不到人"。

开展金融O2O的大型实体企业或将增多

一个不容忽视的事实是，依托苏宁云商2.4亿个人客户、5万企业客户，苏宁金融迅速做大做强，现已发展成为集第三方支付、投资理财、消费贷款、企业贷款、保险、众筹等全产品线为一体的互联网金融集团。

具体来说，依托苏宁电商产业链，苏宁消费金融公司共向2 000万人发出授信邀请，邀请授信金额超过1 000亿元，发展速度远超目前已开业的其他消费金融公司。

苏宁投资理财累计服务客户已超千万，交易规模近1 000亿元；苏宁企业贷款累计服务小微客户数万家，贷款投放量超过300亿元；苏宁延保产品为超过2 000万个人用户解决了家电售后之忧，销售规模达30亿元，在我国延保市场中份额占比最大；苏宁众筹累计筹集资金突破4.3亿元，稳居行业前三。

就此，我们总结后认为，苏宁金融的O2O实践是基于真实应用场景，为产业链发展服务的，对拉动消费、解决中小企业融资难、融资贵等问题有着突出贡献。在未来，如苏宁这般开展金融O2O实践的大型实体企业有可能会越来越多，从而让金融资本更有效地服务于实体经济。

用差异化思维跨越互联网金融的鸿沟

当下，互联网金融行业充满了机遇和挑战。根据硅谷高科技营销之父杰弗里·摩尔的"科技行业周期理论"，苏宁美国硅谷研究院认为，目前国内互联网金融行业正处于"中级发展阶段"。

按照"科技行业周期理论"，中级发展阶段指的是一个行业正在从"不被接受"到"被逐渐认可"（如图1所示）的过程。

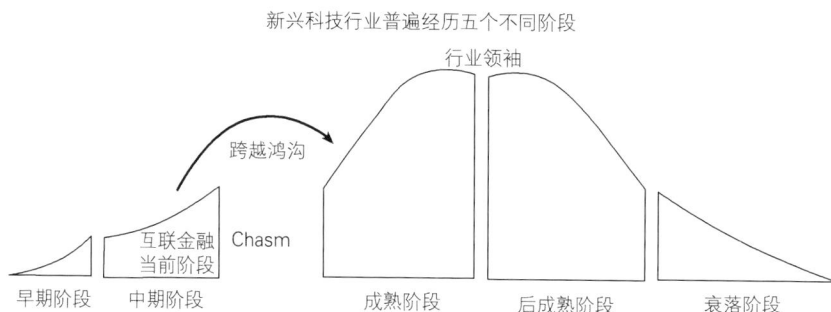

新兴科技行业普遍经历五个不同阶段

图1 科技行业周期理论

来源：《跨越鸿沟》(Crossing the Chasm)，作者是摩尔（Geoffrey Mcore）

注：杰弗里·摩尔被硅谷誉为高科技营销魔法之父。他创立的关于技术产品生命周期的定律，被称为"新摩尔定律"。

具体到互联网金融行业，它从"早期发展阶段"到"中期发展阶段"的转变，主要表现在两个方面：

首先，有银行和金融机构等传统行业意识上的转变，从一开始的不理解到现在的积极参与。人们意识到互联网金融只是通过互联网技术，降低了进入金融领域的门槛，扩大了服务范围，让从前不具备享受金融服务条件的用户有了投资理财和贷款的机会。

其次，中央政府的高度重视也证明整个行业将逐渐摆脱监管缺失的混沌局面。2015 年 7 月，"三会一行"监管机构联合公布了《促进互联网金融健康发展的指导意见》，鼓励创新但同时指出要明确监管责任，规范市场秩序。

基于上述两个方面，预计互联网金融行业会朝着融合化的方向前进。在这样的大环境下，互联网金融企业可以把更多的资源和精力投放到产品设计和客户服务上面。

不过，杰弗里·摩尔也提出了警示：科技行业从"中级发展阶段"步入"成熟阶段"，前面会有一条"隐形的鸿沟"。

这条鸿沟是一个价值陷阱，企业在追逐利益和市场份额的同时，如果缺乏差异化竞争意识，没有围绕自身优势建立起核心业务和模式，就很容易掉入这条鸿沟。就此，我们认为差异化竞争未来必将成为整个行业的分水岭。

下面，通过分析国内互联网金融行业动向，以及对热门金融产品进行的优劣势对比，我们初步总结出了思考差异化竞争战略的三个要素：市场定位、业务定位和模式定位，供大家参考。

市场定位：寻找主业和互联网金融业务的需求交集

许多互联网金融企业来自于非金融行业。虽然它们都是互联网企业，但主业并非金融业务。在它们的主业发展壮大后，需要金融服务的辅助，这就有了进入互联网金融行业的动机。

有了众多的参与者，就很容易产生一种海市蜃楼般貌似繁华的错觉。这种现象导致的直接结果是，当一种热门产品出现后，短时间内很容易被其他企业效仿。其中有一些效仿企业属于"跨界竞争"，它们并不具备竞争能力，而盲从往往会让它们掉入鸿沟。

因此，差异化竞争战略的第一步是要根据自身主业内的应用场景，发掘自身主业和互联网金融之间有没有用户的"需求交集"。我们观察到很多成功的创新型互联网金融产品都具备这个特性。

比如，阿里巴巴围绕消费购物领域的应用场景，率先推出了余额宝。余额宝的成功是由于它开通了低成本理财渠道，将支付宝的储蓄账户转化成为资本账户。

它的成功要归功于支付宝，而支付宝的成功又是依托了阿里巴巴集团旗下的网购平台的迅猛发展。归根结底，余额宝是"淘宝"和"天猫"这两个消费购物平台的衍生品。

再比如，腾讯尝试挖掘移动社交领域里面的应用场景，在2014年推出了"微信红包"。

类似的利用核心应用场景，设计互联网金融产品的还有百度。它围绕搜索导航在百度财富平台上推出了"认证小额贷款公司"服务——广告标语是"搜索正规小额贷款公司，就上百度"，我们认为这是百度围绕搜索，打开互联网金融门户的一个关键"试金石"（如图2所示）。

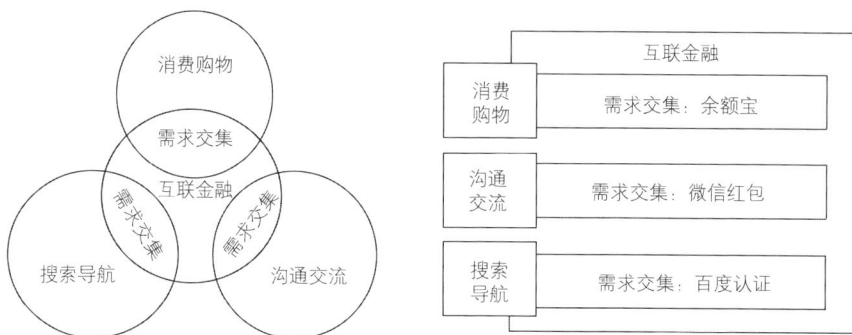

图2　市场定位——寻找主业场景和金融场景的需求交集

资料来源：苏宁美研战略组分析总结。

业务定位：根据"用户属性"和"优势渠道"锁定核心金融业务

差异化竞争的第二步是"业务定位"。明确了市场定位后，需要根据

"用户属性"和"优势渠道"锁定核心金融业务，巩固自身优势，拉开和对手之间的距离。在这里，我们拿支付宝和拉卡拉集团的业务定位做一个比较。

拉卡拉是靠销售和部署移动支付设备起家的，它和支付宝的应用场景一样，都是基于消费购物，现已成为第三方支付领域中数一数二的企业。但在早期发展阶段，拉卡拉的核心业务，和支付宝有着本质上的不同：

首先，支付宝专注于线上，拉卡拉专注于线下。

其次，支付宝主要用户是个人，拉卡拉则偏向于商户。

最后，支付宝的主要客户群体来源于淘宝、天猫的购物用户，其推出的互联网金融产品更倾向个人理财业务；拉卡拉主要客户群体是小微商户，这些商户对贷款的需求大，所以拉卡拉把核心业务放在了企业贷款上，为了更好地发展贷款服务，拉卡拉率先拿到了企业征信牌照（如图3所示）。

	用户属性	渠道/平台	重点业务
拉卡拉	商户	线下	投资理财
支付宝	个人	线上	融资贷款

图3 第三方支付领域的差异化竞争

资料来源：《中国经济周刊》拉卡拉孙陶然：做互联网金融的"真创新"。

自2012年起，拉卡拉全面进入企业收单服务市场，较早切入商户领域，行业先发优势逐渐凸显。从数据上看，2014年，拉卡拉企业收单业务占总收入比例为29.06%，等到2015年年底，企业收单业务已经占到了总收入比例的59.01%。这样的布局优势，最终确定了拉卡拉在市场中的业务定位。

在此需要说明的是，我们并不是不提倡"业务综合化发展"，而是我们觉得先重点培养出几个支柱业务，用它们把品牌打响。有了用户基础和品牌号召力，才能更好地拓展其他领域。

模式竞争力：产业链融合配对模式是未来行业大方向

选择有竞争力的商业模式是差异化战略的第三步。未来，互联网金融行业会朝着"产业链融合配对模式"方向发展。具体体现在两个层面：

首先，把零售用户延伸到互联网金融服务中。这里举一个例子，平安集团旗下的"陆金所"投资理财平台尝试推出了一项会员积分制度，鼓励会员多"投资"、多"签到"、多"分享"来换取陆金所发放的"通币"，"通币"外加现金可以在陆金所会员俱乐部换取商品，在会员俱乐部购买商品后，又可赢得"陆金币"，用于在投资理财过程中抵扣现金，这是一种"金融服务连接商品消费再连接金融服务"的激励机制。

其次，给整个产业链提供O2O全渠道金融服务。以苏宁为例，苏宁金融集团在过去一年坚定地走金融O2O之路，持续地为用户提供着"资金供需配对服务"。这些资金需求来自于苏宁生态圈内的商户和个人，比如，商户在生产阶段有融资的需求，在商品预售和营销阶段有融资需求；个人在消费购物的时候，也有资金借贷的需求。

有了需求，就可以利用平台和渠道去满足和解决这些需求。从这个角度说，苏宁全渠道的覆盖面是最大优势，线上有金融服务平台和移动端的"易付宝"，线下有1 700家门店、还会陆续开设苏宁财富中心，这些都是"客户接触点"。

而在苏宁金融的产品体系中，符合以上特点的产品层出不穷：企业贷产品，为了解决商户生产阶段的融资需求；实物众筹，为了解决商户预售营销阶段的需求；任性付，为了解决个人客户在消费购物时的需求（如图4所示）。

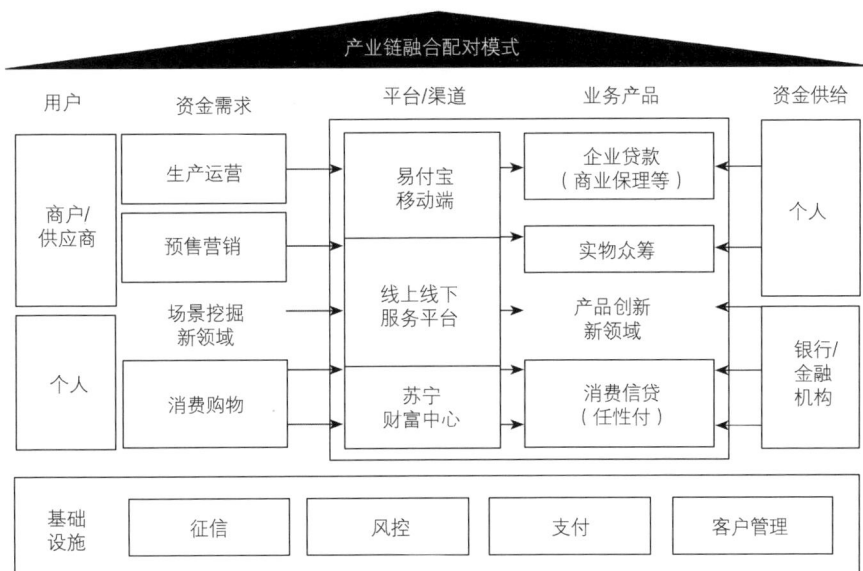

图 4　苏宁金融供需配对

资料来源：苏宁美研战略组分析总结。

满足了各方面需求，苏宁金融在过去一年斩获颇丰：（1）苏宁企业贷累计贷款投放量超过 300 亿元；（2）实物众筹项目交易金额达 2.3 亿元，消费众筹项目交易金额达 1.3 亿元；（3）任性付累计邀请授信金额达到 1 000 亿元。在未来，这三大领域还会有不少创新空间。

网　贷

网贷坏账率揭秘，这么高你还敢投吗？

继牵扯500亿元资金的E租宝"东窗事发"、90万投资者夜不能寐之后，又有一家百亿元级别的P2P理财平台轰然倒塌：上海公安2016年4月通过官方微博发布消息称，查处涉嫌非法吸收公众存款和非法集资诈骗犯罪的"中晋系"相关联的公司。一夜之间，曾经占据着上海各大顶级写字楼的"中晋系"公司分崩离析，P2P行业可谓风声鹤唳。对投资者而言，选择安全的平台成为当务之急。苏宁金融研究院调研发现，就目前来说，正常经营的2 461家P2P平台绝大多数都不是诈骗性质，也不具有"伪平台"的六大特征。那么，在这些平台投资，投资者的资金又有多安全呢？

坏账率是判断P2P平台安全性的指标

在苏宁金融研究院看来，鉴于P2P借款项目的高风险特征和宏观经济形势的低迷，P2P平台坏账率数据是判断平台安全与否的有效指标。

然而，现实的问题是，为吸引投资者，P2P平台并不愿意公布真实坏账率数据，个别平台公布的坏账率在3%以内，大多数平台公布的坏账率甚至为0，并不能让人信服。

事实上，具有完善个人征信体系的美国，其主要P2P平台Lending Club和Prosper的坏账率都曾高达10%以上。在国内征信体系不完善、行业仍未走出野蛮生长期、银行业不良也在快速攀升的当下，P2P行业的真实不良率恐怕要高得多。

资金实力较差的 P2P 平台，当坏账超出平台自身的承受力时，在没有外部资金注入的情况下，破产倒闭几乎成为唯一的选择。

因此，我们可以从 P2P 平台不断倒闭跑路的新闻中来感受行业的高坏账和高风险。公开数据显示，2013 年全年，国内先后有 75 家 P2P 平台出现问题；2014 年，有 275 家 P2P 平台出现问题；2015 年，这一数值快速攀升至 896 家；2016 年前 3 个月，共有 260 家平台出现问题，且呈现逐月上升态势。除个别平台属于蓄意欺诈外，多数出问题的平台都是由于坏账率高所致。

P2P 行业的坏账率究竟有多高?

由于从事类放贷业务，P2P 行业的坏账率与小贷公司不良率有着极强的正相关关系。在得不到权威的 P2P 行业坏账率的情况下，我们先通过小贷公司行业不良率的变化来推测 P2P 行业坏账率的走势情况。

来自小贷协会的数据显示，相当数量的小贷公司已经陷入经营困境，个别省份甚至超过 1/3 的小贷公司不能正常营业。很多小贷公司不良率高达 15%，一些做得相对较好的小贷公司，不良率也在 3%～6% 这一区间。如果考虑到庞大表外项目的风控压力，实际不良率恐怕要高得多。

对于 P2P 平台而言，其坏账率恐怕比小贷公司好不到哪里去。除个别优质平台外，估计大多数平台的坏账率都在 15% 以上。从发展趋势看，这一数值可能还远未到顶，仍处于快速增长阶段。基于数据可得性，苏宁金融研究院将通过银行业不良率趋势来揭示 P2P 坏账率趋势。

自 2013 年四季度至今，银行业不良资产已步入快速暴露期，表现为不良率快速上升、不良资产呈现多点暴露和链式传播等特点（如图 1 所示）。

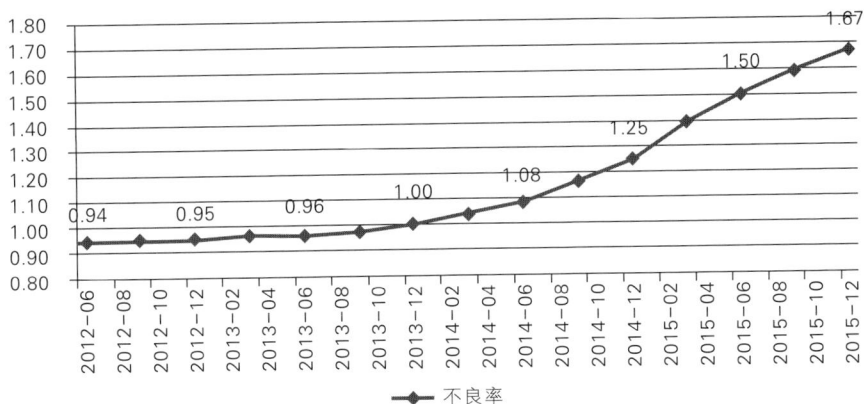

图1　银行业不良率逐季变化（%）趋势图

　　从行业上看，金属制品业、设备制造业、农副食品加工、塑料制品、医药制造、建材、化纤、皮革、家具制造、饮品制造等行业不良率出现较快上升，表明不良资产暴露已由特定行业传导至外围行业；从传播方式上看，银行业不良资产暴露已由点式向链式演化，不少区域性不良资产的快速爆发背后都有担保链式传播的影子，使得当前银行业谈"担保""联保"色变。与此同时，以钢贸、铜贸、煤贸为典型代表的"低风险"商品贸易融资业务风险凸显。2014年以来，银行业中小型企业贸易融资不良率快速攀升，普遍超过5%。

　　银行不良资产步入快速暴露期，显示社会信用环境已经出现较大程度恶化，P2P行业坏账率也必然呈现快速上升态势。

　　苏宁金融研究院认为，P2P平台的大规模倒闭潮将到来，此时P2P平台普遍对资产质量数据讳莫如深，在一定程度上会误导投资者决策，损害投资者资金安全。对监管机构和行业自律组织而言，要推动行业加快坏账率等核心数据披露，并对数据加强审计，确保真实性。对投资者而言，既然不良率数据仍然是个"黑匣子"，选择靠得住的大平台才是上策。

楼市火爆毁了首付贷

近日，北京网贷协会要求各会员单位全面清理、停止新增"首付贷"类业务。早在2016年3月央行答中外记者问上，周小川行长就对首付贷问题明确表态，客户的首付不能是借的。之后，上海、广东等地先后出台了相关办法。

当前，首付贷已经被妖魔化，很多人谈"首付贷"色变，似乎不全面禁止首付贷，中国版的次贷危机就会到来。在苏宁金融研究院高级研究员薛洪言看来，市场无须对首付贷如此紧张，只要深入了解首付贷的产品机理，就会发现首付贷在刚推出时不失为一款很好的产品。即使在目前来看，起码在三四线城市，首付贷依然不失小而美的特色，不仅无须禁止反而是可以适度扶持的。

小而美的首付贷是个优秀产品

随着各地陆续叫停首付贷产品，很多人把首付贷与美国次贷危机联系起来，首付贷成了高风险产品的代名词。其实，最初的首付贷产品，风险可控且参与各方都能获益，不得不说是很优秀的产品创新。

首付贷，顾名思义，是指用于支付购房首付款的贷款产品。贷款额度一般不超过首付款的2/3，月利率一般为1%～2%，借款期限短则几个月，长则1～2年。

在具体操作上，购房人向开发商申请首付贷款，开发商将该贷款产生的债权转让给P2P平台回笼资金，并对债权提供本息保障。在这个过程中，借款人并不直接与P2P平台发生关联，借款人的筛选和准入由开发商负责，相应的贷款风险也由开发商承担。基于对风险的把控，开发商通常会设置较高的贷款准入门槛，只对少部分优质客户开放。这里就产生一个矛盾，即优质客户不愿意承担太高的利率，而P2P平台又无法接受低利率的债权。为了促进交易的顺利进行，开发商通常会对P2P平台提供贴息。

粗看起来，开发商既要贴息，又要本息保障，似乎傻了点。其实，并不难理解，首付贷产品早在2014年左右就出现了，当时的房地产市场非常低迷，开发商发愁的是房子卖不出去，为了促进销售是情愿"出点血"的。

在整个产品流程中，开发商、P2P平台、购房人都是获益者。开发商可以促进商品房销售；P2P平台有了开发商的担保，可以有效控制风险；购房人则解决了其首付款难题。

同时，产品的整体风险可控。2015年以前，楼市持续低迷，市场对房价并不看好。为了进一步控制风险，P2P平台一般只与500强企业或地方龙头开发商合作。开发商对债权提供本息保障，在筛选贷款（购房）客户上自然会更加用心，也很挑剔，这样可以从客户准入阶段降低产品风险。在严格的限制条件下，当时首付贷产品的市场规模有限，是个名副其实的小而美产品。

火爆的市场毁了这个产品

2015年以来，一二线城市房地产市场又火爆起来，首付贷产品也日益活跃。数据显示，2015年，近1/3的P2P平台推出了类似首付贷的产品。首付贷由小而美进入大众的视野，风险也随之而来，最终引发监管部门出手整顿。

首付贷产品的质变，主要是开发商的心态发生了变化。当房子不再愁卖时，开发商自然不再愿意提供"贴息"和"本息保障"，首付贷的提供者逐步由开发商变成了房地产中介运营的互联网理财平台和P2P平台。

首付贷产品的销售环节中缺了开发商，这个产品的核心风控机制也失去了作用，成为真正"看天吃饭"的裸奔型产品，风险隐患很大。

一方面，贷款客户的资质大幅下降。P2P平台发行的首付贷产品利率很高，吓跑了大多数优质客户，真正高风险的客户留了下来，劣币驱逐良币。

另一方面，贷款对应房产的资质下降，整体升值空间受限。在小而美时期，首付贷对应的是大开发商的优质楼盘，保值增值空间大。大发展时期，首付贷不再限定楼盘，大量劣质楼盘入围，保值增值空间大幅下降。当房子不再保值时，贷款的风险自然大大提高。

最后，大量投机客借由首付贷产品大举进入楼市，楼市投机氛围加重，催涨了楼市泡沫，颇有去年上半年楼市配资的味道，有违国家房地产去库存的政策初衷，倒逼国家出手整顿。说到底，还是火爆的楼市毁了首付贷这个优秀的产品。

三四线城市依旧需要首付贷

一二线城市的火爆毁了首付贷，但在三四线市场，楼市依旧低迷，不必担心投机者；开发商面临很大的去库存压力，依旧会提供贴息和本息保障，严格客户准入门槛。首付贷产品依旧是个小而美的优质产品。

最后说一点，首付贷的快速扩容和变质是房价快速上涨的结果，并非导致房价快速上涨的主要原因。从控制房价过快上涨的角度来看，一二线城市的首付贷整顿也并非治本之策。那首付贷能不能真正禁止呢？几乎不可能，只要大家看好一二线城市房价，还会有越来越多的类首付贷产品涌现出来，顶多就是再多绕几个弯、进一步增加贷款人成本而已。

都在谈资产荒，为什么P2P平台可以持续供应高息产品？

P2P行业的收益率自2014年开始步入下降通道，由20%左右一路下降至12%左右，两年时间里，降幅达到8个百分点。可即便如此，P2P产品的收益率仍然远高于银行理财产品、信托理财产品以及资管产品的收益率。

问题来了，大资管行业都在抱怨资产荒，为何P2P产品的收益率可以在提供本息保障的前提下一枝独秀？

在笔者看来，资产荒并不是找不到优质资产的根本原因，真正的问题在于你有没有被市场逼到那个份上。从这一点来说，所有的融资性机构都应该学习P2P平台的产品创新精神。因为，抛开诈骗性质的平台不谈，多数正常经营的P2P平台一直都在挖空心思寻找相对低风险的高息资产。

下面，我们一起来看看P2P行业是怎么挖空心思寻找高息资产的。

挖掘极短期小额资金需求

年化收益率20%，听上去很高对不对，估计大多人都不会去借，或者认为借钱的人都是资质很差的高风险客户。

但如果你只需要借用1个月，实际支出的月利率就只有20%÷12=1.67%，感觉是不是容易接受一些了？如果你拆借的金额不大，比如借款10 000元，一个月的利息只有167元，就是请朋友吃顿饭的钱，是不是感觉完全没负担了？

　　在行业发展早期，P2P平台大多是从具有短期资金需求的客户着手，来拓展优质且能接受高息的贷款客户。这种客户主要有两类：

　　一是电商平台商户。2013年之前，P2P行业还不太火，但电子商务已经很火了，很多小卖家成为P2P平台的重点拓展客户。这类客户在春节、端午、中秋等节假日大促，或者618、818、双11、双12等电商大促节点，往往有很强的借款需求，且借款时间很短，一般的银行信贷产品在期限和时效性上均满足不了，这就给了P2P平台机会。早期的P2P平台，很多都是基于电商平台的商户贷款逐步做大的。不过，随着阿里、苏宁、京东等电商平台相继开发自己的信贷产品，P2P平台的业务开始转向二线甚至三线电商的平台商户，整体比重大幅下降。

　　二是个人贷款。从银行个人贷款业务来看，由于低利率房贷（目前88折的房贷利率仅为4.3%）占比太高，使得个贷利率整体很低，但其实个人信用贷款是典型的高息贷款产品。举例来讲，银行信用卡预借现金业务年化利率普遍高达15%左右。为什么这么高的利率，持卡人还会借呢？同样是金额小、期限短的原因。事实上，几乎所有的P2P平台都把个人小额贷款作为重要的业务拓展类型，这也是P2P的行业本源。截至目前，个人贷款依旧是P2P平台的核心业务种类，不过，随着蚂蚁花呗、苏宁任性付、京东白条等电商系消费金融产品，凭借低利率和便捷体验快速抢占优质客户市场，P2P平台的个人客户群体被逼迫着不断缩小。

瞄准管控行业资金需求

　　房地产、融资平台、产能过剩行业曾经是主要的信贷管控行业。它们从银行等正规渠道融不到资，不得不去市场上找高息资金，这为信托公司、小贷公司和银行表外理财业务的大发展提供了业务空间。

　　事实上，房地产、融资平台虽然理论上风险高，在借款利率上承担了很高的风险溢价，但实际违约率很低，甚至远低于制造业和批发零售业。

就此，很多P2P平台针对信贷管控行业资金需求大的特点，要么建立庞大的线下项目拓展团队，要么与担保公司、小贷公司建立密切的合作关系，获取大的融资项目资源，快速做大做强，奠定行业地位。

不过，后来随着政策对管控行业的银行贷款、发债等低成本融资渠道的放开，市场中已经难以找到新的低风险、高收益的借款标的了，某种程度上成为"资产荒"出现的主要原因。

快速跟进股市配资需求

2014年下半年至2015年上半年的牛市，催生了庞大的股市配资需求。股市配资产品中，P2P平台出借资金处于优先级，在强制平仓机制下基本可以保证投资者的资金安全。对借款人而言，牛市中杠杆炒股收益远高于利息支出，对贷款利率不敏感。那段时期，涌现出一批主打股市配资的P2P平台，其他的P2P平台迅速跟进，将股市配资需求作为重要资产源。后来，随着证监会对配资的清理和股灾的发生，股市配资逐渐偃旗息鼓，慢慢从大众的视野中消失。

创造性满足购房首付需求

其实，在首付贷的整个产品流程中，开发商、P2P平台、购房人都是获益者。对开发商而言，可以促进商品房销售；对P2P平台而言，有了开发商的担保，可以有效控制风险；对购房人而言，则解决了其首付款难题。

数据显示，2015年，近1/3的P2P平台推出了类似首付贷的产品，成为P2P平台拓展信贷资产的重要产品。不过，随着楼市的火爆，更多的投机者进入楼市，首付贷在某种程度上成为楼市投机者的帮凶。为严控楼市风险，各地严查首付贷，这一产品在短期内已无做大可能。

为什么P2P平台能持续提供高息资产？

事实上，国内先后出现了近 4 000 家 P2P 平台，上述四种资产模式还远远不能覆盖 P2P 行业的业务种类。比如，不少 P2P 平台针对还信用卡、付房租、校园信贷等细分领域的资金需求推出了相应产品，有些平台甚至专注在这些细分领域做大做强。

不过，本文的重点并不是全面列举 P2P 平台的业务模式，而是为什么大家都在抱怨资产荒时，唯有 P2P 平台可以持续提供高息资产？

苏宁金融研究院认为，基于 P2P 平台的业务定位，若不能持续提供高息资产，P2P 平台就没有生存的空间。所以我们才看到，P2P 平台千方百计、挖空心思，不断从市场的缝隙中寻找高收益资产，说得轻松点，是它们业务模式灵活，换个角度说得严肃点，它们只是为了生存不得不如此罢了。

从这个角度来说，所谓的"资产荒"哪有那么可怕，只是看有没有被市场逼到那个份上罢了。也是从这个角度来说，也许所有的融资性机构都应该学学 P2P 平台的业务创新精神！

全球网贷鼻祖也栽了，P2P行业还有未来吗？

这两天，全球P2P行业的龙头Lending Club（LC）曝出CEO违规将2 200万美元的贷款销售给个人，贷款发放环节也存在问题，引发全球投资人和从业者的激烈争论。

在不少人看来，LC出事意味着P2P行业模式的溃败。以前我们还可以说，是中国的这些"学生们"没学好，才使得P2P在中国几乎成了坑蒙拐骗的代名词。没想到，现在全球P2P的学习典范也出了问题。人们开始思考：是不是互联网金融甚至金融科技本身存在缺陷，需要全面实施监管升级？

市场从来不乏偏激的观点，兼听则明的同时也要保持一份清醒。在苏宁金融研究院高级研究员薛洪言看来，与其说P2P行业甚至互联网金融存在问题，倒不如说是LC平台所代表的信息中介模式出了问题。

P2P行业的两大模式之争

说到P2P行业的几种模式，大家首先想到的可能是纯线上模式、纯线下模式和线上线下混合模式。这只是国内P2P行业的玩法，主要从渠道的角度来划分。

为了更好地把握在线借贷的本质，我们从信用风险的归属角度，把P2P行业分为两大类：

一类是信息中介模式。在这种模式下，P2P企业只是信息发布平台，通过收取平台服务费获得利润，不承担项目信用风险，也不提供任何担保。项目信用风险由投资者承担。当然，平台会基于评分模型，设置一定的贷款客户准入门槛，以求最大化降低借款人违约率。

另一类是平台担保模式。平台担保几乎是国内P2P行业的标配，平台为投资者提供本息保障，承担信用风险，通过平台服务费弥补不良损失。投资人享受无风险高收益（当然，是在平台不跑路的前提下）。

LC是P2P的龙头，也是信息中介模式的坚定贯彻者。基于此，信息中介模式一直被视为P2P行业的本源模式。平台担保模式引发了平台间的利率大战，逼迫行业进入高风险次贷领域，诱发行业性庞氏骗局，跑路事件频发。两相比较之下，信息中介模式完胜，也成为国内P2P行业监管转型要求的终极目标。

从LC事件看信息中介模式的利弊

LC平台的借款和投资流程如下：借款人在平台发起借款申请，经平台准入审核后在平台发布；借款额度由投资者全额认购后，由平台的合作银行Web Bank向借款人发放贷款；Web Bank将债权转让给平台，平台发行"会员偿付支持债券"给投资人。

在该模式下，投资人是平台发行的债券持有人，与借款人之间不存在直接的债权债务关系，但收益完全取决于所投资贷款的表现。整个过程中，LC都只是信息中介，不承担任何风险，稳稳地赚取平台服务费。

按照这个逻辑，LC应该是一家盈利丰厚的企业，但事实与之相反，LC在2014年前一直处于亏损状态。LC的宗旨是"改变银行体系，使信贷更为实惠，让投资更有价值"。在美国，P2P放贷的竞争优势是低放贷利率、高投资利率，平台作为信息中介，按照放贷金额赚取服务费，费率并不高，不足以覆盖销售与推广、产品研发、放贷服务等费用支出。为此，从成立以来，LC先后进行了十多次对外融资，它是靠着融资（而不是盈利）活下来并发展壮大的，而不盈利的企业显然不可持续。

下面问题来了，平台不能通过提高服务费率实现盈利吗？实施此方法的空间并不大。Lending Club 的主要业务收入来源是向借款人收取的交易费用，费率是贷款成交额的 1% 到 5% 不等。另外还有两个其他收入来源：一是向投资者收取的服务费用，费率是投资者从借款人那里回收本息的 1%；二是管理费用，来自 LCA 的收入，管理费用率从 0.75% 到 1.25% 不等。

对借款人而言，LC 最大的价值是较低的借款利率，低于信用卡的利率。若平台收取过高的服务费率，自然会抬高借款人成本，会将优质借款人赶回到竞争对手甚至传统金融机构，产生劣币驱逐良币的效应，侵蚀行业健康发展的根基。

对投资人而言，可让利空间也不大。在信息中介模式下，投资人承担信用风险，自然要求较高的利率回报。当前，LC 贷款不良率平均在 5%，项目平均年化收益率在 10% 左右，扣除风险损失后，投资人的收益率并不太高。

既然正常渠道难以盈利，平台难免会想一些歪主意。日前，LC 被曝出 CEO 违规将 2 200 万美元的贷款销售给个人，贷款发放环节也存在问题，更是给信息中介模式致命一击。这也是 LC 事件持续发酵的核心原因。其逻辑在于，平台不承担信用风险，平台可以通过放款给不合格借款人实现盈利，反正损失由投资人承担。而将资产销售给不匹配的投资人，投资人的利益谁来维护？

实际上，美国对 P2P 行业已经实施了严格的监管措施，并设置了很高的行业进入门槛，造就了美国 P2P 行业 LC 和 Prosper 两家独大的局面。即便如此，监管部门也未能阻止平台的道德风险问题。平台道德风险问题不解决，投资人怎能安心地把钱交给平台，又凭什么独自承担信用风险呢？显然，在这个场景下，信息中介模式出了大问题。

论信息中介模式中国化的可行性

回到国内，本息保障模式的弊端有目共睹，信息中介模式则被认为有千好万好，然而，LC 事件警示我们，从保护投资人角度出发，平台的道德风险问题不解决，信息中介模式就并不比本息保障模式更好。

更何况，Lending Club 能够正常运营的背后是有美国强大的信用体系做支撑的，这一点又正好是中国 P2P 行业的短板。

没有信用体系的支撑，个人投资者并无能力区分贷款项目的好坏，自然也就无法做出投资决策。当然，平台可以自行开发出信用评分模型供投资人参考，但这些模型的可靠性未知，且需要大量的历史数据试错修正，投资人又凭什么要为平台的风险模型试错买单呢？

在全行业转型信息中介模式的当下，是时候反思一下信息中介模式的适应性问题了。

校园贷作了哪些恶？来自一位女大学生的视角

早在监管出手之前，校园贷就因为一系列恶性事件站在了风口浪尖。一时间，它几乎成了"过街老鼠"，人人喊打。校园贷究竟作了哪些恶？今天我们换个视角，来听听和"校园贷"受害者同年龄段的一位在校大学生怎么说。

消费贷之恶：鼓吹超前消费

根据企鹅智酷的数据，在大学生网络分期贷款中，用于交纳学费的只占8.5%，绝大部分用在了购买数码产品、外出游玩等日常消费上（如图1所示）。校园贷披着"低利息""零首付"的外衣登场，以大学生渴望但又买不起的商品为卖点，如iPhone、名牌化妆品等，引导大学生尝试分期付款。慢慢地，一些大学生被超前消费的欲望所攫取，逐渐陷入索求无度的深渊。

就像莫泊桑的短篇小说《项链》里的女主人公玛蒂尔德那样，因为迷恋上流社会的生活，她在一次晚会前向好友借了一串钻石项链装点门面，结果，晚会结束后，她发现这串项链丢了，不得不向好友隐瞒，节衣缩食，花了十年来赔偿。后来才发现，好友借她的不过是一条价格低廉的人造钻石项链，而赔偿的那条货真价实的项链却耗费了她整整十年的光阴。

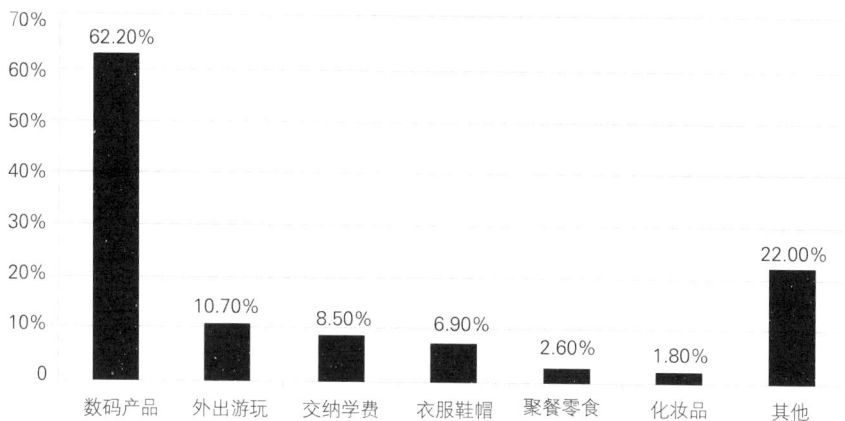

图 1 大学生网络分期用途

（注：调查为多选，所以各选项之和大于100%）

数据来源：企鹅智库，苏宁金融研究院

在此，不得不说，学会管理自己的欲望，不仅仅是一个学生，也是一个成年人需要不断学习的事情。

恰同学少年，风华正茂，正是求知的大好时机，而校园贷却过多地分散了大学生的学习精力——不少大学生陷入高利贷陷阱，因负债累累而不得不花费大量时间兼职打工，偿还贷款，轻则耽误学业，重则不堪压力而结束生命，酿成了一个又一个悲剧。

校园贷提供的分期商品，正如莫泊桑笔下那条看起来华美璀璨的人造钻石项链，可是，它值得我们虚耗最珍贵的时光吗？恐怕，你对它的出价太高了。

人有欲望并不是一件坏事，但是不应该成为放纵的理由。凡事索求有度，方能自制自如，过度欲求不免害人害己。

被欲望掌控的人，终将有被其吞噬的一天。

创业贷之恶：无价值项目仓促上马

目前，在"大众创业、万众创新"的号召下，大学生加入创业的比例不断提升。中国人民大学发布的《2016中国大学生创业报告》显示，89.8%的在校大学生曾考虑过创业，18.2%的学生有强烈的创业意向。然而，融资是一个难题。虽然政府出台了许多相关优惠政策，但72.6%的大学生创业者没有获得创业担保贷款，"不了解相关政策"和"申请手续繁杂"是最主要的两个原因。

创业贷的出现仿佛给在校大学生搭建了一条融资的阶梯。在校大学生使用创业贷的原因，或许可以归结为两点：

其一，与正规的创业担保贷款相比，校园贷的特点是资金到位迅速、审核流程便捷，往往只需要提供身份证、学生证和电子签名等。在急需资金支持的初创期，校园贷无疑为创业的学生解了燃眉之急。

其二，并非所有高校都设立了大学生创业园或者科技孵化园，许多大学生缺乏相关的税务、法律知识，也无法得到相关的创业建议，更不可能凭借个人力量争取政策支持。在这种情况下，学生自然转而求助校园贷，尽管他们并不清楚其中潜藏的风险。

然而，创业贷在明显降低创业资金获取门槛的同时，也产生了一个严重的问题：很多并无价值的创业项目仓促上马，学生最终陷入亏损而无力还债的困境。

2017年4月，厦门华夏学院一名大二女生因陷"校园贷"，在泉州一家宾馆自杀。据其辅导员回忆，该学生可能是做代购方面的微商生意亏了钱，才走上了网贷之路。她卷入的创业类校园贷至少有5个，累计257笔。

由此事件可以看出，创业贷并不会像创业投资人那样审核项目的可行性与前景。它看似支持了一部分大学生的创业理想，却也让一部分人在一件最终徒劳无功的事情上花费了大量的时间与金钱。涉足其中的年轻人或许正是因为不忍心向父母要钱创业，才希冀从校园贷获得一笔初始资金。不料，这笔资金会从最初的"解燃眉之急"变成"烧身之火"。

培训贷之恶：利用学生的进取心牟利

前不久，媒体曝出的"培训贷"让大家了解到不法分子竟会利用大学生的进取心来作案。

　　某些公司以开设职业培训课程为诱饵，让大学生通过第三方贷款公司分期支付学费。在推销课程时，最关键的两种手段是压力面试和饥饿营销。

　　第一步，培训公司会刻意强调就业难的局面，灌输独立和财商的重要性，继而再强调二本院校或者职业学校的学生与一本院校学生之间的差距，不断打击学生的自信心与自尊心，直到他们觉得自己迫切需要职业培训才能不落后于人。

　　第二步，培训公司声称课程名额有限、机会难得，鼓动学生尽早报名。培训课程费用不菲。学生们并不是没有犹豫，但培训公司提出可以介绍兼职。在经历了之前的自我怀疑后，许多学生期待自己的能力可以通过课程学习得以快速提升，于是同意参加培训。

　　这时，培训公司要求学生手持身份证与一名工作人员在前台拍照并填写个人及父母的各类关键信息，其给出的解释是"完善学员信息"。殊不知，这其实是向第三方公司申请贷款的流程。

　　最终，学员们会发现，所谓的课程培训不过是在校园内卖水果、面膜，披着"市场营销"的外衣实际毫无技术含量可言，至于提供的兼职也不过是辅助一些公司的促销活动，或者是电影院服务员和家政清洁工，与提升职场技能并无半点瓜葛。

　　从这一事件可以看出，一方面，部分院校对大学生的就业指导不到位，这直接给了培训贷以可乘之机；另一方面，急于求成的背后，是学生们强烈希望改变现状的进取心。

　　进取心是一种鞭策，但也会成为一种折磨。在某种程度上，进取心甚至是经过消解自信而形成的。在击溃学生的自尊后，校园贷给了他们一种虚妄的期待，让其误以为通过"速成"的课程可以掌握所谓的商业实战能力。

　　目前，警方已经介入"培训贷"案件。我们都期待能有一个好的赔偿结果。但是，学生们被浪费的时间和精力却不可能通过赔偿找回了。

更大的悲剧：让受害人沦为施害者

　　根据大学生贷款平台"名校贷"发布的《大学生借款风险报告》显

示，校园贷的主要诈骗类型主要为帮别人借钱（个人身份信息被盗用）、利诱陷阱（好处费、刷单兼职提成、礼品有货）、黑中介黑代理、不正规审核（裸贷）（如图2所示）。令人震惊的是，校园贷诈骗的实施者有49%是学生。他们有的受利益驱使，发展下线，拉人借款；有的将同学的征信信息当做交易筹码，诱骗他人为己偿债。

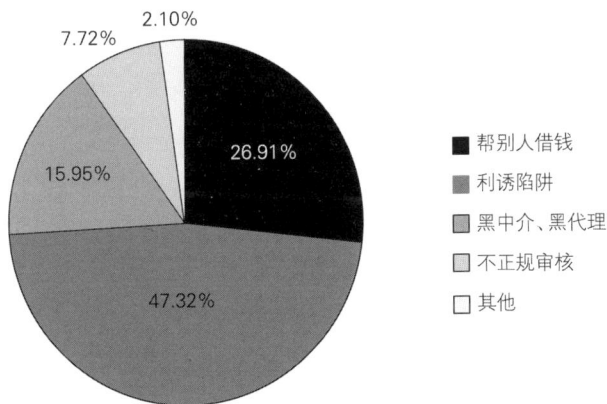

图2　校园贷诈骗类型

数据来源：名校贷《大学生贷款风险报告》，苏宁金融研究院

前不久，《人民日报》报道：吉林长春警方于2017年年初破获了一起特大"校园贷"诈骗案，涉案学生多达150余人。始作俑者以"能屏蔽学生个人贷款信息""贷款不用偿还"为谎言，令众多的学生通过传销方式参加校园代理。于是，曾经的被害人变成了犯罪嫌疑人。

由此可见，校园贷令学生枉顾基本的学习职责，诱使其本末倒置，从而浪费了宝贵的青春时光。不少学生更是是非不分，为蝇头小利或者一己之私助纣为虐。在这样的情况下，监管出手自是众望所归。

如今，校园贷被遏制了，又有谁知道下一个"校园贷"会以什么样的形式出现呢？

网贷平台战略转型如何做好加减法？

当前，P2P行业正处于大分化、大变局时期，对单个P2P平台而言，则是关键的战略选择窗口期，战略选择的正确与否直接关系到未来几年的生死存亡。近半年来，我们不断看到一些P2P平台或进入某个领域，或退出某个领域，不断地进行着战略探索。整体来看，大型平台倾向于做加法，中小平台则倾向于做减法。不同的选择自然有不同的结局，那么，孰对孰错？又该如何抉择呢？

行业加速分化，P2P平台探索战略转型

根据股东性质，可以把P2P平台分为银行系、民营系、国资系、风投系和上市公司系五大类。从单平台季均成交量（该类型平台季度成交量总额/该类型季末平台数，下同）看，民营系平台远远低于其他类型平台，属于典型的中小型平台集聚区。2016年第二季度，民营系单平台季均成交量仅为1.2亿元，而银行系平台则高达36.92亿元，风投和上市公司系平台也分别达到了13.28亿元和11.59亿元。

从各类型平台市场份额变动趋势看，可以清晰地发现，马太效应一直在P2P行业中发挥作用。2014年第一季度至2016年第二季度，民营系平台数量占比从99%降至89%，累计下降10个百分点，而季度成交量占比则从86%降至45%，累计下降41个百分点（如图1所示）。

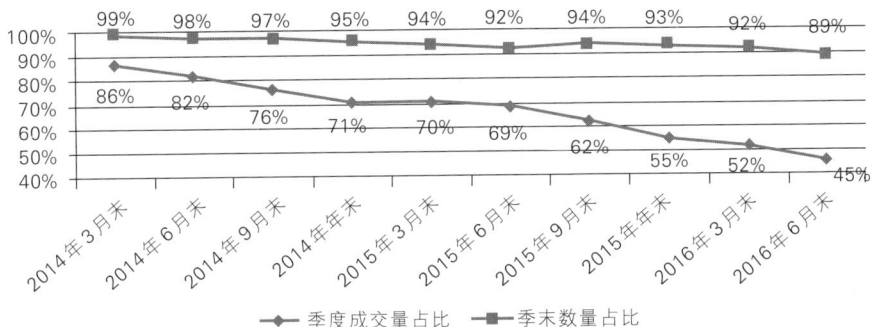

图 1　民营系 P2P 平台占比数据

数据来源：Wind、苏宁金融研究院

　　从数据上看，2014 年民营系平台成交量占比出现了一波下降高潮期，累计下降 15 个百分点，平均每个季度环比下降 5 个百分点。主要原因在于 2014 年属于风投高峰期，民营系平台获得风险投资后变成风投系平台，导致市场份额下降。整体上，2014 年属于行业蓬勃发展期，大小平台均获得快速发展，马太效应尚不明显。

　　行业马太效应的转折点始于泛亚事件的持续发酵。2015 年 4 月，泛亚开始限制产品赎回，6 月开始彻底不能提现，引发投资者群体性上访事件。最终，经新闻报道，泛亚事件涉及 22 万名投资者，涉案金额高达 430 亿元，造成恶劣的社会影响，成为国家着手打击非法集资的转折点。

　　2015 年 10 月 19 日，国务院出台《关于进一步做好防范和处置非法集资工作的意见》，明确提到"当前非法集资形势严峻，案件高发频发，涉案领域增多，作案方式花样翻新，部分地区案件集中暴露，并有扩散蔓延趋势""一些案件由于参与群众多、财产损失大，频繁引发群体性事件，甚至导致极端过激事件发生，影响社会稳定"，并明确要求"密切关注投资理财、非融资性担保、P2P 网络借贷等新的高发重点领域"。

　　2015 年 12 月 1 日，昆明等地公安机关以涉嫌非法吸收公众存款罪对泛亚事件立案侦查。随后，E 租宝事件拉开序幕，大大集团、三农资本先后出事。这 4 家平台涉案金额接近 1 500 亿元，在社会中引发轩然大波，P2P 行业风险陡然上升，投资人避险情绪升温。

　　这段时期，P2P 平台进入风险集中暴露期，平台跑路事件频发，造成了恶劣影响，投资人开始有意识地"逃往"大平台，加速了行业的马太效应。2015年第二季度至2016年第二季度间，民营系平台季度成交量占比累计下降24个百分点。同期，上市公司系平台市场份额累计提升8个百分点，银行系提升7个百分点，国资系和风投系分别提升4个百分点。

在这次行业大分化过程中，大平台受到资金热捧。以银行系平台为例，单平台季均成交量从4.37亿元飙升至35.92亿元，增长7.22倍；中小平台发展速度明显落后，民营系单平台季均成交量从0.7亿元增至1.2亿元，增幅最小，仅为72%（如图2所示）。

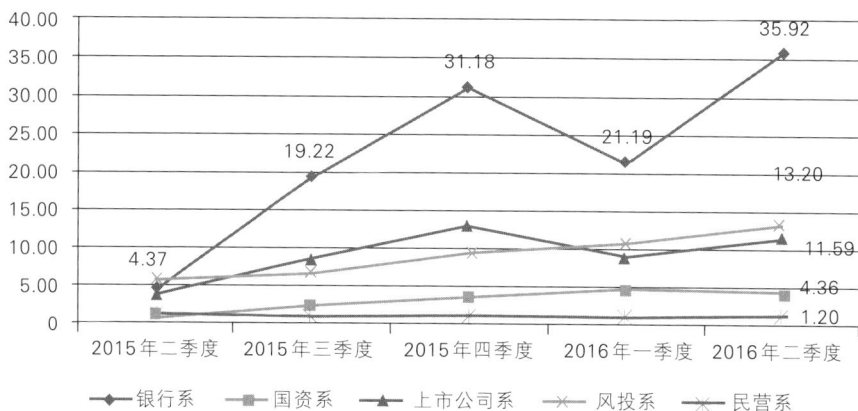

图2　各类型平台单平台季度平均成交量（亿元）

数据来源：Wind、苏宁金融研究院

面对行业分化的新形势，我们看到，近半年来，P2P平台在不断探索着战略转型，力图在新的竞争环境中保持甚至扩大竞争优势。

中小平台断臂求生，或可得一线生机

然而，在新的行业环境下，中小平台只能眼睁睁地接受竞争法宝逐步失效，不变是等死，主动求变才有一线生机。

曾几何时，或借助高收益资产，或依赖股东补贴，遵循"高利率带来高流量、高流量催生高估值"循环模式的中小平台,以高利率为切入点,实现追赶和超越并不难,很容易跻身大平台阵营。然而,平台跑路的频发打破了整个行业"刚性兑付"的潜规则,投资者对高利率开始有了警惕之心,"高利率带来高流量"的因果关系在某种程度上失效了。可问题在于,中小平台除了高利率,几乎拿不出其他吸引投资者的亮点。产品体验?拜托,谁也比谁差不了多少。安全性?抱歉,投资者更愿意相信大平台。

没了高利率的法宝,中小平台的流量增长明显后劲不足。没有高流量甚至流量还在下降时,高估值无从谈起,融不到资,中小平台开始真切地感受到生存危机。与此同时,监管趋严、不良飙升都在加重平台的运营成本。此时的变,不得不以减法为主。怎么做减法呢?P2P业务可分为资金端和资产端,资金端的引流成本太高,于是中小平台选择专注资产端的运营。

那么,这种断臂求生的战略成功概率有多大呢?笔者认为,只要运营得当,专注资产端反而有很大的机会活下去,甚至活得很好。在金融领域,信贷(资产端)并不具有显著的马太效应。只有最优质的一部分客户群适用全线上的信贷流程。大多数信贷客户和信贷场景都分布在线下,而且很分散,无论是客户获取还是贷后管理都需要大量的线下布局,而线下布局是存在物理局限性的,再大的企业都有边界,这就为无数小的资产获取方提供了生存空间。

截至2015年年底,我国银行业金融机构共有法人机构4 262家,从业人员380万人;小贷公司8 910家,从业人员11.7万人,此外,还有2 000多家P2P,数百家分期公司。不妨问一下,这么多的从业机构苦心经营这么多年,个人消费金融的空间挖掘了多少?小微企业融资难、融资贵问题又解决了多少?显然,专注资产端有的是机遇。

大平台忙着做加法,当心陷入战略陷阱

与中小平台做减法不同,大平台的战略选择是做加法。在具体操作

上，一些平台继续深挖基础业务，或拓展资金来源，如进军企业理财，或拓展底层资产，如进军汽车信贷、校园金融、农村金融等。还有一些平台则跳出P2P业务本身，向大而全的金融机构转型，最具代表性的是转型一站式理财平台。

在笔者看来，在此次行业大分化中，大平台的根基并未站稳，盲目扩张很容易摔跟头，尤其是第二种转型思路，无疑会耗费大量资源，竞争前景堪忧。

在此次行业分化过程中，大平台的市场份额快速提升。究其原因，更多的是投资者基于安全性考虑，将资金由中小平台转移至大平台的客观结果。所有的大平台都是受益者，都活得很好，大平台之间尚未真正拉开差距，未经历真正的竞争考验。如图3所示，当前P2P行业市场集中度并不高，以2016年7月成交量来看，前10家企业占比仅为22.37%，前50家企业市场份额未达到50%，前100名市场份额未达到60%。与2016年2月相比，行业的集中度甚至还下降了。

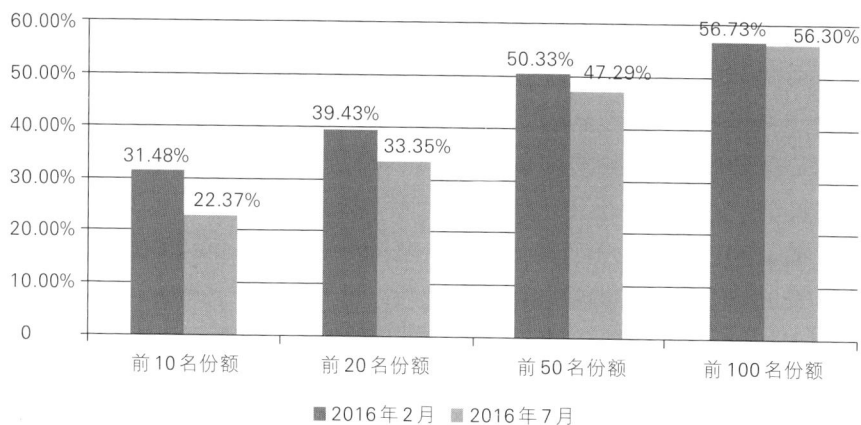

图3　P2P平台月成交量集中度

数据来源：Wind、网贷之家、苏宁金融研究院

大平台之间的群雄争霸才刚刚开始，与其盲目追求大而全，陷入战略的泥潭，白白浪费了战略窗口期，倒不如围绕主业深挖深耕，提高未来巨头之争中的胜算。

以转型一站式平台为例。当前，P2P平台所处的阶段基本是在发行P2P产品的基础上，推出了活期理财产品、公募基金代销等产品，仅此而已。要转型一站式理财平台，尚需引入信托、资管、私募等高门槛大额理财产品，甚至还需要布局家族财富管理、全权委托管理、另类投资、海外资产配置等理财服务。问题在于，互联网理财平台强调轻资产、纯线上运营，在高风险复杂金融产品的引进上，必然会遭遇产品代销资质、风控、财富管理队伍建设、高净值客户获取、线下财富门店建设、非保本保息投资理念转换等一系列问题，为解决这些问题要耗费大量的资源，而且还未必会奏效。放眼现在的P2P平台，具有这个实力的屈指可数，更多的平台只是在盲目跟风，错失了真正该做的事情。

最后啰嗦一句，兵无常势、水无常形，简单地为某种战略贴上某一标签并无意义。战略本身并无对错，所谓"制无美恶，期于适时"，与平台自身的资源禀赋、文化基因等有着莫大关系，真心建议每家平台在行业变革的窗口期多进行战略思考，找到适合自身的发展战略。

资金存管新政出台，P2P行业被逼进死角

2017年2月，监管机构出台《网络借贷资金存管业务指引(征求意见稿)》（下称《征求意见稿》），P2P行业资金存管要求再次升温。然而，此时距离监管首次要求落实资金存管制度已经过去了一年。一年之内，仅有30家平台真正达到了合规要求，超过98%的平台仍处于合规裸奔状态。

问题在于，不是平台不愿意，而是主动权在银行手里，银行却没啥动力，积极性差。于是，对大多数平台而言，一方面，"存管合规"成了遥不可及的奢望，不知何时才能落地；另一方面，合规大限越来越近，这是要逼死P2P平台的节奏吗？

资金存管是什么，有什么用？

对于资金存管的定义，《征求意见稿》如此定义：

本指引所称网络借贷资金存管业务，是指银行业金融机构作为存管人接受网络借贷信息中介机构的委托，按照法律法规规定和合同约定，履行网络借贷资金专用账户的开立与销户、资金保管、资金清算、账务核对、信息披露等职责的业务。

资金存管可以发挥的作用中比较重要的有三点：

一是"能够根据资金性质和用途，为网贷机构、网贷机构的客户(包括出借人、借款人及其他网贷业务参与方等)设立单独的资金账户，实现各账户之间的有效隔离"。投资人资金与平台自有资金不再混在一起，想

卷款跑路？没戏了！

二是"依照出借人与借款人发出的指令或有效授权的指令，办理网络借贷资金清算支付……确保资金指令真实合法，防止网贷机构非法挪用客户资金"。这一条实现了投资人资金与借款人债权的一一对应，借新还旧的庞氏骗局将无所遁形，从根本上杜绝了资金池风险。

三是"完整记录网贷平台客户信息、交易信息、项目信息及其他关键信息，并向借款人和出借人提供信息查询功能"。有了这些信息，存管银行可以定期出具存管报告，平台的交易量、交易余额、投资人数、不良率、逾期率等关键信息终于可以真相大白于天下了。

可见，落实资金存管制度后，平台私设资金池、搞庞氏骗局、卷款潜逃等最令投资人头疼的难题迎刃而解了，平台的真实经营信息也将大白于天下，投资人也不必担心被善于吹牛的平台蒙蔽了。一句话，平台更合规了，投资人更安心了，这个命运多舛、负面新闻层出不穷的行业总算有了健康可持续发展的基础，有了盼头。

资金存管曾经助力证券投资业走上健康之路

讲到这里，有人要问了，资金存管之于P2P行业的作用真有这么大？笔者负责任地重申一句：真的！而且，有例为证。

读者中的绝大多数估计都是股民，现在还有人担心自己的炒股资金会被证券公司挪作他用吗？会担心证券公司卷款跑路吗？不会。为什么？因为证券行业于2007年左右彻底实施了资金存管制度，也就是大家在开立股票账户时要先在银行开个三方存管账户。

2007年之前，客户的炒股资金直接放在证券公司的营业部中，为证券公司挪用客户保证金提供了天然的土壤。资金挪用最主要的用途是炒股，赚了钱，证券公司内部私分利润，然后将客户保证金退还；亏了钱，就挪新钱来填窟窿，挪光了就高息筹资（客户委托理财资金），实在撑不下去就倒闭了事，把窟窿交给国家财政去填。当时，挪用客户保证金属于证券行业最为普遍的违规行为。在倒下的几十家证券公司中，90%以上是由挪用客户保证金引起的。行业之乱，一点不亚于现在的 P2P 行业。

年代久远，干说枯燥，简单举个例子大家感受下。2006 年 2 月，证监会发布行政处罚决定书，责令闽发证券等 4 家证券公司关闭，主要的罪名就是挪用客户保证金，金额巨大，摘录如下：

自 1997 年 5 月至 2004 年 4 月，闽发证券累计挪用客户保证金 68 笔，累计发生额为 30.085 亿元。闽发证券在挪用客户保证金的同时，利用融资、理财等资金从挪用发生的营业部划入资金管理中心，累计填补缺口 24.63 亿元。此外，自 2003 年 1 月 1 日至 2004 年 3 月 31 日，闽发证券共接受客户委托理财资金 153.08 亿元。截至 2004 年 3 月 31 日，尚未兑付的委托理财资金为 121.25 亿元。闽发证券接受上述委托理财资金时，均规定了从 2% 至 10% 不等的保底收益率。此外，闽发证券天津六纬路营业部还存在为客户违规开户买卖国债等问题。

面对屡禁不绝的挪用客户保证金乱象，2005 年 10 月 27 日修订的《证券法》明确要求"证券公司客户的交易结算资金应当存放在商业银行，以每个客户的名义单独立户管理"，就此，第三方存管制度开始以法律的形式强制落实，直至 2007 年年初，证券业行业全面落实第三方存管制度，实现了"券商管证券、银行管资金"的业务隔离，挪用客户保证金这一行业顽疾得以终结，证券行业也走出了频繁倒闭的怪圈。

银行对 P2P 平台的资金存管业务并不热情

为了向投资者和市场自证清白，从 2011 年开始，一些良心 P2P 平台开始主动开展资金存管业务，多数是与第三方支付企业进行资金存管合作，也有少数大平台得到银行的青睐，与银行开展了资金存管合作。但在 2015 年之前，资金存管多是一种平台自觉行为，并不普遍，且所谓的资金存管或托管具有很大的水分，很多平台把风险准备金存管也作为资金存管进行大肆宣传，竟然获得掌声一片，滑天下之大稽。

直至 2015 年 7 月，《关于促进互联网金融健康发展的指导意见》明确要求："除另有规定外，从业机构应当选择符合条件的银行业金融机构作为资金存管机构，对客户资金进行管理和监督，实现客户资金与从业机构自身资金分账管理。客户资金存管账户应接受独立审计并向客户公开审计结果。"至此，开展资金存管成为合规要求。基于合规压力，P2P平台的积极性被调动起来，但银行的积极性不高。

网贷之家数据显示，截至2016年6月底，正常运营的2 349家平台中，只有48家平台真正接入了银行资金存管，占比2%，其中银行直连的2家，直接存管的28家，银行+第三方支付公司联合存管的18家。鉴于《征求意见稿》明确了联合存管模式不合规，真正符合资金存管要求的平台仅有30家而已。

问题是，对平台而言，不落实资金存管要求就不合规，面临被取缔的风险。对银行而言，除了少数大平台，银行对绝大多数平台并不感兴趣。与P2P平台开展资金存管业务是一种市场化的行为，银行不乐意，没有谁能逼它们就范。于是，一边着急似火，一边如温吞水，岂不急煞人也！

银行谨慎对待P2P平台存管业务的原因剖析

原因1：收益和成本不匹配。银行提供资金存管服务的收入，主要来自接入费（一次性收取）、服务费（按年收取）和交易费（按交易金额收取）三大块，具体视平台交易类型和复杂程度而定。接入费和服务费多在10万元以下，交易费率多为0.15%~0.3%，有的会高一些，能达到0.5%左右。

对于收费标准，《征求意见稿》明确规定："为服务实体经济，支持普惠金融发展，存管人应根据存管金额、期限、服务内容等因素，与委托人平等协商确定存管服务费，不得以开展存管服务为由开展捆绑销售并变相收取不合理费用。"

相应地，存管银行需要履行以下义务：设置负责资金存管业务与运营的一级部门，搭建专门的网络借贷存管业务技术系统并确保其安全高效稳定运行，每日与平台进行账务核对，并定期出具网络借贷资金存管报告等等，需要投入专门的人力和物力资源。

接入每一家平台，银行的支出基本是一致的，但收益与平台规模直接相关。接入一些大平台，银行的手续费收入多，且可获得可观的资金沉淀，银行自然是愿意的；但对于绝大多数中小平台，收益和成本并不匹配，沉淀的资金也勾不起银行的兴趣，其积极性自然不高。

此外，接入中小平台还有一个潜在问题，那就是中小平台倒闭风险太高。若银行好不容易做好了系统建设，没过几个月，银行还没回本，P2P平台就倒闭了，银行找谁说理去？

原因2：投资人迁怒风险和连带赔偿责任。当前仍处于P2P平台跑路的高发期。平台跑路后，投资人要钱无门，抱着"要回一点是一点的"的朴素想法，几乎必然会向资金存管方讨说法，何况资金存管方又是银行这个"大财主"。从银行的立场来说，当前P2P行业中"平台跑路、资金托管方躺枪"的事情并不少见，因而银行作为资金存管方，即便在法律上无须承担任何责任，也不愿牵扯到任何潜在的风险之中，这是其对资金存管业务积极性不高的一个重要原因。

这里首先要澄清一点，理论上，资金存管从根本上解决了平台卷款跑路的风险，但在实践中，平台与银行从签订资金存管协议到系统对接完成、资金存管到位需要一段相当长的时间。在这段时期内，平台仍然存在卷款跑路的可能性。但在投资人看来，既然双方已经签订协议，银行作为资金存管方就有确保资金安全的义务，纠纷往往因此而生。在此举一个真实案例：

2015年1月，P2P平台爱增宝与某第三方支付平台A签订资金托管协议，随后，爱增宝打着A托管的旗号大肆敛财，然而直到4月底，爱增宝都一直没有将资金放入托管账户里。4月25日凌晨，爱增宝平台宣布进行紧急升级，然后就没有然后，平台跑路了。投资人要钱无门，集体找A讨说法。在投资人看来，作为托管方，A首先负有核查所托管平台真伪的义务，其次应该密切关注爱增宝的一切动向，并及时告知投资人。在近3个月时间内，A没有及时发现爱增宝的虚假宣传行为，也没将爱增宝未履行协议一事告知投资人，才导致大批投资人上当受骗。作为托管方，A在法律上和协议上均无责任，面对投资人的赔偿要求觉得很委屈，又有苦难言。

还有一点需要说明，资金存管只能确保未投标前的资金安全，一旦完成投标，资金存管方会根据交易指令将资金划转至借款人账户，资金安全已非存管人所能控制。比如，借款人是真有其人还是平台伪造很难验证。即便真有其人，借款人会不会违约，甚至借款人是不是蓄意欺诈，这些问题都非资金存管方所能把控。在实践中，一旦出现类似情况，投资人往往也会找资金存管方讨说法。再来看一个真实案例：

2015年4月13日，河南洛阳一家名为浩亚达的担保公司召集部分投资客户开会，董事长突然宣布集团资金链断裂，不能继续支付投资者利息，也无法退回投资者本金，涉案资金共3.18亿元。之后，投资人找平台的资金托管方B讨要说法。B发表声明称，投资人账户中的未投资资金是安全的、借款人的回款资金也是有保障的，但因平台虚构借款人导致的资金损失不应由B承担责任，纠纷由此而起。

针对资金存管人的忧虑，监管机构给了银行一颗定心丸。《征求意见稿》明确规定："存管人担任网络借贷资金的存管人，不应被视为对网络借贷交易以及其他相关行为提供保证或其他形式的担保。存管人不对网贷资金本金及收益予以保证或承诺，不承担资金管理运用风险，投资人须自行承担网贷投资责任和风险。"虽然监管机构豁免了存管人的"连带赔付风险"，但问题是一旦讨钱无门，投资人是不会管这些的，所以归根结底，这条规定或许并不能真正让存管人安心。

P2P行业的漫漫合规路该如何破局？

银行开展资金存管业务本质上就是个市场行为，市场行为就应尊重市场规律。银行忧虑的是利益问题和声誉风险问题。这两个问题解决了，银行的积极性自然就起来了。

利益问题怎么破？其实可以想很多办法。比如，中小平台能不能联合起来或由地方性协会出面，通过批量化营销降低银行系统改造支出成本，并增大沉淀资金对银行的吸引力。再比如，《征求意见稿》不允许银行捆绑销售，但并没说平台与银行之间的多业务联动是违法的。

再说声誉风险问题。银行自己在展业过程中，已经习惯了赔付、赔付、赔付，不论对错！某种意义上，对潜在的声誉风险和赔付要求，银行已经成了惊弓之鸟。以银行的谨慎心态解决这个问题，最好市场上有人先吃螃蟹。即有存管银行遇到类似事情且安然无恙，开了好头，才能打消大家的疑虑。

最后，《征求意见稿》对平台开展资金存管业务也有门槛。市场中总会有很多平台因各种各样的原因满足不了监管要求，小范围内的优胜劣汰恐怕是避免不了的。

网贷新规解读：挥别"大金融"梦想

自《征求意见稿》出台8个月之后，《网络借贷信息中介机构业务活动管理暂行办法》（以下简称《暂行办法》）于2016年8月24日出台。自此，关于网贷行业的监管规则、机构定位、业务红线等尘埃落定。面对《征求意见稿》的严厉规定，不少网贷平台曾寄希望于正式稿能够在关键的地方网开一面，心怀犹豫，迟迟不愿转型。现在看来，《暂行办法》的严厉程度较《征求意见稿》有过之而无不及，那些曾经犹豫的平台则错过了转型的最佳时机。

其实，《暂行办法》的部分细则内容8月中旬就已经流传开来，如资金存管、单人借款上限等，笔者当时曾断言，新规的出台将引发P2P行业的大洗牌，很多平台或转型、或退出，基于路径依赖和资源禀赋等原因，转型的成功率并不高，对大多数平台而言，退出这个行业必将成为唯一的出路。12个月的过渡期后，也许行业内合规的P2P平台已经从现在的2300多家降至数百家，届时，混乱的行业也许会变得一片清爽。好了，感慨到此为止，下面开始正式解读。

《暂行办法》究竟"新"在哪里？

经笔者逐条对比，《暂行办法》总计47条中，有9条出现了比较重要的变化，以下举例进行分析。

第4条：机构监管与行为监管的清晰划分

相比《征求意见稿》，监管边界更为清晰，银监会负责业务和产品的合规性管理，地方政府负责机构合规的管理，主要是规范引导、备案管理和风险防范、处置等。

第6条：经营范围 VS 机构名称

在经营范围中实质明确网络借贷信息中介，而不是在名称中，在笔者看来，这一条改动更为合理了，否则面对2 300多家"**网络借贷信息中介有限公司"，真的要得脸盲症了。

第10条：新13禁 VS 旧12禁

在《征求意见稿》12禁项的基础上，删掉"向非实名制注册用户宣传或推介融资项目"（在第11条中已有体现），新增第4项线下宣传和第8项债权转让，第7项新增"自行发售理财产品"，第12项删掉"实物众筹"等。

P2P行业实行负面清单管理，相比《征求意见稿》，《暂行办法》实际上新增了3项禁止事项，至少影响行业中一半以上的平台，且这种影响基本都属于断臂之痛。

举例来说，不允许自行发售理财产品后，大多数平台基于"智能投标、循环出借"原则对接平台借款标的发行的各类理财产品面临合规风险。这类产品在提高投资人资金的流动率和利用率上功不可没，产品取消后，对投资人体验是比较大的损害。

再比如，债权转让是很多平台获取资产、做大交易量的法宝，被禁后倚重此类模式的平台将很快面临资产荒，交易量骤降。大额资产与小微融资完全是两类业务，对平台的要求完全不同，习惯大额资产的平台有很大概率做不好小额业务，对这些平台而言，如何生存下去是首先要考虑的问题。

第12条：借款人提供未偿还借贷信息

不出意料的话，借款人提交在其他平台的未偿还信息，为借款限额规定提供了落地的可行性。就目前的信息互通条件看，是没有渠道去核查信息准确性的。所以，借款人提供的信息是否可信？需要打个问号。若信息准确性不可保证，则相应的借款总额要求难免会流于形式。

第17条：借款限额规定

新增的这条规定将"普惠金融"定位具体化，对大多数平台而言，这是个紧箍咒，不得不转型了。以个人借款限额为例进行说明，企业借款限额的影响与之相似。

个人单平台最高借款20万元，限额与消费金融公司一致，某种意义上，抹平了不同机构间监管套利的空间。20万元的额度，再做抵押贷款意义不大了，P2P个人借款业务预计将全面转向小额信用类融资。那些专注大额抵押借款的P2P平台，首先面对的就是生存压力。

多平台借款上限100万元的规定变相调降了P2P行业对消费类贷款市场的可参与规模，会促使网贷平台开展一轮优质客户争夺战，对单个平台而言，会增加其运营成本、降低信贷规模。

第25条：代出借人行使借款决策

《暂行办法》只是增加了一句"未经出借人授权"，就为活期理财、智能投顾等业务创新预留了政策空间，体现了鼓励创新的监管态度。

自去年底《征求意见稿》出台以来，因"网络借贷信息中介机构不得以任何形式代出借人行使决策，每一融资项目的出借决策均应当由出借人作出并确认"的规定，很多平台暂停了活期理财业务，因为活期理财有明显的"代替出借人行使决策"的嫌疑。其实，智能投顾业务也是如此。好在《暂行办法》增加了前提条件，只要获得出借人授权，这两类业务还是有空间的。

然而，"上帝"打开一扇门，也关闭了一扇窗。《暂行办法》新增了不允许平台发行理财产品的规定，本质上，活期理财也属于平台发行的理财产品，也在禁止之列。综合来看，能够合规发展的也许只有智能投顾业务了。

P2P行业将出现四大变化

由于每家平台的经营模式、资产类别均有不同，且差异很大，《暂行办法》对单个平台的影响不可一概而论，大多数平台需要"断臂式"转型，也有少数平台因转型较早而受影响较小，可谓几家欢乐多家愁。

然而，从行业整体角度来看，12个月的整改期内，至少会出现以下四大变化。

变化1：交易量骤降。

债权转让和代售金融机构理财产品模式的叫停，阻断了P2P平台接入第三方机构大额资产的通道，行业交易量会有一个断层式的下降。上升到整个金融体系来看，这一规定使得P2P行业失去了对第三方金融机构的资金募集作用，斩断了P2P与影子银行体系的联系。从此以后，P2P行业不会再给本就脆弱的影子银行体系添麻烦，当然，影子银行若爆发风险也不会传递到P2P行业，井水不犯河水。理论上讲，失去了和主流金融机构千丝万缕的业务联系，清净是清净了，但这个行业可能再也做不大了。

对个人和机构借款人借款限额的限定，属于对P2P本源性业务的再瘦身，也是对P2P资产规模的再瘦身。这一点是主流的解读点，认为影响最大，不过，在笔者看来，与叫停债权转让和理财产品代售等相比，这个规定的影响其实小得多，是真的小很多。

变化2：运营平台数骤降。

这一点有行业性共识，最大的门槛是银行资金存管。笔者在《资金存管新政出台，是要逼死P2P平台的节奏么?》一文中已有详细论述，这里不再多说，把逻辑再简单讲一下：

"此时距离监管首次要求落实资金存管制度已经过了一年的时间，一年之内，仅有30家平台真正达到了合规要求，超过98%的平台仍处于合规裸奔状态。问题在于，不是平台不愿意，而是主动权在银行手里，银行却没啥动力，积极性差。于是，对大多数平台而言，一方面，"存管合规"成了遥不可及的奢望，不知何时才能落地。另一方面，合规大限却越来越近，所以，这是要逼死人的节奏吗?"

变化3：一站式理财平台更加遥不可及。

一站式理财平台是热词，也是很多P2P平台的远大抱负。《暂行办法》叫停了"理财产品发行和代售"，一站式理财平台看来是很难实现了。

变化4：大小平台加速分化。

在12个月的过渡期内，大多数平台将为合规一事疲于奔波，极少数合规性较好的平台有了大展拳脚的窗口期。同时，信息披露规则的严格执行，也把平台的成绩单大白于天下，交易量低的、不良高的会被投资人主动抛弃，平台分化加速。

现阶段，P2P行业市场集中度并不高，以2016年7月成交量来看，前10家企业占比仅为22.37%，前50家企业市场份额未达到50%，前100名市场份额未达到60%。未来，不排除前10家平台市场份额占比达到80%以上，二八定律将真正发挥作用。

P2P平台又该如何应对？

对单个平台而言，"不合规=退出"，无他，不要再犹豫，加速进行合规转型，无论断臂也好、断腿也罢。

对行业而言，黄金期已过。一句话，这个行业再也承载不了做"大金融"业务的愿景，以后只能是个小而美的行业了。您还有理想和抱负的话，申请金融业务牌照或资质是绕不过去的坎，早点行动吧！

校园信贷平台的出路在哪里？

"校园贷市场正经历一场'浩劫'，趣分期宣布退出校园市场谋求转型，名校贷也计划升级现有校园贷平台，佰仟金融对学生分期业务也保持谨慎，下线了此类业务。"这是北京商报《退出不断 校园贷市场终将消失？》一文勾画的校园金融业务现状。

近年来，校园金融业务取得了快速发展，大学生互联网消费分期规模最近两年的同比增速高达200%以上。苏宁金融研究院测算结果显示，照此速度，2016年校园金融市场规模有望达到200亿元，在大学生中的渗透率将达到18%。

然而好景不长，自大学生因过度借贷自杀、裸条借贷等负面新闻不断拷问行业发展前景以来，校园信贷市场频频站上风口浪尖，最终引来了监管出手——银监会给出"停、转、整、教、引"五字诀，重庆、广西、深圳及广州等地相继出台校园贷整改措施。各项措施直指校园信贷市场的"七寸"，也难怪媒体发出"市场终将消失"的声音。

那么，作为互联网消费金融的一个重要分支，这个行业问题缠身的症结在哪里？行业究竟还有没有发展空间？出路又在哪里呢？

校园金融市场已是互金平台的天下

就校园金融市场而言，主要有银行业、消费金融公司和互联网金融平台三大参与者。自2009年以来，银行业基本退出了校园信贷市场（本文不讨论助学贷款等公益性业务），消费金融公司也把重心放在白领市场和城市中低收入家庭上面。相比之下，一大批专注校园分期的互联网金融平台相继崛起，逐步发展成为校园金融市场的主导性力量。

银行业基本退出了校园消费金融市场。2004—2009年间，银行业曾大幅开拓校园信用卡市场，带来了"三高现象"：高注销率（70%左右）、高睡眠率（曾高达80%）和高坏账率（持续高于普通信用卡两个百分点左右）。2009年7月，银监会发布《关于进一步规范信用卡业务的通知》，明确要求银行业金融机构向学生发放信用卡遵循审慎原则，且必须满足两点要求：一是年满18周岁；二是第二还款来源方书面同意承担相应还款责任。校园信用卡市场至此迅速降温。当前，银行业整体已经基本退出了校园消费金融市场，一些主流商业银行依旧保持着校园信用卡，但额度很低，本科生基本在1 000元以下，博士生也基本不超过3 000元，很难满足大学生的信用消费需求。

消费金融公司持续参与，但市场份额低。截至2016年8月末，正式开业运营的消费金融公司达到15家，包括首批4家和第二批11家。苏宁金融研究院统计发现，目前至少有8家以上消费金融公司开展了校园贷业务，但主要以应届毕业生群体为主，如中银消费金融公司的校园贷产品——"信用起航"，针对已签署三方就业协议的应届毕业生；北银消费金融公司的"轻松e贷"，只对应届毕业生开放；苏宁消费金融公司的"任性付·校花"，针对在校大学生开放。消费金融公司多把校园市场看做白领市场外的一个补充，方式手段并不够"激进"，与互联网金融平台相比，市场份额较低。

互联网金融平台成为校园金融的主导性力量。涉足校园金融的互联网金融平台可以分为三大类：第一类是专注校园金融市场的分期公司；第二类是电商系消费金融平台；第三类是布局校园金融业务的P2P平台。校园分期公司多成立于2014年，主流电商平台于2015年相继进入校园金融市场，均取得了快速的发展。2016年以来，P2P平台纷纷进行业务转型和多元化布局，校园金融业务成为其转型的重点方向之一。由于银行和消费金融公司在校园信贷市场上的"谨慎布局"，互联网金融平台已然成为校园金融的主导性力量。

校园信贷市场的三大问题日益凸显

在快速发展过程中，互联网金融平台主导的校园金融市场逐步显现三大问题，频频成为舆论关注的焦点，并制约着行业的健康可持续发展。

（1）高额的费率。一些小的校园信贷平台，利息按日计取，一般在0.1%～0.2%，等额本息法下年化利率高达70%以上，涉嫌高利贷。行业中的龙头，年化利率也普遍高于信用卡利率。在宣传上，各家平台都不会公布年息，只是公布月息，或者只公布每期还款额。同时，很多校园信贷平台都会收取高额的逾期费用。据融360的一项调查，在大学生分期平台中，超过55%的分期平台逾期日费率为1%，最高的日费率达到了3%。相比之下，电商系平台逾期费率较低，基本与银行信用卡保持一致。

（2）涉嫌违规催收。南都记者曾曝光某校园信贷平台的催收十步曲，分别为：①给所有贷款学生群发QQ通知逾期；②单独发短信；③单独打电话；④联系贷款学生室友；⑤联系学生父母；⑥再次联系警告学生本人；⑦发送律师函；⑧去学校找学生；⑨在学校公共场合贴学生欠款的大字报；⑩群发短信给学生所有亲朋好友。据报道，一般到第四步，逾期的学生就会乖乖就范。在实际操作过程中，很多手段涉嫌违规。比如，第三步打电话环节，针对合作态度不好的借款人，催收人会利用循环拨号系统重复拨号，直至借款人手机关机。针对上述催收手段无效的借款人，校园信贷平台会选择外包至专门的催收机构，其催收手段更显极端，难以控制。

（3）过度借贷难以防控。校园分期平台众多，竞争激烈，大学生自制力较差，受借钱消费的诱惑和平台业务员的鼓动，很容易过度借贷，使得单个平台基于限额的风控手段基本失效。同时，由于平台普遍未接入征信系统，即便借款人在一家平台上逾期，在其他平台上仍可以正常借贷。从经验上判断，借款人一旦陷入过度借贷，其还款能力会大幅降低，风险急剧提升。值得注意的是，消费分期潜在大学生客群家庭条件一般，以平均月生活费1 000元计算，如果借款消费金额5 000元，分12期，则每月还款金额接近500元，日常的消费生活尚可勉强维持。如果在多家平台重复借贷，金额超过1万元，则其日常生活消费难以维系，很容易陷入以贷还贷的循环中，雪球越滚越大，直至难以承受。

业务模式先天存在道德风险的原罪

由于大学生群体没有稳定职业，缺乏收入来源，难以在线上沉淀出足够数量的优质信用数据，使得纯线上的大数据风控模式难以奏效。校园金融玩家多依靠线下校园代理进行初步的风险防控。

同时，自2014年分期公司大举进入大学校园以来，当前开展校园金融业务的互联网金融平台已经不下几百家，发展庞大的线下代理队伍也成为很多平台抢占市场份额的重要手段。然而，这种依赖线下代理的业务模式虽然带来了业务的快速增长，但同时道德风险问题也愈发突出，并引发一系列问题。

为了控制风险，平台一般要求借款学生提供本人身份证、学生证、父母电话、辅导员电话、4个左右同学电话，原则上是要通过电话验证亲朋信息的真实性的，但这又必然会造成借款人的借款意愿降低。此时，线下业务员会帮助不愿意配合的借款人伪造信息，甚至衍生出有专人伪装学生的父母接受平台的电话问询。对于一些资质明显不足的借款人，业务员也会主动帮助借款人伪造信息，以获取更高的额度。更有甚者，业务员对冒用他人信息办理贷款的情况也睁一只眼闭一只眼，平台的风控措施基本形同虚设。

2016年3月发生的大学生跳楼事件中，事主小郑就曾借助班长的职务便利，冒用28名同学（其中本班26名）的身份证、学生证及家庭住址等信息，在14家网络分期、小额贷款平台申请贷款，总金额近60万元，最终因赌球输个精光，走上了不归路。

在笔者看来，主要依靠线下校园代理的业务模式带来了道德风险问题，过度借贷、虚假借贷事件频发。既然短期内风控跟不上，自然会遵循高风险高收益的原则，通过高利率和高逾期收费来覆盖风险，如此又引发了高息和违规催收的争议，发展走入了死胡同。

监管出手，校园信贷平台出路何在？

互联网金融平台利用校园代理发展校园金融市场的模式，与银行校园信用卡的经历如出一辙。事实证明，它们也都出现了较为严重的道德风险问题，进而带来了一系列乱象。

乱象频发终于引发监管出手。2016年4月，教育部联合银监会发布《关于加强校园不良网络借贷风险防范和教育引导工作的通知》，侧重于从大学生消费理念、校园环境治理、金融知识培训等方面进行部署，主要由高校落地执行。从表面上看，这并未给校园金融市场带来直接影响，但加强监管的苗头已经出现。

2016年8月底，在网贷监管细则发布的记者会上，银监会发言人表示，对校园网贷拟采取"五字"整治方针——"停、转、整、教、引"。此前一周，重庆市金融办等部门联合发文，给校园网贷列出八项负面清单，包括提高学生贷款的发放门槛、不得直接向学生提供现金贷款、不得变相发放高利贷等。此后，深圳也以互联网金融协会的名义，要求校园网贷平台做到风险提示、加强对借款学生的还款能力以及借款用途的审核。

按照深圳、重庆等地的监管原则，控制借款成本、控制借款用途以及需要第二还款源书面同意等合规要求，基本上阻断了校园信贷市场继续发展的空间。若这些监管措施在全国推行，校园分期平台唯有转型一条路可走。当年，银行信用卡是通过逐步放弃校园市场实现了转型，对校园分期平台而言，校园市场环境和土壤已变，退出也已经成为最容易的转型方式。

网贷平台如何破盈利难困局？

自 2007 年国内第一家 P2P 平台上线以来，网贷行业走过了近 10 个年头，然而，其盈利状况一直是个谜，很多平台官网信息披露板块会定期公布运营数据，却从来不披露盈利和不良等关键信息。前几日，宜人贷发布 2016 年三季报，宣布前三季度实现净利润 7.366 亿元人民币，同比增长 282.68%；其中三季度实现净利润 3.443 亿元人民币，同比增长 307.70%。在互联网金融行业普遍亏损的背景下，宜人贷的财报数据给人一种错觉——网贷行业的盈利能力还不错。

实际情况究竟如何呢？据苏宁金融研究院互联网金融研究中心粗略统计，行业内真正具备可持续盈利能力的平台可能不超过 1%。那么问题来了，平台盈利难的瓶颈在哪里？平台破解盈利难题的出路又在哪里？不妨往下看。

网贷行业的盈利平台知多少？

据网贷之家数据显示，截至 2016 年 10 月末，国内正常运营的平台数量为 2 154 家。能够实现盈利的平台有多少家呢？据苏宁金融研究院基于各类公开渠道的不完全统计，截至 2016 年 10 月末，有 8 家平台在官网或财务报告中披露了盈利信息，有 10 家平台的负责人在媒体访谈中披露了盈利信息，合计 18 家，不足正常运营平台数量的 1%，具体见表 1。

表1   已实现盈利的P2P平台（不完全统计）

序号	平台	盈利时间	盈利规模	信息来源
1	宜人贷	2015年	年度盈利2.85亿元	2015年年报
2	团贷网	2016年	半年盈利5 843万元	光影侠2016年半年报
3	联金所	2016年	半年盈利2 065.6万元	赫美集团2016年半年报
4	你我贷	2015年	年度营业利润1 798万元	嘉银金科2015年年报
5	红岭创投	2015年	年度盈利1 180万元	2015年度股东大会数据
6	温商贷	2015年	年度盈利1 091万元	瓷爵士2015年年报
7	德众金融	2014年	2014年盈利4.36万元；2015年盈利881万元	官网
8	开鑫贷	2015年	年度盈利超过500万元	2015年业绩报告
9	微贷网	2015年	年度净利润3 000万元	企业自我宣传
10	诺诺镑客	2014年	微利	企业自我宣传
11	拍拍贷	2016年	未知	企业自我宣传
12	投哪网	2016年	未知	企业自我宣传
13	华人金融	2016年	未知	企业自我宣传
14	理财范	2016年7月起	未知	企业自我宣传
15	有利网	2015年	未知	企业自我宣传
16	银客理财	2016年	未知	企业自我宣传
17	金信网	2014年	未知	企业自我宣传
18	和信贷	2016年	未知	企业自我宣传

数据来源：苏宁金融研究院整理自公开渠道；对于平台曾经宣布盈利后又陷入亏损的，未纳入本表统计范围

上述已经宣布盈利的平台普遍具有以下三大特征：

一是交易量在行业中处于领先地位，交易规模超过盈亏平衡点。P2P平台的正常运营涉及人员、系统、风控模型、运营等基本的成本支出，只有交易量达到一定规模才能覆盖这些固定成本支出，达到盈亏平衡点。从

2016年10月份的数据来看，18家平台月度交易量均在1亿元以上，其中，就交易规模排名而言，有5家位居行业前十，月度交易量超过22亿元；12家位居行业前五十，月度交易量超过5亿元；交易量最低的联金所在行业中排名第147位，月成交量为1.23亿元。

二是借款标的多来自于线下第三方（或关联方），平台专注理财端运营，也能有效隔离资产端获取的高成本对平台盈利能力的影响。就上述几家平台看，虽然官网和APP基本也都开设有借款申请入口，但主要的资产多由第三方（关联方）提供，第三方多为专注于资产端的小微信贷机构，二者分工明确，可有效降低运营成本。举例来讲，宜人贷与专注于资产端业务的宜信普惠为关联公司，团贷网与正合普惠为关联公司，联金所与联金微贷为关联公司，温商贷的全部借款标的均由线下第三方提供，微贷网则主要通过线下加盟的方式深耕车贷市场，等等。

三是盈利金额较小且实现盈利时间较短，盈利能力的可持续性存疑。除宜人贷外，其他平台盈利水平均在1亿元以下；从盈利时间上看，18家平台中，有3家于2014年实现盈利，7家于2015年实现盈利，8家于2016年宣布实现盈利，实现盈利的时间普遍低于一年。考虑到信贷行业不良资产暴露的滞后性，平台的可持续盈利能力存疑。

网贷平台盈利难源于三大黑洞

与不足1%的盈利平台相比，行业内绝大多数平台仍未走出亏损的泥潭。作为一种行业现象，亏损的原因必然也是行业性因素所致，在苏宁金融研究院互联网金融研究中心看来，网贷平台盈利难，源于三大成本黑洞。

黑洞一：资产获取的资源投入黑洞。

网贷平台的资产获取一般包括自营资产和第三方资产两个渠道。为了确保资产规模的稳定性，大平台倾向于自己找资产，在整体资产荒的背景下，优质的高息资产不多，平台多通过线下渠道人工找资产，致使运营成本高企。

以表1中月交易量最低的联金所为例，其官网显示，联金所的资产提供方联金微贷目前已经在40余个大中城市设立了46家分支机构，其中一类分公司（20家）统一配备500平方米的办公场所和65人的专业团队，二类分公司统一配备150平方米的办公场所和15人的专业团队，每家分公司每月可合计开发超过2 000个新增借款客户。月均一亿元的交易规模尚需要如此多的人力资源配置，月均几十亿元交易额的平台需要配置更多的力量获取资产。据笔者了解，很多大平台虽然没有披露具体的资产来源，但其借款项目很多也都源于线下渠道，其线下客户经理或线下代理人员数据少则几万，多则十几万，由此带来的人员成本和渠道租金成本在促成贷款中的占比多在10%以上，构成了运营成本高企的重要来源。

黑洞二："本息保障"的成本黑洞。

《网络借贷信息中介机构业务活动管理暂行办法》虽然明确要求网贷机构不得"直接或变相向出借人提供担保或者承诺保本保息"，但从实际情况看，P2P平台仍普遍承担隐形的"本息保障"责任，因不良资产形成的资产减值损失需要平台自行消化。为了尽可能降低风险损失，网贷平台不得不在贷前资产选择、寻找第三方增信、贷中风险审批、贷后风险监控、不良资产催收以及抵质押物变现等方面投入大量资源，大大提升了平台运营成本。如图1所示，平台从接到借款申请到最后资产到期退出，中间涉及多个环节。

问题在于，即便平台在风控环节投入了大量精力，受客户资质和经济大环境等因素影响，行业内平均不良率仍然在8%以上，导致平台资产减值损失居高不下，不少平台的资产减值损失占平台营收的比例甚至达到50%以上，成为名副其实的成本黑洞。

黑洞三："流量枯竭"背景下的获客成本黑洞。

近年来，各类互联网产业的快速崛起，始于网民数量快速增长的红利，然而，现阶段这一红利已呈现出明显的逐年下降态势，不足以支撑行业的高速增长。CNNIC发布的《中国互联网络发展状况统计报告》显示，截至2016年6月，我国网民规模达7.10亿人，互联网普及率达到51.7%，其中农村互联网普及率达到31.7%。从增速上看，自2014年以来，网民数量增速已经从10%左右大幅下降至6%左右，如图2所示。

借款申请

>> 实地考察审核
对借款人进行严密的实地考察，审核多种个人信息，剔除不良借款人

>> 多重交叉验证
与多家第三方征信机构合作，全面收集信用数据，交叉验证防范欺诈

>> 大数据风控授信
已建立大数据风险模型，可根据借款人信息及第三方综合评估授信

百里挑一，筛选优质借款人

>> 贷后监控管理
已建立完善的贷后监控及预警系统，监督借款人按时还款并对风险预警

>> 严控借款用途
个人消费贷的真实交易，严控借款用途，避免资金挪作他用

>> 签订法律协议
每笔借款项目均会生成电子协议，约束借款人按时履行还款义务

环环相扣，确保按时还款

>> 合作机构代偿
认证合作机构为推荐的每笔借款提供连带担保，全额代偿本息

>> 快速专业催收
专业催收团队快速跟进追偿，多种方式追踪借款人，督促其尽快还款

>> 足额抵押物变现
对抵押物进行严格价值评估，若借款人逾期，立即启动抵押物处置程序

多重防线，有效抵御风险

>> 高达 1 亿元风险准备
从每笔借款的服务费中提取一定比例作为风险备用金。

更有风险准备金，助您安枕无忧

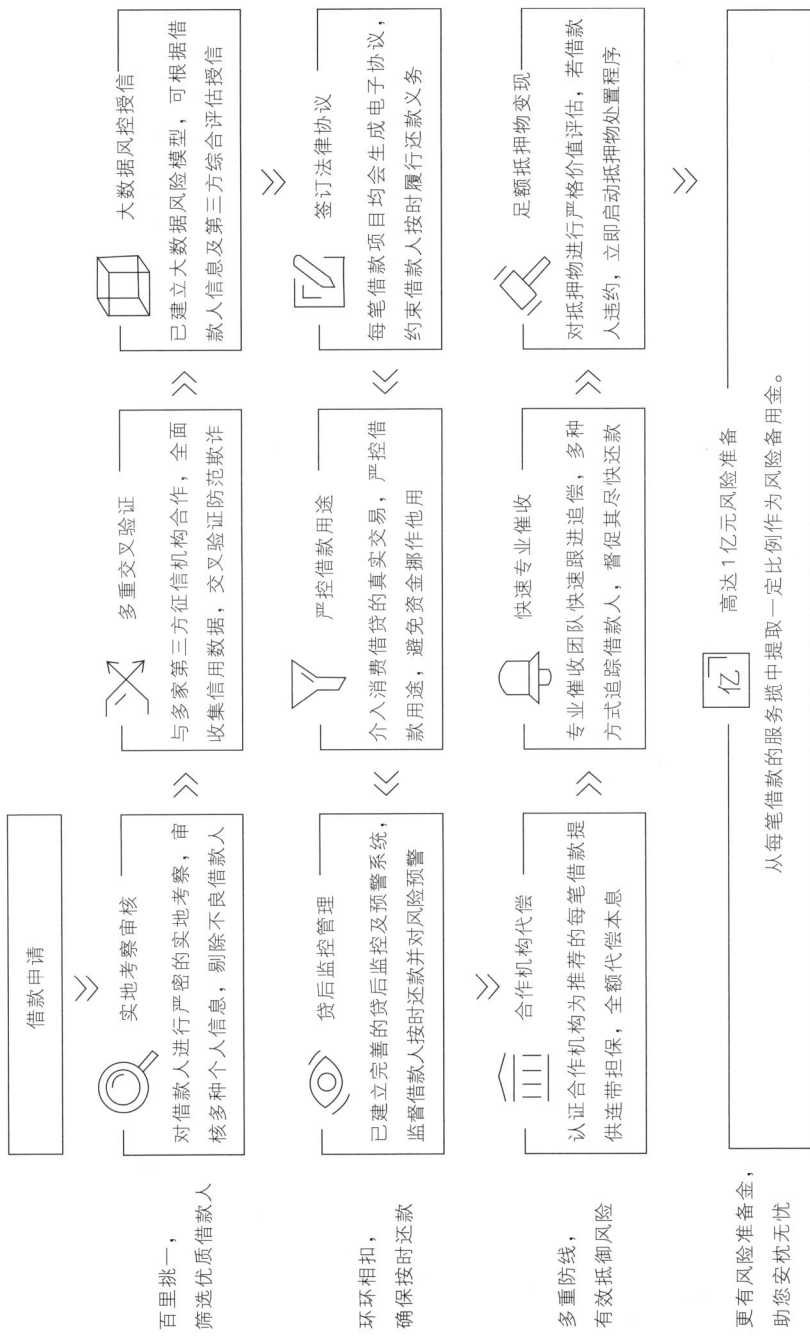

图 1　网贷平台风控成本知多少

数据来源：某平台官网

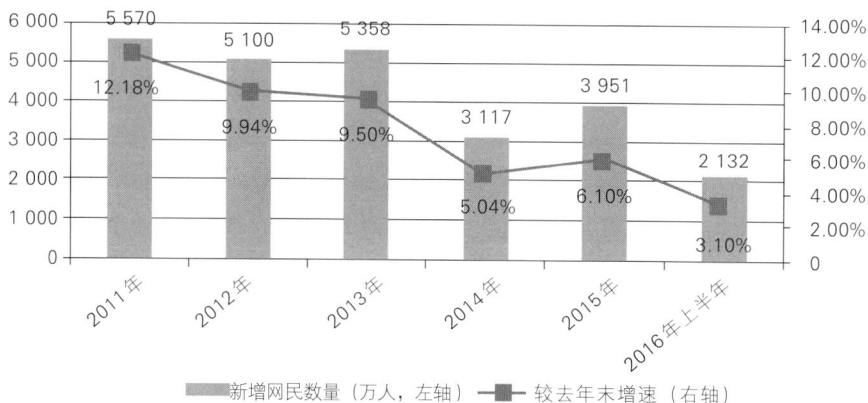

图2　2011年以来我国网民新增情况

就互联网理财来看，截至2016年6月，国内互联网理财用户数为
1.014亿人，较2015年年末新增1 114万人。2013年和2014年用户爆发式
增长的态势不再，这背后的主要原因在于互联网理财产品的购买便捷性、
高流动性和其发展之初的高收益等特点，使其潜在用户已很大程度得到转
化。随着理财收益率的持续下滑，互联网理财对新用户的吸引力逐步下
降，用户新增也进入到相对平稳状态。

在此背景下，网贷平台的用户获取也不得不从数量和增量优先转向质
量和存量优先，客户的争夺日趋激烈，获客成本大幅提升。据悉，目前平
台的有效获客成本已经达到千元以上，成为运营成本居高不下的重要
原因。

如何破解网贷平台的盈利困境？

综上，就目前的市场环境和行业环境看，网贷平台要实现盈利，首先
要过规模关、风控关和获客关。规模关是说交易规模要足够大，超过行业
盈亏平衡点；风控关是说风控模型要足够有效，坏账率水平低于行业平均
水平；获客关是说客户基础足够丰富，依靠存量客户即可维持正常运转。

在此基础之上，需要着力在资产端获取上削减成本，综合利用资产转型、渠道转型、第三方渠道合作等手段，降低资产获取过程中的渠道成本和人力成本。当然，在市场竞争允许的情况下，适当下调理财端收益率水平对于实现盈利也有立竿见影的效果。不过，凡事总是说起来容易做起来难，对网贷平台而言，以上几点并不容易实现。也正是因为不容易实现，盈利的平台才如此少见。

展望未来，随着各项监管政策的逐步落地，行业规模空间大幅压缩，准入门槛也大幅提升。届时，众多小平台将因合规因素选择退出，一些平台也会因市场空间的压缩而退出，剩下的平台以行业巨头为主，市场竞争将更趋理性化，"本息保障"的隐形规则也有望打破，届时存活下来的平台可能更加容易实现盈利。

经历了"鸡飞狗跳"的2016，网贷行业前景全看一个字

对网贷行业而言，2016年可谓"鸡飞狗跳"的一年。这一年，有平台爆雷，有平台停业，有平台苦苦追求转型之路。在平台行为的背后，反映了一些深层次的行业问题，这些问题有些很扯淡，有些很无奈，还有很多艰难无比。繁华褪去，光怪陆离中，我们可以粗瞰一下这个行业的前景与未来。哦，对了，你可能要问，这个行业真的还有未来吗？当然有，未来已来，就蕴藏在过去已经发生和现在正在发生的一系列事件之中。

这一年，网贷行业发生了哪些大事？

概括来讲，这一年的行业大事无外乎三件：

一是问题平台不断，引发舆论关注热潮。

2016年1月至11月，网贷行业累计出现问题平台1 397家（如图1所示），其中，停业880家，占问题平台总数的63%；转型14家；剩余503家分别为跑路、提现困难和经侦介入，均直接影响了投资者的资金安全。下半年以来，问题平台中主动停业的平台比例提升，而跑路平台比例则出现明显下降。

从地区分布上看，广东、山东、上海、北京和浙江属于问题平台重灾区，5省市合计问题平台数量为863家，占全国总数的62%。从时间上看，5月至8月是问题平台集中出现的高峰期，合计数量658家，接近全

年数量一半；9月份以后，问题平台数量显著放缓。一个重要的原因在于，根据《互联网金融风险专项整治工作实施方案》的统一安排，各地针对网贷互联网平台的摸底排查工作需要于7月底之前完成，从实际进度上看，多数地方均在8月前后完成此项工作。有组织的摸底排查使得问题平台得以在短时间内暴露，相反，排查之后，运营平台均已在地方"备案"，自然也就不易出问题了。我们相信，随着集中整治工作的继续推进，问题平台新增数量还会呈现快速下滑的态势。

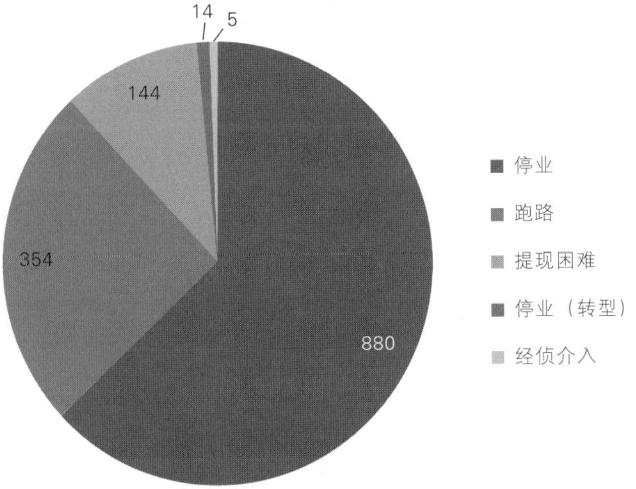

图1 2016年1—11月问题平台类型

数据来源：网贷之家，苏宁金融研究院

二是监管框架出台，网贷与"大金融"梦想说再见。

8月24日，《网络借贷信息中介机构业务活动管理暂行办法》正式出台，关于网贷行业的监管规则、机构定位和业务红线等最终尘埃落定。从监管精神上看，备案管理、电信业务经营许可证、银行资金存管成为环环相扣的三道槛，其中银行资金存管是难度最大的一道。

据苏宁金融研究院不完全统计，截至11月末，上线银行资金存管的平台仅为111家，不足运营平台数量的5%。除此之外，新规在业务层面也对网贷行业做了诸多限制，除了明文禁止的"13禁"以外，交易限额和债权转让的规定使得行业普遍的大单模式和债权转让模式面临合规风险，也在很大程度上降低了网贷行业向"大金融"平台过渡的可能性。

简要解释如下：个人单平台20万元、多平台100万元的上限规定，变相调降了P2P行业对消费类贷款市场的可参与规模；企业单平台100万元、多平台500万元的上限规定，变相调降了P2P行业对企业贷款市场的可参与规模；对债权转让和代售/发售理财产品的限制，则很大程度上斩断了P2P平台与主流金融业态的业务联系。至此，网贷平台在适应监管新规积极转型的同时，也不得不与"大金融"梦想说再见了。

三是行业分化加剧，资金向头部平台集中。

网贷之家数据显示，2016年1至11月，行业排名前10%的平台（200多家）交易量占比为85.64%，较2014年提升11个百分点。从排名前十的平台数据来看，交易量集中的趋势更为明显。2016年11月，行业前十大平台交易量为795亿元，占行业交易量的36.18%，较6月提升5.59个百分点；前20大平台交易量为996亿元，占行业交易量的45.32%，较6月提升6.85个百分点。从发展趋势来看，资金向头部平台集中的趋势仍然在进行中，且速度将越来越快（如图2所示）。

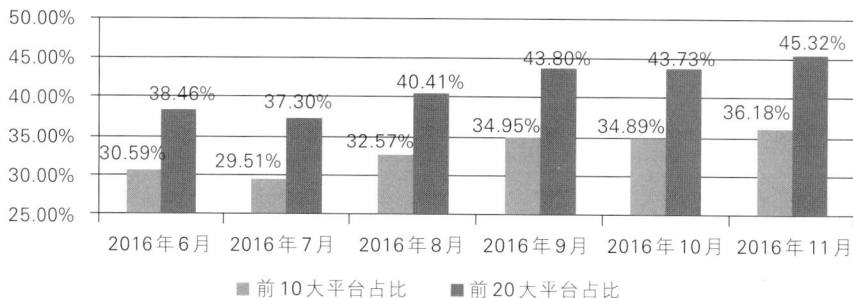

图2　网贷行业交易量集中度分析

数据来源：网贷之家，苏宁金融研究院

这一年，网贷公司过得怎么样？

种瓜得瓜种豆得豆，一个行业终究要为前期的行为买单，无论好的还是坏的。2016年，就是网贷行业集中买单的一年，说实话，大家过得不怎么样，之前有多光鲜，2016年就有多凄惨。

一是资本寒冬名副其实，融资平台数量骤降。

2016年互联网行业迎来资本寒冬，在互联网金融领域，资本融资仍然保持了高速增长态势，但已经出现了明显的向头部企业集中的现象。2016年1至11月，互联网金融领域累计发生股权类融资176起，较2015年减少11起，累计融资金额1 083亿元，较2015年增长149.78%。其中，前10家企业融资额占行业融资额的83%左右，同比提升10个百分点。

在网贷行业，这一趋势尤其明显。据苏宁金融研究院不完全统计，2016年网贷行业累计发生股权融资14起，较2015年减少5起；合计金额95.92亿元，不考虑陆金所影响（陆金所单笔80.44亿元），合计金额15.48亿元，较2015年提升2.72亿元。从融资分布来看，呈现出明显的向头部平台集中的现象。14家融资平台中，陆金所一家金额占比为84%，前5家合计占比96%。

二是资金存管上线120家，合规之路道远且长。

在地方金融办备案、电信业务许可证和银行资金存管三大合规门槛中，银行资金存管恐怕是网贷平台合规之路的最大障碍。近期，网传资金存管业务指引已经定稿并将于近期发布，其与征求意见稿相比略有修订，但核心要求未变。在联合存管模式不被承认的情况下，网贷平台唯有把宝押在银行身上，主动权在银行手里，但银行缺少动力。

当前，网贷行业正在加速分化中，行业内2 300多家平台中，大多数将在未来一两年内或转型或倒闭。对商业银行而言，一旦开展存管业务的平台破产倒闭，不仅前期的IT投入无法回本，还容易面临潜在的与资金兑付相关的声誉风险问题。虽然在法律上银行无须承担兑付责任，但理财者在资金兑付无门的情况下往往会找银行讨说法，对银行的声誉有一定的负面影响。基于此，银行开展资金存管业务时，往往会设计较高的准入门槛，以尽可能地降低合作平台破产倒闭的可能性。结合银行对平台交易规模、资产质量等条件要求，至少有70%以上的平台会被挡在资金存管门外。

从今年以来上线资金存管的平台数据来看，8月和9月出现了银行资金存管上线的小高潮，之后上线数量逐步回落，而距离网贷新规的过渡期

却越来越近，真是令人看着着急。每月上线银行资金存管的平台数量如图3
所示。

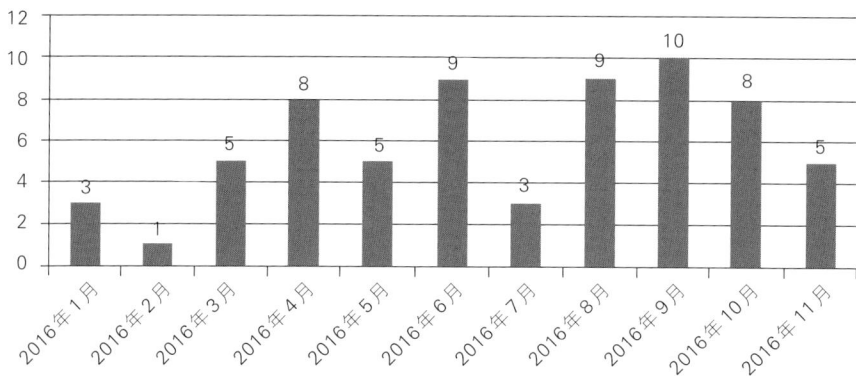

图3　每月上线银行资金存管的平台数量（家）

数据来源：网贷之家，苏宁金融研究院

三是盈利平台不足1%，造血能力缺失成心头大事。

随着网贷行业回归普惠并纳入到统一监管之中，围绕在网贷行业身上
因监管套利而产生的估值溢价已经大幅缩水，资本市场对网贷行业更为理
性化，开始更多地忧虑巨额成交量背后的不良率隐忧。在此背景下，不盈
利的平台已经很难获得外部风险资本的支持，而债权融资的道路又一直不
通，唯有自我造血能力才能成为平台在行业分化中持续生存的屏障。然
而，遗憾的是，恰恰行业的盈利能力并不乐观。据苏宁金融研究院不完全
统计，截至2016年10月，行业内可查盈利平台数量18家，不足正常运营
平台数量的1%。

今年以来，先后有880多家平台主动退出，更有多家上市公司主动抛
售网贷平台股权，除合规成本和品牌声誉考虑外，造血能力不足应该是重
要的原因。毕竟，无论任何行业，最后终归是要以赚钱能力论短长的。

四是转型创新概念多于实际，突围之路任重道远。

面对内外部的种种困境，创新和转型成为不少网贷平台着力突围的方
向，其中，一站式平台、转型金融科技企业等成为不少平台的时髦选择。
然而，遗憾的是，从整体上看网贷行业仍然是说得多、做得少，突围之路

任重道远。

以一站式平台为例，年初各大平台宣布转型时，基本都提出了诸如"产品分类、用户分层、智能推送、全球配置"的目标，年底回过头来分别看一下：产品分类倒是有，但根本不全，基本仍局限于P2P理财产品的圈子内，少数平台通过"租借"牌照的形式上线了基金理财，也仅此而已；用户分层基本无从谈起，所有的理财产品都还是少则1元、多则5 000元起步，享受的服务也都是无差异的，根本起不到客户分层的效果；智能推送，如果指的是定期发短信营销，很多平台倒是实现了，要说基于用户自身理财诉求、"千人千面"式地智能营销，还有很大的差距；全球配置，这一项几乎无一达标，个别平台上线了海外基金资产，交易量寥寥，形同鸡肋。不出所料，年初的目标和年底的达标从来都是两回事。

未来已来，2017年网贷前景展望

回首2016年，网贷行业可以用"乱、难、变"三个字来简单概括。"乱"是跑路平台此起彼伏，上半年尤其如此；"难"字则一言难尽，合规难、盈利难、转型难，事事都难；"变"字凸显的是行业的求变之心，穷则思变，传统的模式已然行不通，不变不足以前行，虽然行业在"变"字上走得还不远，但已经在路上。

展望2017年，"乱"字渐去、"变"字当先、"难"字依旧。随着网贷新规落地，网贷行业的乱象将慢慢销声匿迹，投资者购买互联网理财产品遇雷的概率将大幅下降。与此同时，对于这个加速分化的行业而言，企业唯有主动求变，才能更好地生存，营销思路要变、业务模式要变、品牌形象要变；最后，依然是"难"字当头，绝大多数企业都难以摆脱平庸的结局，最终以"变"突围的应该只有寥寥数家罢了。

"网贷评级第一案"正式宣判，这几个问题需要厘清

2016年12月27日，有"网贷评级第一案"之称的"短融网诉融360侵犯名誉案"在北京市海淀区法院正式宣判，宣判结果为驳回原告所有诉讼请求。换句话说，被告方融360胜诉了。

不过，原告方短融网表示仍将上诉，这件事可能并未尘埃落定，但并不妨碍我们针对网贷评级这件事多说几句。毕竟，作为有着强烈行业外部性的行为，评级涉及的绝不仅仅是评级机构和被评级一方，它与千千万万的投资人也有着切身关系。究竟什么样的评级才叫客观？投资人期待的又是怎么样的评级结果？这是件值得讨论的事。

事件回顾

2015年2月9日、5月19日，融360联合中国人民大学国际学院苏州研究院先后发布两期网贷评级报告，在两次评级行为中，短融网先后被评为C级和C-级。短融网对评级结果表示不认可，最后起诉融360侵害其名誉权，要求赔偿50万元。本案于2015年12月15日在北京市海淀区法院开庭，并于2016年12月27日正式宣判。

根据判决结果，该案主要依据《中华人民共和国反不正当法》第14条的规定"经营者不得捏造、散布虚伪事实，损害竞争对手的商业信誉、商品声誉"进行审理，关于评级资质问题，法院认为当前没有明确的法律法规对网贷评级主体资质、评判要求和标准作出具体规定，因此法院判断

融360是否构成商业诋毁，不以其是否具备合法评级资质为考虑因素。

关于评级结果是否构成商业诋毁，法院认为单纯的竞争关系的存在，与捏造、散布虚伪事实不产生必然联系。一般情况下，除非发生评价方式不恰当，评价内容不真实或存在主观恶意等情况，不能限制或禁止经营者对他人的竞争性业务进行评价。此外，对于评级报告所使用的数据信息的真实性、完整性问题以及评级体系规则科学性、合理性问题，海淀法院也分别作了分析说明，并最终驳回了原告短融网的全部诉讼请求。

不是判断的判断

融360对短融网的评级客观吗？

此次诉讼的争论焦点在于评级结果是否客观。法院判决讲究证据，而投资人可能还会考虑直观印象等因素，在此，不妨基于公开信息，从直观印象角度尝试做一个不是判断的判断。

从评级结果看，融360把被评级平台分为：A、A-、B、B-、C、C-六个类别，其中C和C-最弱，在两次评级结果中占比均在50%以上，报告对这两个评级的评语为：

C：平台综合实力较弱；平台在运营过程中存在较多的问题，管理团队实力一般；品牌知名度一般。

C-：平台综合实力弱；平台在风控、运营等能力方面较差，管理团队实力较弱；品牌知名度低。

应该讲，这样的评语还是有很强的导向性的，起码就笔者而言，看到类似"存在较多的问题""在风控、运营等能力方面较差"等评语，对这样的平台是要敬而远之的。因此，若评级结果并不客观，被评级平台肯定是要站出来维护自身利益的。

那么，对短融网而言，评级结果是否客观呢？

先来了解下短融网。短融网是专注于短期投融资理财产品的平台，线上主要有金农宝（涉农产品）、车押宝（车辆质押）、企业宝（企业融资）、天天赚（类活期产品）等四款产品，3个月及以下期限产品成交占比超过 60%。短融网于 2014 年 7 月上线，3 个月后即获得千万美金级 A 轮融资；2016 年 1 月获得辅仁集团的 B 轮融资，持股比例达到 40%，变身为上市公司成员企业。并入大集团之后，短融网的发展进入快车道。官网数据显示，2015 年全年平台合计成交 10.83 亿元，2016 年 1 至 11 月合计成交 21.28 亿元，结合 11 月成交数据，预计 2016 年全年成交 24.28 亿元，同比增长 124.19%，略高于行业平均 114.43% 的增速水平。从行业中地位来看，据网贷之家监测数据显示，短融网成交量基本维持在 110 名前后。

因此，基于目前的股东背景和业务数据，C 或 C-的评级结果，短融网肯定是不能接受的。不过，融 360 的两期评级报告是 2015 年 5 月之前作出的，当时的短融网上线时间不足一年，平台成交产品 90% 以上为车押宝，月均成交额 4 400 万元左右，而同期行业月均成交 500 亿元左右，短融网占比约为 0.088%，影响力的确不大。而能证明短融网内部管理水平的债权劣后基金以及与普华永道的审计合作，均是 2015 年 6 月上线的。从这个角度看，融 360 基于 2015 年 5 月之前信息的评级结果是否公允，大家自行去判断吧。

如何看待行业评级这件事？

双方谁对谁错，作为不掌握内部详细数据的吃瓜群众就不多操心了。不过，鉴于行业评级带有很强的外部性和公益性，从行业健康发展的角度，不得不对评级这件事多说几句，主要说一点：应该如何看待评级结果的客观性？

首先要清楚一点，只要是公允的评级，就不可能让所有人都满意。因为只要存在评级，自然就会有高有低，高评级的平台自然欢喜无比，低评级的平台肯定会对结果不满，这些都在意料之中。网贷评级事关投资人钱财，如果像某些行业的年终颁奖一样，每家都很好，只是好的角度不同，那不仅是没啥参考价值，还误导群众了。

在笔者看来，评级框架是否合理见仁见智，但一定要公开，唯有如此，才能够有足够的底气接受被评级单位和投资人的咨询与评判。在评级框架明确之后，数据的采集应尽可能全面、客观，但鉴于行业信息披露的客观环境，这一点不应苛求。只要标明数据源或基于同样的模型对数据进行加工，都是可取的。在此基础之上得出的评级结果，无论准确与否，起码都是基于同一尺度，对监管机构和投资人都有一定的参考意义，评级本身所要达到的目标也就基本实现了。

回头看看融360的评级，从披露信息看，融360的网贷评级共包括5个大项合计18个小项，每个小项又对应若干可量化或不可量化的指标。如考察股东背景，主要根据平台是否有银行、国资、上市公司背景及是否获得风险投资等非量化指标进行评估，而平台活跃度一项则主要通过平台借款人数、投资人数、平均满标时间等可量化指标进行考察（见表1）。

表1　　　　　　　　　　　　　融360网贷评级框架

评级细则	背景实务 30%	股东背景
		是否加入有关协会
		管理团队背景
		IT技术实力
		注册资本
		实际运营时间
	平台风控 25%	债权保障
		资金安全
		标的种类
		借款集中度
	运营能力 20%	期限加权成交量
		平台活跃度
		现金流
	信息披露 15%	运营数据
		借款人信息披露
		其他信息披露
	用户体验 10%	资金流动性
		投资便捷性

资料来源：融360于2015年2月发布的《2015年网贷评级报告》，后面每期略有修改

应该讲，上述评级框架是没有问题的，同时考虑到在2015年上半

年，P2P行业的集中规范整治尚未开始，行业平均利率还处于15%以上的高位，整个行业鱼龙混杂，E租宝之流正大行其道，行业潜在风险已经开始暴露。就当时市场环境而言，一套公开透明的网贷行业评级体系有着重要的社会效应，作为吃瓜群众，我们不会有太多苛求。

2015年4月，E租宝联合创始人张敏荣膺某权威媒体评选的"互联网金融风云人物"称号。5月，E租宝开始进军主流电视台、地铁、火车站等，开始了铺天盖地的宣传，大批的投资者正是在那个时候上了"这艘船"，最后苦不堪言。

不是总结的总结

最后找个证券行业的例子作为结束吧。国内券商的研究报告都是"买入""增持"，基本看不到"卖出"字眼。据21世纪经济报道的不完全统计，2011—2015年，A股券商研报一共出现了9次卖出评级，且都附上了波段操作建议，并未敢完全看空。为什么，因为没有分析师敢出卖出报告，去得罪上市公司以及机构投资者。圈内有个传闻，2014年，上海某大型券商分析师曾在自己的朋友圈表态不看好某上市公司近期的定增与发展规划，此言传到该上市公司耳中，勃然大怒，号称要封杀该分析师。

那么，这样的评级，是我们所期待的吗？

网贷、小贷、网络小贷，傻傻分不清楚？一文秒懂！

据不完全统计，目前国内具有网络小贷（或称"互联网小贷"）资质的企业已经达到80家左右，这一数量还在快速增长中。另一方面，随着网贷新规的落地，网贷平台数量在快速下降中。与此同时，全国8 000余家小贷公司仍饱受不良困扰，陷入了盈利的泥潭。三种看上去很接近的机构，发展的前景却有着天壤之别。

那么，三类机构究竟有怎样的区别呢？首先说明一点，如果你只是普通网贷投资者，只是想选个更好的理财平台，那么几乎可以不必往下看了，因为网络小贷、小贷都和投资理财没啥关系。而作为财经领域从业者，建议还是读下去，以免不经意犯下张冠李戴的错误。

"复杂"的关系：一边兄弟一边邻居

一句话来概括三者的关系：小贷与网络小贷是兄弟，存在血缘关系，他们与网贷只能算是邻居，存在基因上的不同。来，先看一下三者的官方定义：

网络小贷：小额贷款公司主要通过网络平台获取借款客户，综合运用网络平台积累的客户经营、网络消费、网络交易等行为数据、即时场景信息等，分析评定借款客户信用风险，确定授信方式和额度，并在线上完成贷款申请、风险审核、贷款审批、贷款发放和贷款回收等全流程的小额贷款业务。

——摘自2016年12月上海金融办颁布的《小额贷款公司互联网小额贷款业务专项监管指引（试行）》

小贷公司：即小额贷款公司，是指由自然人、企业法人与其他社会组织投资设立，不吸收公众存款，经营小额贷款业务的有限责任公司或股份有限公司。

——摘自2008年银监会发布的《关于小额贷款公司试点的指导意见》

网贷平台：即网络借贷信息中介机构，是指依法设立，专门从事网络借贷信息中介业务活动的金融信息中介公司。该类机构以互联网为主要渠道，为借款人与出借人（贷款人）实现直接借贷提供信息搜集、信息公布、资信评估、信息交互、借贷撮合等服务。

——摘自2016年8月银监会发布的《网络借贷信息中介机构业务活动管理暂行办法》

从官网定义上可以看出，网络小贷是小贷公司的一种，是放贷机构，二者均由地方金融办负责牌照发放和监管事宜，只是在经营区域上有限制，在此将其称为"兄弟"关系。

网贷平台定位为信息中介机构，不具有放贷资质，与网络小贷存在"基因"层面的差异，但网贷平台的借款产品和网络小贷的产品均属于网络借贷的范畴，离得不远，在此将其称为"邻居"关系。

小贷公司两大特征性"束缚"

下面，先来说说小贷公司。为缓解小微企业、三农客户融资难问题，2005年中央一号文件提出探索建立小额信贷组织，中国人民银行开始在5个省试点组建小额贷款公司。2008年，银监会、中国人民银行印发《关于小额贷款公司试点的指导意见》，小贷公司得以迅速发展，在机构数量和贷款金额上均实现了快速增长。

近年来，随着实体经济的持续低迷，小贷公司的经营也陷入困境，小贷协会2015年的调研数据显示，个别省份超过1/3的小贷公司已经不能正常营业。据了解，实际情况可能还要严峻一些。虽然作为放贷机构，小贷公司的问题归根结底是实体经济的反映，但泛泛地归因并不能解决问题。在笔者看来，小贷行业的难题可归结于"两大特征"，而部分机构对"两大特征"的突围尝试则进一步加剧了行业困境。

特征一：属地化经营。

政策设定的小贷公司经营理念为"小额、分散、接地气"，"小额、分散"不说了，"接地气"就是熟门熟路、街坊邻居、乡里乡亲，即基于区域内的地缘、人缘和信息源优势开展业务。所以，小贷公司的经营范围普遍局限于县域，也使得小贷公司的数量一度接近9 000家，成为法人数量最多的放贷机构。

当然，随着各地试点政策推进的不同，在区域限制上也并非一刀切，有的可放松至地市一级，有些则开始放宽至省市一级，如2016年上海实施的小贷公司监管办法，针对股东的不同，还有些放宽至全国范围（互联网），这就产生了网络小贷的概念，先按下不提。不过，整体而言，对于99%的小贷公司而言，县域化经营仍然是其最突出的特征之一。

特征二：有多少钱办多少事。

小贷公司设定的第二个理念是"用自己的钱办事""有多少钱办多少事"，说白了，不要想着通过向社会公众募资来放贷。体现在监管上就是对小贷公司的资金来源作了比较严格的限制，除股东存款外，还可以"从不超过2个银行业金融机构融入资金，余额不得超过公司资本净额的50%"，不得面向社会公众募集资金，防止风险外溢。当然，在一些地方，小贷公司还可以通过公开发债、证券交易所等渠道融资，但门槛高不说，也会占用小贷公司的借债额度，一般为不超过资本净额的100%。

受上述两大特征的限制，小贷公司普遍规模较小。截至2016年9月，国内共有小贷公司8 741家，平均贷款余额1.06亿元，平均员工人数12.9人，不足一个银行网点的人员数量。

小贷和网贷，曾经很恩爱

对小贷公司而言，突破与生俱来的"属性"限制成为做大做强迈不过去的一道坎。网贷的兴起无疑为小贷公司的突围开辟了便捷的道路，很多小贷公司通过开设网贷平台的方式变相突破区域和资金来源限制；也有很多小贷公司通过为网贷平台输送资产来变相实现"贷款资产证券化"，加速资金流转效率。借助网贷的兴起，小贷行业似乎找到了做大做强的腾飞之路，但也埋下了很多隐患。

"若要小儿安，三分饥与寒。"小贷公司扎根地方，接地气，才能做银行做不了的贷款业务。但一旦插上了"腾飞"的翅膀，真正实现了跨区经营，做到了资金无忧，短期内，资产规模可以快速做大，但不再接地气后，膨胀后的资产风险隐患快速上升，使得平静的表象之下暗流涌动。以与P2P平台的资产端合作为例，由于P2P平台均实行"本息保障"政策，作为资产方的小贷公司不可能把项目风险转移出去，只是将表内项目表外化，积聚了大量表外业务风险，远远超过其资本承受力。一旦风险暴露，则面临灭顶之灾。

很多小贷公司在与网贷的甜蜜合作中走到了关门倒闭的路尽头。而随着网贷监管的趋紧，仍在持续的合作关系也开始面临诸多限制：

首先，通过网贷变相募集资金已经此路不通，如重庆金融办明确规定，小贷公司不得利用包括网络借贷信息中介机构在内的互联网平台融资。

其次，网贷平台的信息中介定位也使得小贷公司难以披着网贷的外壳变相实现跨区域经营。

最后，小贷公司对网贷平台的资产转让，由于做不到实质风险的转移，一味追求周转率也变得没有意义，周转次数越多，风险积聚越大。

显然，曾经紧密合作的两类机构，在合作关系上已经不再紧密。在此背景下，网络小贷成为双方共同的转型目标。

网络小贷会成为谁的救星？

网络小贷是小贷的延伸，摆脱了经营地域限制，展业范围更广，因而牌照价值要大得多。但如上文所述，并非所有的小贷公司都能做好全国性业务，越是接地气的小贷公司，越是难以做好跨区域业务。做好全国性业务，需要的是大数据和全国性的场景，这是三大电商均获得全国性小贷牌照的原因，也是上海网络小贷监管指引更青睐大型互联网服务企业和境内外知名金融机构（或金融控股集团）的原因所在。因此，对于全国8 000余家小贷公司而言，可能接近99%的企业都难以通过网贷小贷牌照的获取来实现"突围"式跨越。

对网贷平台而言，急需要摆脱信息中介定位的"束缚"，转型网络小贷显然可以达到这一目的。但问题在于，网络小贷是"小贷"的基因，并不能募集公众资金，意味着转型的同时先要砍掉理财端。对大多数网贷平台而言，这并非一个容易做出的决定。而且，即便网贷平台有这个决心，网络小贷的牌照也并不是那么容易申请的，看看上海的规定就知道了。

说到最后，三类机构，各有各的局限，也各有各的特点。要过好自己的日子，需要的是自己的努力，希望通过变成别人来曲线救国，注定是不靠谱的。

P2P行业自救，99%的努力用错了地方

进入2017年以来，P2P行业月度新增问题平台（含跑路、提现困难、经侦介入三类）数量逆势上升，似乎有死灰复燃之势，投资者也本能地捂紧了钱袋子。本想借着国家的严厉打击肃清败类、为整个行业"恢复名誉"的从业者，看来还要耐心等上一两年。

市场却不等人，财富升级背景下，大资管行业全面爆发，巨头加快圈地步伐，机遇窗口一过，P2P行业难免边缘化，但跑路、高风险的帽子摘不掉，行业注定难以进入主流理财市场，坐等行业的"自行清明"恐怕是来不及了。

"变好"的表象下藏着最大的行业危机

整体来看，P2P专项整治以来，成效显著，月度新增问题平台数量明显下降，如图1所示。自2016年8月以来，问题平台数量从每月最高新增70余家降至23家左右，同时，性质最恶劣的平台跑路数量也快速降低，已经从月均40家左右的水平降至个位数以下。

问题平台数据快速下降的同时，行业交易量也在稳步提升。2016年12月，行业单月交易量达到2 443亿元（受春节因素影响，2017年1月交易量略有下降），同比增长83%，环比增速也达到11%，行业累计交易量突破4万亿元大关。

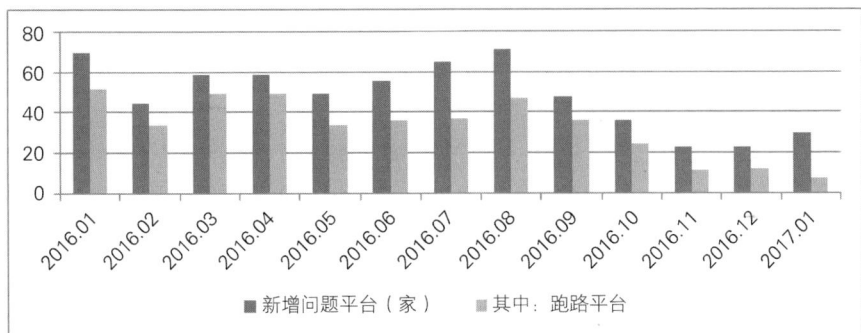

图1　P2P问题平台新增数量

数据来源：网贷之家、苏宁金融研究院

　　整个行业似乎朝着健康、可持续的方向发展着，但实际的情况却是，目前的P2P行业更像那艘"泰坦尼克号"，驶向一座被大雾遮挡的冰山。绕不开这座冰川，高速增长的假象将很快化作泡影。

　　这座冰山就是大众投资人心中的"行业印象标签"。对投资人而言，投资的平台出现提现异常甚至卷款跑路的情况无疑是最大的伤害。这种"很受伤"经过投资人的家庭、亲戚朋友甚至社交平台、媒体的向外传播，反过来会对整个行业的品牌形象带来难以逆转的损害。时日稍久，行业在公众的印象标签中就会增加一条"高风险"，从而把主流投资人阻隔在门外，发展空间越来越受局限。

　　好在，还有"国资系""上市公司系""风投系"，甚至"银行系"等几个标签一度成为行业发展的中流砥柱，得以独立于行业整体的"高风险"标签，成为P2P投资者的避风港湾。

　　在网贷论坛上，经常可以看到类似这样的对话：

　　（网友）问：现在P2P平台跑路的这么多，还能不能投啊？

　　（意见领袖）答：买××平台吧，有国资背景，虽然利率低点，但比较靠谱。

　　底下一群网友附议……

　　在网贷第三方平台中，通常会给平台贴上"民营系""银行系""上市公司系""国资系"等标签，方便投资人选择。数据显示，2016年8月至2017年1月，"银行系"、"上市公司系"和"国资系"平台月交易量占比提升接近 10 个百分点。

但市场逐渐发现，上述标签亦非 P2P 投资的"避雷针"。据不完全统计，标榜国资系的平台中，先后有近 20 家出现问题，甚至不乏经侦介入。国资系都不灵了，上市公司系就更不用提了。

"避雷针"的失灵使得 P2P 投资在用户心中引发了极大的认知混乱。既然没有哪类平台是绝对安全的，那些活跃的网贷"老鸟"或意见领袖们也不敢再随意推荐平台了。面对 P2P 投资，普通投资人变得无所适从。

首先要理解，并非中字头央企背景才叫国资系，如某县级市下属某事业单位入股的投资基金参与入股的一家 P2P 平台，也是国资系，沾点国资背景即可。在国企发债都有违约的当下，此类平台一旦出事，根本不会像投资人想象的那样有人会出来兜底。更何况，还有一批和国资毫无关系的平台打着"国资"的名义吸引投资人，造成"国资系"这一金字招牌的含金量急剧下降。

一如大雾中的航船失去了"灯塔"指引，P2P 投资在大众的认知中失去了"安全性标签"的指引，渐渐失去群众基础，离主流市场远去。

摘掉"高风险标签"，自我救赎的关键一步

不解决"高风险"的负面标签，行业发展终究迈不过主流理财市场那道坎。摘帽，成为自我救赎的关键一步。为整个行业正名需要更大的力量和更长的时间。就单个平台而言，为自己正名才是要紧之处。

自 2016 年以来，不少 P2P 平台有意去 P2P 化，大力宣传金融科技企业的定位，以为换个马甲就能换个印象。从效果上看，这更像行业集体自嗨的闹剧，谈何容易。

贴标签是人们对事物进行快速认知的简便手段。越是不熟悉的事物，人们越习惯用标签进行归类和认知。标签化认知难免会"一竿子打翻一船人"，但自古以来就是如此。

流传已久的一些谚语，如"久病床前无孝子，久贫家中无贤妻""自

古雄才多磨难，从来纨绔少伟男"等等，都是标签化的产物，有失偏颇，但绝大多数人都奉为圭臬。近来，一些标签就更多了，比如"富二代""凤凰男""直男癌""绿茶婊""高富帅""土肥圆"等等，每个标签都有特定的含义，更是偏颇得厉害。富二代一定是纨绔子弟吗？凤凰男一定就势利薄情吗？自然不是，但包括你我在内的大多数人，可能都在有意无意地用某种标签去判断某个人或某件事。

每片树叶都是独一无二的，但谁有时间和精力去辨别每片树叶的与众不同呢？在这种集体性认知的强大影响下，很多标签，贴上了，往往就揭不下来了。所以，如果大家都认为你是P2P，那你就是一家P2P公司，一再地否认除了让人觉得掩耳盗铃以外，并没有多余的用处。

除非要彻底退出P2P这个行业，否则正视问题永远是解决问题的第一步。不妨主动拥抱P2P这个行业标签，然后再努力为自己找一个靠谱的标签化认知。

几年前，塑造这样的认知极其简单，地方政府站个台、电视台做个广告、明星代个言，人们便认为你是靠谱的。后来，事情变难了，只有借助股权的纽带才能强化这种认知，于是，国资系、风投系、上市公司系等标签也风光了一阵。再后来，股权纽带也不管用了。于是乎，投资人陷入认知混乱，而平台自己也如无头苍蝇般无所适从。其实，可以再造一些靠谱的标签啊，比如"合规"。

是的，在笔者看来，合规将是未来一段时间内P2P平台安全和靠谱的代名词。哪家平台被率先贴上合规的标签，这家平台就不愁没有客户。

但大多数的P2P平台恰恰把合规当成了枷锁，本不肯轻易就范，怎么会主动积极地配合呢？

于是，我们看到，很多交易量排名靠前的大平台，都迟迟未上线银行资金存管（对这些超级大平台而言，未上线的原因恐怕更多在其自身）；一些平台，还在留恋大额标的的美好时光，迟迟不愿意转型；更有一些平台，虽体量巨大，但并未形成基本的对金融的敬畏之心，仍然在灰色地带上弄潮，追逐一点蝇头小利。诸如此类，不一而足。

我就不明白了，在这抢占用户心智的关键时刻，怎么就没有一家平台站出来，勇敢地在自己身上贴上"合规"的标签呢？是的，也有一些平台会宣传自己的"合规"，但总感觉犹抱琵琶半遮面，并不敢用尽全力，好像自己"合规"得太高调会引祸上身似的。也许，真的是"合规"得还不够吧？

没错，要做到彻底的合规，并非轻而易举。但不脱胎换骨，又哪来的羽化成仙呢？

切入主流用户市场，只是拿到了入场券

在任何行业，"合规"都是最基本的要求。P2P行业有自身的特殊性，但无论如何，"合规"的标签也只是敲门砖而已。人们会因为你"合规"而考虑你的产品，但并不会仅仅因为你的"合规"而做出购买的决定。

拿着"合规"的入场券，你进入到主流市场的果园，没有时间流连忘返，你要做的是抓住短暂的时间窗口，把最好的一片果树给圈起来。因为，合规是最基本的要求，或迟或早，不合规的平台会被淘汰，大家都能拿到进入果园的入场券。

至于怎样又快又好地圈住一片果树，涉及战略制定（集中资源）、产品定制化研发、针对性营销等一系列"组合拳"，有时间再细说吧。

监管剑指"现金贷"，究竟哪些机构是"被整顿"的正主？

再好的政策大旗，也禁不住无底线地透支。这不，去年以来，越来越多的所谓现金贷平台举着普惠金融的大旗，以"高利率、零风控、广撒网"的激进敢干在消费金融市场搅动风云，屡屡引发舆论和社会关注，眼看就要把"普惠金融"这个大旗给弄残了，引得监管不得不出手。"No zuo, No die"，很多时候都是真理。

按理说，把这些"坏分子"揪出去既符合用户的利益，也符合本本分分的从业机构的利益，你好我好大家好；且监管对"坏分子"的特征描述也已经比较到位。这事操作起来并没有太大难度，也很难波及无辜。本没有继续深挖的必要，但考虑到 E 租宝出事引发的 P2P 的污名化对整个行业的毁灭性影响，现金贷作为最常见的贷款产品，其清誉实在毁不得。因此，不得不慎，不得不郑重地对这些"坏分子"再次进行切割，免得大多数好机构受这池鱼之殃。

正本清源，究竟谁是"被整顿"的主儿

监管剑指现金贷，几乎所有具有放贷业务的金融机构都应声"躺枪"，无他，"现金贷"这个词的外延太广了。

比如说，企业从银行贷了一笔流动资金贷款，本质上便是现金贷；个人从银行申请的低息消费金融循环贷款，也属于现金贷；一些互金巨头提供的对标信用卡的现金分期产品，也是现金贷；P2P 平台的现金借款产

品，可视为现金贷；当然，户外电线杆上的号称"极速放款"的贷款广告，也属于现金贷。

那么，上述所有的现金贷都会被整顿、清理吗？

当然不是。《关于开展"现金贷"业务活动清理整顿工作的通知》（以下简称《通知》）其实已经做了很清晰的界定，先来看一看。

从机构属性看，整顿对象主要聚焦于网贷平台、网络小贷平台及其他无相关资质的平台，首先把银行、消费金融公司等两大类机构排除在清理整顿之外。

从业务属性看，《通知》点名三大特征，分别是：

一是利率畸高。根据媒体报道，"现金贷"的平均利率为158%，最高的"发薪贷"利率高达598%，实质是以"现金贷"之名行"高利贷"之实，严重影响市场经济稳定。

二是风控基本为零，坏账率极高，依靠暴利覆盖风险。部分平台大力招聘线下人员，盲目扩张，且放款随意，部分平台借款人只需要输入简单信息和提供部分授权即可借款，行业坏账率普遍在20%以上。

三是利滚利让借款人陷入负债危机。借款人一旦逾期，平台将收取高额罚金，同时采取电话"轰炸"其亲朋好友或暴力催收等手段，部分借款人在一个平台上的借款无法清偿时，被迫转向其他平台"借新还旧"，使得借款人负债成倍增长。

在《关于开展"现金贷"业务活动清理整顿工作的补充说明》中，对于需重点关注的平台特征做了补充，又增加了"实际放款金额与借款合同金额不符"（即所谓的砍头息，在放贷时，先行从借贷本金中扣除利息、手续费、管理费、保证金等金额）、"无抵押期限短"两条。

可见，在业务属性上，整顿对象基本上又把对标银行信用卡定价标准的互金巨头系现金贷产品排除在外，主要聚焦于年化利率36%以上的高息平台。

至此，这次被清理整顿的正主已经比较明确，用一句话来总结——产品年化利率在36%（约等于等额本息还款方式下月息1.71%、日息5.7‰）以上的网贷平台、网络小贷平台、现金分期平台及其他各类创业型现金贷平台，而银行、消费金融公司等持牌机构不在其中。

从现金贷市场看年化利率超36%的合理性

此次重点整治的"嫌疑人"已经锁定了，但实话讲，这个范围还是有点广。年化利率37%和年化利率137%都属于"嫌疑人"，但性质显然不同，不能一概称之为捣乱分子或坏分子。

其实，借贷市场一直存在两个世界：一个是所谓的正规金融机构借贷市场，以银行为主，其他持牌机构为辅，利率较低，主要面向优质客户；另一个是所谓的高利贷市场，以大量处于灰色地带的民间借贷甚至高利贷等机构为主，年化利率远高于36%，主要面向在正规金融机构得不到服务的次级客群，既包括《人民的名义》中大风厂那样的中小企业（当然，大风厂还是好的，民间借贷只被用于过桥融资，正常的经营仍然可以从银行获取资金），也包括像蔡成功那样的小微企业主（蔡成功的问题在于作为自然人，其资金用途不当且金额太大，比如与丁义珍合伙盘下一家煤矿企业投机，从正规金融机构不可能满足，只能依靠高利贷）和大量无信用征信记录的普通人。

随着互联网金融的崛起，大量P2P平台和分期公司切入之前的高利贷市场，以高于36%但远低于高利贷的利率水平成功抢走了原本属于高利贷机构的用户，使得这些次级借款人也可以有尊严地借款、还款。所以，互联网消费金融有了爆发式的增长，大量的平台也如雨后春笋般涌出。

然而，林子大了，鸟儿也就多了。原本做线下高利贷的机构也开始把业务搬到线上，依旧做着高利贷的业务；更有一些居心不良的创业机构，也开始打着"普惠金融"的名义做着事实上的高利贷业务。

的确，这些机构扰乱了市场，需要进行严厉查处，还行业一个清明。但同时，要看到大多数平台的初衷都是好的，利率虽高，但并未超出"收益覆盖风险"的合理范围。对这些机构，并不宜一棍子打死。

诚然，36%的年化利率是正规金融机构的禁区，但与之相应，大量高风险的次级信贷用户也是正规金融机构的禁区。为了守住利率红线，而对整个群体一刀切，这是正规金融机构的做法。我们也许可以为正规金融机构的合规点赞，但为此漠视大量的次级用户的借款需求，真的好吗？

对大量的在正规金融机构得不到借款支持的人群而言，需求是客观存在的。农村的承包大户需要购买化肥、刚毕业的大学生要一次性交齐押一付三的4个月房租、干腻了保安的农民工兄弟想去蓝翔学开挖掘机、初入城市又有点爱慕虚荣的在某厂打工的女孩咬咬牙想买个苹果手机……

需求总是要被满足的，你不满足，民间高利贷自会去满足。与交给处在灰色地带、难以监管的民间高利贷相比，把这些用户交给致力于正规经营的线上现金贷平台，是不是更好呢？当然，前提是这些平台的初衷是解决这些用户的借款难问题，而不是为了盈利而盈利的高利贷线上化。

所以，要承认，即便部分机构的现金贷产品年化利率超过了36%，仍然有其合理性，仍然可以区别对待。

如何区别对待呢？既然高息是问题的根源，不妨还从利率着手。综合考虑这些平台覆盖人力成本、不良成本、利率成本的刚性支出，在此基础上重新界定何为合理的利率、何为高利贷。起码，36%这个水平，显然是低了，并不能覆盖这些正规经营机构的成本。

举个简单的例子，很多现金贷机构的资金成本源于P2P，基本在10%以上；不良成本也很高，好多平台在20%以上，两项相加便已30%。再考虑到人力成本、经营成本和适当的盈利需求，36%的定价水平，怎么会够呢？

至于什么样的水平合适？50%还是100%？笔者不好妄言，毕竟这些平台的运营成本通过调研都可获得，只要观念转变，重新界定一个大家都能接受的利率水平并非难事。

降温有必要，但须谨防引擎熄火

不过，消费金融的热度的确要降一降了，也不得不降一降了。

一方面，在于不给这个行业降降温，便难以从根本上拦截那些捣乱分子和投机分子；另一方面，也要承认，已经不是要不要降温的问题，监管的关注本身就会给这个行业降温。

举例来说,笔者认识的一些消费金融平台,虽然其利率水平远在36%以下,与此次清理整顿无关,但都已经在有意地与"现金贷"进行切割,市场营销活动低调了很多,力度也大不如前。

正如文章开头笔者担心不要因为部分机构的胡来影响现金贷产品的清誉一样,以此为契机对整个消费金融行业的降温也要把握好尺度,毕竟降温是为了更好地前行,弄熄火了就不好了。

监管整顿现金贷，大多数平台将倒在转换引擎的半路上

因监管的突然出手整顿，2017年4月以来，现金贷成功占据了互金领域的热点话题榜。面对行业的突然变局，一贯走低息模式的大平台基本不受影响，而靠高息模式快速崛起的绝大部分创业型消费金融平台则陷入进退两难的境地。高息模式坚持也不是、放弃也不是（尚不具备做低息业务的能力），只能寄希望于政策落地过程中留有余地。

从战略的高度来看，如果业务持续发展能力没有掌控在自己手里，在战略层面便已经输了。这类企业即便这次逃过一劫，那下一个难关呢？在企业发展过程中，所有重大的措手不及，可能都是因为战略上存在误区，起码，复盘现金贷行业发展历程的确如此。

监管出手，创业型平台措手不及

2017年4月以来，以监管机构的出手整顿为标志，现金贷开始从弱监管进入强监管阶段。对很多创业型消费金融企业而言，这次被监管出手整顿现金贷打了个措手不及。据笔者不完全了解，存在如下几种情况：一些企业经过精密的市场调研，刚刚上线了现金贷产品，因监管出手而匆匆下线，前期的投入打了水漂；不少企业的现金贷业务已经做得比较大，在2016年主动推掉了一些资本的风投意向，想在2017年进一步做大规模上再行融资，现在看来，估值水平要大幅缩水了；还有一些现金贷平台，前期的定价策略有问题，看到同业那么赚钱，刚刚开始对标同业、提高利率

水平，没想到竟然就赶上行业涉嫌"高利贷"了，不得不紧急住手；还有更多的平台，2016年的发展以试错为主，想着在2017年发力，市场推广预算和方案都做好了，因为政策原因，不得不紧急叫停。

笔者首先关心的是，这种措手不及在战略层面有没有规避的可能？

从监管的表态来看，高息（年化36%以上）、高不良和暴力催收等三大问题是监管重点。对创业型企业而言，缺乏场景和客户基础，展业初期的资金成本、获客成本、风控成本都会居高不下。这种模式自然要求高息定价模式，因而，高息会是一个短期内抹不去的标签。这在战略层面是要有清醒认识的。问题在于，如果仅仅是适当高息，而不出现超高不良率（15%以上）和非法催收等问题的话，面对此次监管的突然出手是有很多回旋余地和转型空间的。

我们看到，有一些平台通过在关键节点的正确布局，顺利地从高息模式逐步过渡至适当高息模式，不良率也得以持续下降，基本已不受此次现金贷监管新政影响；同时也有很多平台被短期的规模和利润的双高速增长所蒙蔽，缺乏长期布局意识，面对监管的出手不得不进行业务的急刹车，应对不慎甚至会迎来自身的滑铁卢。差别就是关键节点的适时战略转向。

且看高息现金贷产品的战略复盘

不妨沿着现金贷产品"从起步，到高速增长，到可持续增长"的几个关键阶段，逐一进行分析。

起步阶段：寻找细分场景，迅速做大份额

所有的现金贷平台在起步阶段都是差不多的，此时尚不容易看出差距。此时的策略便是利用市场空白期，选定一个细分场景，投入资源，迅速做大份额。

之所以强调要迅速做大份额，是因为消费贷款类业务其实是具有高度同质化属性的，唯有在市场空白期才能轻松起量，而任何一个细分领域，其空白窗口期都极为短暂，所以，起步阶段务必要快。抓住市场空白期，尽量多做一些。

在这个阶段，很多创业机构恰恰犯了一个战略上的错误，那便是谨小慎微，总想等模型完善后再做，结果错过了最佳的起量期。当别人已经成了细分领域龙头时，它们只能坚守自己的小而美定位，直到因监管收紧或其他因素导致的洗牌来临。

的确，对放贷机构而言，业务初期快速起量风险很大，因为风险模型刚刚建立，还不成熟，数据积累也不够，往往是做得越多损失越大。但问题在于，业务量不够，数据积累便有限，模型的优化完善速度便会很慢，进而，又不敢起量。这样，公司便陷入一种低速增长的路径依赖之中，而这种路径依赖，对于创业型企业而言显然是太奢侈了。

其实，有失有得，需要的是在战略上的抉择。通过更大的业务量、更多的损失来换取市场份额、换取数据、换取模型的加速完善，而完善的模型反过来又会大大降低损失率，进入一种高质高速发展的路径依赖之中。更重要的是，在市场空白期，创业企业可以通过适当的高定价来弥补损失。这是空白期的独有红利，之后，高定价策略便越来越难，而通过业务量换取数据和模型的策略也越来越难了。

快速增长阶段前期：保持忧患意识，抵制高息诱惑

理论上，通过较高的利率定价，可以弥补企业在资金来源、科技投入、人力投入和不良损失等方面的支出，并能收获漂亮的财报。在市场大环境仍然允许的时候，很多平台便经受不住这种高息的诱惑，采取收益覆盖成本的方式进行定价——什么样的用户都敢做，反正可以通过定价来回收损失。

但站在借款人的角度，低息永远是现金贷类产品的核心竞争力。对于这一点，现金贷平台在发展过程中始终要有清醒的认识。认识不到这一点，便不能及时转变业务策略，业务模式迟迟不能摆脱高息的掣肘，习惯于粗放式增长，而极难进行精细化转型，以至于当行业大洗牌来临时（如此次的监管整顿），就失去了继续博弈的资格。

快速增长阶段后期：转换发展引擎，依赖科技驱动

要实现低息，无非依靠三点：一是低资金成本，要求不断拓宽资金来源渠道，从P2P平台逐步转向传统金融机构，渠道的转换可助力资金成本下降2~4个百分点。二是低人力成本，要求在获客阶段和风控阶段持续减少人力投入。前者需要强化运营管理能力，后者需要提升风控的数据化和模型化程度，减少对人力的依赖。三是低风控成本，即持续压降不良率，可以通过增大人力投入来解决，也可以通过完善大数据风控精准度来解决。前者会反过来加大人力成本，并不可行，所以不断提升风控模型精准度才是正道。

于是，在业务高速发展阶段，要求企业主动进行模式调整，不断提升业务的数据驱动和科技驱动能力，如投入资源获取更多的数据、花大价钱招揽风控人才、容忍模型试错过程中或大或小的损失等等。同时，在条件许可的情况下，尽量进行客户的上移而非下沉，配合以利率的主动下调来服务更多优质用户，而非基于规模和市场份额的诱惑无底线地进行用户下沉。

在实践中，若平台不能坚决抵制高息的诱惑，便很难就引擎转变达成共识并付诸行动，就会离科技驱动越来越远了。

可持续增长阶段：（参与）构建生态，平稳转型

随着风控模型的成熟，企业便有了输出金融科技的能力，借此便可逐步构建生态。之所以最后要走上生态合作之路，根本的原因在于消费金融业务涉及的环节众多，从获客、资金、数据、征信、风控到贷后管理、不良催收等，都有对外合作的空间。

当业务量较小时，平台只需要就几个核心环节选择合作，甚至全部自己来做，但这种模式很容易遇到"天花板"。而突破天花板最有力的方

式，便是顺应互联网的开放与合作精神，构建或参与构建消费生态。构建生态，需要自身在某一方面有"非你不可"的核心竞争力，否则在生态中的地位便可替代，居不得核心地位。这种"非你不可"的核心竞争力，只有在快速发展阶段培育，伴随着业务的高速增长而成型，才能成为企业自身的不可被复制的基因。

但就大多数平台而言，在业务高速增长阶段，过度注重业务本身，缺乏提前布局的意识，错失了核心竞争力的培育，越到业务后期越增长乏力，最终昙花一现，不能实现可持续增长。

大多数平台或倒在转换引擎的半道上

就目前的行业现状来看，少数平台已经步入构建生态的可持续发展阶段。绝大多数平台"受益于"监管的突然出手，开始意识到高息模式的不可持续，正处于从第二阶段到第三阶段的转型期。

问题在于，若没有战略层面的提前规划与布局，基于外力影响的突然转型，结果往往是不乐观的。毕竟，高息模式已经深入到平台经营的方方面面，要转换引擎又谈何容易。因此，从结果上来看，大多数平台可能要止步于第三发展阶段了。

揭秘上市网贷平台财报背后的行业秘密

前几日，国内第二家网贷平台信而富赴美上市成功，在国内掀起了一轮讨论网贷平台上市问题的热潮。

对于笔者这样的行业研究员而言，长期面对一个信息披露极度不充分的行业，现在出现一两家上市企业总是令人高兴的事情。信而富赴美上市成功，除了上市风向标意义之外，最大的贡献便是其充分的信息披露，从中可以发现很多不为人知的行业秘密。

在从网贷之家获取信而富中文版招股说明书后，笔者第一时间进行了研读，梳理了消费金融行业（一个典型的网贷平台，其资产端对应的就是消费金融业务）发展面临的四大难题，在此做个分享，欢迎交流。

数据难题：信息保护的达摩克利斯之剑

从发展趋势上看，网贷平台资产端的发展要从人力渠道走向大数据驱动，这在业内已经基本成为共识。而所谓大数据，是指多个来源和多种格式的大量结构化和非结构化数据，涉及诸多数据源。对不同规模、不同类型的网贷平台而言，不断开拓数据源已经成为一种常态化工作。比如信而富就在全国94个城市设立了107个数据验证中心，其招股说明书提到：

"对于每个贷款申请，我们收集和验证数百个数据输入，以通过我们的专有信用评估技术进行分析。""生活贷款（现金类贷款，笔者注）要求潜在的借款人提供基本的个人信息以及贷款的目的，借款人授权我们检查和核实与借款人信用相关的第三方数据，包括但不限于潜在借款人的信用记录、银行交易记录、工资单、住所登记记录、电话和公用事业记录。我们还有能力通过我们的数据验证中心为我们的生活方式贷款进行现场客户信用评估措施。"

当然，拓展数据源上也会面临不少难题，但各家平台难题不同，缺乏行业代表性。而在已获取信息的使用过程中，涉及的诸如用户隐私和信息保护等问题，才是整个行业面临的达摩克利斯之剑。

在信而富的招股说明书中，可在不止一处见到诸如以下的表述："我们从借款人、投资者和我们的合作伙伴那里收到、传送和存储大量个人身份信息和其他机密数据……个人识别和其他机密信息越来越多地受到许多国内和国际管辖区的法律和法规的约束……任何无法充分解决隐私权问题，即使没有根据，也不符合适用的隐私或数据保护法律、法规和隐私标准，可能会对我们造成额外的成本和责任，损害我们的声誉，禁止使用我们的平台和损害我们的业务。"

没错，数据是核心驱动力。但问题是，在数据保护和用户隐私等相关法律框架最终明确落地之前，对平台而言，数据既是宝贵的资产，也可能演变成为声誉风险、合规风险、用户诉讼风险等各类问题的潜在来源，是福是祸，尚是未知之数。

可持续运营障碍：居高不下的获客成本

流量越来越贵早已成为行业共识，不少平台的综合获客成本高达数百甚至上千元。信而富公布的新客户平均激励成本为17美元（约合人民币118元，仅在投资者资助贷款促进我们的首次消费贷款借款人平台时支付——招股说明书原话），仅指新客户转化费用，还不包括引流费用。从信而富的财务数据看，获客成本甚至已经成为平台营收下降的主要原因。

数据显示，2014—2016年，信而富的期末贷款余额由3.35亿美元增长至10.62亿美元，而其扣除客户获取激励的交易和服务费用（主要指借款人的利息和手续费收入）却从602万美元降至559万美元。至于原因，招股说明书提到"由于我们使用客户获取激励措施，消费贷款增加并未导致2015年和2016年的收入相应增加。"

说到获客，消费金融平台一般存在两种渠道：一种是通过品牌推广获客，别一种是与场景方合作获客。信而富的招股说明书提到"我们通过多种渠道，包括社交网络、在线旅行社、电子商务平台和支付服务提供商获得优质借款人"，便包括了这两类渠道。从场景方获客不难理解，这是基于场景的消费金融产品获客的主要渠道，但随着脱离场景的现金贷产品的兴起，消费金融企业开始更多地倚重品牌推广进行获客，相比场景方获客，获客精准度和难度也都大幅增加。

"我们打算继续为我们的营销和品牌推广工作投入大量资源……我们相信，以成本效益的方式发展和保持品牌意识至关重要，以保留现有的借款人和投资者，并吸引新的客户……我们建立品牌需要大量支出，而且我们未来的营销工作可能会继续需要大量的额外费用……我们的营销渠道包括社交媒体、传统媒体、与主要互联网公司的战略关系、搜索引擎优化、搜索引擎营销、广告牌和邮件。"

客户是业务增长的基础，但高企的获客成本很容易变成一个成本黑洞，成为平台可持续经营的最大障碍。

羊毛出在羊身上，过高的获客成本只能从客户身上再赚回来。怎么赚？一个简单的公式，客户价值=客单价×服务费率×复购率，在不提高贷款利率的前提下，要么提高单笔借款金额，要么提高单个用户的借款次数。而某种程度上，这两个问题本质上是一个问题，因为用户借款次数越多，信用记录便认为越好，平台给的额度也越多。

而在激烈的市场竞争下，要留住存量用户，除了推出一些鼓励重复借款的激励措施，最根本的就是降低利率，而降低利率反过来又会影响客户价值。况且，若不能拓展低成本资金来源，降低贷款人利率也并不具有实际的可行性。从这个角度看，强化存量用户的精细化运营，至少已经越来越成为消费金融平台的一个硬实力。

核心手段：拓展机构投资者的低成本资金

随着监管机构对于贷款产品信息披露的要求提高（比如，必须披露现金贷产品的年化利率）和借款人对贷款产品成本意识的提升，低利率已经成为放贷机构留住存量优质用户的核心武器。

资金低进才能低出，只有降低资金来源成本，才能从根本上降低贷款产品利率。当前，网贷平台 C 端理财产品的利率已经降至行业地平线（平均理财收益率低于 9%），继续下调的空间有限，此时拓展机构投资者资金成为最有效的手段。

在信而富的招股说明书中，可以看到："我们还计划进一步多元化资金来源，包括增加机构投资者的数额。……我们计划增加对包括银行、信托基金等金融机构在内的个人和机构的营销工作，作为投资者。"

但问题在于，对大多数网贷平台或消费金融平台而言，拓展 B 端尤其是持牌金融机构资金已经越来越难。

一方面，随着现金贷监管的深入，持牌金融机构在选择合作对象时倾向于设置越来越高的准入门槛，以免被动卷入诸如"高利贷""暴力催收"等舆论风波中；另一方面，随着高息模式失去了高息覆盖风险的保护，持牌机构对相关消费金融平台的可持续经营能力存疑，在合作上也谨慎得多。

最后，与 C 端市场不同，B 端投资人更加理性，更倾向于与大平台合作，行业整体资金来源的 B 端化可能也会加速行业自身的分化，大平台在低成本资金来源上占据更多优势，而中小平台则越来越受制于低成本资金难题。

趋势预测：未来竞争更多体现为生态链竞争

随着产业空间的快速扩大，生态圈内的分工细化成为必然趋势，此时，企业间的竞争将更多地体现为生态链的竞争。生态链可以为消费金融企业提供诸如低成本资金、消费场景、客户来源、信用数据、品牌传播、增信担保、贷后管理等一系列支持。谁的生态链资源更强大、更稳定，谁在生态链中的地位更核心，便能在未来的竞争中占据更大优势。

在信而富的招股说明书中，有着企业对于建立生态紧迫性的认识：

"我们与合作伙伴的关系对我们未来的成功至关重要。……继续与互联网公司、电子商务平台、在线旅行社、电信服务提供商和支付服务提供商建立新的关系，我们打算与现有合作伙伴探讨其他形式的关系，并与其他潜在的战略合作伙伴（如社交媒体公司、消费者交易公司、银行、资产管理公司和保险公司）建立更多关系。"

笔者在《消费金融走出同质化的"七字诀"》一文中把"生态"视为消费金融破局同质化竞争的重要法宝，里面提到："单就消费金融产品本身，已无太多进化的空间，要想差异化，唯有改变产品形态。就像当年苹果打败诺基亚，不在于苹果造出了更好的通话手机，而是造出了'能打电话的互联网终端'，此'手机'已非彼'手机'，产品形态有了本质变化。同样，传统金融机构的消费金融产品虽然有很多槽点，但从产品本身看，已经是一款非常成熟的产品，唯有打造具有消费金融功能的一体化服务生态，才能在本质上实现差异化。从这个意义上，电商平台将消费金融内嵌于购物场景，便可视作一种生态化探索，也正是靠着这种生态化竞争，取得了快速的发展。未来，可沿着类似的方向进行更多的探索，而不仅仅局限于场景。"

企业的竞争力取决于生态圈的整体实力，为了更好地融入生态圈，企业要能为整个生态圈提供支持与服务，在互惠互利中走向共赢。未来，消费金融类企业不仅要服务用户，还要服务好整个生态链，大家真的准备好了吗？

中行建行杀入校园贷市场，为何是90后的胜利？

　　早上刚上班，我就收到几个记者朋友的微信，都是关于建行和中行进军校园贷业务的，想听听我的观点。我能理解大家的兴奋点在哪。毕竟，校园贷已经完全"污名化"了，大家都避之唯恐不及呢。这时候两家大银行杀入市场，大大地出乎意料，也与银行业尤其是国有大行一贯的谨慎、低调形成了强烈的反差。

　　在我看来，这件事情的重点不在于银行能把校园贷这个已经被玩残的市场做多大，而是背后的信号意义。在2017年金融体系"去杠杆、控风险"的大背景下，几乎所有的风险领域都在收缩，此时国有大行布局校园贷，只能有两个解释：一个是在大行看来，校园贷属于低风险业务；另一个是，担当社会责任，配合金融治理"堵偏门、开正门"的需要。

　　第一个理由并不成立，起码在目前不成立，否则校园贷也不会出那么多事情，银行业也不会自2009年开始就暂别这一领域。如果是第二个理由，重点不在堵偏门，而在开正门。

　　在金融监管的词典中，"堵偏门、开正门"是个惯用词，在很多场合都能看到。但也要知道，很多领域，其实堵上偏门就可以了，是没有必要开正门的，像2009年的校园信用卡整顿，就是堵了门；像近些年P2P领域基于资产端的整顿清理，也只是堵了门。

　　这次在整体收缩的大环境下，对校园贷开正门，唯一的解释就是无论监管层面还是从业机构层面都意识到，校园贷的需求是客观存在的，且需求量还很大，以至于不开正门便不能堵偏门。针对这种状况，我理解为这是90后的胜利，是他们新的消费观念和借贷观念真实改变了校园贷这个市场，大而不能倒，以至于在政策层面已经不能简单地一关了之。

2003—2009年，校园信用卡曾经开启了校园贷的第一个黄金期；2014—2016年，校园分期平台开启了校园贷的第二个黄金期。在此，不妨对比2003—2009年和2014—2016年两个阶段，来看看校园贷市场发生了什么变化。

他们是怎样的群体？

2003—2009年这一时期的大学生，属于典型的80后；而2014—2016年这一时期的大学生，则以90后为主。这两个群体有多不同，这两个时期的校园贷就有多不同。我们先来聊聊这两个群体的消费观和金钱观。

80后大学生，重节约意识和奋斗精神。80后的父母多是55后，成长于物资匮乏的年代，普遍具有较强的节约意识。80后出生时，除广东、福建等地在搞改革试点外，其他地方仍然是平均主义的天下。长于城市的80后，父母在国企上班，彼此拿着差不多的微薄薪水；长于农村的80后，受益于家庭联产承包责任制，父母勤恳耕作，已经可以填饱肚子，但也仅止于此了。

所以，对80后而言，物质上匮乏是童年时期的主要体验之一，李健在《歌手》里演唱的《父亲的散文诗》，里面有一段歌词"明天我要去邻居家，再借点钱，孩子哭了一整天，闹着要吃饼干"，据说便唱哭了很多80后。长大后，80后便也有了节约意识和奋斗意识，积极向主流价值观靠拢。

90后大学生，具有更"豁达"的金钱观。90后的父母多是60后，他们20岁左右的时候正好赶上恢复高考，大学毕业赶上了自主择业，30多岁赶上了社会主义市场经济，人生一路开挂。长于城市的90后，开始见识"时间就是金钱、效率就是生命"的市场经济的繁华，物质条件有了大幅的提升；长于农村的90后，父母开始外出打工，开始有了更多情感补偿性质的零花钱和零食，物质上也不再匮乏。

童年时期富足而幸福的生活体验，使得90后对物质和享受有了不同的体验。相比80后，他们没有经历过物质上的匮乏感，对80后盛行的

"奋斗"文化也就难以从根本上认同。他们更注重生活品质，更注重生活的价值和生命的意义，也自然有了更为"豁达"的金钱观和消费观。

他们的消费行为如何？

80后大学生的特点是实用主义和量入为出。80后大学生群体，其消费水平较60/70后有了明显的改观。据2006年针对东北某高校的调查统计显示，44.3%的学生月消费在350～500元，31.9%的学生月消费额控制在500～800元。以每人每年500元算，2006年全国在校大学生1 400万人，意味着全国大学生消费市场规模约为840亿元。

这些钱被花在哪里了呢？中国青少年研究中心2006年的调查显示，80后大学生的消费主要分为基本生活消费、学习消费（学习资料、考证及辅导班、上网）、休闲娱乐消费（室内健身、旅游、通信等）和人际交往消费（恋爱消费、生日请客等人情消费）四种。其中，基本生活消费和学习消费是大头，占70%～80%，通信费、人际交往费用及其他支出占20%～30%。

不难发现，在这些支出场景中，实用主义仍然占据突出的地位。当然，80后的大学生也喜欢并追逐3C产品。统计显示，当时大学生的手机普及率不低于60%，电脑拥有率在30%左右，此外，24%的人拥有MP3，12%的人拥有PDA。除了手机普及率较高外，其他"新潮"的电子产品普及率比较低，也从侧面反映80后大学生群体整体量入为出的消费习惯，而手机的高普及率主要是因为大学生的第一部手机多为大一入学时父母代为购买。

90后大学生，个性消费和借钱消费。相比之下，90后大学生群体的消费力要大得多，且增长迅速，更注重时尚消费和个性消费。

教育部发布的《中国高等教育质量报告》显示，2015年中国大学生消费市场规模刚刚超过4 000亿元。而由中国校园市场联盟发布的《2016中国校园市场发展报告》显示，2016年，中国大学生消费市场总规模达到6 850亿元，同比增长达到71.25%，较2006年增长了7倍。大学生月均生活费达 1 423 元，接近 2006 年的 3 倍。

从消费品类上看，形成了基础生活消费为主、数码产品其次、教育培训与文化娱乐并存的局面。在大学生主要的消费支出中，以手机、电脑为代表的数码产品年度消费总规模分别达到 537 亿元、363 亿元；培训教育年度市场总规模 398 亿元；文化娱乐消费市场年度总规模 322 亿元；大学生健身市场年度总规模 259.3 亿元。

显然，90后大学生群体的消费观念已经从实用性过渡至时尚消费和个性消费的需求，3C产品成为其消费的主力。为了追求更好的消费档次，90后大学生对于借钱消费也普遍可以接受。从校园分期的资金流向看，超过60%的校园分期被用来购买3C电子消费产品。

分别引发了什么问题？

整体来看，无论是80后大学生还是90后大学生，因为都是 18 ~ 24 岁的年轻人，其冲动消费、攀比消费的心理并无根本区别。所以，只要放开信贷供给，很容易出现过度借贷的问题，而过度借贷会衍生高不良的问题。

区别在于，与80后大学生打交道的是银行，所以高不良并未衍生非法催收的问题，即 2003—2009 年那波校园信用卡热潮，受损失最大的其实是银行。主要表现为校园信用卡的高注销率（70%左右）、高睡眠率（曾高达80%）和高坏账率（持续高于普通信用卡2个百分点左右）的三高乱象，说白了，就是该项业务入不敷出，属于赔钱的生意。

而与90后这波大学生打交道的是网贷平台、分期平台等机构，高不良自然催生了非法催收、暴力催收的问题，而反过来衍生出高利率覆盖高风险的高息模式。这一波的校园贷热潮，分期平台是赚钱的，因为利率和费率高嘛。出现问题真正受损失的其实是参与其中的大学生群体。

所以，我们看到，相比 2009 年叫停银行校园信用卡，此次监管机构针对校园贷平台出台了比较严厉的监管措施。在现有的监管框架下，对于网贷平台而言，其弱风控、高息覆盖风险、强催收降低损失的校园贷模式不再适用，唯有退出市场一个途径。

但同时，此次校园贷市场的蓬勃发展也表明，90后大学生群体旺盛的消费能力和超前的借贷理念是客观存在的，且已经不再是一个小众市场。

2003—2009年那波校园信用卡热潮，真正参与的学生并不多，市场规模也并不大。而2014年开启的这波校园贷热潮就不同了。据统计，62.26%的大学生使用过金融信贷，2016年校园分期规模已经超过200亿元。此时，校园贷不再是一个可以忽略的市场。面对大学生群体真实而庞大的消费分期需求，只是"堵"还不行，还需要疏导，即要"开正门"。

在监管机构严厉整顿校园贷乱象的背景下，银行重新布局校园贷市场，便具有明显的"堵偏门、开正门"意味。在某种意义上，银行得以重新布局校园贷市场，也属于90后的胜利。

校园贷市场的前景如何？

与网贷平台和分期平台的校园贷产品相比，银行校园贷产品在利率、费率上会有很大的下调空间，不过，也必定会将风控放在首位，所以在准入门槛、申请流程、授信额度等方面都会谨慎很多。因此，银行接手后，期待校园贷市场再出现2014年和2015年前后那种同比增速超过100%的高速发展的情景是不可能了。不过，好在这个市场保住了。

未来，校园贷市场的玩家，除了银行，还会有阿里、苏宁、京东等几大电商巨头。毕竟，3C消费是大学生消费分期资金的主要流向，而这几大电商占据着最优的3C购物场景，便不会离开这个市场。这两类机构，一个有成本优势，一个有场景优势，是竞争还是合作，还大有看头。

整改大限逼近，P2P行业的生存现状、抉择与破局

根据《网络借贷信息中介机构业务活动管理暂行办法》（以下简称《暂行办法》）要求，网贷平台合规整改期限为12个月。《暂行办法》发布于2016年8月24日，意味着2016年的8月24日成为P2P平台的整改大限。

大限来临之前，鸡飞狗跳、着急忙慌似乎才是正常的行业现象，但就这几个月的行业表现来看，一切太过平静：监管制度相继落地、行业整改有序推动、成交量稳步增加……看似从容的背后究竟隐藏着什么？

据苏宁金融研究院的观察，短短一年时间，从暴得大名到声名狼藉、人人喊打，网贷平台经历了迷茫、艰难抉择，最终，大家各走各的路：有些平台心灰意冷，开始转移战场；有些平台加大投入，意欲扩大份额；有些平台随波逐流，意兴阑珊，积极性全无。正所谓"有人辞官归故里，有人星夜赶科场，有人在家睡大炕"（嗯，最后一句是我加的）。

抉择的背后，无非是利益权衡后的两害相权取其轻。下面，我们来具体盘点一下。

排名剧烈动荡，行业加速分化

自2016年8月《暂行办法》出台以来，笔者就在提一个观点，即行业进入快速分化期。这一结论，在数据上得到了验证。

以"网贷之家"公布的2016年12月网贷平台交易量为依据，对排名

前100的平台进行跟踪分析，会发现2016年12月至2017年5月期间，这100家平台的排名出现了剧烈变动。其中，18家平台跌出前100名，只有82家平台保住了行业前100的位置。

在这82家平台中，15家平台的名次变动超过20位（如图1所示），5家名次提升，10家名次下降，其中翼龙贷、鹏金所、信和大金融三家平台均属于在2016年12月排名行业前20的超级大平台。15家平台的名次变动位于10～20位；52家平台名次变动较小，在10位以内。

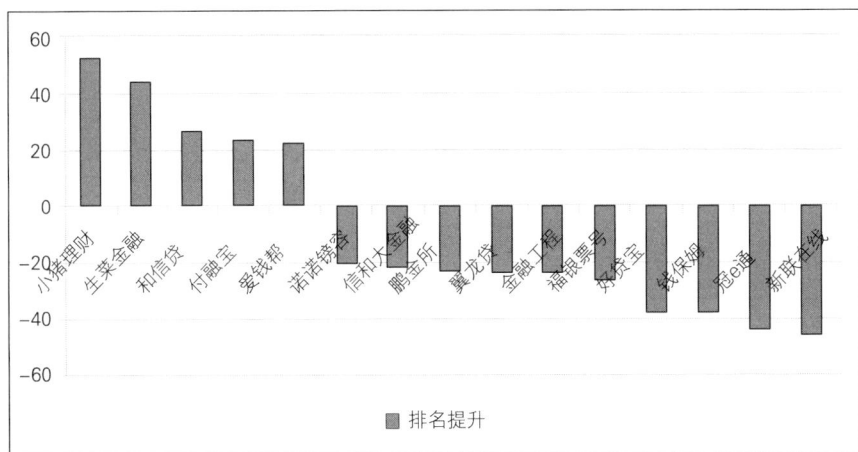

图1　排名变动超过20位的15家平台

数据来源：网贷之家，苏宁金融研究院

考虑到目前行业处于整改期，平台排名的剧烈变动与经营状况的好恶直接关系不大，更多的可能还是业务转型和战略抉择的客观结果。接下来，我们分别进行简要分析。

超大平台的苦恼：转型与突围乏力

取2016年12月排名前20的平台为超大型平台，对超大型平台而言，银行存管等合规门槛不再是难题，如何继续保持高增长并稳固行业地位，才是它们关心的事情。

对于这20家平台，笔者逐一去官网浏览了一遍，几乎无一例外都是"网贷+理财产品代销"的双线组合。

从运营策略上看，一边努力弱化网贷的性质，比如一些平台会成立独立的子公司专门负责网贷事宜，将网贷产品与整个平台分割管理；一边力推理财产品代销，主要是代销金交所的定期理财产品、代销基金和代销保险产品。

然而从交易量上看，大平台的"双线组合"开展得并不顺利，一边是网贷端交易量下降的困扰，一边是理财代销端面临用户投资习惯的难题。

2017年1月至5月，P2P行业月度交易量月均环比增速为0.37%，前20大平台为-7.18%，远低于行业平均水平。这20家平台内部则出现了明显的分化，陆金服、翼龙贷、鹏金所等几家平台的月度交易量月均下降15%以上；小赢理财、鑫合汇等几家平台的月度交易量月均增速基本保持在15%以上（如图2所示）。

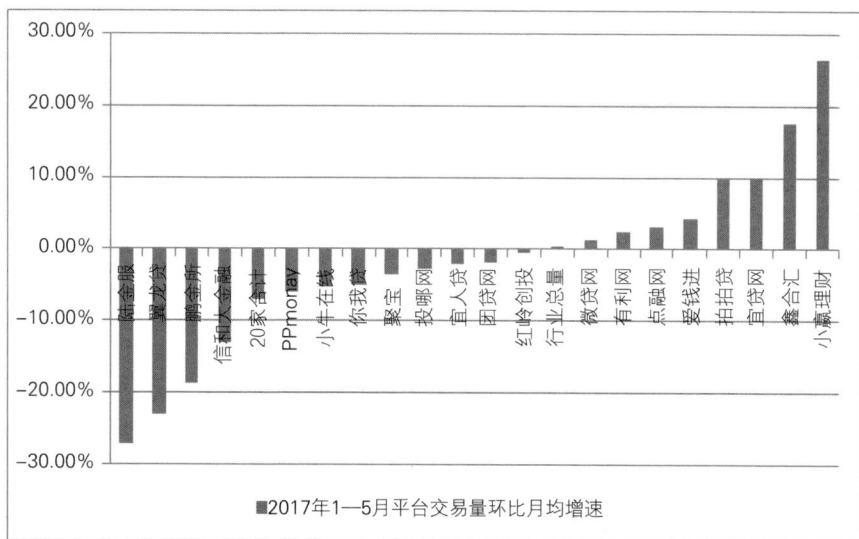

图2　排名前20平台交易量的月均增速

数据来源：网贷之东、苏宁金融研究院

大平台交易量的下降，主要原因在于，基于借款限额要求，主动减少甚至取消大额标的发布，而小额的消费金融类资产一时又难以补足，最终导致平台可供投资标的供不应求，交易量下降。与此同时，一直专注消费金融等小额资产领域的平台，受限额政策的影响不大，仍能保持稳步增长。而一些平台仍未认真对待借款限额的要求，依旧发布超限额的投资标的，也保持了稳定增长。

而就基金销售、定期理财（代销金交所产品，金交所的监管政策仍有不确定性）、黄金投资产品等代销类产品来看，网贷平台并无显著优势。以基金销售为例，多年积累的网贷投资者客群是网贷巨头的核心优势。问题在于，基金和网贷是两类不同的理财产品，背后对应着完全不同的投资逻辑。

若把基金当做投机品来看，很多人习惯于利用股票账户来购买，和股票类资产在一个账户中操作；若把基金当做定投类的长期投资品，对应的是一种小额、持续的投资行为，很多人习惯于在第三方支付等钱包类理财平台上购买，连接更丰富的支付场景，且便于资金随时转入转出。对于网贷产品，很多人都是将其当成一种"高风险、高收益"的理财产品，讲究在多个平台的分散投资，讲究与其他"低风险"投资产品的平台隔离。

可见，对布局基金产品的网贷巨头而言，首先面临的是用户的投资习惯问题，即如何让用户习惯于在自家网贷平台上购买基金，甚至黄金、保险类理财等其他投资品。目前看来，这一问题并未得到有效解决，也成为超大型平台转型一站式理财机构的最大障碍之一。

中型平台深耕网贷，全力保增长

取2016年12月交易量排名第41名至第60名的平台为中型平台，去这些平台的官网查看，它们基本都还坚守网贷业务，至多是在网贷之外增加了与金交所合作的定期理财产品。

显然，与超大型平台的去P2P化转型不同，中型平台选择了在网贷领域深耕，并利用行业整改的空档期，全力保增长，力图在新的市场格局中占据更有利的位置。

2017年1月至5月，在20家中型平台中，15家平台月均增速保持正增长，其中，财富中国、网利宝、博金贷和温商贷这4家平台月均增速保持在10%以上，还有6家平台月均增速为负，其中，钜宝盆、铜掌柜这两家平台月均增速均为-10%以下（如图3所示）。

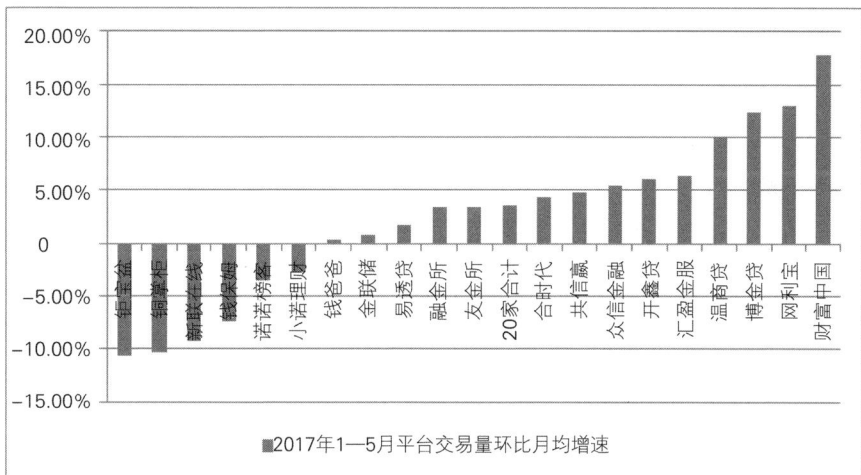

图3　排名第40名至第60名的平台交易量月均增速

数据来源：网贷之家、苏宁金融研究院

中型平台并非意识不到只做网贷业务的局限性，只是，它们在网贷业务上还没有真正站稳脚跟，转型一站式平台还是很奢侈的选择。

不过，在网贷业务的逆袭上，中型平台也面临着很多困难。在当前的监管框架下，只有消费金融、车贷等小额资产是合规的，恰恰也是竞争最为激烈的。

不仅2 000多家P2P平台在布局，商业银行、互金（互联网金融）巨头、消费金融公司、小贷公司、分期平台等都在加速进入。尤其是2017年4月，监管整顿现金贷产品，高息模式开始面临越来越多的不确定性，消费金融行业开始进入比拼利率的新阶段。对于实力一般的中型平台而言，这无疑是严峻的挑战。

小型平台整改压力大，进取不足

取 2016 年 12 月交易量排名第 81 名至第 100 名的平台为小平台，小平台的重心显然在合规整改上。

在这 20 家平台中，仅 5 家平台在 2016 年年底之前上线了资金存管，5 家平台在 2016 年上线了资金存管，6 家平台在 2016 年签订了资金存管协议但并未上线，剩余 4 家平台并未披露银行存管相关信息。

从排名变动看，在 20 家平台中，9 家平台名次滑落行业前 100 名，在剩余 11 家平台中，除了和信贷、小猪理财、生菜金融 3 家平台的交易量月均增速高于 10% 以外，其余 8 家平台均保持了正增长，但增速较低。

多数平台要么交易量负增长，要么保持低速增长，对"增长"的诉求显著低于中型平台。其实，不难理解，小平台实力较弱，影响力一般，在行业分化过程中实现逆袭的概率很低。不过，从平台背景上看，在 20 家平台中，超过 1/4 的平台具有上市公司或国资背景，这也部分解释了其"不思进取"的原因，因为背靠实力雄厚的股东，无论如何都能活下去。

前景展望：前路坎坷，前途各异

从不同类型平台的战略抉择可以看出，网贷新规给平台带来的影响清晰可见，展望未来，前途各异：

超大型平台踏上了转型之路，前路坎坷，转型成功则有望成为大型互金集团，但多数平台最终还是会战略收缩，不得不把全部精力收回到网贷业务上来。

中型平台相对而言目标最为明确，那就是保增长，不过，这些平台迟早会发现，没有转型的增长可能是很难持续的。

小型平台则代表了行业中的大多数，随波逐流，它们要的只是活下去而已。

校园贷几经风云变幻，那些曾经的巨头都去哪儿了？

从星火燎原到几乎销声匿迹，校园贷最近两年的境遇可谓冰火两重天。

在好社交、爱自由、拼时尚的90后身上，校园贷仍然有大量的利益增长点可以挖掘，但是监管之手已经把大量的网贷平台拦在了门槛之外。

风云莫测，校园贷究竟变数几何？穷则思变，曾经的巨头们在压力之下又做出了怎样的转型？当然，转型之路的成功与否现在断言还为时尚早，我们不妨静观其变。

校园贷行业之变局

1.校园贷的兴起与隐患丛生

继2009年大学生信用卡被银监会叫停之后，校园借贷悄然兴起。虽然大学生没有稳定的收入来源，但在消费升级的大背景下，购物、创业、助学、培训等一系列消费需求仍然使大学生对资金的渴求有增无减。

《2016大学生消费观念调查报告》显示，5年以前月支出不到500元的大学生比例将近四成，如今近四成的大学生月开销在1 000元至1 500元之间。

网贷之家的数据则显示，截至2015年年底，全国共成立了108家校园贷平台（如图1所示），2016年校园贷规模突破了800亿元。

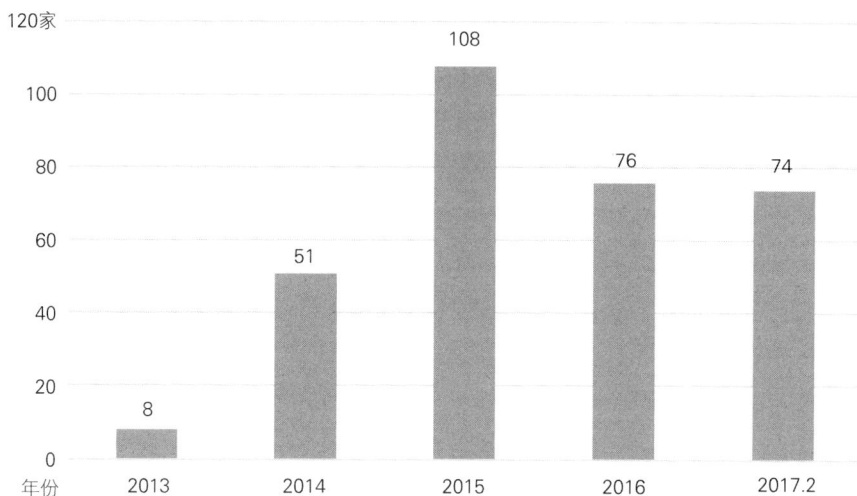

图1　校园贷平台数量的发展趋势

数据来源：网贷之家，苏宁金融研究院

　　校园贷主要通过分发传单、校园代理进行扩张。例如，校园代理每单提成30元至40元，相比于大学生动辄借款上千甚至过万而产生的高额利息，推广成本可谓十分低廉，再加上用户定位精准，以现金贷和消费分期为主的校园贷产品自2015年开始流行。大学生的消费欲望被一步步激发，但同时也为随之而来的乱象埋下了隐患。

　　由于许多大学生不具备财务管理经验，对信用消费的风险缺乏了解，大量非法机构与个人以低门槛贷款或者虚假宣传诱导学生，使之陷入超前消费、过度消费和多头借款的困境。

　　同时，"利滚利"等高利贷偿还方式将偿付链条延伸到学生的关系和家庭之中，让学生为暴力催收产生的负面影响而买单。

　　2.强监管的到来与行业洗牌

　　2016年校园贷恶性事件频发，裸条事件、欠贷自杀的新闻频频曝出，引发监管关注，一系列监管措施雷霆出击。

　　2016年4月，教育部与银监会联合发布了《关于加强校园不良网络借贷风险防范和教育引导工作的通知》，明确要求针对不良校园网贷建立日常检测、实时预警、应对处置等机制。

2016年8月，"停、移、整、教、引"五字整改方针出台。

2016年10月，银监会、中央网信办、教育部、工信部、公安部与工商总局联合印发《关于进一步加强校园网贷整治工作的通知》，要求相关部门提供有关网贷机构的登记、公示、监管信息。

2017年4月，银监会再度出台《关于银行业风险防控工作的指导意见》，明确禁止向未满18岁的在校大学生提供网贷服务。

2017年6月，中国银监会联合教育部以及人力资源和社会保障部发布了《关于进一步加强校园贷规范管理工作的通知》：一方面责令网贷机构一律退出校园贷业务，并制定时间表；另一方面允许商业银行和各政策性银行尝试正规、阳光的校园贷服务。随后，中国银行和中国建设银行广东省分行分别推出"中银E贷·校园贷"和"金蜜蜂校园快贷"，以低息为特征的新校园贷业务满足了六部委风险可控的要求。

至此，各网贷平台与校园贷业务基本绝缘，行业大洗牌时代彻底到来。人们不禁要问：那些曾经的校园贷巨头，还好吗？

主流平台之生存现状

能做巨头的，从来都不是懵懂小孩，在暴风雪压境之下，它们已走在转型避险的道路上。来看几个转型经典案例：

1.趣分期

2014年3月正式上线的趣分期是一家为在校大学生提供分期消费贷款的网络金融服务平台。

艾瑞咨询的数据显示，趣分期重点布局在北京、上海、广东、山东、湖北、四川、云南等高校数量庞大的省市，在2015年就已经覆盖3 000多所大学，拥有超过5 000名校园代理和超过10 000名兼职员工。

另据相关公告显示，趣分期在2016年1月至7月的营业收入为4.78亿元，实现净利润1.57亿元。趣分期的代表性校园贷产品见表1。

表1 趣分期的校园贷产品概览

产品名称	趣白条	支付宝趣分期	Offer贷
面向群体	芝麻分600以上的在校大学生	芝麻分600以上的在校大学生	985、211院校拿到Offer的应届毕业本科生、研究生
类型	现金贷	消费分期	现金贷
贷款/消费额度	5 000元	线上审核3 000元,线下面签可达9 000元	10 000～50 000元
借款利率	月息最低0.75%	NA	年化利率9.9%
其他说明	随借随还,自由分期,期限1～19个月;无利息,有手续费,期数越长,手续费越低	消费额度既可直接在趣分期服务窗购物,也可提现,提现额度最高1 200元,最多三期	借款期内(实习期内)每月只付利息,到期后(工作后)归还全部本金

资料来源: 融360,希财新金融,东方融资网,苏宁金融研究院

在完成Pre-IPO系列首期约30亿元融资后,趣分期平台升级为"趣店集团"。在2016年7月的融资发布会上,该集团宣布出资1亿元成立"趣助学"基金,旨在帮助贫困大学生顺利完成学业,待毕业后开始分期免息还款。

也是在这一年,趣店集团开始谋求转型,原因有二:一是校园监管大幕拉开,网贷前景不容乐观;二是校园贷业务因激烈的竞争已是一片红海,而学生总有毕业的一天,CEO罗敏深感进一步开拓用户的必要。

趣店集团(前身趣分期)发展历程图如图2所示。

图2 趣店集团(前身趣分期)发展历程图

资料来源: 趣店集团官网,苏宁金融研究院

转型后的趣店集团于2016年9月宣布退出校园分期市场，专注于非信用卡人群的消费金融业务，提供商品分期与现金分期。其中，商品分期主营3C、运动户外、美容美妆、服饰等商品类目，现金分期通过审核后最高可贷款20万元。这些产品的特征是低额度、短周期，符合蓝领用户的消费场景和偿还能力。

据其公开资料披露，趣店集团目前拥有超过3 000万的用户群，2016年的交易额已达300亿元。

2.分期乐

2013年8月成立的分期乐，是中国分期购物商城模式的开创者，如今已发展成为与趣分期分庭抗礼的"互金独角兽"。

当校园贷开展得如火如荼之时，分期乐的业务扩张也十分迅速，彼时其交易规模以平均每个月100%的幅度高速增长，拥有400万注册用户，月交易额突破20亿元。

根据艾瑞咨询的数据，2015年上半年分期乐所覆盖的高校数量同比增长334.9%，达2 888家，全国地推人员超过20 000名。易观国际2016年1月发布的《中国校园消费金融市场专题研究报告》显示，分期乐用户体验占比72.4%，用户消费意愿占比66.3%，所占市场份额远超其他几家。排名第二的趣分期这两项的数字分别为38.6%和34.9%。

分期乐的校园贷产品主要是分期乐信用钱包，可用于分期购物、话费一卡通等充值服务、取现服务、O2O商户交易服务（例如通过"饿了么"外卖平台订餐）。2016年4月，分期乐平台增加了能凸显生活品质的轻奢品牌，意在吸引白领等互联网消费群体，深耕年轻人消费金融市场。同年10月，分期乐升级为"乐信集团"。截至2015年年底，分期乐平台累计服务用户超过1 200万人。

与趣分期不同的是，转型后的分期乐并没有完全放弃学生群体。

首先，凭借着自身的电商平台和第三方提供的物流配送，分期乐网上购物的经营模式可以独立于校园贷而存在。分期乐拥有线下34个营业网点，支持上门自提，248个城市能够送货上门，基本覆盖全国高校。这一体系在后续的转型中仍然有用武之地。

其次，分期乐还与银行合作，重返校园业务。据媒体报道，分期乐与工商银行联合开发了名为"工银分期乐联名卡"的校园信用卡，于2017

年6月6日在南京大学、武汉大学、中山大学、深圳大学、四川大学、华中科技大学等9所高校启动线下试点。该联名卡在有效期内可免除全部年费,并且叠加业内最长的56天免息期限。

　　未来,预计这种"银行+互联网分期电商"的合作模式将会进一步扩大。目前,乐信集团积极布局的四大业务见表2,希望打造集电商消费、金融服务、资产管理与信用评估为一体的互联网消费金融集团。

表2　　　　　　　　　　　乐信集团(前身分期乐)业务概览

业务布局	分期乐 fenqile.com	提钱乐 tiqianle.com	桔子理财 juzilicai.com	鼎盛资产
平台性质	分期购物平台	个人小额信贷服务平台	互联网理财平台	金融资产开放平台
上线时间	2013.10	2015.12	2014.6	2016.2
定位群体	白领、学生	蓝领	个人投资者	机构投资者
资金营运	分期付款信用消费	分期付款信用消费	小额分期债权	债权金融产品(ABS等)

资料来源:乐信集团官网,苏宁金融研究院

3.名校贷

　　名校贷是麦子金服旗下一家专注于高学历年轻人微创业、教育培训和消费借贷服务的平台,于2013年12月由诺诺镑客开始运营。截至2015年年底,名校贷业务已覆盖全国2 586所高校,服务近3 000万名大学生,在本科以上大学生现金借贷领域的市场占有率为63%。

　　受益于校园贷业务的风靡之势与自主研发的"水滴"风控系统,名校贷不到50个人的运营团队在成立2年内创造了年化70亿元的累计交易额。据相关数据显示,消费金融行业的坏账率约为2.85%,而名校贷的借款综合违约率约为0.048%,债权的安全性能够在极大程度上得到保障。名校贷的校园贷产品概览见表3。

表3 名校贷的校园贷产品概览

产品名称	名校贷普通包	名校贷应急包	名校贷白领包	名校贷专科包
上线时间	2014.4	2014.7	2015.6	2015.9
借款额度	1 000～50 000元	100～1 000元	1 000～50 000元	1 000～10 000元
借款期限	12月、24月、36月	1月、2月、3月	12月、24月、36月	12月、24月、36月
借款利率	月利0.99%			
其他说明	统招本科、硕士、博士在校生	本科及以上+近3个月无逾期还款	已发生还款期数超过6期	统招专科生+年满十八周岁及以上

资料来源：名校贷官网，苏宁金融研究院

名校贷在两个方面与趣分期、分期乐有较大差异：

其一，虽然趣分期、分期乐也为专科生开设了贷款服务，但名校贷提供的额度最高。趣分期现金借款的最高额度是1 999元且使用完不能再次购买；分期乐现金借款的最高额度为3 000元；名校贷于2015年9月正式上线了"名校贷专科包"，最高额度可达10 000元。

其二，名校贷的资金放贷定位显著区别于趣分期和分期乐。名校贷秉承"实践金融"的理念，设立了100万元的"大学生创业基金"，并与共青团推动的青少年新媒体训练营（简称"青创"）合作，专款专项扶植优质创业项目。在申请名校贷的借款原因中，（微）创业用途达到了41%。向名校贷平台申请借款的原因如图3所示。

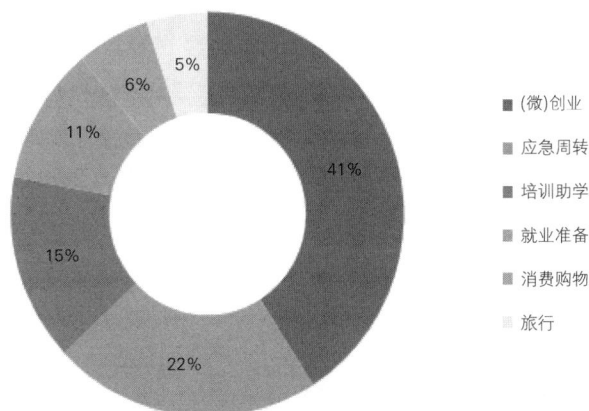

图3 向名校贷平台申请借款原因（截至2016年年底）

资料来源：名校贷官网，苏宁金融研究院。

　　一个值得注意的转变是，2017年4月，名校贷官网发布公告称将于7月1日暂停新增校园网贷业务，转而向校园公益事业迈出新步伐。根据官网信息，名校贷已赞助1 596个高校社团，后续也将倾力支持大学生实践活动。

　　综上可见，趣分期的转型好比《红楼梦》里的一句判词——"需要退步抽身早"，对校园网贷再无顾念；分期乐的转型好比《水浒传》里的梁山好汉最终接受了招安——与正规军银行联合发展校园贷业务；名校贷的转型好比《三国演义》赤壁之战前的等待东风——暂停校园网贷但并未全面终止，以待时机。

　　但无论采取哪种策略，校园贷业务越来越像一个回忆、一种念想。它们的未来在校园之外，在白领市场，只不过，这是另外一个江湖，真正的强手如林、白热化竞争，命运会如何，谁也说不好。

　　好在，时间会给我们一个答案。

红岭创投、陆金所等网贷热点事件频发，释放出什么信号？

近期，网贷行业发生了很多事——金融工作会议释放强监管信号、交易所合作产品下架、陆金所"债转"风波、红岭创投宣布三年内清盘等等。每个事件背后都蕴含着丰富的信息量。

当这些热点事件在短时间内集中出现时，对行业和投资者而言，是什么信号呢？在此，笔者做个通盘的梳理与概括，供大家参考。一家之言，欢迎讨论交流。

监管层面：排雷模式下各个击破，整体风险可控

自2015年下半年以来，网贷行业便迎来强监管模式，以重点问题和突出问题为抓手，以风险排雷为导向，推行了一系列的制度和文件，成效明显，加速了行业野蛮生长的结束。具体回顾一下：

（1）资金存管对治平台跑路和资金池风险

2015年以前，平台卷款跑路是投资者面临的最大风险，卷款跑路的原因无一例外涉及资金的挪用，或构建资金池用于真实项目投资，或直接搭建庞氏骗局网络，用新投资者的资金偿还老投资者的本息。E租宝、泛亚、中晋等臭名昭著的平台均是此类模式。

无论是跑路还是资金池，本质上都涉及对用户资金的挪用，资金存管通过将用户资金与平台自有资金的分离，从根本上防止了资金挪用风险。《网络借贷资金存管业务指引》明确规定："存管人应在充值、提现、缴费

等资金清算环节设置交易密码或其他有效的指令验证方式，通过履行表面一致性的形式审核义务对客户资金及业务授权指令的真实性进行认证，防止委托人非法挪用客户资金。"

目前，上线资金存管的平台数量约占15%，大多数平台难获存管银行认可，成为行业整顿速度迟缓的重要原因，也必将成为行业加速分化的重要诱因。网贷之家数据显示，截至2017年7月23日，已上线资金存管平台数量约为325家，已签约未上线平台约为260家。

（2）信息披露对治不良高发、关联交易等经营风险

在P2P交易中，平台虽定位为信息中介，却是事实上的项目风险评估者，用他人（投资者）的资金来放贷，自然存在委托代理难题。即平台为获取超额手续费，有动力在风险评估中放水，将资金贷给不合格借款人甚至企业自己。

所以，P2P业务天然就涉及不良资产、自融等问题。在出台信息披露要求之前，P2P平台的不良率一直是个谜，一些平台甚至通过P2P业务进行自融，风控成为过场和形式。一开始，平台会自行承担风险，随着不良资产越积越多，量变引发质变，就变成了问题平台。站在投资者角度，由于缺乏权威的信息披露机制，平台看上去一直都是经营正常，直至出现提现困难，但为时已晚。

这个问题主要依赖信息披露来对治。2017年6月，互金协会正式上线"互联网金融登记披露服务平台"，截至2017年7月28日，累计有40家平台接入。同期，国家互联网金融安全技术专家委员会启动互金平台"阳光计划"，重点进行透明度巡查，对平台不透明情况进行曝光。此外，信息披露不彻底很容易引发自媒体关于平台涉嫌资金池、自融等的猜测，舆论监督也发挥着重要作用。

（3）限额控制锁定行业定位，对治系统性风险

P2P平台定位于信息中介，理论上不承担信用风险，因此也没有资本金和杠杆率要求。放任发展，规模可以无限扩张。风险管理不当，也会给投资人带来很大的损失，引发系统性风险。同时，对比银行、消费金融公司、小贷公司等有明确杠杆率限制的持牌放贷机构，放任P2P的发展也会产生监管套利的问题。

在此背景下，通过对借款限额进行控制，既锁定了行业小额普惠的定

位，又可视作在某种程度上进行了变相的杠杆率控制，弱化监管套利问题，并根本上消弭潜在的系统性风险。

平台层面：看得见的天花板，想象空间受限

对平台而言，资金存管和信息披露虽然增加了监管成本，但能从根本上提升投资者信心，是件好事。而借款限额的控制，虽然从行业层面消弭了系统性风险，但对平台而言，类似于变相设置了天花板。

考虑到招行在零售业务中的卓越品牌和完善的O2O渠道，不妨以招行零售业务中的小微贷款（剔除房贷与信用卡透支，信用卡主要为免息期内透支，不能等同于实际贷款需求）作为网贷平台发展的天花板。截至2016年年末，招行小微贷款余额2 817亿元。

截至2017年6月，网贷行业待还余额为10 449.65亿元，较2016年年末增加2 287亿元，月均增速为4.2%，同比下降2.85个百分点。在网贷平台中，待还余额超过100亿元的平台有17家，超过200亿元的有6家，超过500亿元的仅陆金服一家，为1 400亿元。随着7月15日起交易所产品的下架，网贷平台待还余额极有可能不升反降。

就网贷龙头而言，天花板已在看得见的不远处。

在《互金整改延期的背后，行业发展早已步入深水区》一文中，笔者谈到了网贷平台拓展行业空间面临的困境，摘录如下：拓展行业发展空间，网贷平台是最积极的探索者。超级大平台纷纷把转型重心放在一站式平台转型上，意图通过售卖基金、交易所理财产品、保险产品等扩大业务边界。然而，不同金融产品对应不同的销售逻辑和客群，超级大平台的转型效果并不理想。与此同时，在超级大平台一站式转型受挫的背景下，其核心基础P2P业务则遭遇专注P2P业务的大中型平台的强力挑战，后者的交易量快速提升，行业排名稳步增长。腹背受敌的情况下，如何进行战略布局，或者如何突破转型瓶颈，是这些领头羊们必须思考且尽快解决的问题。

投资者层面：负面信息听多了，信心需要重建

自2015年下半年以来，网贷行业步入合规整改阶段。监管层面出台一系列文件，媒体充分发挥舆论监督作用，高度关注平台负面舆情，劣质平台加速淘汰出局。站在投资者的角度，这一时期行业信息量巨大，且专业性强，在缺乏主动而积极的投资者教育与沟通的背景下，投资者对行业认识出现偏差。

大多数投资者对行业的印象还停留在E租宝发酵时期的舆论引导和投资者教育上，即"网贷高风险，投资需谨慎"。

就一部分关注行业新闻的投资者而言，行业整改的这一年多时间内，投资者可能频繁接触到资金存管、电信增值业务许可证、平台备案等监管词汇，但不见得明白其作用和价值。整体合规比例低、整改进度不及预期、大平台转型退出等新闻倒是浅显易懂。不过，对这部分投资者而言，这些都属于行业负面信息。

只有少数资深投资者，才真正看到了行业在合规层面实实在在的进步，认可网贷产品的投资价值。只是，这部分用户少之又少。

在这种情况下，陆金所事件的发酵便既出乎意外，又在意料之中。陆金所背靠中国平安，是网贷行业的超级龙头，竟然会因为一张涉及合规问题的微信截屏而诱发投资者恐慌情绪，的确大大出乎市场预料；但若考虑到大众对网贷行业的标签化负面认知，考虑到很多人或他们身边的人曾深受跑路平台的"折磨"，这件事情却也不难理解。

显然，大家高估了投资者对行业的认可和信任度，再次证明了现阶段的投资者教育和沟通仍远远不够，且并未引起足够重视。而这个问题不解决，可能会成为行业长期发展的重大障碍。

小结：多事之秋近尾声，行业或步入新阶段

但凡大的趋势，临近尾声之前总是会来几个小高潮。结合行业整体现状来看，陆金所风波、红岭创投的退出宣言便类似于这种尾声前的高潮。以此为界，伴随行业乱象与整改的多事之秋可能要临近尾声了。

接下来，行业要准备好迎接新的发展阶段，不再那么快，也不再这样喧嚣，一边扎扎实实发展转型，一边逐渐淡出舆论视野。最终，网贷将作为一个成熟的行业，携带一款成熟的产品（网贷），慢慢内嵌至金融体系整体框架之中。届时，人们只知道理财产品配置，不会再单独强调网贷。

支　付

揭开隐藏在央行巨额罚单背后的支付清算乱象

近日，央行向银联商务和通联支付开出了4 680.64万元的史上最大罚单，使得近年来猖獗的支付清算乱象再次引发关注。

曾记否，2015年8月至2016年1月，央行先后吊销了浙江易士、广东益民和上海畅购的《支付业务许可证》；2016年5月，更是推迟了第一批27家持牌机构的牌照续展工作。此次又开出了史上最大罚单。

经验告诉我们，行业性的乱象背后往往会涉及行业性的原因，违规行为只是表象，表象背后的实质才是治本之源。本文将着重剖析支付清算行业违规行为背后的秘密，看看究竟什么才是治本之策。

支付清算领域主要有三大乱象

先看看银联商务和通联支付为什么被罚。央行给出的原因是"经核查，上述两家公司存在未落实商户实名制、变造银行卡交易信息、为无证机构提供交易接口、通过非客户备付金账户存放并划转客户备付金、外包服务管理不规范等严重违规现象，举报情况基本属实"。

笔者梳理了近年来央行对支付行业做出的几个处罚规定（见表1），发现主要违规行为集中在银行卡收单业务中，表现为未落实账户实名制、为无证机构提供交易接口、挪用客户备付金、伪造交易材料、套码等方面。仔细剖析这些违规行为，主要表现为三大乱象。

表1 近些年第三方支付处罚事件一览表

日期	处罚对象	违规行为	处罚措施
2016.7.25	银联商务、通联支付	未落实商户实名制、变造银行卡交易信息、为无证机构提供交易接口、通过非客户备付金账户存放并划转客户备付金、外包服务管理不规范等	对其总公司及相关分公司相关责任人给予警告并处罚款，罚金总额4 680万元
2016.1.7	上海畅购	挪用客户备付金、伪造财务账册和业务报表等	注销《支付业务许可证》，并向公安部门移交其涉嫌犯罪的证据及相关资料
2015.10.8	广东益民	涉嫌"非法吸储"	注销《支付业务许可证》
2015.8.28	浙江易士	挪用客户备付金、伪造变造交易和财务资料、超范围经营支付业务等重大违规行为	注销《支付业务许可证》，并向公安部门移交其涉嫌犯罪的证据及相关资料
2014.9.10	汇付天下、富友、易宝、随行付	未落实特约商户实名制、交易监测不到位、风险事件处置不力等	汇付天下退出15个省市的现有收单业务，富友及易宝撤离7个省的收单业务，随行付撤离5省2市的收单业务
2014.3.23	10家支付机构	未落实特约商户实名制、交易监测不到位、风险事件处置不力等	8家第三方支付机构从4月1日起停止在全国范围内接入新商户，另有两家支付机构被要求限期自查
2013.9	汇付天下、通联、随行付等	第三方支付机构套用MCC（商户类别代码）	罚金，金额从几万元到几十万元不等

资料来源：苏宁金融研究院整理自网络

乱象1：二清泛滥。为无证机构提供交易接口和外包服务管理不规范，这两个问题其实主要表现为一个问题，即二清。所谓二清，简单讲可以理解为支付机构与商户之间的第三方代理商，本来交易资金是直接清算给商户的，在这种模式下，交易资金先清算给代理商（即二清），然后再清算给这个商户。很多情况下，二清还会向下发展出三清、四清甚至五清，使得交易环节一环套一环，交易资金层层转递，交易背景错综复杂。

通过二清，支付机构可以快速做大特约商户规模，是占领市场份额的有力武器，显然，正面作用是有的。但从近些年的案例看，其负面影响已经远远超出了正面意义。具体来说，二清业务模式的主要危害有两点：一是危及商户资金安全。一旦二清机构（或三清、四清）出现资金周转困难、债务纠纷、甚至卷款跑路等情况，商户资金很难保障。近年来，已经发生了多起二清机构卷款跑路事件，引发商户对支付机构的集体投诉和纠纷。二是若外包管理不到位，很容易违反反洗钱规定，踩到洗钱的红线。

乱象2：套码盛行。所谓套码，即违规套用低费率行业的商户类别码（MCC），这是收单业务最为普遍的违规行为之一。不同MCC码代表不同行业，刷卡手续费率不同。按发改委2013年2月25日"66号文"中新下调的费率规定，"5812"代表餐馆，手续费率1.25%；"5311"代表百货商店，手续费率0.78%；"5411"代表超市，手续费率0.38%；"三农"业务更低，最低一档仅0.25%。显然，餐馆套用三农的MCC码，可以大幅降低刷卡费率。

套码主要有四种做法：一是直接伪造虚假商户信息，包括伪造营业执照与商户入网材料等，将高费率商户直接伪装成低费率商户；二是批量申请低收费行业的营业执照；三是切机，即一些收单机构以升级POS机的名义强行把其他收单机构的商户变更为自己的商户，在切机的过程中实施套码行为，降低商户费率，取得商户的配合；四是平台化、智能化造假，即收单机构通过变造交易类型或交易渠道等手段，为同一笔交易组合出多套交易信息，批量按"特殊计费"的低费率收费。

2014年3月，汇付天下、易宝等8家收单机构被央行要求暂停接入新商户，并于当年9月要求退出特定地区业务，为一些收单企业的"切机"行为提供了机遇。这些机构以降低费率为诱饵，诱导被处罚机构的商户"升级"POS机，把客户收归己有。

套码的危害主要有两点：一是扰乱了正常的市场秩序，一些收单机构通过套码吸引商户，挤压合规运营收单机构的生存空间；二是在实施套码行为的过程中，必然涉及伪造商户信息、变造交易类型等违规行为，使得银行卡收单业务的各项风控措施形同虚设，加剧洗钱和诈骗风险。

乱象3：洗钱、诈骗等严重违规行为。如果说二清和套码在某种程度上是收单企业为了做大市场份额采取的恶性竞争行为，洗钱、诈骗等行为就涉嫌刑事犯罪了。此时，收单企业主观上不再是做大做强，而是捞一把就跑，动机发生了根本变化。一般说来，洗钱、诈骗等行为往往伴随着未落实商户实名制，挪用客户备付金，留存、窃取或泄露银行卡敏感信息等高危行为。

未落实商户实名制基本是套码、洗钱等违法行为的前提条件，留存、窃取或泄露银行卡敏感信息本身就自带诈骗嫌疑，属于严重违规行为。挪用客户备付金就不用说了，本身没有技术含量，有胆量即可，属于严重违规行为，被注销牌照的三家支付机构都是踩了这条红线。因此，若是正常的从业者，无论怎么利欲熏心，基本不会去踩这条红线。

乱象背后是利益分配机制失衡

洗钱、诈骗等行为属于支付企业动机问题，从严、从重处罚，甚至注销牌照、追究刑事责任，都没什么好说的。二清和套码等本质上属于一种竞争手段，虽然风险事件频发、处罚不断但屡禁不止，背后有着深层次的原因，不能一概而论。

先看看这些违规行为有多猖獗。中国银联业务管理委员会曾发布一份《2014年上半年银行卡受理市场规范工作通报》，提到"今年上半年，全国确认违规商户46万户，占活动商户的5.84%。其中非金机构违规商户占比77.03%，银行违规商户占比22.97%。从违规行为看，套码行为占比39.68%，是市场违规的主要问题。"

违规行为何如此猖獗？刷卡手续费低，收单企业正常经营很难盈利是根本原因。银联总裁时文朝曾指出，中国绝大多数问题都出在定价机制上，衍生出所有经济主体的行为扭曲。事实上，因国内银行卡刷卡手续费率过低，银联曾被国际卡组织指责恶性压价、不正常竞争。然而，问题在于，定价方并非银联，而是发改委。2013年，发改委曾发文将手续费率降至原来的6~8折，按照这个费率，在7∶2∶1的收入分成机制下，只靠20%刷卡手续费的收单机构基本不赚钱。

在行业微利的经营模式下，做大规模是活下去的唯一手段。然而，线下收单市场中，银联商务和银行占据了80%左右的市场份额，60多家持牌收单机构竞争不超过20%的份额，本身就属于红海里的竞争。再看看竞争者的心态，银行一方意在获取商户沉淀存款，不指望收单业务挣钱；大的第三方支付企业也没指望靠收单业务盈利，意在通过收单业务获取商户信息、沉淀资金，并以此开展其他互联网金融业务，然后从 VC 那里拿钱。在收费水平本已较低的情况下，面对恨不得不收费的竞争对手，大多数中小收单机构依靠正当的竞争手段很难活下去，往往铤而走险，导致行业乱象丛生、风气变差。

当然，这本质上并非风气的问题，而是定价机制和利益分配机制不均衡的问题。不解决这个问题，再严厉的处罚，恐怕都刹不住行业乱象。

破解之道只能是等待市场出清

2017年3月，发改委发布《关于完善银行卡刷卡手续费定价机制的通知》，提出"收单环节服务费实行市场调节价。收单机构收取的收单服务费由现行政府指导价改为实行市场调节价，由收单机构与商户协商确定具体费率"。问题解决了吗？恐怕没有。那么多竞争者都恨不得零费用拓展商户，市场化定价带来的必然不是整体收费水平的提高，更可能是收费水平的进一步下调。下调本身会进一步压缩中小收单机构的生存空间，为了生存下去，他们可能会继续铤而走险，陷入恶性循环。

怎么办呢？强迫大家统一提高费率为中小收单机构留出盈利空间？这既不现实也不合理。唯一能做的，也许只能是等待市场的出清，随着参与者的逐步退出，慢慢地市场会达到一种均衡，乱象的土壤自然也就不存在了。那有没有办法加速这一进程？把"注销牌照"作为处罚手段恐怕是最有效的一种。所以，从业者们，你们要小心了，红线踩不得！

面对第三方支付和银联反制，网联需解决好三大问题

据财新近日报道，央行已原则上通过了成立网联平台整体方案的框架，并计划 2017 年年底建成。网联成立后，第三方支付将由银行直连模式过渡至第三方平台统一转接清算模式，统一技术标准和提高清算信息透明度的同时，也彻底废除了第三方支付龙头多渠道（指银行直连数量）、低费率的护城河，把行业的竞争重新拉回到支付场景拓展和客户体验提升上来，属于行业的重大变革。

然而，问题在于，网联模式与银联模式并无本质的区别，如果网联模式可行，为何当初第三方支付纷纷绕开银联发展银行直连呢？在银行直连已经深入人心的当下重提网联模式，又会面临怎么的障碍呢？清算牌照已经放开，支付巨头会选择加入网联还是另立山头？最后网联的命运如何，是一统天下还是被边缘化呢？在笔者看来，一切都要从第三方支付选择银行直连模式说起。

绕开银联，第三方支付青睐银行直连模式

如果不是银联转接清算职能在线上支付业务上的缺席或被边缘化，压根不会有网联什么事。银联总裁时文朝曾于 2013 年年底发出感慨"我最近非常苦恼一件事，中国人民银行批准了 250 家第三方支付机构，支付机构当中前 20 家占了 90% 的市场份额，这 20 家机构千方百计地绕过银联进行转接清算，银联的交易量分流得非常明显"。

银联的转接清算模式业务流程是收单–转接–清算，涉及发卡机构、收单机构和转接清算平台三方，按照7∶2∶1的比例进行分成。银联作为唯一的转接清算平台，稳拿一成的刷卡手续费，同时还可以向收单机构收取万分之二的银联品牌管理费。

7∶2∶1的分成机制形成于本世纪初，当时国内发卡量很低，发卡行拿七成，鼓励多发卡。但问题在于，随着银行卡的普及和新进入者的增多，这种分成机制也使得收单业务成为微利领域。在呼吁更改利益分配机制无果的情况下，第三方支付企业开始"千方百计地绕过银联进行转接清算"，为银行直连模式创造了土壤。

银行直连模式中，第三方支付既是收单机构又兼具转接清算功能，绕开了银联，得以摆脱7∶2∶1的分成机制。具体来讲，第三方支付企业与多家银行进行连接，当付款方通过第三方支付付款时，资金会转到第三方支付机构相应的银行账户，付款方使用的是哪家行的银行卡，资金一般就会先被转到第三方支付机构在那家银行的银行账户中。同时，第三方支付机构将这个付款过程记录在自己的数据库中，然后定期付款结算给收款方。这种结算也是通过第三方支付机构在各家银行开设的账户来完成的，收款方使用的是哪家银行的银行卡，就由第三方支付机构在那家银行的银行账户将资金划转给收款方。

当时第三方支付和银行打交道多在分支行层面，支付机构备付金可以增加银行存款，直连模式下，银行愿意降低费率甚至免收一些费用。由于无须向银联缴纳转接清算费和较低的银行收费，第三方支付收单机构可以在向特约商户低收费的前提下实现盈利，皆大欢喜。2013年的调研数据显示，在线上支付业务中，非金融机构向银行支付的实际手续费率平均仅为0.1%左右，大大低于银联网络内0.3%～0.55%的价格水平。曾有数据显示，因第三方机构结算绕转银联，导致银联每年手续费损失约30亿元，显然是很大的一块蛋糕。

银联的反制及第三方支付的突围

在线上支付领域取得优势地位后，2011年前后，第三方支付机构开始尝试在电商货到付款场景中把银行直连模式切入线下收单业务。线上业务也就罢了，看着银行直连模式转战线下，直逼自己的大本营，银联不着急是假的，开始发动一系列的反制措施。

2012年12月，银联发布《关于规范与非金融支付机构银联卡业务合作的函》，要求成员银行对支付公司的开放接口进行治理，将银联卡业务上收至总行，实现银行卡"接口"服务的集中审批、统一接入和统一定价，并最终推动支付公司统一接入银联网络。2013年4月，银联发布《银行卡受理市场秩序规范约束与奖励机制实施细则》，明确收单机构未通过银联开展银联卡跨行交易和资金清算业务的，应向银联支付违约罚金。2013年7月，银联在第四届董事会第六次会议上通过《关于进一步规范非金融支付机构银联卡交易维护成员银行和银联权益的议案》，明确"9月起，各成员银行停止向非金融机构新增开通银联卡支付接口；年底前，全面完成非金融机构线下银联卡交易业务迁移，统一上送银联转接；2014年7月1日前，实现非金融机构互联网银联卡交易全面接入银联"。

2013年7月5日，中国人民银行发布《银行卡收单业务管理办法》（以下简称《管理办法》），对直连模式和银联模式之争给进行了相对折中的表态，一方面肯定了银行直连模式的存在，表明了鼓励创新的态度；同时又给支付机构与银行直连模式附加了条件，也照顾了银联的诉求。

《管理办法》取消了之前征求意见稿中规定的"收单机构提供人民币银行卡收单服务，涉及跨法人交易转接和资金清算的，应通过央行批准的合法银行卡清算机构进行"相关条款，又在第二十六条明确规定"收单机构将交易信息直接发送发卡银行的，应当在发卡银行遵守与相关银行卡清算机构的协议约定下，与其签订合作协议，明确交易信息和资金安全、持卡人和商户权益保护等方面的权利、义务和违约责任"。

《管理办法》出台的同一天，某知名第三方支付企业发布微博"由于某些众所周知的原因，将停止线下所有POS业务"，意味着第三方支付试图在线下复制银行直连模式的努力暂告一段落。尽管基于POS机的银行直连模式在线下夭折，但《管理办法》毕竟给直连模式留下一线生机，直连模式得以在线上支付业务中发展壮大。不久后，第三方支付携扫码支付重回线下，成功扳回一局，这是后话。

网联要顺利推进还需解决三大问题

关于推出网联的好处，从业者们给予了高度的赞扬。不可否认，网联平台在清算信息的透明度、资金的安全性、备付金集中存管政策的落地、重复建设的缓解、行业竞争环境的改善等方面都能发挥作用，但显然不能只看好的一方面。

网联定位于转接清算平台，单从模式上看，和银联转接清算的四方模式并无区别，实质上是把第三方支付的银行直连模式重新扳回银联的收单-转接-清算模式，只不过这里的转接清算平台不再是银联而是网联。第三方支付突围多年，难道真的甘心一夜回到解放前？在苏宁金融研究院看来，网联的顺利推进，还需解决三大问题。

问题一：如何实现从直连模式到网联模式的平稳过渡。《非银行支付机构风险专项整治工作实施方案》明确要求"推动清算机构按照市场化原则共同建设网络支付清算平台，网络支付清算平台应向中国人民银行申请清算业务牌照。平台建立后，支付机构与银行多头连接开展的业务应全部迁移到平台处理。直接取缔支付机构与银行直接连接处理业务的模式，确保客户备付金集中存管制度落地。"显然，监管对于网联模式的推动，态度是坚决的，网联取代直连模式是大势所趋。问题在于，如何降低巨头们的抵触情绪？如何确保两种模式的平稳过渡？过渡期又设置多长时间？

问题二：如何确保网联平台的中立性。网联属于行业基础设施，中立性是立足之本。技术上讲，保持中立性不难，股权分散化就能解决，最大的难题在于既要保持中立性又要吸引行业巨头们的积极参与。监管要求的是取消直连模式而不是强制所有机构只能用网联。随着清算牌照的放开，巨头们会不会自己去申请个清算牌照自己玩？行业前两大企业交易占比超过70%，失去它们的支持，网联的那些所谓优点还能发挥几成？

问题三：如何解决利益分配机制问题，防止"直连模式"重启。当初，第三方支付之所以绕开银联，与7∶2∶1的利益分配机制密切相关。对于网联来说，制定一个大家都有得赚的分配机制是第一位的。若不去动转接清算平台的一成，只能降低发卡银行的七成。然而，即便发卡银行同意修改网联模式下的分配机制，那紧接着的问题是，线上清算的分配机制修改后，银联线下收单的利益分配机制要不要改？线下也改的话，发卡行还会不会同意在线上改？事实上，2013年前后，第三方支付企业曾广泛呼吁由7∶2∶1改为5∶4∶1，未被采纳。

"96费改"实施，第三方支付收单企业的出路何在？

2016年9月6日，在绝大多数人眼中是个稀松平常的日子，但对银行卡收单行业来说，这一天有着不同寻常的意义。由于"96费改"新政的实施，困扰行业多年的套码、切机、信用卡套现、渠道套用等违规现象有望得到根治，不啻为行业发展的分水岭。但对收单环节的第三方支付企业而言，这项新政短期内有可能成为压垮企业的最后一根稻草。那么，这项新政究竟是什么？影响又有多大？且听笔者细细说来。

"96费改"改了什么？

2016年3月，发改委和央行发布了《关于完善银行卡刷卡手续费定价机制的通知》（以下简称《通知》），对银行卡收单业务的收费模式和定价水平进行了重要调整，《通知》于2016年9月6日正式实施，因此被业内称为"96费改"。

"96费改"前，银行卡收单业务执行的收费标准为发改委2013年1月16日发布的《关于优化和调整银行卡刷卡手续费的通知》（发改价格〔2013〕66号）。该通知把商户分类从六类调整至四类，并整体下调了刷卡手续费标准，平均下调幅度约为24%。此次"96费改"延续了为实体商家降本降费的总基调，同时在"市场化定价、借贷分离、取消商户类别"等方面进行了重大变革，某种意义上将重塑国内银行卡收单市场的竞争格局。

　　表1为"96费改"前后银行卡收单市场相关各方的收费变动情况，除了收单环节由政府指导价变成市场化定价没有明确费率水平外，发卡行、银联的费率水平都出现不同程度的下降。

表1　　　　　　　　"96费改"前后银行卡收单相关方利益分配机制

相关方	新政商户类别	"96费改"后	"96费改"前
发卡行服务费	标准类	借记卡（含预付费卡）：交易金额的0.35%（单笔封顶13元） 贷记卡（含准贷记卡）：交易金额的0.45%（不封顶）	餐娱类：交易金额的0.9%（房地产和汽车销售60元封顶） 一般类：交易金额的0.55%（批发类20元封顶）
发卡行服务费	优惠类	借记卡（含预付费卡）：交易金额的0.273%（单笔封顶10.14元） 贷记卡（含准贷记卡）：交易金额的0.351%（不封顶）	民生类：交易金额的0.26%
发卡行服务费	减免类	0	公益类：0
银联网络服务费	标准类	分别向发卡机构、收单机构收取交易金额的0.0325%（单笔封顶3.25元）	餐娱类：交易金额的0.13%（房地产和汽车销售10元封顶） 一般类：交易金额的0.08%（批发类2.5元封顶）
银联网络服务费	优惠类	分别向发卡机构、收单机构收取交易金额的0.0254%（单笔封顶2.54元）	民生类：交易金额的0.04%
银联网络服务费	减免类	0	公益类：0
收单服务费	标准类	市场化定价	餐娱类：交易金额的0.22%（房地产和汽车销售封顶10元） 一般类：交易金额的0.15%（批发类3.5元封顶）
收单服务费	优惠类		民生类：交易金额的0.08%
收单服务费	减免类		公益类：成本价
总体原则		不区分商户类别，借贷分离，实行政府指导价、上限管理	区分商户类别制定商户手续费，即餐娱类1.25%、一般类0.78%、民生类0.38%和公益类0，并按7：2：1的比例在发卡银行、收单机构及卡组织之间分配。借贷合一，政府指导定价，特定行业上限管理

　　资料来源：苏宁金融研究院整理

除了直观的费率水平下降，"96费改"提出的市场运营原则的变化也给这个市场带来更为深远的影响，具体来说主要有三点。

第一，收单环节由政府定价改为市场定价，终结线上线下双轨制。

"96费改"前，名义上收单市场实行的是政府定价，但实际上却是"线下收单政府定价，线上业务市场定价"的双轨制。线下收单业务，大家走的是银联的渠道，都要按照银联的规矩办事，但线上支付业务被第三方支付探索出了银行直连模式，银联成了局外人，7∶2∶1的利益分配机制也就不复存在，第三方支付企业得以和发卡银行讨价还价，重新确定手续费分配机制。

线上线下价格双轨制成为部分收单机构进行渠道套用的巨大动力，一方面制造了行业内的不公平竞争，加剧劣币驱逐良币；另一方面渠道套用使得交易数据报文无法还原商户经营的真实场景，为后续的商户管理和风险防控带来巨大隐患。

"96费改"虽没有直接提出废除线上线下双轨制的概念，但收单环节的市场化定价使得线上线下收费标准有了趋同的空间，第三方支付企业冒着违规的风险进行渠道套用的必要性自然大大降低了。

第二，统一商户类别，取消费率梯次计价方式。

近年来，收单市场乱象频发，套码、切机等违规行为屡禁不止，收单机构也为此屡屡"收获"央行和银联的罚单。套码的背后是不同商户手续费的巨大差异，餐娱类收费水平1.25%，民生类收费水平0.38%，以一年1 000万元流水的小商户来看，由餐娱类商户套码至民生类可以节约8.7万元费用，且风险极低（对商户而言），何乐而不为呢？套码的盛行又为切机提供了土壤，A收单机构为了抢占B收单机构的商户，可以通过提供套码服务来赢得商户的支持，反过来也逼得B收单机构不得不提前一步主动为旗下商户提供套码服务。

"96费改"虽然保留了标准类、优惠类和减免类三个商户类别，但明确要求"自本次刷卡手续费调整措施正式实施起2年的过渡期内，按照费率水平保持总体稳定的原则，对超市、大型仓储式卖场、水电煤气缴费、加油、交通运输售票商户刷卡交易实行发卡行服务费、网络服务费优惠"。这就意味着两年过渡期后，商户类别将只剩下标准类和减免类，基本上统一了商户类别，费率梯次计价方式也就自然成为历史。届时，套码将失去存在的土壤，切机行为也会大大减少。

第三，借（借记卡）贷（信用卡）分离政策。

"96费改"前，借贷合一的定价方式并不科学。相比借记卡，信用卡发行面临着资金成本、风险成本、运营成本和市场营销成本等，其中运营成本要高出好几个档次。然而，二者执行统一的定价标准，带来的结果是：对借记卡而言，定价标准过高，实际上属于借记卡对信用卡的变相补贴；对信用卡而言，定价标准过低，加剧了信用卡套现行为的泛滥。

由于信用卡刷卡手续费低，通过收单环节进行信用卡套现成本较低，促成信用卡套现成为一个庞大的产业。一般而言，持卡人只要向商户缴纳1%至3%不等的"手续费"，就可以轻松将信用卡内的钱"刷"出来，不少商户还推出了数百元封顶的"优惠政策"。很多人将信用卡套现资金用于生产经营、互联网理财、民间借贷等活动实现套利。

"信用卡套现"是指POS机特约商户以虚构交易、虚开价格、现金退货等方式，向信用卡持卡人直接支付现金并收取手续费的行为，这在我国属于非法行为。2009年公布的《最高人民法院、最高人民检察院关于办理妨害信用卡管理刑事案件具体应用法律若干问题的解释》规定，从事信用卡套现，情节严重的以非法经营罪处罚。

更有甚者，不法分子借助信用卡预授权政策，利用银联与银行结算时间差，反复通过预授权消费、撤销、网银转账等操作，套取信用卡额度数十倍金额的预授权保证金，已经成为金融诈骗的一种常见形式。

"96费改"实施借贷分离政策，且规定信用卡刷卡手续费上不封顶，大大提高了信用卡套现的成本，可以有效遏制套现行为。当然，信用卡费率的提高会加大商户对信用卡的抵触情绪，尤其是购房、购车环节，均涉及"信用卡大额交易，上不封顶"的政策，对商户而言是一笔不小的费用支出，但整体来看，利远大于弊。

第三方支付或陷入价格战泥潭

"96费改"的本意在于"进一步降低商户经营成本，扩大消费，引导银行卡经营机构提升经营管理水平和服务质量，增强竞争力，促进我国银行卡产业持续健康发展"。既然侧重点在于降费降本，商户、发卡银行、银联、消费者均能从中受益，唯有第三方支付收单企业在实行市场化定价后，可能陷入更激烈的价格战泥潭。

先看看商户。除房地产、汽车销售和批发类行业等大额信用卡交易行业外，商户整体受益于降本降息的政策。据测算，新政实施后，各类商户每年合计可减少刷卡手续费支出约74亿元。

再看发卡银行和银联。短期看其费用收入受损，但刷卡收入在其收入总额中占比很低，影响有限；反过来，新政对套码、套现等违规行为的打击有助于收单市场的持续健康发展，对发卡银行和银联而言，长期看无疑也是利好。

再看消费者。银行卡收单业务并未涉及对消费者的收费环节，新政本身也不会增大消费者的负担。反过来，新政对行业的长期利好，可以改善消费者刷卡环境，提高用卡体验。当然，短期内，大额信用卡刷卡消费可能面临商户的接受度问题。

最后是收单环节的第三方支付企业。在整个银行卡产业链中，收单环节技术含量低、可替代性强，属于典型的完全竞争行业，利润微薄。"96费改"新政后，收单环节从政府指导定价变为市场定价，不难想象，竞争将更激烈，短期看弊大于利。

对收单机构而言，最大的问题在于盈利难。有收单资质的机构包括银联、银行和62家第三方支付企业，其中，银联和银行可通过发卡行手续费、清算机构服务费、资金沉淀等二次获益，对收单环节的竞争策略是"以扩大市场份额为主、以收单服务费收入为辅"。相比之下，第三方支付收单机构获利渠道单一，主要靠收单服务费维持机构运转。在这种情况下，收单环节定价市场化后，银行和银联将倾向于下调收单环节服务费，而第三方支付企业不得不选择跟进，盈利难问题依旧无解甚至会进一步恶化。

第三方支付收单企业的出路何在？

在"96费改"的政策影响下，收单环节收费水平仍将处于下行通道中，第三方支付收单企业将面临更为严峻的盈利挑战，收入多元化转型迫在眉睫，目标是要逐步摆脱对收单服务费收入的依赖。

收单环节沉淀的大数据信息在信用评判、信贷产品创新等领域具有较高的价值，涉足相关领域以盘活这些大数据资产是第三方支付收单企业的重点转型方向。在当前的市场环境下，持牌经营已经成为金融业务多元化布局的基本门槛，在牌照整体收紧的大背景下，若收单企业已经着手进行多元化布局，则经营目标是尽快做大做强，充分发挥互联网金融各业态间的协同效应；若尚未进行多元化布局，可通过股权合作等方式与其他大型互联网金融生态企业建立强纽带关系，曲线盘活自身的数据资产。

网联上线打破竞争壁垒，微信向支付宝转账的脚步近了

近期，因财新网一篇有关网联平台按新方案筹建的报道，沉寂有一段时间的网联平台再次进入大众视野。据悉，新方案一改旧方案中由龙头企业负责组建网联的机制，改为所有参与方共同出力，并通过股权挂钩机制来提高第三方支付企业参与的积极性。

回溯到2016年4月，网联方案初稿出台后，市场上不乏质疑之声——面对利益相关且根深蒂固的银行直连模式，网联平台如何避免被边缘化的可能？现在来看，无论是监管层面还是支付清算协会方面，网联的上线已经势在必行，对行业而言，是时候考虑网联上线本身对既有市场格局的影响及应对问题了。

在笔者看来，网联上线不仅可以废除第三方支付龙头多渠道（指银行直连数量）、低费率的护城河，还将使得跨第三方支付企业账户间的互联互通在技术上成为可能，即从微信向支付宝或易付宝等体系外账户转账成为可能，从而可以破除现有第三方支付账户资金闭环下自然形成的市场壁垒。届时，市场巨头依靠账户数量的规模优势带来的竞争优势将大大削弱，这就为中小参与者提供了新的客户拓展机遇，行业将迎来新的变数。

网联平台背景几何？

"网联平台"全称为"非银行支付机构网络支付清算平台"，与银联的功能属性相似，属于专门为第三方支付机构提供统一转接清算服务的平

台。2016年4月，市场上开始传出网联平台的信息。同月出台的《非银行支付机构风险专项整治工作实施方案》也明确要求"推动清算机构按照市场化原则共同建设网络支付清算平台，网络支付清算平台应向中国人民银行申请清算业务牌照。平台建立后，支付机构与银行多头连接开展的业务应全部迁移到平台处理。直接取缔支付机构与银行直接连接处理业务的模式，确保客户备付金集中存管制度落地"。8月，据财新网独家消息称，央行已原则上通过了成立网联平台整体方案的框架，并计划于2016年年底建成。11月，市场又开始流传网联平台的新方案。

在笔者看来，运营初期，网联的业务范围应该和银联类似，甚至比银联更窄，即专注做转接清算平台。考虑到支付清算牌照放开的大背景，届时网联有望申请到一张牌照，除了给支付机构提供转接清算服务外，"网联"标识的支付卡也有望出现，届时，第三方支付行业的业务模式将从根本上重构。基于此，网联的架构、技术路线、标准、股权比例、运营模式等关系到从业机构的切身利益，成为各方关注的焦点。

从银联注册信息上看，其经营范围为：建设和运营全国统一的银行卡跨行信息交换网络，提供先进的电子化支付技术和与银行卡跨行信息交换相关的专业化服务，开展银行卡技术创新；管理和经营"银联"标识，制定银行卡跨行交易业务规范和技术标准，协调和仲裁银行间跨行交易业务纠纷，组织行业培训、业务研讨和开展国际交流，从事相关研究咨询服务；经中国人民银行批准的其他相关业务。

网联方案知多少?

据财新网报道，最新方案中网联平台的架构、技术路线、标准等均由所有参与方共同讨论，以确保公开、透明，避免了之前方案中由几家龙头公司负责组建带来的潜在问题。与技术路线相比，网联平台股东的组成和股权的分配更是行业关注的焦点，网联平台的股权分配的确有一些新意。网联（拟）和银联股权结构对比见表1。

表1　　　　　　　　　　网联（拟）和银联股权结构对比

基本信息	网联	银联（2002年发起时）	银联（目前）
股东总数	不超过50家	85家	152家
注册资本	5亿元（估算）	16.5亿元	29.30亿元
第一梯队	支付清算协会、央行（或其代理公司）	中国造币总公司、工、农、中、建、交共6家，持股比例均为5.45%，合计32.7%	中国造币总公司（4.86%，第一大股东）、建（4.78%）、工（3.84%）、农（3.84%）、中（3.84%）、交（3.84%）共6家，合计25%
第二梯队	系统性重要机构（不含银行和银联），持股比例最高不超过10%，投资金额不超过5 000万元（据此估算，注册资本约为5亿元）	招行（4.85%）、浦发（4.85%）、国家邮政局（4.24%）、中信（4.24%）、广发（4.24%）、光大（3.64%）、深发展（3.03%）、华夏（3.03%）、兴业（3.03%）、民生（3.03%）共10家，合计38.18%	不详。后续银联两轮增资共新增69家股东，包括29家境内银行机构、17家境外银行机构和23家境内非银行机构等。原发起股东中，常州市商业银行、无锡市商业银行、南通市商业银行合并变更为江苏银行，由85家变成83家
第三梯队		城商行、信用社和非银行机构，合计69家，其中银行业机构持股27.65%，非银行业机构持股1.47%	

资料来源：21世纪经济报道、财新网、上海市工商局、苏宁金融研究院

　　从银联发起时的股权分配来看，基本是在考虑机构属性的情况下与市场地位高度挂钩，五大行持股比例最高，全国股份制银行位居第二梯队，而城商行和信用社及其他非银行机构位居第三梯队，各占1/3左右。

　　而从财新网报道来看，网联平台的股权分配原则将与机构对网联平台建设的参与度密切挂钩，参与程度的评估标准包括三个方面：一是参与的产品、组件、软件；二是人员贡献；三是对平台业务规则和技术标准的反馈程度、响应程度。考虑到网联的建设本身与直连模式已经非常成熟的第三方支付企业的固有利益是存在冲突的，网联股权分配原则的"创新"中，鼓励第三方支付机构积极参与平台建设的用意一目了然。

　　问题在于，作为行业基础设施，网联平台既不可能有控股股东，在业务上也会保持高度独立性，对第三方支付企业而言，占股再多也只能是财务投资者，持股的高低带来的只是财务回报的差别。因此，股权挂钩机制的激励效果究竟有多大，还有待观察。

不过种种迹象显示，网联的上线已经势在必行，对于第三方支付企业而言，再纠结于直连模式下的沉没成本投入已经意义不大。当务之急是正视网联平台上线后，对整个行业带来的重大变局。

第三方支付市场再迎变局

对于网联成立的意义，首要的一条是：网联成立后，第三方支付将由银行直连模式过渡至第三方平台统一转接清算模式，统一技术标准和提高清算信息透明度的同时，也彻底废除了第三方支付龙头多渠道（指银行直连数量）、低费率的护城河，将行业的竞争重新拉回到支付场景拓展和客户体验提升上来，属于行业的重大变革。

除此之外，还有一个更重要的影响在于对市场壁垒的破除。网联平台上线后，若无意外，银行直连模式要逐步退出历史舞台。银行直连模式下，以第三方支付账户为基础，客户资金得以实现银行卡间、支付账户间、支付账户与银行卡、银行卡与支付账户的互联互通，形成了资金流、信息流的闭环。受技术规范不统一和缺乏专业的网络运营商等因素影响，跨第三方支付企业账户的互联互通是做不到的，也就是说你不能通过支付宝向你的易付宝账户转账，在这种情况下，只要客户资金进入到某个支付企业的账户体系，再想转移到另一家支付企业账户中就会比较麻烦，特别是当支付企业对于提现到银行卡收费的时候，这种跨账户间的转移更是难上加难。此时，支付企业依靠账户体系建立的资金流闭环本身就构成了一个超级棒的市场壁垒。

市场壁垒的客观存在使得支付企业有着很大的动力去做大第三方支付账户体系，并不断丰富体系内支付生态，以便这个壁垒越来越高。从行业的角度看，市场壁垒的存在也大大提升了行业分化速度和程度。举例来说，为了转账的方便，客户会倾向于和朋友们使用同一家第三方支付企业的账户，这样，支付企业的用户越多，其对用户的价值也就越大，形成滚雪球效应，直至形成寡头垄断。这种客户拓展的滚雪球效应和社交账户是一样的，微信做大后，其他的社交APP也就基本失去了机会。

　　网联平台上线后，跨第三方支付企业账户的互联互通在技术上成为可能，而且很有可能像银行跨行转账一样，不收手续费。在这种情况下，第三方支付企业自身的市场壁垒无形中就被打破了，对绝大多数中小型支付企业而言，无疑是个大利好。届时，只要质优价廉，不怕客户不来。想想前几年，在大银行普遍对跨行异地转账和取现收费的时候，中小银行就是靠着免费牌争得了一席生存空间。

扫码付迎来巨头玩家，阿里腾讯"双寡头"格局或成为历史

近日，银联向第三方支付企业发送《关于商请合作推进银联卡二维码支付产品及相关标准规范的函》，明确提出"与第三方支付企业共同研究和推进银联卡二维码支付产品相关工作"。作为 NFC 支付标准的主力推动者，2015 年双十二期间，银联曾联合 20 多家商业银行在北京发布"云闪付"支付产品，并依靠 Apple Pay 等明星产品一度引发手机 Pay 绑卡潮。此次，银联主导二维码支付制定，意味着二维码支付"合规化"后，银联和银行开始双线押宝，扫码付正式迎来巨头玩家。

在线下场景的争夺中，第三方支付企业一度依赖扫码付的超级便捷性攻城略地，依靠大量的补贴占据了优质的高频交易场景，也培养了用户扫码支付习惯。此次，银联和银行等巨头进入业已成熟的扫码付市场，还能掀起多大波浪？对扫码付现有市场格局又会有多大的影响呢？

二维码支付的安全之争尘埃落定

2014 年 3 月 13 日，央行支付结算司分别向中国人民银行杭州中心支行和中国人民银行深圳市中心支行下发"特急"文，暂停相关支付机构的二维码支付以及其与中信银行合作的虚拟信用卡等相关业务。针对此事，银联方面相关专家的解读为："条码支付的本质就是借助二维码等条码技术将线下刷卡支付转换为线上交易，一方面，利用线上线下的价格差异实现监管套利，规避了国家对线下交易的监管要求，违反了异地收单的管理

要求；另一方面将低风险交易转为高风险交易，具有一定的隐患。"

的确，在当时的环境下，与POS专用设备相比，二维码支付缺乏统一的安全认证标准，在交易信息安全保障上更多地依赖支付企业自身的风控水平，不同企业间风控水平参差不齐，全面推行容易产生风险隐患。但也有观点认为，安全问题是所有支付产品都难以根除的难题，即便是信用卡也有不少安全隐患，盗刷事件从未根除。而且技术层面的安全问题都不是问题，毕竟技术的进步日新月异；而业务模式层面的安全问题则更多地需要时间的验证，应允许新兴产品试错前行。

在支付企业自身看来，扫码付是将商品信息、交易信息、资金信息等以二维码的形式展现出来，其主要安全隐患在于二维码信息本身。不知出处的二维码中可能含有木马信息，用户扫描这些二维码会导致木马中毒，而只要能够确保二维码本身的安全，比如从用户扫商户的码变成从商户扫用户的码就可以有效规避这一问题；另外，随着技术的进步，支付平台在识别二维码本身风险上也有了长足的进步。

最后，回到那句话，技术层面的安全问题都不会成为问题。从后来的发展看，证实了央行当时只是"暂停"而非"叫停"，第三方支付从未真正停止线下扫码的探索，并很快凭借一系列促销活动培育了用户习惯，成功地占领了线下小额高频交易场景。

扫码支付开闸，巨头跑步进场

面对第三方支付在线下场景的快速布局，银联于2015年升级了"闪付"产品技术标准，推出"云闪付"品牌，并与银行、手机厂商进行联合推广，然而，效果并不明显。与此同时，扫码支付也开始得到监管机构的正式认可。2016年7月中旬，工行推出了扫码付产品；7月26日，央行结算司下发文件给中国支付清算协会、中国银联，对条码支付监管原则及要求发布了告知函；8月初，支付清算协会发布《条码支付业务规范（征求意见稿）》（以下简称《征求意见稿》），意味着扫码支付正式得到监管机构的"书面"认可。

《征求意见稿》着重在确保扫码支付安全上进行了一系列的规范，包括信息传输标准、支付标记化技术应用、时效性等，还在交易限额、交易验证等方面做了明确规定，将扫码付限定于日常小额交易场景，定位于传统线下银行卡支付的有益补充。

在交易验证上可以组合使用三类信息（仅本人知悉、本人生理特征、本人持有并特有且不可复制或不可重复利用），并根据不同验证方式实施相应的限额规定。

风险防范能力达到 A 级，采用包括数字证书或电子签名在内的两类（含）以上有效要素对交易进行验证的，由会员单位与客户通过协议自主约定单日累计限额。

风险防范能力达到 B 级，采用不包括数字证书、电子签名在内的两类（含）以上有效要素对交易进行验证的，同一客户单个银行账户或所有支付账户单日累计金额应不超过 5 000 元。

风险防范能力达到 C 级，采用不足两类要素对交易进行验证的，同一客户单个银行账户或所有支付账户单日累计金额应不超过 1 000 元，且会员单位应当承诺无条件金额承担此类交易的风险损失赔付责任。

扫码付的"合规化"为银行和银联布局线下扫码业务扫清了障碍，第三方支付的"自留地"开始迎来传统金融巨头的挑战。从当前银行业的产品布局看，目前主要包括扫码付和收银台两类产品。前者主要依托于手机银行 APP，与第三方支付扫码直接竞争；后者则是扫码付的聚合支付产品，本质上是一个收银台，与第三方支付扫码是合作关系，不在本文的重点讨论之列。商业银行扫码付产品类型见表1。

鉴于扫码付的最终标准尚未明确，目前银行业对于扫码付产品的布局仍处于初级阶段，仅有个别银行试水。从表1情况来看，建行"龙支付"推出了全卡付功能，实现了对他行客户的覆盖，只要商户端推广得力，具有很大的发展潜力。与之相比，工行的"扫码支付"并不支持他行银行卡的绑定，意欲用一己之力来分食线下扫码支付市场。不过，作为"宇宙行"，工行也确有这个实力。截至 2015 年年末，工行个人客户达到 4.96 亿户，其中手机银行"融e行"用户数达到 1.9 亿；个人客户金融资产达到 11.6 万亿元；银行卡发卡量达到 7.5 亿张，其中信用卡发卡 1.09 亿张，银行卡年消费金额达到 8.84 万亿元。

表 1　　　　　　　　　　　商业银行扫码付产品类型

类型	银行	产品名称	产品特征
扫码付型	工商银行	扫码支付	（1）依托"融e联"APP，采用支付标记化技术，可隐藏真实卡号 （2）仅支持工行卡
	建设银行	龙支付	（1）全卡付功能，可绑定建行及其他商业银行的I类借贷记账户 （2）APP中集合云闪付、随心取（ATM机二维码取款、刷脸取款等）等功能
收银台型	民生银行	二维码收银台	支持微信、支付宝扫码支付
	兴业银行	钱e付	（1）聚合移动支付产品，将支付宝、微信支付、QQ钱包、掌柜钱包等市场上主流移动支付方式集成的创新支付产品 （2）支持PC客户端、手机APP、POS机、微信公众号等多种商户接入方式 （3）刷卡费率优于POS支付

资料来源：各银行官网，苏宁金融研究院

与去年云闪付产品推出时的促销相比，银行扫码付并未推出大规模的促销活动，市场感知度还不高。随着产品标准的逐步完善，将有越来越多的银行推出线下扫码业务，从而对现有市场格局带来重要影响。

线下扫码付进入群雄逐鹿新时代

在苏宁金融研究院看来，随着银行和银联的介入，线下扫码付市场竞争将日趋激烈，消费者有望迎来为期1年左右的密集优惠补贴期，可以尽情享受巨头"烧钱"带来的乐趣。在此期间，尚未实现盈利或缺乏雄厚资本支持的第三方支付企业将率先出局，市场也将由目前第三方支付企业为主且双寡头竞争的格局进入由十余家全国性银行、银联、三五家第三方支付企业参与其中的多头竞争阶段。由于参与各方均实力不俗，在相当长的时间内，都不会有玩家出局，双寡头的市场格局将彻底成为历史。

从扫码付与云闪付两种技术标准的竞争来看，虽然云闪付也逐步摆脱了对实体介质卡的依赖，从消费者角度，均可以实现"一部手机走天下"。但考虑到在商户端，云闪付需要专用POS设备，且刷卡费率更高（起码在扫码付推广的1至2年内如此）。可以预期，商户端将会出现一波扫码枪对POS机的替换潮，而扫码付也有望快速侵入云闪付"固守"的高端、大额消费场景，迎来更为广泛的发展空间。

一文说透支付行业变局中的黑天鹅及真假风口

新的一年开始了，又到了辞旧迎新的时候。从一个行业发展的角度来看，未来就孕育在过去之中，是没法谈所谓的旧与新的。就支付行业而言，2016年有着不同的意义，使得2017年也变得扑朔迷离，既有潜在的黑天鹅，也有真真假假的风口。

如果要用一个词总结支付行业的2016，笔者愿意用"惊变"二字；如果要用一个词来展望2017，笔者愿意用"未知"二字。如果你对支付行业感兴趣或者是从业人士，不妨读读本文吧。

三言两语勾勒支付2016

对支付行业而言，2016年有着不同的意义。从行业的角度，这一年发生了很多事情，比如三类账户确立、网联框架出台、扫码支付合规、收单业务费改以及手机Pay的短暂兴衰……这些事情的发生又衍生出很多现象，比如巨额罚单、续展延期、牌照并购潮、巨头提现收费、传统金融布局新兴支付等等。这些变革均对行业有着重大影响，一年出来一个就够行业消化，更何况是一年之内的密集出台。在此，笔者不想流水账式记录，也不想重复重点事件的观点解读，不妨截取几个视角，简单勾勒下2016年支付行业的变局。

市场份额：第三方支付"攻势"凶猛。

市场份额是会说话的。央行数据显示，2016年1至3季度，第三方支付机构共处理网络支付业务1 111.42亿笔，合计金额68.27万亿元；而同期银行业金融机构共发生电子支付业务991.32亿笔，合计金额1 884.61万亿元。在笔数上，第三方支付已经实现了超越，金额上的差距虽然很大，但一直保持着缩小的趋势。第三方支付市场份额如图1所示。

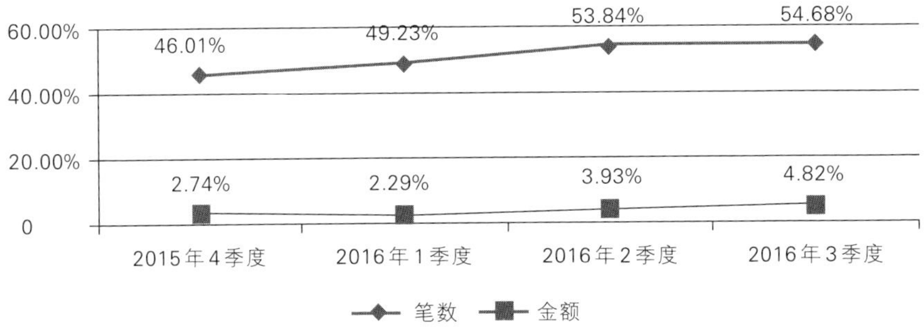

图1　第三方支付市场份额

数据来源：央行，苏宁金融研究院

从市场份额（第三方支付网络支付业务量÷（第三方支付网络支付业务量+银行电子支付业务量））上看，2016年第二季度开始，第三方支付在网络支付笔数上实现了逆袭，金额占比触底回升，且在第三季度延续了升势。可见，从市场份额变迁的角度看，第三方支付在2016年依然处于"攻势"，高速发展的朝气仍在。困难和问题虽多，但增长依旧，这大概可算作第三方支付2016年最让人欣慰的地方。

竞争环境：银联反击与银行觉醒。

在大数据金融时代，支付的目的虽然没有实质改变，但支付的价值已经远远超出了支付本身。支付不再仅仅是交易双方为完成交易而进行的货币债权转移的工具，支付活动所掌握的客户信息、交易信息等各类数据经由大数据金融的开发利用，成为智能营销和大数据风控的重要支撑。对互联网金融而言，第三方支付的存在更是使得其得以建立独立于银行之外的账户体系，大大加速了其"脱媒"的进程，与银行的关系从依附到独立甚至竞争。

支付一直是银联的主业，银联在2016年先后通过云闪付（发行闪付卡、闪付POS、手机Pay等）、扫码支付等，对第三方支付展开反击，战局刚刚拉开。同时，意识到支付价值本身的蜕变，银行也不再把支付视作创造中间业务收入的普通业务，而是开始将其视作内部信息整合、客户整合以及各类银行业务开展的基石，真正开始觉醒，并作出反应。关于这一点，大家不妨从以下几个迹象感受一下。

作为最主要的服务窗口，目前各大银行的手机银行越来越有互金范儿，支付转账开始被放在黄金位置。前几日中国银行APP改版，其展现风格和苏宁金融APP如出一辙，风格转变的背后是思路的转变。此外，扫码付的松绑、银行三类账户新规等，也为银行在支付业务上发力扫清了障碍。

巨头觉醒，注定2017年市场竞争将更加激烈，第三方支付的从业者要打起十二分精神。对消费者而言，倒是好消息来了，不出意外，支付补贴的红利期马上就到了。

政策环境：普惠定位与套利空间消失。

2016年作为互联网金融监管元年，政策环境的确是最大的变数，支付行业也是如此，不过笔者已经有很多解读，这里不再赘述。对第三方支付而言，最大的影响在于普惠金融定位的确立和政策套利空间的消失。前者体现在账户限额控制和不得为金融机构开立支付账户上，后者则表现为央行开始在转接清算、反洗钱、账户实名等各方面对银行和第三方支付一视同仁。

在新的政策环境下，单纯的第三方支付牌照本身已经很难给行业带来额外的红利，面对巨头的觉醒，第三方支付需要找到新的风口和发力点。

2017年的两只黑天鹅

罗振宇在跨年演讲中提到2017年的5只黑天鹅，虽然有网友指出此"黑天鹅"非彼"黑天鹅"（可以被预测的不能称之为黑天鹅），笔者也不妨沿用罗老师的"黑天鹅"定义，来谈谈第三方支付在2017年将要遭遇的两只"黑天鹅"。

（1）网联上线，影响几何？

对已经习惯银行直连模式的第三方支付行业而言，网联平台的上线绝对称得上是足以改变行业格局的大事，关键还在于上线后的运行规则未定，如银行直连模式有没有过渡期？过渡期多久？网联转接清算如何收费？除为银行账户和第三方支付账户提供清算服务，网联能否为第三方支付账户间提供清算服务？等等。而这些规则本身，才是决定网联上线对行业影响大小的关键因素。正是因为这些规则的未确定，笔者才将其视作2017年第三方支付行业的第一个"黑天鹅"。

（2）清算牌照放开，谁是受益者？

从2015年开始，清算牌照放开就已经被提上日程。前几日，央行等14部门发布《关于促进银行卡清算市场健康发展的意见》（银发〔2016〕324号），明确了银行卡清算市场的使命和一些基本规则，也许意味着银行卡清算牌照的放开申请已经临近。

清算牌照放开后，市场中会出现一家或数家与银联直接竞争的清算机构，对整个支付行业而言，选择开始多样化，是选边站队还是多头押宝，将影响市场格局的演变。不出意外的话，网联有极大可能获得一张清算牌照，除了网联外，国有银行、第三方支付巨头有没有机会？若是有机会，巨头的战场将集中在清算牌照的申请上，网联本身是否会演变成为中小支付机构抱团取暖的避难所并逐步边缘化？基于此，笔者将清算牌照的放开视作行业的第二只"黑天鹅"。

第三方支付的真假风口

黑天鹅的存在使得行业发展充满变数，难以看得真切，但并不妨碍我们站在更高的视角来看待行业本身的前景，即所谓的风口。大家之所以关心风口，无非是想知道机会在哪里？陷阱又在哪里？前者是风口，而后者则是伪风口。

（1）聚合支付可能死于清算牌照放开

近期，聚合支付莫名地火了一把，有人将之视作支付行业的颠覆者，对此笔者并不认同，聚合支付只是个阶段性过渡产品，仅此而已。

聚合支付做的事情，是打通主流第三方支付机构的支付通道，在商户端实现一点接入、多工具连接的功能，的确有很大的便利性。但问题在于，聚合支付工具做的事情其实就是获得清算牌照后的网联平台的基础功能，所以，在网联上线前，聚合支付有发展的空间，网联上线后，聚合支付首先就面临合规问题，即没有清算牌照但做着类似的事情；而且，有了网联，商户直接接入网联POS就可以实现对所有第三方支付工具支持，聚合支付自然没了空间。

（2）物联网支付将成为行业破局的新风口

就第三方支付而言，面对银行等巨头的觉醒，正面的硬碰硬是没有意义的，唯有差异化、颠覆性重大创新可以突围，在笔者看来，物联网支付可堪大任。

智能手机的普及使得手机成为第三方支付的主要载体，推动了第三方支付行业开启了第一波繁荣发展阶段。而随着物联网技术的逐步成熟和普及，支付领域有望进入"万物皆载体"的新阶段，智能手环、手表、汽车、空气净化器、冰箱、空调、电视等都可以成为支付的"账户载体"和"受理终端"。作为货币电子化的重要表现形式，支付清算在更广泛范围内实现数字化和虚拟化，引领行业发展再上新台阶。

对第三方支付行业而言，抓住物联网支付大发展的契机，才能在与传统银行的竞争中继续领先半个身位，持续享受市场开拓者的红利。

从红包大战的消弭谈支付企业热衷春节营销的深层次逻辑

　　2014年以来，春节红包的玩法不断翻新，从最初微信红包的一鸣惊人，到春晚摇一摇红包、口令红包，再到毛玻璃照片、集五福，然后是今年的 AR 实景红包和面对面红包，热闹的背后，是支付企业利用春节期间的人口大交汇机遇对新用户的争夺。

　　在这场持续数年的用户争夺战中，微信支付占得先机，凭借春节红包顺利跨越从早期市场到主流市场推广的鸿沟，后发优势凸显。作为追赶者，其他支付工具煞费苦心的红包创新既少了社交基因，也赶上了红包产品本身的"成熟期"，尽管产品设计越来越好玩，但用户已经意兴阑珊。就像我们再也找不到儿时过春节的感受一样，鸡年除夕也难觅前两年除夕盯着手机屏幕抢红包的乐趣，很多场景下春节红包的收发已经趋于刚性化，失了趣味。

　　任何惊艳的产品都有趋于平淡的一天，鸡年春节，在支付宝早早推出 AR 红包赢得市场眼球的同时，微信方面却宣布不再推出专门的春节红包营销活动（面对面红包只是新功能，而非基于特定预算下的市场营销，黄金红包更是针对单个小众产品的促销，更像个噱头）。其实，春节营销的机遇窗口一直存在，但毕竟被人嚼过的糖不甜，也许是时候和红包营销说再见了。

跨越鸿沟：支付企业的生死线

　　杰弗里·摩尔在《跨越鸿沟》一书中将新产品的市场分为早期市场和

主流市场两类，早期市场用户主要是早期采用者和内行人士，除此之外的其他用户构成主流市场，主流市场用户奉行实用主义策略，既想体验新技术带来的好处，又不愿意经受新技术的潜在风险，因此他们倾向于等待，并愿意听取早期市场用户的意见。新产品营销的市场鸿沟如图1所示。

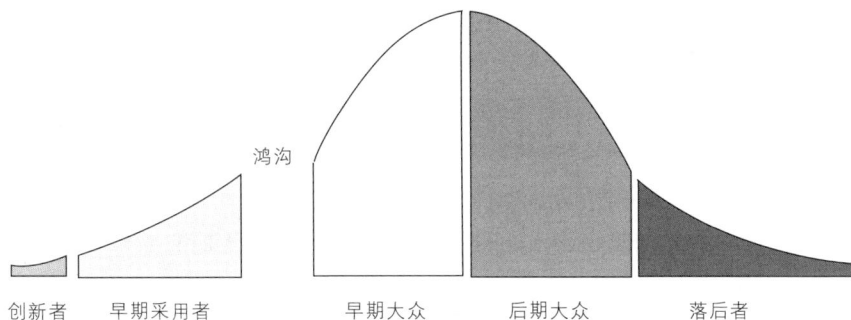

图1 新产品营销的市场鸿沟

在摩尔看来，早期市场和主流市场之间存在一条鸿沟，绝大多数新产品的市场推广都止步于此，成为创业潮中的牺牲品，少数跨过这一鸿沟的企业，则会进入一片广阔的市场空间，迎来高速增长期。

然而，主流市场的客户也分为两类，即早期大众（占比约1/3）和后期大众（占比约1/3）。早期大众是一种实用主义心态，只要产品足够好，就可以赢得这部分客户的芳心；后期大众则是一种保守主义心态，只有产品在各方面都达到"成熟"状态才会考虑。因此，即便进入主流市场，从早期大众到后期大众的市场拓展也是一场硬仗。

按照摩尔的界定，早期市场用户占比一般在10%左右。基于这个比例，就第三方支付产品而言，真正跨越市场鸿沟的只有支付宝和微信支付。鉴于春节红包与微信的紧密关联，下面以微信支付为例，简要回顾其跨越鸿沟的历程。鉴于数据可得性，本文拟用微信用户数据简要模拟分析微信支付的用户增长数据，在此之前，有必要大致了解下微信用户和微信支付用户的差别。

我们可以把注册使用微信APP的用户称作微信用户，截至2016年9月末的数据显示，微信月活用户达到8.46亿，注册用户数还要更多，粗略估计已经逼近10亿。由于微信会在用户注册微信号的同时自动为用户配置支付账户，即"零钱"功能，当用户行为触及支付相关功能时，就会被激活成为微信支付用户。此外，我们还常听到绑卡用户，指的是在微信中绑定了银行卡的用户，参照其他第三方支付产品的用户统计逻辑，绑卡本身也会把微信用户转化为微信支付用户。基于上述逻辑，不难发现微信用户数＞微信支付用户数＞微信绑卡用户数。

《微信支付用户服务协议》明确规定"您确认并同意本公司在您注册微信号的同时为您配置支付账户，并将您的微信号与该支付账户相关联，使得您可以通过微信的"零钱"功能使用该支付账户。"

而早在2013年6月，微信月活用户数量就已经逼近3亿人，跨过了早期市场的鸿沟。2015年6月，月活用户数量突破6亿人时，意味着微信已经跨越成熟市场中早期大众与后期大众的界限，成为真正的全民应用。最新数据显示，微信的月活用户数量已经超过8亿人，是一款十分成熟的产品。微信月活用户及季度环比增速如图2所示。

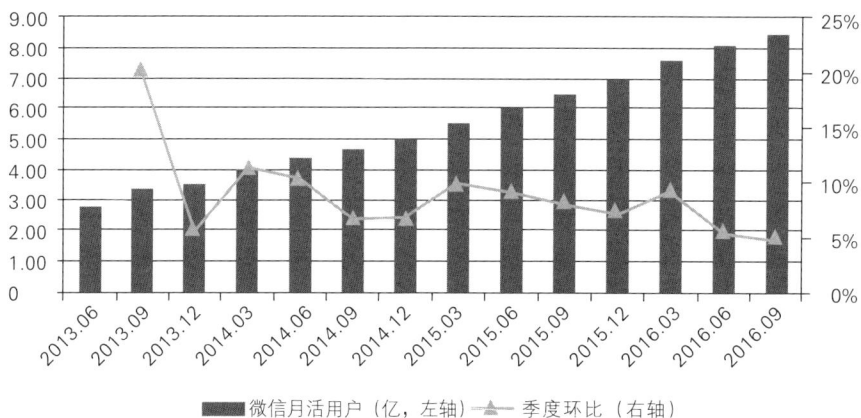

图2　微信月活用户及季度环比增速

数据来源：腾讯财报、苏宁金融研究院

那么，微信支付用户数量如何呢？

在2016年7月《非银行支付机构网络支付业务管理办法》落地之前，支付账户既不强制进行实名认证，更不必绑定银行卡，只要借助于红包、转账等功能，将微信用户转化为微信支付用户的门槛其实非常低。数据显示，早在2015年第一季度末，微信支付用户数就突破了4亿人，顺利跨过了早期市场到主流市场的鸿沟；截至2016年5月，微信绑卡用户数超过了3亿人，粗略估计其支付用户数应该已经突破6亿人，顺利实现了在主流市场中由早期大众向后期大众的过渡，真正成为全民支付应用。

春节人口大交汇，新产品跨越鸿沟的契机

春节营销之所以重要，原因在于春节期间的人口大交汇为新产品跨越鸿沟提供了绝佳的机遇窗口。

中国一年一度的春运，历来都是最大规模的人口迁徙，国人在短短十几天内从都市返乡，然后再从村镇返回都市，并衍生了春运大军的特殊社会现象。据估计，2017年春节期间，全国旅客发送量将达到30.28亿人次，按照一个人在春运期间平均乘4次车计算，等于春运期间有7.57亿人口在流动。这个量级的人口流动，运用得当，完全有望实现逆袭。

实践证明，微信支付成功抓住了春节营销的机遇窗口。借助春节红包的创意，作为缺乏优质场景的后来者，2013年8月上线的微信支付顺利跨越了从早期市场到主流市场的鸿沟，并顺势在主流市场内部完成了对后期大众的普及，得以携用户之势，在线下支付的市场竞争中愈战愈勇，后劲十足。

2014年春节，微信红包首秀，除夕夜红包收发总量达到0.16亿个，累计400多万人参与。

2015年除夕，微信红包收发总量达到10.1亿个，同比增长60多倍。

2016年除夕，微信红包参与人数达到4.2亿人，收发总量达到80.8亿个，同比增长7倍。

2017年除夕，收发量达到142亿个，同比增长75.7%。

红包参与人数高速增长的背后，是微信支付用户的快速增长。在此，还是以微信月活用户数量进行类比，从图2可以看出，每年的第一季度，微信月活用户增速都会出现一个小高峰。至于原因，春节红包功不可没。

在 2016 年第一季报中，腾讯就明确指出"用户指标增长受益于 2016 年初春节假期期间广受欢迎的红包活动，以及公众号发布的原创内容增加"。

在笔者看来，在春节红包的加持下，2015 年除夕期间同比 60 倍的增速已经足以帮助微信支付跨越早期市场到主流市场的鸿沟，而 2016 年除夕期间同比 7 倍的增速，则助其顺利实现了主流市场中从早期用户到后期用户的跨越，自此再无用户之虞。

春节营销不止，但红包营销该歇歇了

春节营销之所以重要，还在于成熟市场中相对保守的后期大众的拓展上。粗粗类比的话，不妨把一二线城市用户大致算作早期市场用户和成熟市场中的早期大众用户，三四线城市和村镇地区用户则可视作成熟市场中的后期大众用户。

当支付企业好不容易跨越从早期市场到成熟市场的鸿沟后，就必然面临如何拓展成熟市场中的保守用户的难题。显然，春节期间的人口大交汇依然是绝佳的场景。对于支付宝和微信支付等主流的支付产品而言，拓展三四线城市和村镇地区用户已经成为其产品发展的必然战略，这也是双方几度在春节红包营销上针锋相对的原因所在。

然而，具有丰富社交意味的春节红包成就了微信支付，其他支付工具的跟风营销的效果却差强人意，原因不外乎两个。

一是营销工具与产品本身的匹配度问题。春节期间的人口交汇，有一定的金融属性，但归根结底还是社交属性。这就注定春节红包营销要依托于人们的社交关系展开，微信支付具有先天优势，而其他产品只能人为地为红包添加社交功能，效果自然差了许多。

二是红包产品本身已经进入成熟期，民众习以为常，其拓展新用户的效果自然也就大幅下降了。据 2016 年 12 月微信团队在 2017 微信公开课 PRO 版上发布的数据显示，红包早已不是春节的专利，已经渗透到日常生活中。常规节日都是红包收发的小高峰，非节日期间红包收发量也在稳步上升。2016 年微信红包日发送次数如图 3 所示。这种情况下，红包本身已经逐步失去了对用户的刺激意义，自然其拓展新客户的边际效应也大不如前了。

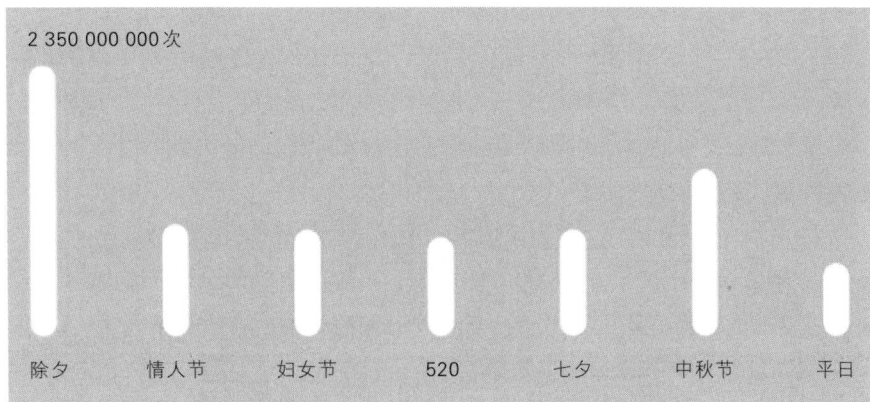

图3　2016年微信红包日发送次数

数据来源：微信团队

　　不过，春节的机遇窗口一直存在，所以春节营销也会持续下去，只是是时候对春节红包营销说再见了。别人嚼过的糖不甜。如何在春节期间推出与自身气场和基因契合的神器，才是从业者应该着重考虑的事情。

变局下的支付行业：草莽掘金的一页翻过去了

一年之计在于春，但开春以来，除了蚂蚁金服收购全球汇款服务公司 Money Gram（速汇金）闹出点声响以外，有价值的信息基本没有，寡淡得不得了。

从某种意义上来说，支付这个让人操心的行业已经接近成熟，正在步入"浊以静之徐清①"的境界。然而，成熟、澄静本身也有代价——行业越成熟，用户越挑剔，一般的创新已经难以引发他们的兴趣，行业"酷""潮"标签褪色，逆袭之门缓缓关闭。君不闻，已有人发出了"独立的支付公司将死"的呐喊。短短几年内，这个行业从鲜衣少年长成为中年大叔，草莽掘金的这一页该翻篇了。

青春期，野蛮生长

青春期总是叛逆的，但青春总是美好的。对行业而言，也是如此。

早在 2003 年前后，第三方支付机构就已经产生，不过在政策上还缺乏明确定位，并不引人关注。此时的第三方支付，业务模式尚不清晰，更多局限于单个机构的探索，甚至不能称之为行业。

随着电子商务的快速发展，第三方支付的业务模式逐步清晰。2011年，行业有了"准生证"。之后，恰逢互联网+和互联网金融概念的先后

---

① 在混沌中安静下来,渐渐澄清。

火爆，第三方支付行业迎来黄金发展期，凭借银行直连模式和二维码支付两个重要的创新，第三方支付从夹缝里的小行业一跃成为或与银行比肩的新势力。

花开两朵，各表一枝。在第三方支付中的互联网支付企业依托电子商务的大本营和产品创新大放异彩的同时，银行卡收单类支付企业却在与银行、银联等收单巨头的竞争中铩羽而归，走上了靠"二清""套码"等违规行为赚钱的歪路。恶性竞争之下，逼着所有市场参与者面临生存与违规的两难选择，行业乱得一塌糊涂，终于引发监管警觉。

罚单一个接一个，一堆接一堆，在监管出手规范收单行业的同时，第三方支付在互联网金融下的近亲P2P开始出事了。泛亚、E租宝、中晋资产……一个个曾经风光无限的明星企业沦落成臭名昭著的骗子，P2P一时之间犹如过街老鼠，连带着互联网金融的光环也消退不少，监管对整个互联网金融行业的集中整顿大幕也随之拉开。在第三方支付行业中，不但频频惹事的银行卡收单这一支受到严查，互联网支付这一支也无法独善其身，行业迎来巨变。

鲜衣怒马少年时，到了结束的时候了。

强监管背景下的行业巨变

收单环节的制度性规范以《关于完善银行卡刷卡手续费定价机制的通知》的发布为标志，基本上一纸文件废掉了收单行业叛逆作乱的基因。具体体现为两大金刚手段：

一是变政府定价为市场定价，第三方支付收单企业灵活定价"扰乱"市场的空间不在了。政府定价下，银行和银联等收单巨头相对守规矩，价格相对死板，而一些小的第三方支付收单机构就管不了那么多，得以靠低价拓展市场。定价市场化后，灵活定价的结果只会导致行业整体性降价，谁也别想做大份额。

二是统一商户类别，渐次取消差异费率定价机制，套码的空间也越来越小，两年过渡期后，基本也就不存在了。不能套码，切机也失去土壤，一箭双雕,乱象难再。

所谓套码,是基于不同商户对应不同的收单费率,人为将高费率商户类别调整为低费率类别,这可以为商户节约一大笔费用,但扰乱了市场秩序。举个例子,餐娱类收费水平1.25%,民生类收费水平则为0.38%,以一年1 000万元流水的小商户来看,由餐娱类商户套码至民生类商户可以节约8.7万元费用,且风险极低(对商户而言),何乐而不为呢。套码的盛行又为切机提供了土壤,A收单机构为了抢占B收单机构的商户,可以通过提供套码服务来赢得商户的支持,反过来也逼得B收单机构不得不提前一步主动为旗下商户提供套码服务。

互联网支付环节的制度性规范则以《非银行支付机构网络支付业务管理办法》的出台为标志,支付账户开始实名、开始分类、开始有支付限额,小额普惠的定位越来越明显,这还好说。更为关键的是其崛起的法宝被收回了法力,随着网联平台上线和备付金集中存管的落地,低成本竞争的利器——银行直连模式被废。

同时,一直受制于账户限制和扫码支付合规性而难以大展拳脚的银行和银联,随着银行虚拟账户新规和扫码支付得到官方认可,犹如松开镣铐的大象,蠢蠢欲动,市场风云将变。

飞奔的骏马,终于要慢下来了,而群雄纷争时代,到了终结的时候。

成熟期,市场格局基本固化

面对内外市场格局巨变,第三方支付企业并没有抱团取暖,反而因各家规模差异太大,而走上加速分化的道路,市场格局终究要固化下来了。

具体而言,巨头开始追求盈利,大平台要交易规模,小平台则想方设法活下去。

对于占据市场份额80%以上的支付宝、微信支付这两家巨头而言,数万亿元的规模,依靠直连模式和备付金利息等擦边球式的节流开源都不再现实,行业政策的些许变化都会带来盈利模式的急剧变动,当务之急是探索可持续的盈利模式。

高速增长的行业在很多方面都是粗放的，只要愿意，总能找到很多节流的办法。自2016年以来，微信支付、支付宝先后对提现进行收费，市场普遍认为是收割市场，这的确是可持续盈利模式下节流的无奈之举。而开源要难得多，在激烈的市场竞争下，开源只能依靠产品创新，而且注定是个长期过程。

鸡年春节，微信支付推出黄金红包，相比普通红包的普适性，黄金红包具有更高的门槛，受众也相对小众。背后的逻辑应该是——通过产品的升级提高代销产品的手续费率，毕竟，对平台而言，往往越小众的理财产品收益率越高。当然，黄金红包只是第一步，产品结构和整体收益率的提升，需要逐步推出并推广更多高费率的产品。

对于市场中的进阶玩家来说，当务之急仍然是做大市场份额。当前，绝大多数支付平台仍普遍局限于单一场景之中，并未进入主流市场（以3亿用户为界），这个阶段，谈盈利是奢侈的。就这些平台的代表而言，苏宁支付平台自2016年以来大力拓展B端市场，并喊出了2017年规模万亿的目标计划；而2017年开始发力的京东支付，则选择切入争议颇多的邮币卡市场，本质上，都在努力做大场景。

对于真正的中小平台而言，这个市场已经无可眷恋，想要活下去，靠业务拓展前途黯淡，不如买卖牌照，找一棵靠谱的大树。自2015年央行暂停新的支付牌照发放后，鉴于支付牌照基础账户功能的重要性，布局互金较晚的大型实业集团纷纷选择收购现有牌照的方式进入市场，为中小牌照买卖带来机会。短短一年时间里，互联网支付的牌照价值有了几十倍的增长，中小平台也乐得转手，背靠大集团，继续活下去。

至此，行业分化已经非常明显。小的时候，大家都差不多，唯有长大了，才能发现差距所在，这时候圈子格局已经成熟，新加入者的逆袭机遇也基本没有了，能期待的只能是在特定领域或场景下的微创新，无碍大局。

终于，草莽掘金时代落幕了，这一页该翻篇了。

支付变局：杀死银行直连，网联不过是替代品

2017 年 3 月 31 日，经过近一年的发酵，网联上线了，因为是试运行，和一年前的声势相比，低调了很多。17 天后（即 4 月 17 日），支付机构备付金集中存管也要落地了，备付金多机构存放的模式也要告一段落，且不再付利息。也许，过不了几个月，清算业务牌照就可以开放申请了，届时，没有清算牌照的支付机构再从事清算业务，便是真正的违规了。

我们不妨把上面三件事称之为支付行业 2017 年的三件大事，这三件事解决了一个问题——杀死银行直连。

网联是替代平台，备付金集中存管是釜底抽薪，清算牌照则是准生证，三者合力，全方位无死角地干掉了银行直连模式，干脆利落。

回顾在 2016 年，行业内同样发生了一件漂亮的大事，便是"杀死大额支付"，同样是三部曲，账户实名、三类账户、日累计支付限额和笔数，完美地把第三方支付限定于小额普惠领域，不再赘述。

替代品出世

要杀死银行直连，便要先有替代品。银行直连的替代品，便是网联。

所谓银行直连，是与银联为通道的"间联"模式相对而言的，即支付机构通过在多家银行开设备付金账户实现资金的跨行清算，绕开了银联。其初衷是为了省去"7：2：1"模式下的银联分成，节约支付

成本。

后期，直连模式逐步成为支付机构间支付体验竞争的壁垒和利器，开始了自我强化与循环，最后成了主流的支付模式。

金融属于强监管的行业，而银行直连恰恰处于监管之外。直连模式下，信息流、资金流都掌握在支付机构手中，在监管机构看来，便是信息不透明、标准不统一，容易滋生乱象。于是，杀死银行直连，便成为第三方支付监管整顿的重要一环。

第一步，自然是要造个替代品，便是网联。

"网联平台"全称为"非银行支付机构网络支付清算平台"，与银联的功能属性相似，属于专门为第三方支付机构提供统一转接清算服务的平台，面世过程大概如下：

- 2016年4月份，市场上开始传出网联平台的信息。
- 2016年8月，媒体曝出央行已原则上通过了成立网联平台整体方案的框架，并计划于2016年年底建成。
- 2016年11月，市场又开始流传网联平台的新方案，股权方案流出，且上线时间推迟到2017年3月底。
- 2017年3月底，网联上线试运行。

作为行业基础设施，网联要做到中立，如何让人相信真的中立？股权先要分散，所以，在股权结构上，网联与银联类似，并没有控股股东。网联（拟）和银联股权结构对比见表1。

第二步，要大伙参与。比如，网联平台的架构、技术路线、标准等均由所有参与方共同讨论，以确保公开、透明。

第三步，业务的迁移。2016年4月出台的《非银行支付机构风险专项整治工作实施方案》明确要求"（网联）平台建立后，支付机构与银行多头连接开展的业务应全部迁移到平台处理"。据悉，本次网联上线后，给直连模式一年的过渡期，在此期间，业务要逐步迁移至网联平台。

表 1　　　　　　　　　　网联（拟）和银联股权结构对比

基本信息	网联	银联（2002年发起时）	银联（目前）
股东总数	不超过50家	85家	152家
注册资本	5亿元（估算）	16.5亿元	29.30亿元
第一梯队	支付清算协会、央行（或其代理公司）	中国造币总公司、工、农、中、建、交共6家，持股比例均为5.45%，合计32.7%	中国造币总公司（4.86%，第一大股东）、建（4.78%）、工（3.84%）、农（3.84%）、中（3.84%）、交（3.84%）共6家，合计25%
第二梯队	系统性重要机构（不含银行和银联），持股比例最高不超过10%，投资金额不超过5000万元（据此估算，注册资本约为5亿元）	招行（4.85%）、浦发（4.85%）、国家邮政局（4.24%）、中信（4.24%）、广发（4.24%）、光大（3.64%）、深发展（3.03%）、华夏（3.03%）、兴业（3.03%）、民生（3.03%）共10家，合计38.18%	不详。后续银联两轮增资共新增69家股东，包括29家境内银行机构、17家境外银行机构和23家境内非银行机构等。原发起股东中，常州市商业银行、无锡市商业银行、南通市商业银行合并变更为江苏银行，由85家变成83家
第三梯队		城商行、信用社和非银行机构，合计69家，其中银行业机构持股27.65%，非银行业机构持股1.47%	

资料来源：21世纪经济报道、财新网、上海工商局、苏宁金融研究院

釜底抽薪

　　直连模式成立的基础，是支付机构备付金的分散存管。杀死银行直连，推动备付金的集中存管无疑是釜底抽薪之举。

　　何为备付金？2011年发布的《支付机构客户备付金存管暂行办法（征求意见稿）》明确界定如下：

　　● 客户备付金，是指客户预存或留存在支付机构的货币资金，以及由支付机构为客户代收或代付的货币资金。客户备付金包括：（一）收款人或付款人委托支付机构保管的货币资金；（二）收款人委托支付机构收取，且支付机构实际收到但尚未付出的货币资金；（三）付款人委托支付机构支付、但支付机构尚未付出的货币资金；（四）预付卡中未使用的预

付价值对应的货币资金。

　　显然，不仅你在电商购物时未确认收货之前的款项属于备付金范畴，第三方支付账户的余额也是备付金，但你的宝宝理财已经不属于备付金的范畴。尽管如此，客户备付金仍然是一笔巨额资金——央行统计显示，截至2016年第三季度，全国267家支付机构吸收客户备付金合计4 606亿元。2013年年末，这一数据尚为1 266亿元。

　　对第三方支付而言，除了可以在唯一的一家备付金存管银行开立存管账户外，还可以在不同的备付金合作银行开立收付账户，并根据需要在存管银行或合作银行开立汇缴账户。虽然不同账户的跨行收付权限不同，但三类账户的叠加使用，已经使得第三方支付机构可在大部分跨行清算功能上绕开银联，形成所谓的银行直连模式。

　　因此，备付金是银行直连模式的基础，也是其七寸，分散存管可以成就银行直连模式，集中存管也将从根本上破除银行直连模式。

　　2017年1月13日，中国人民银行发布《关于实施支付机构客户备付金集中存管有关事项的通知》，要求自2017年4月17日起，支付机构应将客户备付金按照一定比例交存至指定机构专用存款账户，且该账户资金暂不计付利息。

　　根据新规要求，备付金将从20%的集中存管逐步过渡至全部集中存管，这一过渡过程也将是第三方支付银行直连模式的过渡。一旦集中存管全部落地，银行直连模式也将走向终结，为网联的上线和清算牌照的开放等扫清了障碍。

清算业务准生证

　　2015年4月，国务院发布《关于实施银行卡清算机构准入管理的决定》（以下简称《决定》），2016年6月，央行发布《银行卡清算机构管理办法》（以下简称《办法》），为银行卡清算市场的开放提供可操作性细则。结合当时市场环境，开放银行卡清算市场，既是提高清算市场效率、降低清算成本的需要，也是清算市场对外开放的必然要求。

● 2010年，曾爆发过银联和VISA之争，VISA认为中国银行卡清算渠道并不开放，美国政府将这一争端诉诸了WTO。按照WTO的裁定，中国应该在2015年8月29日前开放人民币转接清算市场，也即开放其他卡组织进入中国市场。《决定》和《办法》的出台某种意义上也是对WTO裁定的一种回应。

开放清算业务市场，意味着清算业务也要持牌经营了。如果之前的银行直连还只是变相绕开了银联，罪有可赎，那么之后的银行直连变成了无照经营，便涉嫌违规了。

当然，你也可以讲，限制的背后便是自由。清算牌照放开，大家都可以去申请，有了牌照，不就可以自由从事清算业务了吗？

先来看看申请门槛。《决定》明确指出：

"主要出资人申请前一年总资产不低于20亿元人民币或者净资产不低于5亿元人民币，且提出申请前应当连续从事银行、支付或者清算等业务5年以上，连续盈利3年以上，最近3年无重大违法违规记录。"

《办法》做了进一步细化，比如机构设立的注册资本金提出了10亿元的要求，还对银行卡清算机构的高管资质和行业经验年限提出较高要求——要求50%以上董事和全部高管都具备专业知识，从业经验需要5年等。

门槛很高，绝大多数第三方支付机构都在门槛之外。

当然，即便达到了门槛要求，面对激烈的竞争，也未必有戏。因为清算市场具有很强的规模效应，强者恒强，放眼国际市场也只有五家主要的玩家。新进入者再多，最后活下来的也只会是少数几家。所以，与其一开始放开进入，事后清理整顿，倒不如遵循这个市场的特点，制定较高的准入门槛，只放大玩家进入，确保清算市场的健康和持续发展。

银行直连的身后事

几乎再无疑问，银行直连模式已经完成了其历史使命。

巨头有一年的过渡期，要着手开始转型，适应新规则。而对于大多数中小支付企业而言，倒是迎来了喘息的空间和继续生存的机会。毕竟，草莽时代，更易出现巨头，但更多的中小机构也很容易成为炮灰；规则一旦明朗，巨头的发展固然受限，但更多的中小机构也有了更多的话语权和生存空间。

网联动了谁的蛋糕？深度分析五大后续影响

网联 2017 年 3 月 31 日试运营上线，一时刷爆朋友圈。

网联出台的背景是支付机构利用银行直连接口变相实现跨行资金清算功能，数十万亿的支付资金逐渐游离在"央妈"监管之外。这么多资金万一出了问题，那是要引发系统性风险的，"央妈"怎能坐视不管。于是，备付金集中存管、网联上线、清算牌照逐渐开放成为"央妈"打出整治互联网支付的组合拳。

从 2016 年开始，46 号文、170 号文、261 号文等监管文件频繁出台，互联网整治风暴一波接一波，让支付机构和银行有些应接不暇。

目前支付机构依然在与直连银行相互配合，按照网络支付报文技术标准完成快捷系统改造。而对已接入几十家乃至上百家直连银行的支付机构而言，短期内完成改造工作，任务相当艰巨。

网联试运行上线的消息一出，研发的小伙伴就问我，是不是网络支付报文直连改造就白做了？尚在改造中的是不是就可以不做了？想一想，研发的小伙伴们还挺率真无邪的。直连接口报文的改造是中国人民银行 261 号文中明确规定的，"央妈"每月的非现场监管都在问询改造进度，在网联尚未上线之前，必须做完。可以说，左手的改造是"央妈"要求，右手的网联也是"央妈"要求，能不做吗？

网联平台试运行上线从侧面反映出"央妈"的决心，政策还是很确定，银行与支付机构未来必须接入网联，并逐渐断开直连接口。但网联能否顺利运行满足支付需要，作为从业人员的笔者，内心还是有疑问的。具体如下：

网联基础投入的后续资金从何而来？

支撑数十万亿乃至上百万亿的交易规模需要强大的系统支撑。笔者与某大行员工交流获悉，银行将TPS每提升1 000元需要十亿元的基础设施投入。一家支付公司搭建的支付系统投入也在数亿元。未来网联需要承担整个网络支付业务，需要巨额资金的配套投入，而基础设置投入并不是一蹴而就的，需要时间。

巨额的投入资金从何而来？按照估算，网联平台注册资金预估在5亿元，初期的投入有资本金满足，后续的巨额投入资金来源在哪里？网联是个公共平台，未来是否要求经营盈利？如果没有，后续持续基础设施投入就有问题；如果有，那收入来源是什么，按交易金额比例收取，那最终是不是也会增加社会整体交易成本而转嫁到消费者身上？所以网联平台需要定位好，既要解决基础设施和运维的资金保障来源，也要防止其成为暴利的工具。

面对数十亿笔的交易，网联能否应对自如？

刚说了基础投入是巨额的，这决定了整个系统的稳定与性能。互联网强调客户体验，支付限额、签约限制、TPS、平均耗时，运维保障是支付机构必须关注的。客户体验决定互联网企业经营的好坏和业绩实现，支付从业人员每天无不在为优化支付体验而努力。作为替代直连银行的平台系统，网联是否做好这样的准备——面对数十亿笔的交易也能应对自如？联想银联平台的快捷支付体验，目前也仅作为各支付机构的备份通道。网联在这个方面会不会步银联后尘？笔者心里是打鼓的。

网联作为服务提供商将如何收费？

手续费成本支出是支付机构支出的大头，动辄数亿的手续费成本支付让支付机构压力山大。网联模式下，所有交易必须通过网联平台，那网联作为服务提供商，如何收费？网联模式下交易手续费成本，较目前直连模式下会不会被提升？网联会不会代表支付机构与银行谈判降低整体交易手续费成本？网联对所有支付机构是统一报价，还是按照交易量梯度报价？如果梯度报价，那对小的支付公司而言，是不是又不公平？在当前数十万亿元的交易规模下，手续费的微小变动，都对支付机构的经营产生巨大影响。

支付成本因素必然需要监管牵头统一制定，确保整个社会交易成本的降低，以及公平公正，并能够促进支付行业的创新和发展。

网联上线，未来备付金存管以谁的名义来存？

目前的直连模式下，支付机构会选择一家银行作为主备付金存管银行，其他银行作为合作银行。根据监管规定，支付交易产生的资金沉淀至少50%存放在主存管行，另外不到50%存放在各合作银行备付金账户。直连模式下，数千亿的备付金存款成为各银行争夺与博弈的重点。2017年4月17日，主存管行履行将备付金按一定比例缴存至中国人民银行，该缴存部分不计利息。

网联上线，未来备付金存管以谁的名义来存？存在哪家银行？支付机构未来是否仅保留备付金主存管银行？这都将直接影响现有备付金存款的利益格局。首先，合作银行的蛋糕要被切走；其次，主存管行现有动辄数千亿的存款如果大搬家，同时缴入中国人民银行的备付金不算存款的话，大行的现有存款利益必将受到挑战。

会不会有替代产品的衍生？

互联网支付的发展让银行不断推出自己的移动支付产品，如建行的龙支付、民生的民生付、工行的E支付等。就目前趋势看，支付公司也在探索与银行在电子支付产品上的合作，银行主推的动力很大。网联平台的主要目的是让所有支付资金掌握在央行的监控之下，斩断支付公司跨行清算功能。未来如果网联在客户体验、系统性能方面不能满足需求，在不违反跨行清算监管要求的前提下，支付机构也将会有极大动能与银行探索优化银行电子支付产品，开发新的支付模式，这也将是另外一种直连模式。

综上，网联的上线，央行将支付业务纳入正常监管，从金融监管和安全角度来看是必行之举，也使支付机构走过了野蛮成长阶段。但要建立起一个性能优越、成本可控、客户体验极佳的支付系统平台，网联任重道远。

后 记

两年光阴荏苒，岁月倥偬，时光倒回至2015年苏宁金融研究院诞生的元点，别致的"苏宁金融研究院成立"发布会上，我们孕育了一个梦想——愿有一日，我们苏宁金融研究院可以成为国内一流的金融研究机构。

成立伊始，苏宁金融研究院的全体同仁卯足干劲，夙兴夜寐地奋笔疾书。如今，初创期的艰辛仍历历在目。但在事业起步期，业界知名度有限，每位研究员认真撰写的报告，因渠道不多，发布过程充满曲折。

转捩点也许就萌生于最痛苦的时刻，研究院开设的"苏宁财富资讯"微信公众号于2015年底上线，文章开始有了正式出口。然而，各位研究员每日用心书写的研究报告、专业文章，阅读量还不如文章的字数多，这种郁闷也许只有真正经历的人才懂。

但，坚持终有收获。一年365天，团队的所有成员以"成名成家"之心，对自己的每篇报告负责用心，确保每天常态输出一两篇有深度、有温度的前瞻性原创文章。日日的耕耘，夜夜的坚守，字字的用心，终于在尘埃里开出了花：苏宁金融研究院官方网站正式开通，接着上线苏宁金融APP。同时，开始引入外部研究团队与特约研究员力量，还有专业的编辑团队。每一个努力都是稳健而踏实的一步，梦想带领着我们不断向前攀援。

回望过去的每一步，艰辛中伴有欢欣。研究院兼具苏宁金融集团战略发展部的职能，白天的会议组织开办、内部专题报告撰写是基本职能，专业性的研究文章撰写、排版、发布只能等到下班之后。已经忘记了多少个夜里，我们踏着月光下班，又铭记了多少盏不灭的灯火，但那种累并快乐着的创业激情，我们记忆犹新。

高强度的写稿频率和编辑团队精益求精的严格把关，丰硕的成果也接踵而来。研究员的专业性得到市场广泛认可，外部专栏邀请纷至沓来，采访需求也与日俱增，一切都步入了正轨。与此同时，研究院辛苦种下的梧桐树引来了凤凰，新鲜血液不断补充：清华等国内名校的硕士、博士，中国国际经济交流中心、中国社科院等高端智库的学者，留美、留英、留法、留德的海归专家，BAT、华为的技术大牛，国泰君安、申银万国等券商机构的资产分析师，新华社、人民网的编辑、记者……不同领域、不同行业的顶尖人才汇聚于此，研究力量日益壮大，我们朝着国内一流金融机构的目标又近了一步！

回首这两年，研究院组建起了金融科技的"最强战队"：生物特征识别、大数据风控、物联网金融、区块链、人工智能、金融云……最前沿的金融业态，在这里萌芽、孵化、反哺苏宁金融集团及其合作伙伴的业务发展。

回首这两年，研究院的各位同仁（黄金老、薛洪言、洪蜀宁、黄志龙、石大龙、陈霞、石文轩、屈镒伸、何广锋、吴婷等）累计公开发表了几百篇文章。笔笔厚重，字字珠玑，基本囊括近两年国内外经济金融领域的热点问题。

本书只是优中选优，精选互联网金融、金融科技相关部分以飨读者，更多的内容欢迎大家关注"苏宁财富资讯"公众号翻阅历史记录查看，篇篇都是干货，笔笔都是研究员广泛求证、去伪存真后的智慧"结晶"。

时光从不等待，岁月也不会回头，两周岁的苏宁金融研究院从步履蹒跚到步步扎实，从步步艰辛到锐意前进，体验了困难的磨练，也收获了成长与欣喜。

然而，尽管我们已经开始蝴蝶展翅，却离天空还远；尽管我们还在努力，却离完美仍有距离。

仰望天空，回首梦想，我们仍未忘记初心与起点，一路上有你——我最亲爱的读者，您的关注与陪伴，是我们不竭的动力。

为了您的满意，为了"国内一流的金融研究机构"，我们仍将时时进取，永不止歇！